电子商务视觉营销

董随东 王淼静 主 编
王洪霞 徐 丽 王 丽 副主编

清华大学出版社
北京

内容简介

在电子商务行业中合理使用视觉营销可以使店铺产生更多的流量，获得更高的转化率。视觉营销的好坏直接决定一个店铺的成败。

本书由有着丰富电子商务视觉营销经验的专家团队编写，书中详细介绍了电子商务行业中视觉营销常用的技法，包括图片营销技法、动画营销技法、视频营销技法。同时本书还针对电子商务视觉营销的基础知识和未来发展趋势进行了讲解。全书共分为5章，带领读者完成商业案例的制作，在案例制作过程中体会行业知识和软件应用。另外，本书还赠送授课案例源文件及素材、授课大纲、教学PPT课件、测试题及答案等资源，由于赠送资源比较丰富，读者可在本书前言中找到相对应资源并扫码下载和使用。

本书实例丰富、讲解细致，注重激发读者开展视觉营销的兴趣和培养读者的动手能力，适合网店美工人员和营销人员学习参考，也可作为电子商务及相关专业教材使用。

图书在版编目（CIP）数据

电子商务视觉营销 / 董随东, 王淼静主编. —北京：清华大学出版社，2019（2021.9 重印）
ISBN 978-7-302-53837-0

Ⅰ. ①电… Ⅱ. ①董… ②王… Ⅲ. ①电子商务－网络营销 Ⅳ. ①F713.365.2

中国版本图书馆CIP数据核字（2019）第202555号

责任编辑：张　敏
封面设计：常雪影
责任校对：胡伟民
责任印制：丛怀宇

出版发行：清华大学出版社
网　　址：http://www.tup.com.cn，http://www.wqbook.com
地　　址：北京清华大学学研大厦A座　　**邮　　编：**100084
社 总 机：010-62770175　　**邮　　购：**010-83470235
投稿与读者服务：010-62776969，c-service@tup.tsinghua.edu.cn
质量反馈：010-62772015，zhiliang@tup.tsinghua.edu.cn
印 装 者：北京博海升彩色印刷有限公司
经　　销：全国新华书店
开　　本：170mm×240mm　　**印　　张：**16.5　　**字　　数：**362千字
版　　次：2019年11月第1版　　**印　　次：**2021年9月第2次印刷
定　　价：79.80元

产品编号：085275-01

前 言

电子商务中的视觉营销作用非常强大，在电子商务中的应用范围也非常广泛。作为专业的营销模式，它可以完美、高效地展示产品，吸引消费者的眼球，最终达成营销目的。作为一名优秀的产品设计人员，不仅要能够更好地表达出产品活动的营销主题，而且还要能够很好地将营销主题反映在视觉营销的作品中。

本书内容

本书内容浅显易懂，简明扼要，由浅入深，详细地讲述了电子商务中的视觉营销模式。其中的知识点都通过实例的方式讲解，帮助学习者边制作边理解，使得其在学习过程中不再觉得枯燥乏味。本书内容章节安排如下：

第 1 章　主要介绍了视觉营销的基础知识，包括视觉营销的概念、视觉营销的策略、视觉营销中的主要手法、视觉营销的原则和作用；本章设计制作了 3 个案例，分别是色彩对视觉营销的影响、构图对视觉营销的影响和视觉营销中的文档营销。

第 2 章　重点介绍了图片营销技法的一些知识，包括图片在电商网站中的应用、产品主图与排列方式、产品拍摄的要求与技法、精修产品图的必要性和产品图的应用技巧；本章设计制作了 3 个案例，分别是设计制作沙发产品宝贝图、设计制作淘宝母婴店铺主页面和设计制作手机配件产品详情页。

第 3 章　主要介绍了动画营销技法的相关知识，包括电子商务网站中的动画基础、电子商务动画的基本元素、商品营销动画分镜头的运用、电子商务网站中动画的表现形式和电子商务网站动画的输出和运用；本章设计制作了 3 个案例，分别是设计制作店铺促销 GIF 动画、设计制作动态店招广告图和设计制作体育商品展示动画。

第 4 章　重点讲解视频营销技法的相关知识，包括电商网站中视频的应用、电子商务网站中视频的作用、电子商务网站中视频的要求、选择正确的视频格式和视频营销在电子商务网站中的意义；本章设计制作了 3 个案例，分别是设计制作刀具商品的建议视频、设计制作纺织商品分类视频和设计制作便携洗漱商品说明视频。

第 5 章　主要介绍了视觉营销中的 VR 技术和移动端电子商务的视觉营销，包括电子商务行业发展的问题、电子商务视觉营销的发展趋势、VR 技术在视觉营销上的应用、移动端电子商务特点和移动端页面视觉营销的原则；本章设计制作了 3 个案例，分别是设计制作乐器产品交互图、设计制作移动端手机开屏广告和设计制作房地产样板间 VR 展示动画。

本书特点

本书内容丰富、条理清晰，向读者全面、系统地介绍电子商务中视觉营销的知识，以及如何使用视觉营销进行最佳商品展示的方法和技巧，采用理论知识和实例相结合的方法，使知识融会贯通。

- 语言通俗易懂，精美实例图文同步，涉及大量营销案例设计制作的丰富知识讲解，帮助读者深入了解视觉营销技法。
- 实例涉及面广，几乎涵盖了视觉营销中的所有案例类型，每个营销技法都通过任务描述对案例进行详解和任务实施对案例进行操作练习，帮助读者掌握视觉营销作品中的设计知识点。

- 本书采用案例引入法讲解，注重设计制作视觉营销作品时软件工具的使用方法以及任务制作技巧的归纳总结，知识点和任务的讲解过程中穿插了软件操作和知识点提示等，使读者能更好地对知识点进行归纳吸收。
- 每一个案例的制作过程，都配有相关视频教程和素材，步骤详细，有利于读者轻松掌握。

本书赠送资源

本书中所有案例均提供源文件、素材和演示视频，并根据课程内容为读者提供素材库和资源库。具体内容如下。

项目名称	项目内容	数量/个
素材库	授课辅助资料	45
	扩展知识点	45
	常见问题汇总	46
	扩展案例	135
	授课案例	90
	图片素材库	1
	视频素材库	1
	动画素材库	1
	测试题及答案	18
资源库	课程授课大纲	45
	课程授课 PPT	45
	专业素材文档	30
	电子商务设计规范文档	15
	授课案例源文件及素材	160
	撰写任务单	1
	演示文件	160

授课辅助资料 扩展知识点 常见问题汇总 扩展案例 授课案例 图片素材库 视频素材库

动画素材库 测试题及答案

课程授课大纲 课程授课 PPT 电子商务设计规范文档 专业素材文档 授课案例源文件及素材 撰写任务单 演示文件

本书由董随东、王森静任主编，王洪霞、徐丽、王丽任副主编。在本书编写过程中力求严谨，由于时间有限，疏漏之处在所难免，望广大读者批评指正。

编　者

目 录

第 1 章 电子商务视觉营销基础——了解商品视觉营销 …… 001

1.1 了解视觉营销的概念 …… 001

1.2 视觉营销的策略 …… 002

1.3 视觉营销的主要手法 …… 005

1.3.1 重中之重的第 1 屏 …… 006

1.3.2 真材实料的第 2 屏 …… 008

1.3.3 琳琅满目的第 3 屏 …… 009

1.3.4 活动劲爆的第 4 屏 …… 010

1.3.5 灵活多变的第 5 屏 …… 011

1.4 视觉营销的原则 …… 011

1.4.1 一致性原则 …… 011

1.4.2 易读性原则 …… 013

1.4.3 连续性原则 …… 013

1.4.4 目的性原则 …… 014

1.4.5 审美性原则 …… 015

1.4.6 实用性原则 …… 015

1.5 视觉营销的作用 …… 016

1.5.1 打造注意力 …… 016

1.5.2 唤醒记忆点 …… 017

1.5.3 营造好感度 …… 018

1.5.4 给予想象力 …… 019

1.6 色彩对视觉营销的影响 …… 020

1.6.1 分析商品色彩结构 020
1.6.2 掌握色彩基本概念 021
※ 课堂练习 使用配色软件辅助配色 022
1.6.3 设计制作水果商品海报 023
※ 举一反三 设计制作冰激凌商品海报 027
1.7 构图对视觉营销的影响 028
1.7.1 视觉营销中的版式应用 028
1.7.2 掌握常见的版式结构 029
※ 课堂练习 使用裁切工具优化图片构图 030
1.7.3 设计制作休闲食品海报 031
※ 举一反三 设计制作轻食商品海报 042
1.8 视觉营销中的文档营销 043
1.8.1 营销文档的结构和意义 043
1.8.2 如何提炼出适合的创意文档 044
1.8.3 设计制作家具商品海报 045
※ 课堂练习 完成商品的营销文档 045
※ 举一反三 设计制作果蔬商品海报 050
1.9 本章小结 050
1.10 课后习题 050
1.10.1 选择题 051
1.10.2 判断题 051
1.11 创新实操 052

第 2 章 视觉营销之图片营销技法——优化电子商务网站中的产品图 053

2.1 图片在电商网站中的应用 053
2.1.1 产品展示图 053
2.1.2 推广图 054
2.1.3 广告图 055
2.2 产品主图与排列方式 056
2.2.1 主图的要求 056

2.2.2 主图的排列要求 ………… 056
2.3 产品拍摄的要点和技法 ………… 058
2.4 精修产品图的必要性 ………… 060
2.5 产品图的应用技巧 ………… 062
2.5.1 选择合适的产品图片 ………… 062
2.5.2 合理控制图片数量 ………… 063
2.5.3 产品图排列方式 ………… 063
2.5.4 拥有适当的尺寸 ………… 065
2.5.5 展示产品细节 ………… 065
2.6 产品宝贝图视觉营销 ………… 066
2.6.1 分析产品营销的特点 ………… 066
2.6.2 宝贝图的设计规范和要求 ………… 067
※ 课堂练习 新建一个宝贝图文件 ………… 067
2.6.3 设计制作沙发产品宝贝图 ………… 068
※ 举一反三 设计制作家居产品主图 ………… 072
2.7 店铺主页面视觉营销 ………… 073
2.7.1 分析母婴产品营销的特点 ………… 073
2.7.2 产品图片的格式与抠像 ………… 074
※ 课堂练习 完成毛绒玩具产品抠像 ………… 075
2.7.3 设计制作母婴产品网店首页 ………… 076
※ 举一反三 设计制作母婴产品网店首页 ………… 085
2.8 产品详情页视频营销 ………… 085
2.8.1 分析手机配件类产品的特点 ………… 086
2.8.2 产品详情页的设计规范和要求 ………… 087
※ 课堂练习 设计制作详情页页面结构 ………… 088
2.8.3 设计制作手机配件产品详情页 ………… 091
※ 举一反三 设计制作充电线产品详情页 ………… 099
2.9 本章小结 ………… 100
2.10 课后习题 ………… 100
2.10.1 选择题 ………… 100

2.10.2 判断题 …… 101
2.11 创新实操 …… 102

第 3 章 视觉营销之动画营销技法——让商品信息动起来 …… 103

3.1 电子商务网站中的动画基础知识 …… 103
3.1.1 动画基础知识 …… 103
3.1.2 商品营销动画概述 …… 104
3.1.3 商品营销动画的基本元素 …… 105
3.1.4 制作动画的软件 …… 106
3.2 电子商务动画的表现手法 …… 107
3.3 商品营销动画分镜头的运用 …… 109
3.3.1 传统动画中分镜头的应用 …… 110
3.3.2 电子商务动画中分镜头的应用 …… 110
3.4 电子商务网站中动画的表现形式 …… 111
3.4.1 GIF 动画素材 + 文案 …… 111
3.4.2 图片素材生成 GIF 动画 …… 111
3.4.3 视频图片 + 静态图片 …… 111
3.4.4 将三维动画转化成 GIF 动画 …… 112
3.5 电子商务网站动画的输出和运用 …… 112
3.5.1 动画输出途径 …… 112
3.5.2 动画运用位置 …… 114
3.6 店铺促销 GIF 动画 …… 116
3.6.1 GIF 广告图的特点 …… 116
3.6.2 GIF 动画的制作要求与规范 …… 117
※ 课堂练习 为动画添加过渡效果 …… 119
3.6.3 设计制作店铺促销 GIF 动画 …… 120
※ 举一反三 设计制作收藏店铺动态图 …… 128
3.7 动态店招广告图 …… 129
3.7.1 动态店招广告图的特点 …… 129
3.7.2 二维动画制作软件 Animate …… 130

※ 课堂练习 使用 Animate 制作逐帧动画 …… 131
3.7.3 设计制作图书商品动态店招 …… 132
※ 举一反三 设计制作图书商品动态广告图 …… 138
3.8 商品展示动画 …… 139
3.8.1 交互动画的应用 …… 139
3.8.2 了解 CSS 和 JavaScript 基础 …… 139
※ 课堂练习 制作商品图左右滚动效果 …… 141
3.8.3 任务实施——设计制作体育商品交互动画 …… 142
※ 举一反三 设计制作健身商品轮播图动画 …… 146
3.9 本章小结 …… 147
3.10 课后习题 …… 147
3.10.1 选择题 …… 147
3.10.2 判断题 …… 148
3.11 创新实操 …… 149

第 4 章 视觉营销之视频营销技法——不断“流动”的视觉营销手法 …… 150

4.1 电商网站中视频的应用 …… 150
4.1.1 商品主图视频 …… 150
4.1.2 商品详情页视频 …… 151
4.1.3 店铺首页广告视频 …… 152
4.2 电子商务网站中视频的作用 …… 152
4.3 电子商务网站中视频的要求 …… 153
4.3.1 营销视频的要求 …… 154
4.3.2 营销视频的审核流程 …… 155
4.4 选择正确的视频格式 …… 155
4.4.1 视频格式 …… 156
4.4.2 视频编码 …… 157
4.4.3 视频转换器 …… 157
4.5 视频营销的脚本编写 …… 159
4.5.1 明确定义 …… 160

4.5.2 创建故事板 …… 160

4.6 视频营销的意义 …… 161

4.6.1 宣传受众广 …… 161

4.6.2 全方位展示 …… 163

4.6.3 投资风险小 …… 163

4.7 设计制作商品的建议视频 …… 165

4.7.1 分析厨具商品营销的特点 …… 165

4.7.2 Photoshop 中的视频导入与编辑 …… 166

※ 课堂练习 新建空白视频图层 …… 168

4.7.3 设计制作刀具商品建议视频 …… 169

※ 举一反三 设计制作牛肉酱商品建议视频 …… 174

4.8 设计制作商品分类视频 …… 175

4.8.1 分析纺织商品营销的特点 …… 175

4.8.2 会声会影概述 …… 176

※ 课堂练习 新建会声会影项目文件 …… 177

4.8.3 设计制作纺织商品分类视频 …… 179

※ 举一反三 设计制作床上套件商品营销视频 …… 184

4.9 设计制作商品说明视频 …… 185

4.9.1 分析旅游类商品营销的特点 …… 186

4.9.2 会声会影中丰富的转场效果 …… 187

※ 课堂练习 制作闪光转场效果 …… 188

4.9.3 设计制作旅游商品说明视频 …… 189

※ 举一反三 设计制作雨伞商品说明视频 …… 198

4.10 本章小结 …… 198

4.11 课后习题 …… 199

4.11.1 选择题 …… 199

4.11.2 判断题 …… 200

4.12 创新实操 …… 200

第 5 章　电子商务视觉营销的发展——移动电子商务和 VR 技术 …… 201
5.1　电子商务行业发展的问题 …… 201
5.1.1　不佳的购物体验 …… 202
5.1.2　商品品质参差不齐 …… 202
5.1.3　过时的爆款销售模式 …… 203
5.2　电子商务视觉营销的发展趋势 …… 204
5.2.1　视觉营销的兴趣引导 …… 204
5.2.2　视觉营销的品位至上 …… 205
5.2.3　视觉营销的形象定价 …… 205
5.2.4　视觉营销的颜值消费 …… 206
5.3　VR 技术在视觉营销上的应用 …… 206
5.4　移动端电子商务应用 …… 209
5.4.1　移动端电子商务的特点 …… 209
5.4.2　电子商务移动端与 PC 端的区别 …… 210
5.5　移动端页面视觉营销的原则 …… 210
5.5.1　功能性原则 …… 210
5.5.2　可视性原则 …… 211
5.5.3　统一性原则 …… 213
5.6　设计制作产品交互图 …… 215
5.6.1　分析制作产品展示的过程 …… 215
5.6.2　CSS 样式表的使用规范和要求 …… 216
※ 课堂练习　使用 CSS 设置样式 …… 220
5.6.3　设计制作乐器产品交互图 …… 221
※ 举一反三　设计制作浮动广告位动画 …… 226
5.7　设计制作手机开屏广告 …… 228
5.7.1　移动端开屏广告营销的特点 …… 228
5.7.2　移动端广告类型 …… 229
※ 课堂练习　绘制移动端图标 …… 232
5.7.3　设计制作移动端 App 开屏广告 …… 233

※ 举一反三　设计制作 App 开屏家电广告图 ········ 237
5.8　设计产品 VR 展示动画 ········ 238
5.8.1　营销文档的结构和意义 ········ 239
5.8.2　电商巨头们的 VR 技术 ········ 240
※ 课堂练习　修改全景图的比例为 2∶1 ········ 241
5.8.3　设计制作样板间 VR 展示动画 ········ 242
※ 举一反三　设计制作样板间 VR 全景图 ········ 247
5.9　本章小结 ········ 248
5.10　课后习题 ········ 248
5.10.1　选择题 ········ 249
5.10.2　判断题 ········ 249
5.11　创新实操 ········ 250

第1章

电子商务视觉营销基础

——了解商品视觉营销

现如今电子商务中商品的种类和输出方式越来越多样化，如何在众多的商品中脱颖而出，商品的视觉营销就显得尤为重要了。

在电子商务行业中，给浏览者的第一印象通常是宝贝图、标题图或者海报。一件商品是否能够大卖，有一张符合客户要求的宝贝图片是非常重要的。这种将满足客户要求的目的作为制作标准的行为，可以理解为一种最为简单的视觉营销。

如图 1-1 所示为一款美食商品的海报，采用了富有口感的橙色作为主色，搭配主题明确的标题，使商品的特效一览无遗，吸引浏览者查看并产生购买愿望。由此可以看到，精致美观的视觉营销方案可以使商品的优点最大化，从而进一步增加商品的销量。

图 1-1　美食营销海报

1.1　了解视觉营销的概念

视觉营销（visual merchandising，VM）又叫市场营销方式，其概念产生于 20 世纪七八十年代的美国，是作为零售、销售战略的一环登上历史舞台的。它隶属于营销技术，是一种可视化的营销技术方法，可以通过视觉体验达到商品营销或商品推广的目的，如图 1-2 所示。

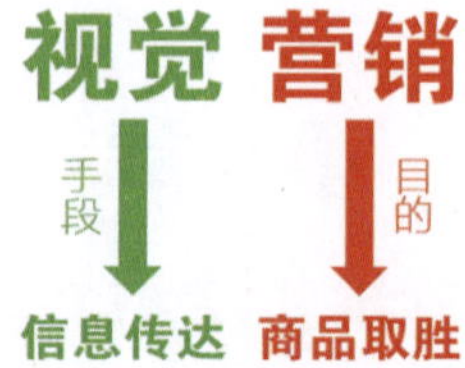

图 1-2 视觉营销的目的

视觉营销也就是商品信息传达视觉化，即在市场销售中管理商品并面向所有卖家展示以商品为主的视觉信息传达活动，从而达到表现商品特点或品牌理念的目的。

视觉营销实现的过程就是利用色彩、图像和文字等视觉元素充分展示商品或品牌，从而吸引用户的眼球，使得用户增加对商品或品牌的认知度，同时活动是用视觉展示商品良好的性能和精致的外观，最终达到营销的目的。

知识提炼：视觉营销的核心

视觉营销的核心是商品信息的传达，同时必须依据企业或者品牌的理念来做决定。

视觉营销的目的是最大限度地促进商品或服务与消费者之间的联系，最终实现销售（购买）的目的，同时提升因视觉冲击影响品牌文化的手段。根据收集得到的数据，视觉营销包含以下几个范围：

空间：通过空间立体视觉效果来营造品牌氛围。

平面：通过平面视觉以及海报等来作为一种视觉效应。

传媒：通过推广形式来表达视觉营销的概念。

陈列：完成内部的构造变化。

造型：完善形象的优化整合。

1.2 视觉营销的策略

任何人类肉眼看到的事物都是视觉的表象，事物背后隐藏的思想才是核心和灵魂。特别是推广品牌或商品，每个时间点都会有不同的主题作为核心思想，一开始就是选一个完美的单品把它做大做强，之后由点带面，由单品成功地带动整体产业链的增长，从而拉动整个品牌或者企业的良性发展，如图 1-3 所示。

1. 形成广告视觉，形成终端视觉高度统一

大众通常把户外广告、网络广告、电视广告和纸质广告等统称为媒体，这是因为这些媒介途径具有向外传输扩散信息的作用。视觉营销让消费者对品牌或商品产生初步印象，而此品牌的商品到底好不好，只有使用后才知道。因此广告、终端与商品之间形成了一种无形的链，而这个链就是名要符实。如图 1-4 所示为半岛酒店月饼的精美广告以及消费者购买之后的评价。

图 1-3 中兰蔻的小黑瓶精华液非常出名，小黑瓶的热销成功带动了兰蔻的相关单品，例如，眼部精华、精华露、柔肤水等商品的销售

图 1-3　由点带面的营销方式

图 1-4　广告与终端高度统一

提示：终端就是末端，即结尾或结束的代名词。在广告用语中，终端指代的是商品的最终销售场所。例如，快消类商品，超市就是一个终端。

有人认为，做广告就好比贴春联，“财源滚滚”“阖家团圆”这样的词可以是祝福和愿望，也适合出现在热闹喜庆的春联上，但这些祝福和愿望却不见得一定会兑现。吸引人的营销文案固然重要，但诚信才是品牌的常青之道，如图 1-5 所示为一款沙发的营销广告。

图 1-5 中商品为沙发，视觉营销突出强调了沙发的材质为乳胶布艺。因此，实物的材质是否与广告相同，会直接影响商品的销量。买家与卖家建立诚信最基本的点就在于广告的宣传是否真实

图 1-5　视觉营销与诚信

电子商务在表现商品的时候，也要注意与视觉营销主题或品牌阶段性主题的吻合，尽量避免主题不符或顾左右而言他。广告界有句名言：反复刺激、加深记忆。BOSS 直聘的“病毒式”营销也说明了在资讯过剩的年代，不断重复重复再重复，才能让人永远记住，如图 1-6 所示。

图 1-6　BOSS 直聘的“病毒式”营销

提示：宣传一个品牌，不仅要猛打广告，而且还要终端宣传跟进、陈列跟进、商品跟进，这样才能构成统一的视觉营销链。

2. 注重网店界面的视觉艺术

随着人们消费观念的改变，消费者要购买的已不只是商品本身，他们开始关心品牌所体现的文化与带来的精神诉求。就服装消费来说，人们在淘汰一件衣服时，绝大多数是因为衣服已经过时，而不是因为衣服旧了或者破掉。网店是品牌与消费者的窗口，它的形象直接决定消费者是否购买该品牌商品。

电子商务视觉营销从细小的地方体贴顾客，使他们在感受商品特色的同时愿意浏览并购买商品。因此，很多人直接把网店的设计风格定为“视觉营销”。据统计，网店如能正确展示商品的卖点，销售额可以在原有基础上提高 10% 以上，如图 1-7 所示为一款突出全面屏特色的手机商品。

图 1-7 中商品为某品牌手机，该手机的重要特点是弹出式摄像头及全面屏，商家抓住该手机的特点，在电视、广告牌、LED 屏和线上动画视频等反复展示，以狂轰乱炸的形式让消费者记住了商品，并形成了品牌印象

图 1-7　突出商品细节

知识提炼：吸引顾客的购买欲望

法国人有一句经商谚语：即使是水果蔬菜，也要像一幅静物写生画那样艺术地排列，因为商品的美感能唤起顾客的购买欲望。

3. 整洁页面唤起审美的愉悦

一个成熟的品牌页面给浏览者的感觉应该是具有高度美感的视觉享受。网店整体色调的搭配、色调给人的心理感受、页面布局的层次感、页面的装饰等，都应该由专业的设计人员根据品牌的主题来完成，如图 1-8 所示。

（a）　　　　（b）

图 1-8　整洁的页面

4. 合理展现商品的优势

商品摆放是一门很大的学问，实体店商品的展示通常会请专业人员来完成。对于电子商务店铺来说也要充分吸收实体店铺的经验，在商品的展现形式上做到丰富多样。

在化妆品的展示上，可以分别摆放商品图、功能说明和促销价格，并要求页面风格做到整齐、洁净、统一；新出商品、流行商品、推荐商品要放在网店的首页，以显出摆放的主次；整齐划一的摆放页面、干净端庄的页面形象也是有力保障，如图 1-9 所示。

（a）　　　　（b）

图 1-9　化妆品商品页面展示效果

1.3　视觉营销的主要手法

当浏览者浏览页面时，首先会被页面的色彩所吸引，然后才会根据需要查找的内容观察画面的结构，最后才会通过阅读文字详细了解商品信息。由此可见，视觉营销三要素分别为色彩、版式和文案。

提示： 视觉营销三要素是视觉营销的重要组成部分，该内容接下来会结合案例进行详细地讲解，在此处就不再多加赘述。

视觉营销通过用色彩、版式和文案等造成的强烈冲击力来博得浏览者的眼球，吸引浏览者的目光使其进入网店页面，并且刺激其购物欲望，把这股流量转化为成交量，如图 1-10 所示。在吸引用户注意力的同时更要注重塑造店铺形象，这样能够让有效流量再次转变为忠实流量。

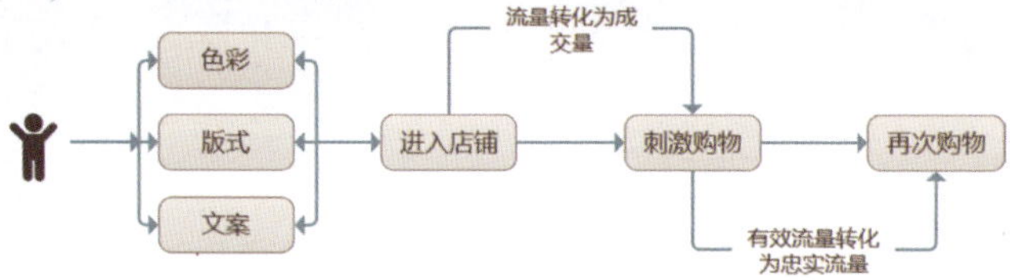

图 1-10　营销流程

如何在电子商务网站中运用好视觉营销，是众多电子商务从业人员都有的疑问。从网站设计的角度来说，常用的方式有以下 5 种。

1.3.1　重中之重的第 1 屏

店铺的首页就好像两个陌生人第一次见面时的第一印象，当留下较好的印象后，才会有后续发展。店铺首页第 1 屏的信息包括店招、导航栏和 Banner 海报，如图 1-11 所示为一款化妆品网店的第 1 屏。

图 1-11　化妆品网店第 1 屏

知识扩展：第 1 屏

这里的第 1 屏是指店铺的首页，用户使用计算机购物，计算机屏幕为消费者呈现的第 1 屏幕，是不需要滚动条的前提下可观看的浏览面积。

在第 1 屏中通常包含很多元素，而对视觉营销起着重要作用的有店招、导航栏和 Banner 海报。接下来逐一讲解。

1. 简约不简单的店招

店招，用户可以将其理解为店铺的招牌。总的来说，店招的信息需要短小精悍，要以品牌和商品为主，同时结合店铺的经营种类、品牌印象和店铺总体装修色调等几个方面进行设计，这样做的目的是使店招看起来简约实际上该有的都不缺，如图 1-12 所示为几款比较成功的店招作品。

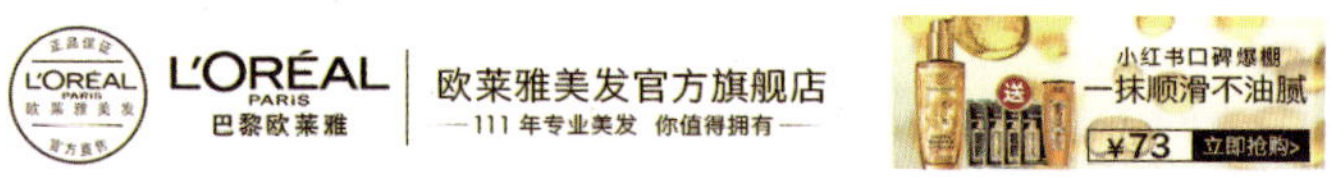

（a）　　　　（b）

图 1-12　店招

电子商务的店招，一般情况下的内容布局为：品牌 Logo+ 一款主推商品 + 点击收藏 + 活动信息，如图 1-13 所示。

图 1-13　店招布局

2. 一目了然的导航栏

店铺首页的作用之一就是把客流量均衡地分配给商品所在的页面，并能够引导浏览者正确地找到适用的商品，最后产生订单交易成功。而导航，在店铺任何页面中都起着分类引导的作用，如图 1-14 所示为一款体育用品店铺的导航栏。

图 1-14　店铺导航栏

设计导航栏时，设计师要根据视觉营销的分析来设计制作，从左到右的前 3 个分类为视觉中心，将拥有强大的点击率。无论是从消费者的操作习惯还是人类视觉上的亲疏远近来看，浏览者看得最多的就是前 3 个分类。

同时，根据数据调查得知，导航栏的后 3 个分类点击数值相对来说也比较密集，由此可知，在规划导航时，有必要把店铺里最容易吸引消费者的链接点放置在前 3 个导航分类内，将店铺里最具特色的活动放置在最后 3 个导航分类内，如图 1-15 所示。

图 1-15　导航栏目的位置

如果店家想要展示的商品分类远远多于 3 种，或许可以尝试使用一些小巧而精致的图标和标签为文字添加亮眼的颜色效果等方式，以此区别于其他导航分类，吸引浏览者的目光，在如图 1-16 所示导航中，就为导航添加了背景图，效果清晰，便于浏览者查找。

图 1-16　美化导航栏目

3. 美观大方的 Banner 海报

Banner 海报在首页的意义无异于是一个视觉冲击，它的质量关乎店铺能否留住浏览者的重要环节。需要注意的是，Banner 海报在丰富页面内容的同时，可以增加浏览者阅读的新鲜感，但其数量以 3 为最佳，如图 1-17 所示为一款商品促销 Banner 海报。

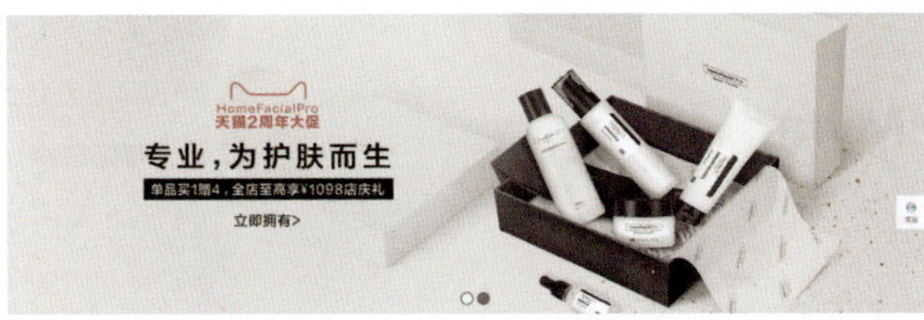

图 1-17　Banner 海报

店家还需要注意的是，每幅海报的停留时长最好控制在用户的视觉耐性的时间内。如果海报数量过多则会分散吸引力，给浏览者带来厌烦感，起到适得其反的作用，如图 1-18 所示。如果某段时间内店铺活动较多，可以根据首页的设置，选择放于页面下方某处。

图 1-18　过多的海报页面

1.3.2　真材实料的第 2 屏

当浏览者进入店铺，浏览了店招、导航栏和 Banner 海报并且被吸引住的时候，他们将会向下滚动页面，看到第 2 屏的内容。这时，就到了各家店铺“高手对招，各显神通”的环节了。店铺第 2 屏的页面信息通常是该店铺的最新活动或者主推商品的简介，如图 1-19 所示为美妆店铺第 2 屏的页面效果。

店家也可以根据自身店铺的周期特色，选择制作介绍优惠活动和展示优惠券的页面，跟随活动主题的色调，整齐美观地排列画面板块，使店铺的活动内容丰富多彩，让浏览者找到自己关注的“热点”，如图 1-20 所示。

图 1-19 美妆店铺第 2 屏

图 1-20 合理布局第 2 屏

还有一点需要注意，店家在第 2 屏进行的商品推荐中，要对商品的特点及功能做总结美化，不能为了铺货而展示。单一的叠放会使商品缺乏亮点，这样就大大地浪费了商品的绝佳展示机会，如图 1-21 所示页面中，内容过于简单，层次不够丰富。一旦浏览者不感兴趣，就会失去营销的机会。

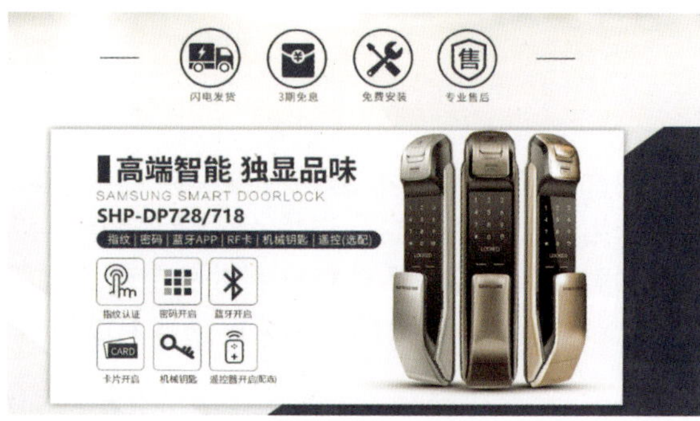

图 1-21 单调的第 2 屏

1.3.3 琳琅满目的第 3 屏

当浏览者阅读到第 3 屏的时候，全面展示商品分类的好时机已经到了。浏览者经过前两屏的视觉洗礼，如果还没有选择关掉页面，那说明浏览者现阶段对店铺内的商品还存在较大兴趣，这时候在页面中摆放上琳琅满目的商品，供浏览者选择，可以极大地促进其购买，如图 1-22 所示。

知识拓展：首页导航栏的优势与劣势

导航栏的目的是为了方便浏览者查看店铺的所有分类页面，而店铺首页的商品分类，目的是让消费者能够通过简单的商品信息介绍进行选择类目查看，但是这个功能有利也有弊，好处就是让希望直接查看某分类的消费者可以一击即中，跳转到重要的排序页；坏处就是在这一板块中就会直接将首页的流量进行分流导致首页下半段的页面流失率提升。

所以，导航栏的设置要根据各家店铺的情况而定，并不是一定需要按照既定排序存在。商品介绍不是单一的，也不是约定俗成的，它可以根据店铺营销的需求及自身商品的特色进行设计，还可以适时增加活动，或在具体的商品展示中增加“加价购买”的优惠内容，增加消费者的购买率。

图 1-22　丰富的商品展示

1.3.4　活动劲爆的第 4 屏

商品分类展示结束后，页面将展示店铺爆款商品、热销商品页面，这里的商品信息介绍虽不能媲美商品详情页的信息介绍，但却可以给浏览者眼前一亮的感觉，同时种类繁多的促销活动直接刺激浏览者的购买欲望。如图 1-23 所示，领券的同时还享受活动价格，较大的促销力度很容易就将流量转化为成交量。

图 1-23　第 4 屏页面效果

作为店铺的劲爆内容，这一屏无论是从商品选择，还是从色调、排版、字体优化等画面设计方面，都需遵循与店铺整体风格一致的原则。同时追求个性化展示，精致的商品信息及画面设计会让浏览者产生浓厚的兴趣。当浏览者点击进入商品详情页时，视觉营销就成功一半了。

> **提示：**在挑选商品款式的时候，尽量选择一些款式具有差异化的商品展示，对于价格上的差异化也是一样。这样的设计排列不会给浏览者带来热点商品单一化的错觉，同时也不会对浏览者造成购买的局限性。

1.3.5 灵活多变的第 5 屏

在店铺首页中，有很多信息的展示是机动性的，这些信息会根据整个首页的排版布局、画面设计、页面长度来控制。例如“店铺页面说明”，店家可以把它设置在第 5 屏，也可以将其设计在靠前的版块内，如图 1-24 所示。

图 1-24　店铺页面说明页面

另外，在设计上可以加入“自定义”版块内容，结合店铺和商品特色的需要。例如“最新热评”，在母婴商品类店铺内比较常见，通过宝妈们的众多评价，让消费者对商品及品牌产生信赖感。

提示：一般建议首页的总体长度不宜超过 8 屏，太长的页面容易造成浏览者视觉疲劳，选择困难，最终流失。所以在进行首页设计前，需要整体把控框架内容、布局结构。

一个好的网店设计师必须具备以下条件：（1）设计作品需具有思想性，切合主题又不落入俗套；（2）不只是美工，不是单一的模板抄袭或别家的搬运工；（3）其作品应具有丰富的情感性，能深深打动浏览者和增强浏览者的购买欲望。

1.4 视觉营销的原则

视觉营销是一系列营销活动和操作方法，更是一种企业战略。视觉是表象，营销思想才是隐藏在背后的灵魂。因此，视觉营销具有一致性、易读性、连续性、目的性、审美性和实用性等原则。

1.4.1 一致性原则

一致性原则强调视觉营销内容和视觉传播的无差别。这一原则首先建立在清晰的营销策略上，视觉营销的所有元素都是围绕商品营销这一中心思想展开的。同时营销策略并非是单独存在的，而是贯穿在商品研发、生产、销售的整个过程中。如图 1-25 所示为 SK-Ⅱ 非常出名的一款产品，精致的产品外观设计和用户优良的口碑是它成功的秘诀。

图 1-25　精致的产品外观设计

一个新品上市前，首先要在消费者中做调研，从而确立新品的营销策略。继而围绕该营销策略完成包装设计，并针对不同级别的网上商城打造系列视觉营销方案和商品政策，最后充分利用各种节日的促销手段。正式营销策略的高计划性和强执行力，保证了其商品的展示效果具备较高一致性，如图 1-26 所示为 SK-Ⅱ 商品在不同节日推出的商品包装。

（a）春节限量款

（b）圣诞节限量款

（c）女人节限量款

（d）樱花限量款

图 1-26　包装设计与节日结合的视觉营销

视觉营销其实是对视觉表现的有效控制。举例来说，如果某一款针对年轻消费者的抗痘护肤品包装使用如图 1-27 所示的暗红色系包装，年轻消费者可能会多半觉得这个商品是给妈妈辈用的，这就是视觉表现违背了营销策略。

图 1-27　以成熟女性为营销目标的色系

提示：对视觉表现的控制不一定要有专业的设计师才行，只需要站在消费者的角度上客观地审视商品就能发挥作用。充分了解营销策略，再分析目标消费者的喜好和审美倾向，这两个是共同衡量视觉表现的一致性。

1.4.2 易读性原则

易读性原则由容易理解和容易记忆两个方面组成，易读性原则主要通过“做减法”和“傻瓜论”来实现。有的品牌喜欢在制作海报时把商品的所有特点都标明，殊不知现代消费者即没有时间也没有耐心阅读。讲得越多越没人看，什么都想说等于什么都没说，如图 1-28 所示商品海报中使用了较多文字的商品背面展示，反而不利于营销。

多做减法，逐层提炼显示最核心的营销点，突出表达将使视觉营销更加容易被理解和记住。“傻瓜论”主张把目标消费者当作傻瓜来对待，视觉营销页面尽量减少他们的理解成本。能做到一目了然，就不绕弯子；能用图像表达的，就不要长篇大论，如图 1-29 所示。

图 1-28　营销海报的易读性

图 1-29　营销海报的“减法”

1.4.3 连续性原则

在网络发达的今天，用户在上网时同一声音不断地重复重复再重复，用户将会对该声音记忆深刻。连续性的视觉表现，可以帮助新品牌或新商品快速建立品牌印象，如同德芙巧克力无论从包装设计、商品展示还是电视广告，都延续了丝绸、柔滑的视觉表现，形成了一条连续性的视觉营销链，让人想起德芙，就想起了丝质柔滑，如图 1-30 所示。

如果用户留意巴黎欧莱雅的广告，会发现无论是什么商品，在广告的结尾，女主角总是带着那份自信说“你值得拥有”。这些看似重复的细节就是视觉营销连续性的具体表现。

（a）

（b）

图 1-30　丝滑的特点贯穿整个营销链

提示：人类评判任何事物的第一印象需要 7s，而网店给浏览者的第一印象只有 1s。专业、美观的店铺装修，将直接给商品加分，同时会增强浏览者对网购的信任。

视觉营销是现代商业随着消费需求，从基本温饱层面向精神层面发展应运而生的营销手段，通过增强浏览者的视觉感受以促进销售。随着商品竞争越来越激烈，视觉营销将是营销手段中最重要的核心竞争力之一。

知识提炼：视觉营销在电子商务中的应用

电子商务的发展日新月异，将视觉营销融入店铺的经营理念中，是未来电子商务发展的必由之路。浏览者在购物的同时对于网站的设计和风格也会有所要求。网店不再是商品的货架，已经逐渐发展为体现商品灵魂和店铺特色的媒介。

1.4.4　目的性原则

网店终究是虚拟店铺，能够激发消费者的购买动机无非有三点：一是相信商品；二是相信店家；三是网店购买用户体验好。但卖家无法直接告诉消费者店铺能够做到这三点。这时只能通过视觉感官冲击来突出商品的特点，同时视觉冲击是整个购买环节中最重要的一部分。网店设计中增加视觉冲击的方式有以下 4 种：

（1）合理摆放商品图片，主次图简单明了，博得消费者良好的第一印象。

（2）分析消费者的需求，明确呈现出商品属性和特色，晒购买点，刺激消费者购买欲。

（3）做好店招，利用好广告性质让买家记住店家，记住店家是谁，是卖什么。

（4）做好商品分类，不要让买家去找店家的商品，卖家应主动将商品明晰化，便于买家购买。通常情况下分类应不超过 3 级。

做好以上 4 点，网店卖家就可以充分吸引买家的注意，促使订单的产生。如图 1-31 所示，商品展示页中将新品和特价摆在醒目位置，吸引买家点击购买。

（a）　　　　（b）

图 1-31　合理摆放商品图片

1.4.5　审美性原则

视觉营销页面自始至终都得注重视觉感受，如果卖家本身都觉得店面看起来不美观，不足以吸引浏览者，浏览者又怎会被吸引进店铺。

如果刚开始店铺的视觉营销效果很棒，流量大成交量大，但长期装修或者翻新店铺，浏览者就会出现视觉疲劳。所以定期装修店铺是非常有必要的，这样使得消费者每一次都有不同的购物体验，形成一种良性循环。如图 1-32 所示的化妆品店铺中采用了标准性的主色，结构新颖的构图，给人眼前一亮的感觉，吸引浏览者继续浏览。

图 1-32　化妆品网店页面

1.4.6　实用性原则

店铺的视觉营销要注意与商品或品牌主题相符，并具有实用性。实用性就是服务好顾客的需求，权衡好可操作性面。

巧妙利用文字说明、图片示意让浏览者可以快速了解店铺的操作功能和商品的结构。如果商品线紧密结合，就一定要注意环环相扣的实用性，别让商品摆放得乱七八糟，徒增购买难度。如图 1-33 所示为小米商城的第 1 屏页面，页面中商品分类清晰，主题明确，同时在页面底部又增加最新商品和客服服务的内容，实用性非常强。

图 1-33　小米商城页面

提示：营销是目的，视觉以营销为目的，目的是通过手段来实现的。视觉营销是合理的利用视觉效果和客户体验达成交易，从而实现销售额和利润。所以视觉营销在如今网络营销中是最重要的营销手段。

视觉营销一定要了解买家最需要什么，然后把买家需要买的商品的信息放在最前面，并用简单的标题吸引买家的视觉。

1.5　视觉营销的作用

在品牌视觉营销的过程中，可以通过视觉最大化传播商品信息，同时缩短传播时间，创造最有价值的营销成果。在电子商务爆发式发展的今天，视觉营销在店铺发展与商品销售的过程中起着尤为重要的作用。按照视觉营销字面上的意思，可以将“视”理解为打造注意力，将“觉”理解为唤醒记忆点，将“营”理解为营造好感度，将“销”理解为给予想象力。

1.5.1　打造注意力

在电子商务领域中，不能引起关注的商品，再好的商品也会被人忽视。视觉营销里的“视”指的就是要浏览者眼睛“看到”并且视线“停留”。

人的视觉会关注比较特别的事物，例如，某品牌设计出来的人物形象便是为了形成自己独特的视觉符号，在符合品牌要传播的价值情况下衍生出来的注意力符号。而这种注意力符号传播的价值正是解决在线上流量费用成本上的问题。因为当大家看到这个符号就会联想到这个快餐品牌，营销已经成功了，如图 1-34 所示。

通常情况下，用户在浏览页面时，最先看向页面的左上角，然后再滑向右下角，再返回中间位置，然后看向右上角，再由右上角滑向左下角，如图 1-35 所示。由此可见，页面中最易引起注意的位置是左上角，被浏览次数最多的位置是中间位置，因此在设计页面时，想要着重展示的内容通常放置在页面的左上角或者中间位置，如图 1-36 所示。

（a） （b）

图 1-34 视觉符号

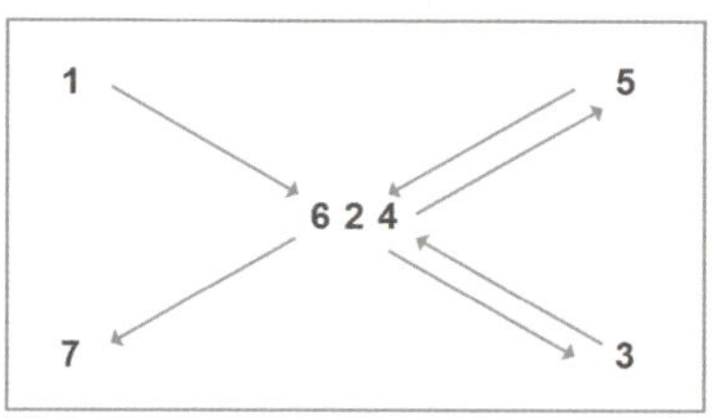

图 1-35 浏览顺序

图 1-36 页面效果

知识拓展：留住浏览者的第一步

在电子商务相对成熟的今天，每天在网上所创建的新品牌成千上万，平均每一小时就有 1000 个店铺开业。如何在众多品牌中脱颖而出是面临的第一个问题，例如，服装的呈现方式大部分店铺都是通过模特为浏览者展示，浏览者的视觉体验处于麻木的状态。因为到哪都是这样，没新意。所以要想留住浏览者就必须在商品的展示方式上多下功夫，全面、新颖地展示商品特性，促进浏览者购买。

1.5.2 唤醒记忆点

吸引浏览者目光的同时还要让浏览者记住，重复和坚持是不错的方法。有争议就有关注，随着时间的推移和品牌文化的不断深挖和在画面上的植入，消费者反而越来越认可。

这种符号的价值越来越明显，有些人认为广告语才是品牌的记忆点和品牌内涵的诠释，殊不知一个有效的记忆标题也可以是这个品牌的全部，通过视觉营销来完成的品牌传播就是视觉标题。这样的标题可以在广告图中、设计商品时、商品展现中和品牌活动中使用，如图 1-37 所示为两款奶粉商品的宣传图，除了使用相同的配色和构图外，在营销文案上也基本相同，都着重突出“妈妈轻盈美丽，宝宝多维发育”的宣传标题。

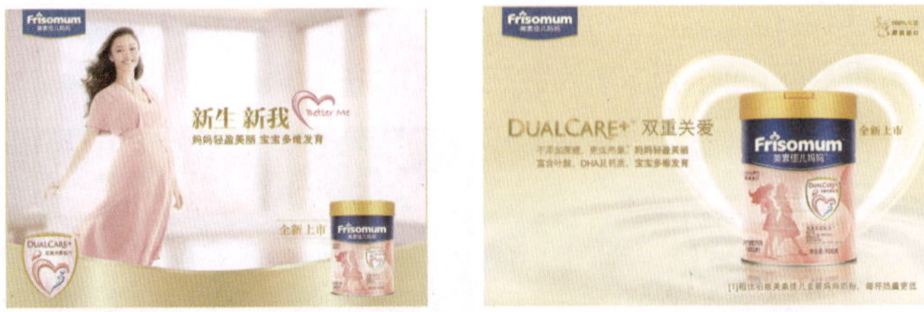

（a）　　　　　　　　　　　　（b）

图 1-37　奶粉商品统一的营销标题

提示：视觉标题变成了品牌价值传播后的高度浓缩，是品牌要传播的内容中最简单的记忆点。视觉上记忆点解决的是传播品牌信息聚焦的问题，消费者在阅读品牌时能够清晰传播，在传播成本上也达到了简化。

1.5.3　营造好感度

视觉营销中的“营”就是营造氛围，目的就是加强品牌和消费者之间的关系亲密度，也就是通过对品牌的塑造让消费者形成好感度，从而认可品牌传播的价值观。

在当前电子商务高度发展的时代，商品价值从“以商品为中心”逐步发展成“用户至上”的理念。品牌忠诚度不是让消费者忠诚于品牌的行为，而是品牌要义无反顾的忠诚于消费者，因为互联网的竞争格局是以用户体验为中心，谁能够掌握消费者内心，谁在市场上就有一席之地。如图 1-38 所示厨具促销广告中，重点突出了商品的材质及耐用，将消费者内心的疑问，以广告标题的形式解答，既展现了商品的优势，又吸引浏览者购买。

图 1-38　厨具促销广告

在电子商务网站中，很多品牌都希望可以塑造品牌价值，将品牌价值与消费者的价值观连接，即可形成族群认同。这种方法是解决消费者认可品牌价值最快、最有效的手法。

视觉营销做得好将大大提高消费者的复购率，从而缩减消费者在品牌方面传播的成本。好的视觉营销可以营造好的沟通力，沟通力足够强可以让消费者即刻下单，所以与其浅尝辄止，不如深挖品牌价值。如图 1-39 所示为一款厨房商品的Banner广告，页面中展示了切菜的最终效果，但却没有展示商品内部，大大激起了浏览者的兴趣，促进其购买。

图 1-39　厨房商品广告图

提示： 例如在某品牌的视觉大片中，是对消费者深刻研究洞察，符合消费者内心状态的写真，从棉麻的背景给人质朴回归的感觉，到慢生活价值的传播，从消费者感性的女人特质，到浪漫唯美文艺的画面呈现，所有这一切都是围绕着消费者的心理价值来营造的。

1.5.4 给予想象力

电子商务除了给浏览者带来物质上的满足，还要能够给浏览者带来心理上的满足，如何让浏览者产生购买机会，就是要给予浏览者想象力。特别是服装类目，女人对服装的要求不是服装本身，而是服装所创造出来的美好，即给予消费者某种情绪联想，就能产生其购买冲动。如图 1-40 所示为某网站女装首页面，浏览者在这个页面中几乎可以看到所有的女装分类，无论女性浏览者处于什么阶段，都能找到适合的商品，这就大大刺激了浏览者产生购买欲望。

图 1-40 某网站女装首页

很多店家只是将商品逐一陈列出来，恰恰忘记了一个更重要的东西，即商品本身的想象力。让每一件商品做自己的销售员，让商品自己说话，是视觉营销的重点。

店家在模特的妆容、表情、动作，以及广告大片上都要淋漓尽致地将商品想象力表达出来，每一件衣服都有浏览者最适合的场合与心情，都有浏览者最适合发生的故事，这一切都要通过画面向浏览者呈现最美的憧憬。商品有销售力就是消费者看到商品后所产生的想象力，不管是商品图还是广告片都是如此。如图 1-41 所示为一款礼服的海报，女性看到这张图，很容易就联系到自己穿上礼服就会这么美，从而促进购买。

图 1-41　礼服商品海报

知识扩展：看得见的营销

视觉营销是通过消费者的视觉感受来营造销售机会的，也就是说，所有消费者看到的内容都是视觉营销的一部分，包括图形、文字、Logo、广告语、促销文字和商品内文等。视觉营销并不是简单的设计好漂亮的图片来吸引消费者的，而是在感官上将图形标题化，文字图形化。视觉在整个营销系统里是一个大系统，而这个大系统下又有无数的功能模块组合形成的小系统。互联网时代的商品接触端口就是消费者通过视觉来感知商品或者品牌。

1.6　色彩对视觉营销的影响

当浏览者浏览页面时，第一印象是页面上的颜色，颜色除了可以向浏览者展示图片行业外，还能够快速地吸引目标人群，促使点击，产生流量，生成订单。

下面将通过完成一个水果网店海报的设计制作，讲解色彩对于视觉营销的重要性，海报完成效果如图 1-42 所示。

图 1-42　水果网店海报效果

1.6.1　分析商品色彩结构

图 1-42 画面中海报的主色为红色和粉红色，红色是商品色，是为了突出商品在整个海报中的地位。而背景色中的粉红色，是由红色降低明度和纯度所得到的颜色，在色相环中粉红色隶属于红色。因而，这款海报采用的是同色系的配色方案，如图 1-43 所示。

主色中红色面积比较小，因而大面积的背景色才会采用粉红色，既保持了色调的一致，又使得画面具有了层次感。同时，背景中加入了透明的雨滴图像，使得画面中的层次感更加立体。

（红色）　（粉红色）

图 1-43　主色

海报的辅色为橙色和白色，白色属于调和色，可以很好地中和画面中大面积色块带来的视觉冲击。橙色是降低了明度和纯度的黄色，黄色又是红色的邻近色，所以使用橙色的文字才不会显得突兀，如图 1-44 所示。

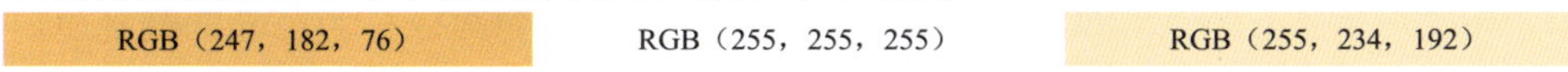

（橙色）　（白色）　（黄色）

图 1-44　辅色

画面中点缀色为黑色、绿色和红色。点缀色使用了中性色黑色来调和画面，又使用了红色的对比色绿色来点缀画面，最后又使用了深红色的文字，来强调和突出主色，如图 1-45 所示。

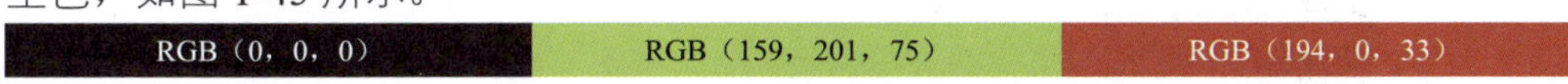

（黑色）　（绿色）　（红色）

图 1-45　点缀色

1.6.2　掌握色彩基本概念

在运用和使用色彩前，必须掌握色彩的原色和组成要素，但最主要的还是对属性的掌握。自然界中的色彩都是通过光谱七色光产生的，因此，色相能够用来表现红、蓝、绿等色彩；可以通过明度表现色彩的明亮度；通过纯度来表现色彩的鲜艳程度。

1. 色相

色相是色彩的一种属性，指色彩的相貌，准确地说是按照波长来划分色光的相貌。在可见光谱中，人的视觉能够感受到红、橙、黄、绿、青、蓝、紫等这些不同特征的色彩，色相环中存在数万种色彩。

原色是最原始的色彩，按照一定的颜色比例进行配色，能够产生多种颜色。根据色彩的混合模式不同，原色也有区别。屏幕显示使用光学中的红、绿、蓝作为原色，而印刷使用红、黄、蓝作为原色。

对任意一种邻近的原色进行混合，得到一种新的颜色，即为次生色。

三次色是由原色和次生色混合而成的颜色，在色环中处于原色和次生色之间，如图 1-46 所示。

（a）原色　（b）次生色　（c）三次色

图 1-46　色相

2. 明度

所谓明度指的是色彩光亮的程度，所有颜色都有不同的光亮，亮色就称其为“明度高”，反之，则称之为“明度低”。无彩色中，明度最高的是白色，中间是灰色，最后随着不断的灰度进行降低，得到黑色。

3. 纯度

纯度是指色彩的饱和度，或称为色彩的纯净程度，也可以称为色彩的鲜艳度。原色的纯度最高，与其他色彩混合，纯度降低。尤其是白色、灰色、黑色、补色混合的话，纯度明显降低。越是纯度高的色彩，越容易残留影像，也越容易被记住，如图 1-47 所示。

纯度阶段图　　纯度的变化

图 1-47　纯度

课堂练习　使用配色软件辅助配色

步骤 01　在 Photoshop 中执行“窗口”→“扩展功能”→ Adobe Color Themes 命令，打开 Adobe Color Themes 软件，如图 1-48 所示。单击 Explore 选项，可以看到软件提供的配色方案，如图 1-49 所示。

步骤 02　选择配色方案中一个颜色作为主色，其他颜色即可以作为辅色使用。如图 1-50 所示。

图 1-48　打开软件

图 1-49　选择配色方案

图 1-50　使用配色方案

1.6.3　设计制作水果商品海报

步骤 01　新建一个文件，图像大小为 1920×650 像素，分辨率为 72 像素 / 英寸，如图 1-51 所示。将文件存储为“水果商品海报 .psd”，如图 1-52 所示。

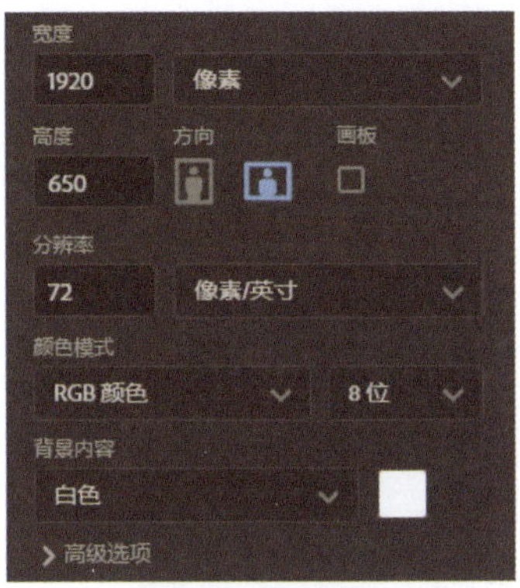

图 1-51　新建文档

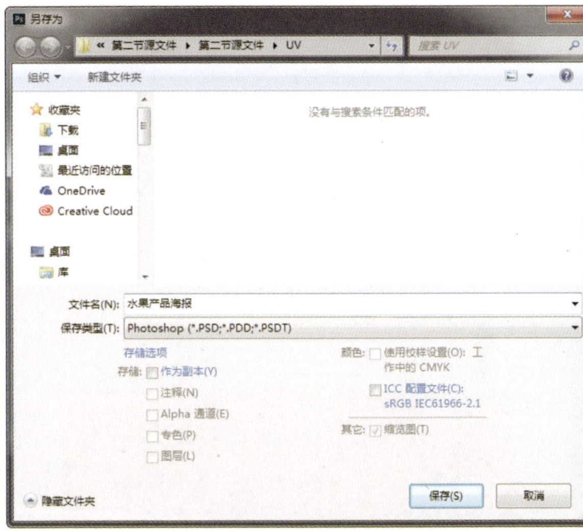

图 1-52　保存文件

> **提示：**为了避免由于操作或者硬件的原因造成文件丢失，在新建文档后要及时保存文档。并在以后的制作过程中养成时刻保存文件的习惯。

步骤 02　设置前景色为 RGB（255，68，95），使用“油漆桶工具”在画布中单击填充画布，如图 1-53 所示。

> **提示：**海报的主图为草莓，因此背景色使用了草莓的颜色。为了有所区分，降低了颜色的纯度。与草莓图像同色搭配时，既丰富又统一。

步骤 03　打开文件“素材 \ 第 1 章 \ 雨点 .jpg”，将该图片拖曳到“水果商品海报”设计文档中。调整图片位置，如图 1-54 所示。

图 1-53　填充画布

图 1-54　插入“雨点”图片

步骤 04　打开“图层”面板，选中“雨点”图层，更改图层的混合模式为“滤色”选项，图像效果如图 1-55 所示，滤色“图层”面板如图 1-56 所示。

图 1-55　图层混合模式效果

图 1-56　滤色“图层”面板

步骤 05　单击“添加图层蒙版”按钮，为“雨点”图层添加一个图层蒙版，设置前景色为黑色，并使用“画笔工具”在画布中进行涂抹，如图 1-57 所示，蒙版“图层”面板如图 1-58 所示。

图 1-57　矢量蒙版效果

图 1-58　蒙版“图层”面板

步骤 06　新建图层，修改图层名称为“椭圆 1”，设置前景色为白色，使用“画笔工具”在页面中单击，绘制如图 1-59 所示效果。设置该图层混合模式为“叠加”，完成效果如图 1-60 所示。

图 1-59　绘制图形

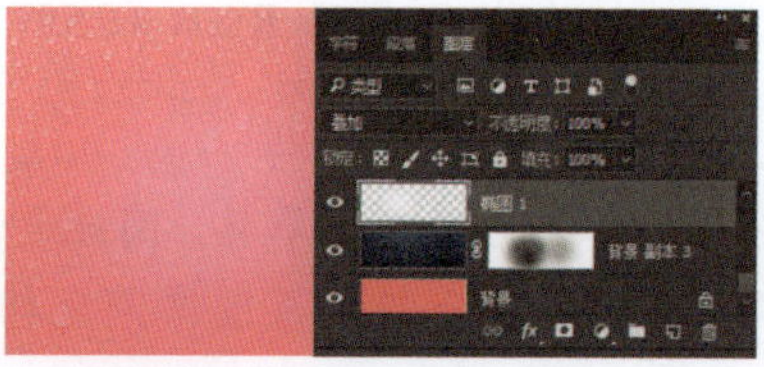

图 1-60　设置图层混合模式

步骤 07　打开“素材\第 1 章\草莓.png”图片文件，将该图片拖曳到设计文档中，调整图片大小位置到如图 1-61 所示。为该图层添加图层蒙版，设置前景色为“黑色”，使用“画笔工具”在蒙版中绘制，修饰草莓边缘效果，完成效果如图 1-62 所示。

图 1-61　导入图片

图 1-62　修饰边缘

步骤 08　新建图层，调整其顺序到草莓图层下。设置前景色为黑色，使用“画笔工具”绘制如图 1-63 所示效果。修改图层不透明度为 46%，效果如图 1-64 所示。

图 1-63　绘制草莓图阴影

图 1-64　修改图层不透明度

步骤 09　使用相同的方式，继续绘制阴影，效果如图 1-65 所示。使用“横排文字工具”在画布中依次输入文字，文字颜色为 RGB（255，234，193），完成效果如图 1-66 所示。

图 1-65　绘制阴影

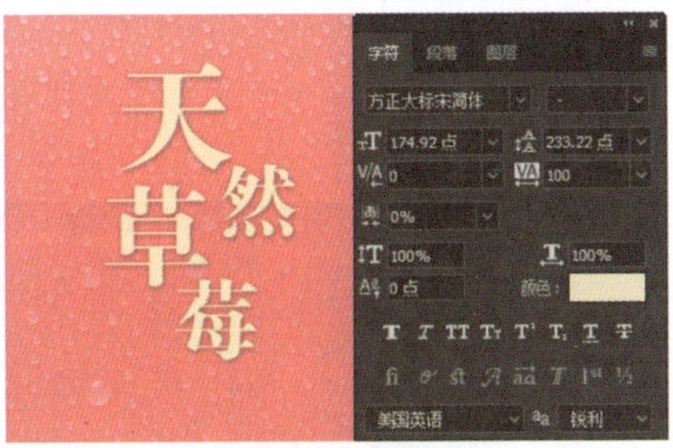

图 1-66　输入文字

> **提示：**标题文字采用了临色搭配，并降低了黄色的纯度。页面主题清晰明确又不至于太刺眼。

步骤 10　继续使用“横排文字工具”输入如图 1-67 所示文字。使用“矩形工具”绘制如图 1-68 所示的图形。新建一个图层组，并修改其名称为“文字”，将文字图层和形状图层都移动到该图层组中，如图 1-69 所示。

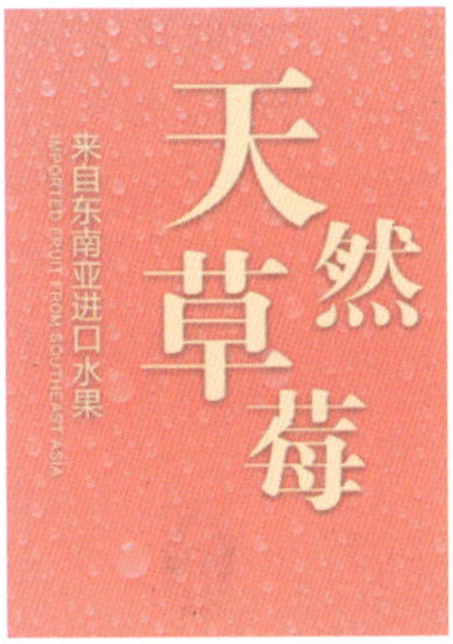

图 1-67　绘制文字阴影

图 1-68　使用“矩形工具”输入文字

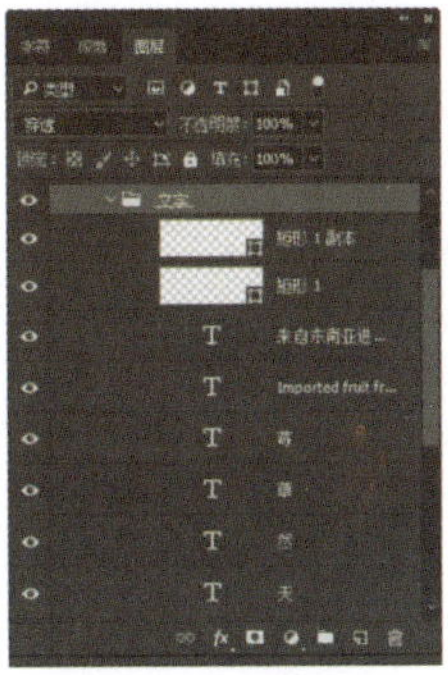

图 1-69　新建图层组

步骤 11　单击“添加图层样式”按钮，为该图层组添加“投影”图层样式，设置各项参数如图 1-70 所示。将“素材 \ 第 1 章 \ 印记 .png”图片文件打开并拖曳到设计文档中，页面效果如图 1-71 所示。

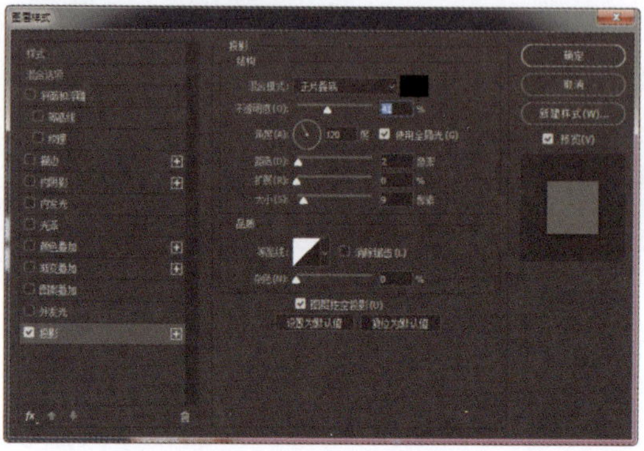

图 1-70　图层样式

图 1-71　合成图片素材

步骤 12　新建一个名为“文字 1”的图层组，将刚刚完成的“文字”图层组拖入到“文字 1”图层组下，如图 1-72 所示。使用“横排文字工具”输入如图 1-73 所示文字。

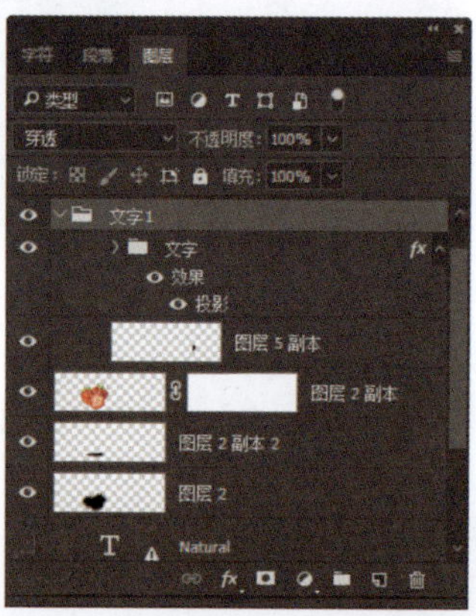

图 1-72　以“文字 1”为名建图层组

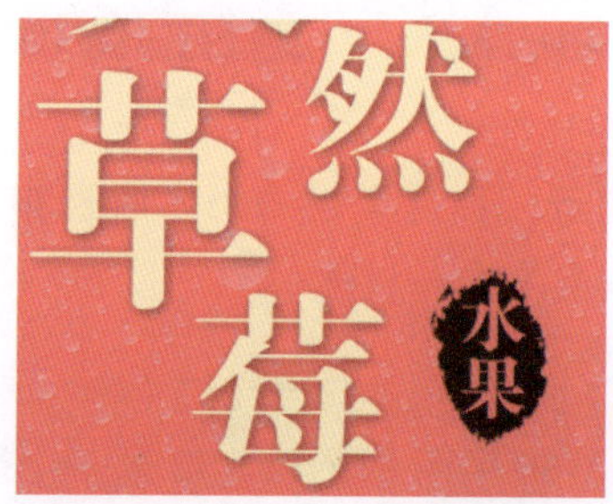

图 1-73　使用“横排文字工具”输入文字

步骤 13　新建一个图层，使用“画笔工具”绘制如图 1-74 所示效果图像。选中该图层，执行“图层”→“创建剪贴蒙版”命令，效果如图 1-75 所示。

图 1-74　绘制图像

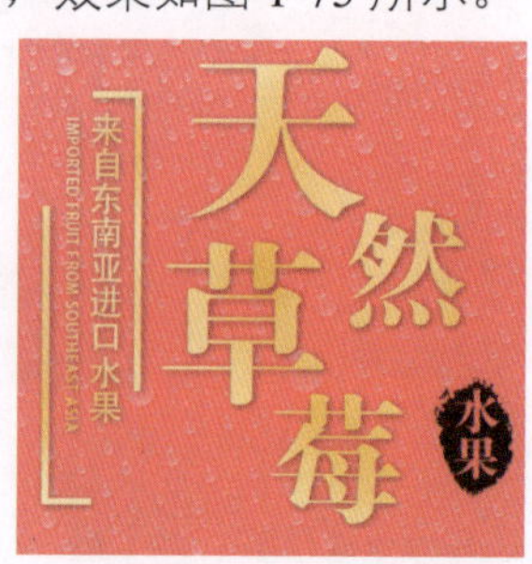

图 1-75　剪贴蒙版效果

提示：为文字添加剪贴蒙版，实现斑驳的文字效果，能增加页面的层次感。

步骤 14　继续使用文本工具输入文本，并执行“编辑”→“自由变换”命令旋转文本，最终效果如图 1-76 所示。

（a）　（b）

图 1-76　输入文本并旋转

提示：为了不影响标题。文本颜色选择了中性色——白色，既不影响整个页面的色调，又能清晰地表达文本的含义。

步骤 15　继续使用相同的方法输入如图 1-77 所示文本，完成页面的制作。

图 1-77　完成海报制作

提示：设计海报时，为了保证在大多数分辨率下都能够正确显示，海报的核心内容集中在页面中间，其他部分为纯色。当显示分辨率过大时，也能正确显示，不至于出现漏白的情况。

举一反三　设计制作冰激凌商品海报

设计制作水果商品海报后，接下来一起完成一个冰激凌商品海报的制作。该海报采用同色系搭配法，结构简单，主题明确。

步骤 01 使用粉红色作为海报的背景，并创建同色圆环图形，完成背景图的制作，如图 1-78 所示。

步骤 02 将红色的核心图导入页面中，并摆放在页面的左侧黄金分割位置，如图 1-79 所示。

图 1-78 制作背景图

图 1-79 导入核心图

步骤 03 将文字图片导入页面中，摆放在页面的右侧位置，如图 1-80 所示。

步骤 04 继续拖入图片素材，完成海报的制作，如图 1-81 所示。

图 1-80 导入文字图片

图 1-81 导入图片素材

1.7 构图对视觉营销的影响

在视觉营销页面内，根据商品题材和品牌理念的要求，把要表现的信息合理利用文字、图形和图片组织起来，构成一个和谐完整的画面，这称为构图。下面设计制作一款休闲食品海报，重点讲解一下海报的构图，如图 1-82 所示。

图 1-82 休闲食品海报的构图

1.7.1 视觉营销中的版式应用

图 1-82 的休闲食品海报采用了中心构图的构图方式。商品核心图片和营销文案摆放在画面的正中心位置，使得浏览者第一眼就可以看到商品并得到商品信息，既突出了商品的外观特点，又强调了营销文字的作用，如图 1-83 所示。

中心构图的页面会显得比较呆板，可以通过增加一些辅助元素丰富页面效果。使得页面看起来更加生动，更利于浏览者的浏览。通常会选择与主图相似的图片作为辅助图，既丰富了页面又不会脱离主题，如图 1-84 所示。

图 1-83　中心构图的构图方式

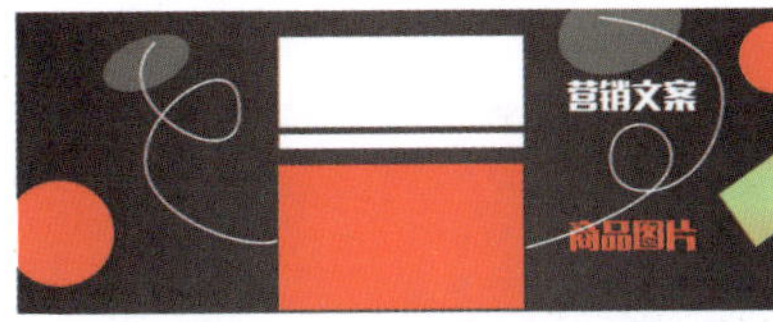

图 1-84　添加辅助图

1.7.2　掌握常见的版式结构

为了方便更多的人第一时间掌握视觉营销的构图方式，这里将构图方式做一个简单总结，常规构图有以下几种。

1. 中心构图

中心构图的关键点在于在画面中心位置安排商品元素。这样的构图能给人稳定、庄重的感觉，比较适合表现对称的画面元素。中心构图会产生中心透视效果，同时还会使画面显得呆板，所以设计时也要注意一些画面的点缀设计，让画面变得活泼、生动一点，如图 1-85 所示为采用了中心构图的商品 Banner 海报。

2. 九宫格构图

九宫格即用“井”字把画面平分成 9 块，在 4 个交叉点，选择一个点或者 2 个点作为画面的主体商品位置，同时其他点还应该考虑平衡、对比等因素。这种构图能够向浏览者呈现变化与动感，使画面富有活力，如图 1-86 所示。

（a）　　（b）

图 1-85　中心构图

图 1-86　九宫格构图

3. 对角线构图

在对角线构图中，主体商品本身占据画面斜对角的位置，这样能够使画面产生较强的动势，表现出纵深的效果。对角线构图对比中心点构图具有打破平衡、活泼生动的特点，如图 1-87 所示。

4. 三角形构图

三角形构图就是在设计中以 3 个视觉中心为元素的主要位置，形成一个三角形。三角形构图具有安定、均衡但又不失灵活的特点。其中，三角形可以是正三角形，也可以是斜三角形或倒三角形，其中斜三角形较为常用，也较为灵活，如图 1-88 所示。

图 1-87　对角线构图

图 1-88　三角形构图

5. 黄金分割构图

黄金分割又称黄金律，即整体画面中一分为二，其中较大部分与较小部分的比值等于整体与较大部分的比值，其比值为 1:0.618 或 1.618:1，也就是长段为全段的 0.618。0.618 是公认的最具有审美意义的比例数字，黄金分割具有严格的和谐性、艺术性和比例性，蕴藏着丰富的美学价值，如图 1-89 所示。

图 1-89　黄金分割构图

课堂练习　使用裁切工具优化图片构图

步骤 01　使用 Photoshop 将素材图片打开，图片效果如图 1-90 所示。单击工具箱中的“裁切工具”按钮，单击选项栏上的“设置裁切工具的叠加选项”按钮，弹出如图 1-91 所示的下拉菜单。

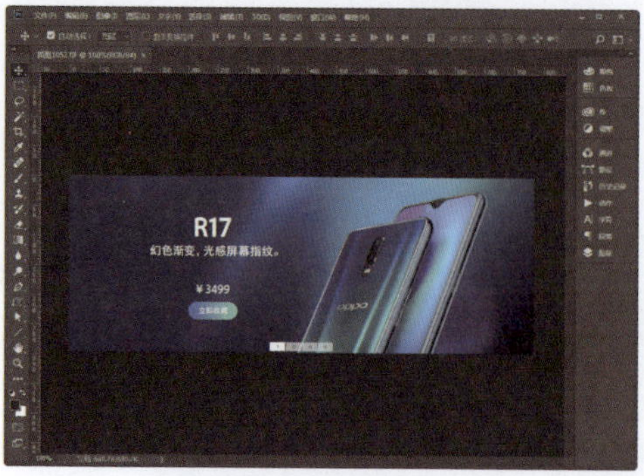

图 1-90　打开素材图

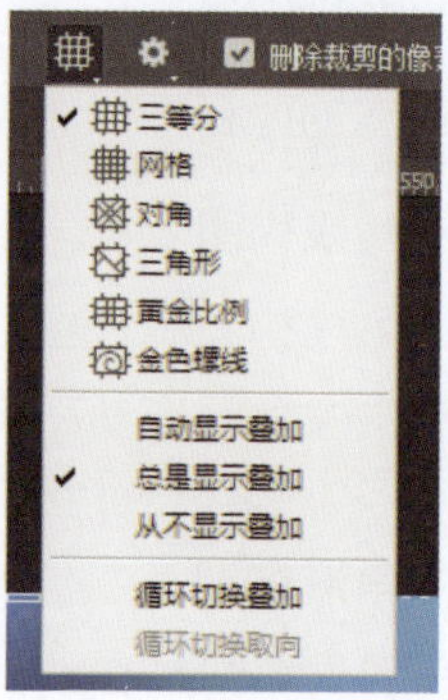

图 1-91　选择选项

步骤 02　选择“黄金比例”选项，在画布上单击，即可看到黄金分割的参考线，拖动左侧的裁切框，将右侧相交辅助线移动到摄像头位置，如图 1-92 所示。

步骤 03　双击鼠标左键或者单击选项栏上的“提交”按钮，即可完成裁切，裁切后的效果如图 1-93 所示。使用相同的方式，可以采用其他的裁切方式，矫正图片的构图。

图 1-92　调整构图

图 1-93　矫正后效果

1.7.3　设计制作休闲食品海报

步骤 01　打开 Photoshop，执行“文件”→“新建”命令，在弹出的“新建文件”对话框中设置各项参数，如图 1-94 所示。将文件存储为“设计制作休闲食品海报.psd”，如图 1-95 所示。

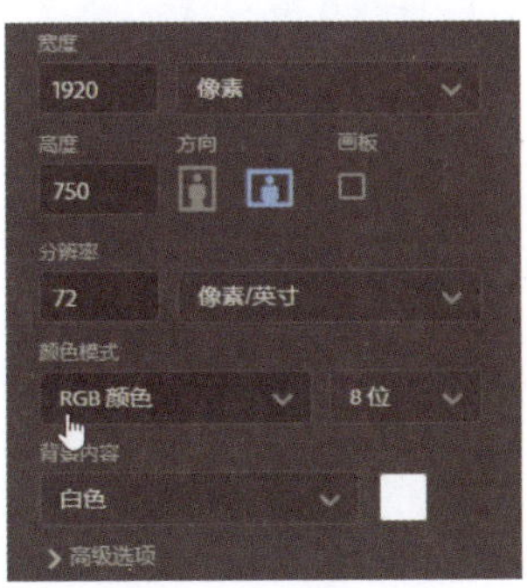

图 1-94　新建文档

图 1-95　保存文件

步骤 02　设置前景色为 RGB（38，38，38），使用“油漆桶工具”在画布中单击，填充画布效果如图 1-96 所示。新建一个名称为“背景”的图层组。将“背景”层改名为“图层 1”，拖至“背景”组中，如图 1-97 所示。

提示：美观的版式布局可以更引人注目，更能提升顾客的购买率。因此要将商品页面的组成要素进行合理地排布，以达到吸引顾客的目的。

图 1-96　填充画布

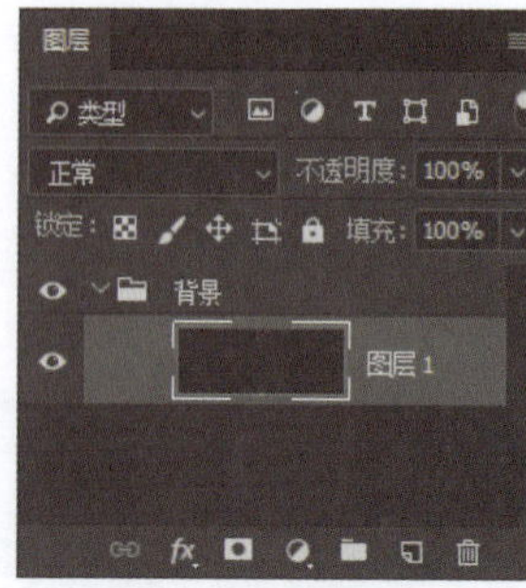

图 1-97　图层分组

步骤 03　新建一个图层（图层 2），单击工具箱中的“渐变工具”按钮，设置渐变颜色如图 1-98 所示。在图层上由左向右拖曳填充，修改图层不透明度为 41%，填充效果如图 1-99 所示。

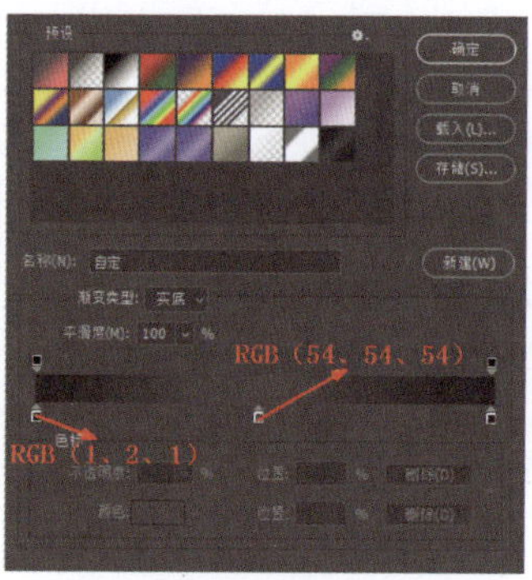

图 1-98　设置渐变颜色

图 1-99　填充渐变色

步骤 04　新建一个图层（图层 3），将图层填充为“白色”，设置图层混合模式为“颜色加深”，修改图层不透明度为 69%，如图 1-100 所示。将“素材 \ 第 1 章 \ 线条 1.png”图片拖曳到设计文档中。修改图层混合模式为“线性光”，不透明度改为 25%，效果如图 1-101 所示。

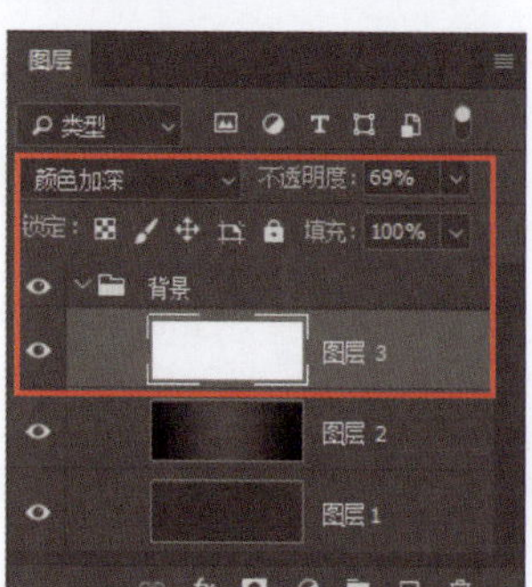

图 1-100　“图层 3”面板

图 1-101　插入图片

步骤 05　新建图层（图层 4），如图 1-102 所示。使用“矩形选框工具”创建矩形选区，填充颜色为 RGB（54，54，54），如图 1-103 所示。

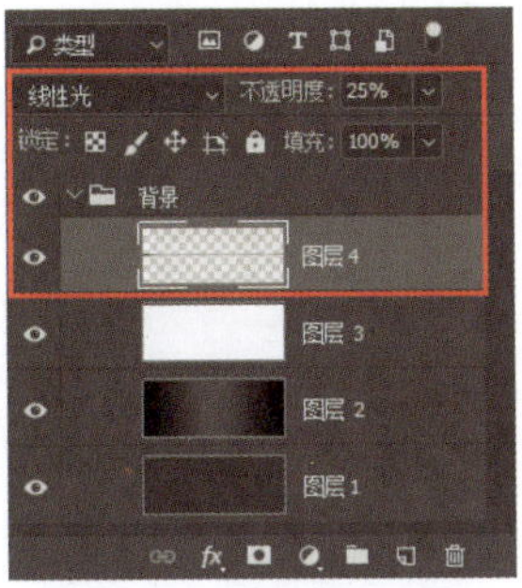

图 1-102　“图层 4”面板

图 1-103　填充矩形选区

步骤 06　新建图层（图层 5 ）为图层 5 添加图层蒙版，使用“画笔工具”在蒙版中涂抹，如图 1-104 所示。将图层 5 复制两个图层，分别修改图层名称为“图层 6”和“图层 7”，并在蒙版中绘制，增加页面层次。修改图层 7 的不透明度为 41%，“图层”面板如图 1-105 所示。

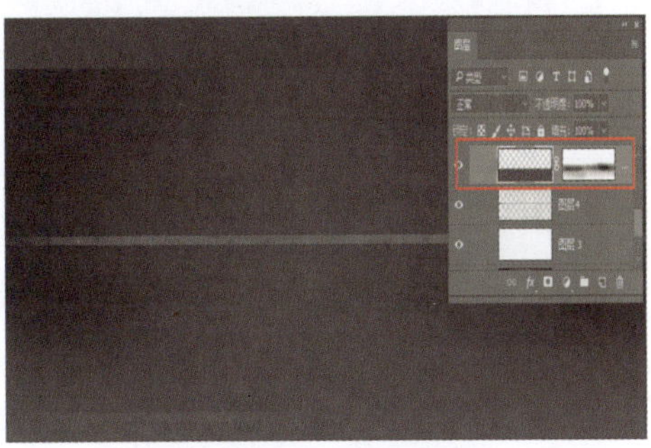

图 1-104　添加图层蒙版

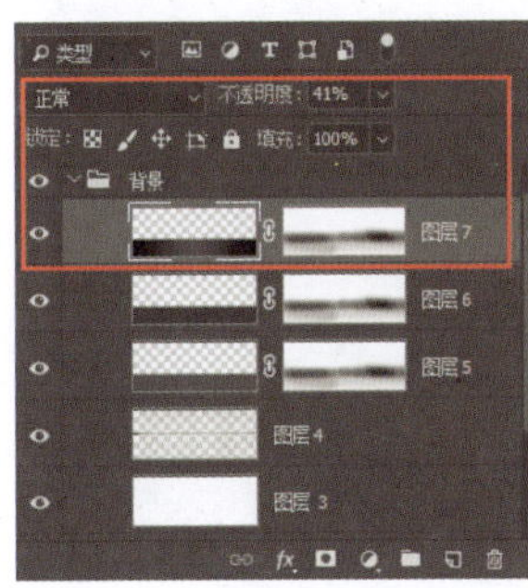

图 1-105　复制图层修改不透明度

步骤 07　复制得到图层 8，按 Ctrl 键的同时单击图层 8 缩略图，调出矩形选区，将选区填充“白色”，修改图层的混合模式为“颜色加深”，图层不透明度为 69%，页面效果如图 1-106 所示。“图层”面板如图 1-107 所示。

图 1-106　复制图层并改变图层属性

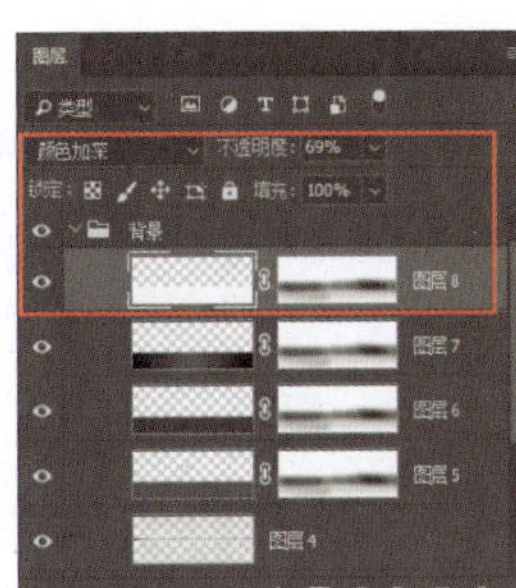

图 1-107　复制图层

步骤 08　将“素材 \ 第 1 章 \ 透明背景 .png”文件打开并拖曳到设计文档中。修改图层的混合模式为“线性光”，不透明度为 25%，页面效果如图 1-108 所示。“图层”面板如图 1-109 所示。

图 1-108　插入图片

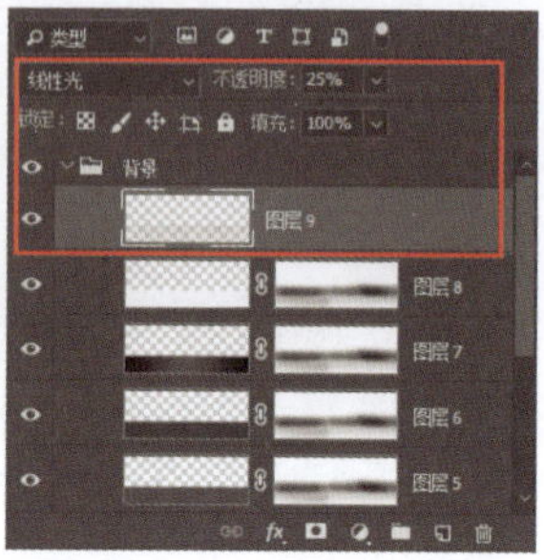

图 1-109　“图层”面板

步骤 09　新建名称为“第一屏”的图层组，继续创建新组 1，如图 1-110 所示。单击“直线工具”按钮，选择“合并形状”绘制模式。在画布中绘制如图 1-111 所示形状，并修改图层的不透明度为 43%。

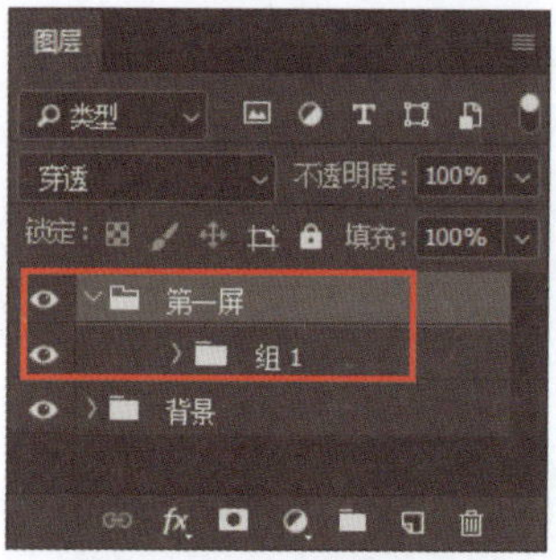

图 1-110　创建新组

图 1-111　合并绘制形状

步骤 10　连续复制两个“形状 1”图层，图像效果如图 1-112 所示。图层的不透明度通过复制得到，“图层”面板如图 1-113 所示。

图 1-112　复制图层

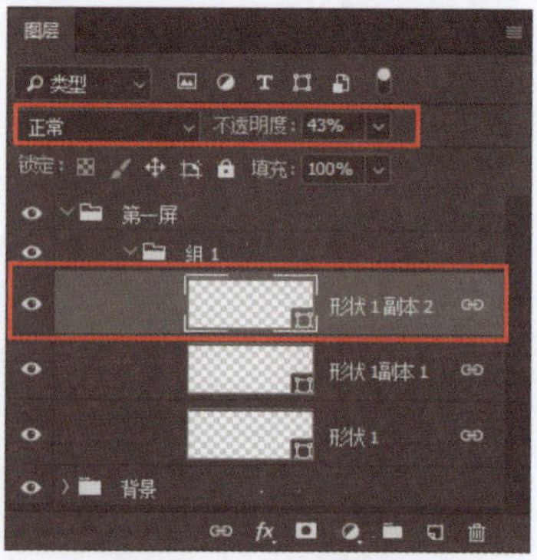

图 1-113　画出图层形状

步骤 11　继续使用相同的方法，使用“直线工具”绘制如图 1-114 所示效果。

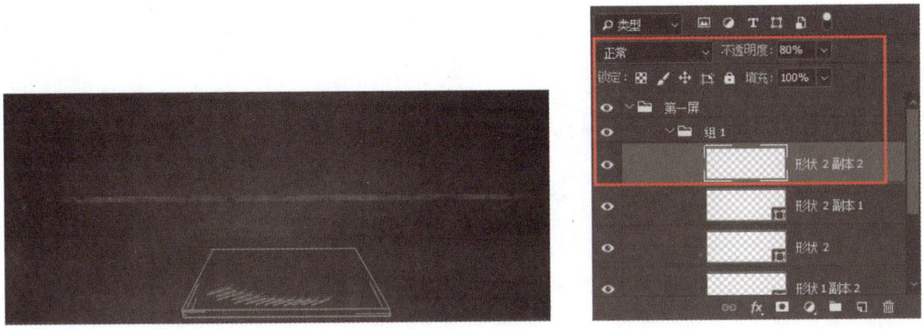

（a）　　（b）

图 1-114　绘制图形效果

步骤 12　新建图层，使用“钢笔工具”绘制曲线路径，使用“横排文字工具”在路径开始处单击，输入“-”符号，效果如图 1-115 所示。使用相同的方法制作如图 1-116 所示路径文字。

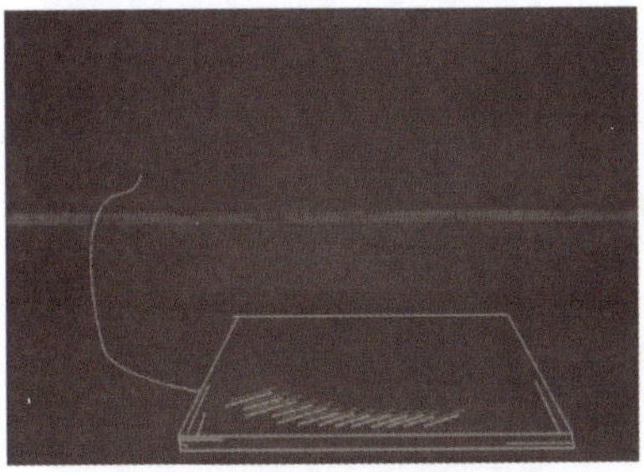

图 1-115　使用“横排文字工具”制作路径文字

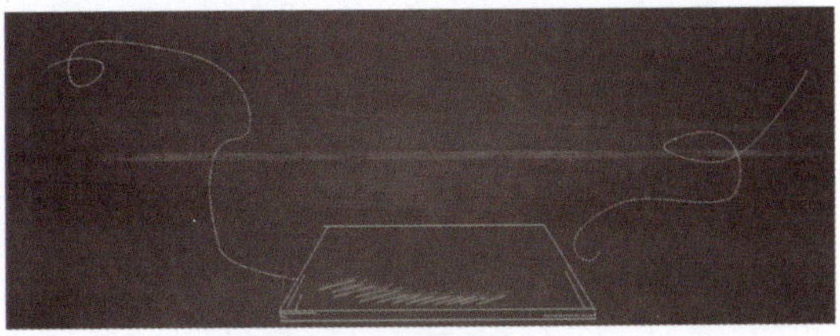

图 1-116　制作路径文字

步骤 13　单击工具箱中的“椭圆工具”按钮，在画布中绘制一个圆并设置填充为 0%，为其添加“描边”的图层样式，如图 1-117 所示。将“素材 \ 第 1 章 \ 辣酱 .png”图片拖曳到设计文档中，调整大小位置如图 1-118 所示。

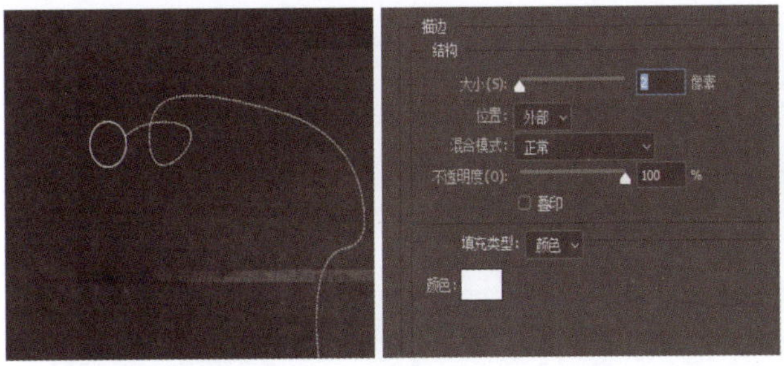

（a）　　（b）

图 1-117　“图层”面板

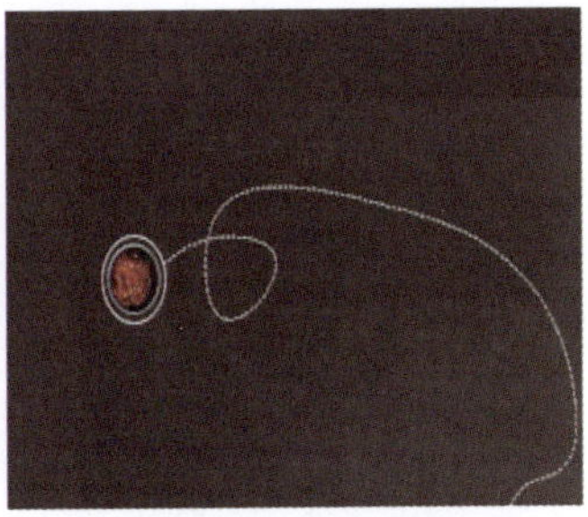

图 1-118　插入辣酱图片

步骤 14　使用相同方法完成相似操作，如图 1-119 所示。将“素材 \ 第 1 章 \ 鸭

脖 .png”图片拖曳到设计文档中，如图 1-120 所示。

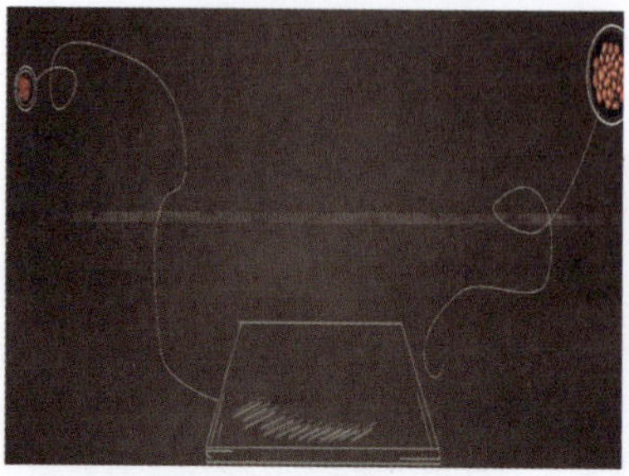

图 1-119　制作相同模块

图 1-120　插入鸭脖图片

步骤 15　新建图层，调整其到图片图层下，按 Ctrl 键的同时单击图片图层缩览图调出选区，执行“选择”→“修改”→“扩展”命令，将选区向外扩展 3 个像素并填充白色如图 1-121 所示。再为该图层添加图层蒙版，将图形下方用黑色画笔涂抹，如图 1-122 所示。

图 1-121　制作白色描边

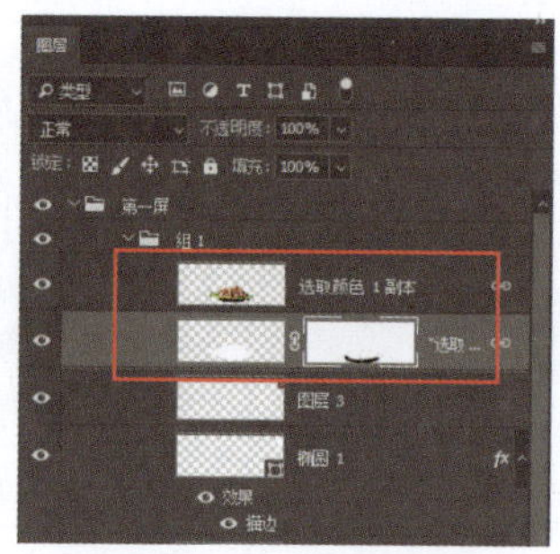

图 1-122　添加图层蒙版

步骤 16　使用“直线工具”在画布中绘制一条白色线条，如图 1-123 所示。为该图层中添加“图层蒙版”，使用“画笔工具”在蒙版中涂抹，并修改该图层的“图层不透明度”为 58%。复制一个“直线形状”图层，调整直线所在位置，如图 1-124 所示。

图 1-123　绘制线条

图 1-124　修饰线条

步骤 17　使用“横排文字工具”在画布中输入文本，并将该文字层转换为形状图层，为其添加图层蒙版，使用“画笔工具”在蒙版中涂抹，得到如图 1-125 所示效果。为该图层添加“投影”图层样式，具体参数如图 1-126 所示。

（a）　　（b）

图 1-125　输入文本并修饰

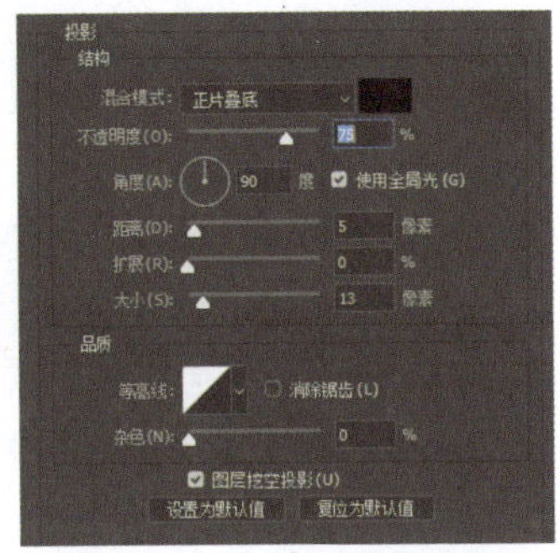

图 1-126　“投影”属性面板

步骤 18　将“素材 \ 第 1 章 \ 味 .png”图片拖曳到设计文档中，调整大小和位置，如图 1-127 所示。新建一个图层，调整图层顺序到“味”图层下，使用画笔工具绘制黑色投影，并修改“填充”不透明度改为 75%，如图 1-128 所示。

图 1-127　插入“味”图片

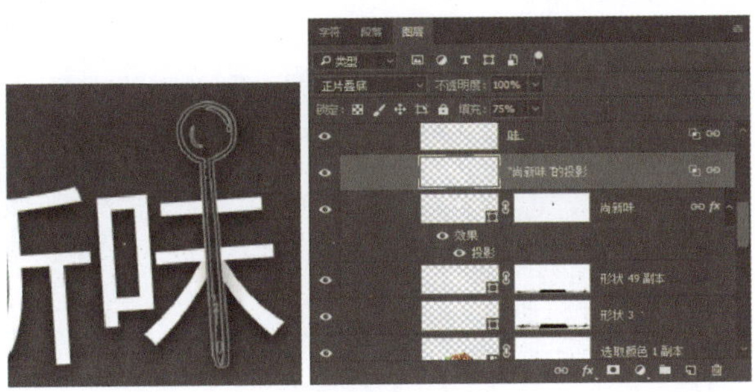

（a）　　（b）

图 1-128　画笔画出投影

> **提示：**“填充”不透明度通常应用在只保留图层样式效果的情况下。将其数值设置为 0%，则当前图层中所有对象将不再显示，但添加的图层样式不受影响。

步骤 19　新建一个图层并填充成“白色”，在该图层上右击，在弹出的快捷菜单中选择“创建剪贴蒙版”选项，效果如图 1-129 所示。使用相同的方法，完成如图 1-130 所示效果制作。

步骤 20　新建一个图层组，使用“钢笔工具”绘制如图 1-131 所示形状。为该图层添加“描边”样式，“描边”属性面板如图 1-132 所示。设置图层“填充”不透明度为 0%。

图 1-129　创建剪贴蒙版

图 1-130　图像效果

图 1-131　绘制形状

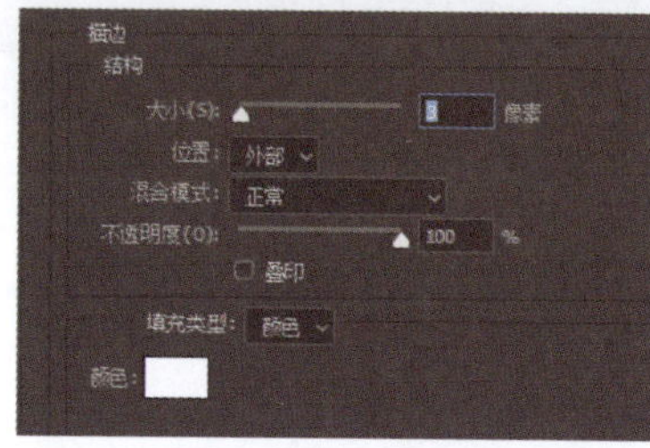

图 1-132　添加描边样式

步骤 21　使用“钢笔工具”，选择“合并形状”绘制模式，绘制如图 1-133 所示效果。“图层”面板如图 1-134 所示。

图 1-133　画出形状

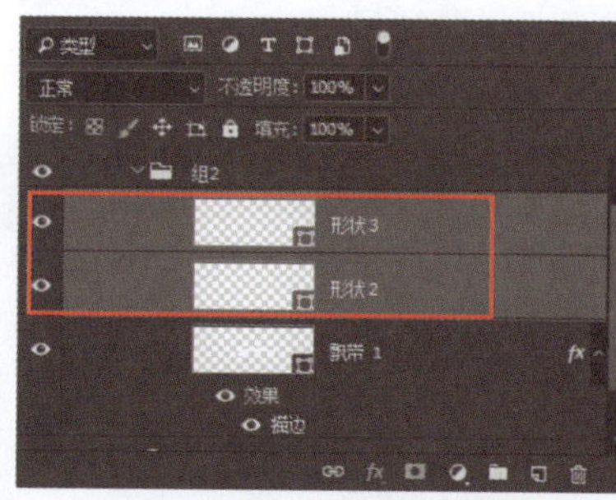

图 1-134　“图层”面板

步骤 22　使用“钢笔工具”绘制路径，使用“横排文字工具”在路径开始处单击，输入如图 1-135 所示文本。选中部分文字，设置“字符”面板中各项参数如图 1-136 所示。

图 1-135　添加文字

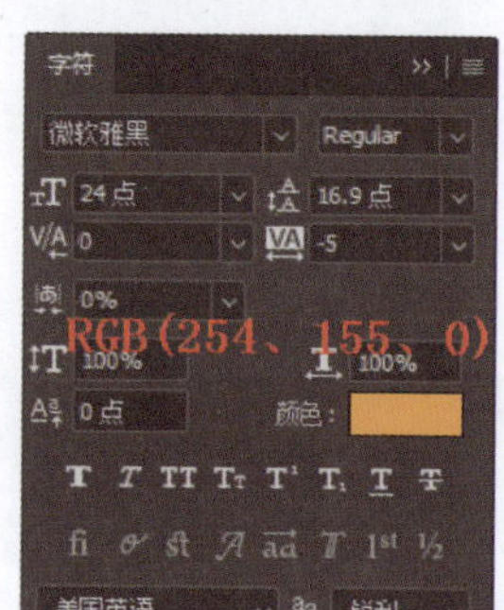

图 1-136　“字符”面板参数

步骤 23　新建一个图层组，将“素材 \ 第 1 章 \ 辣椒 6.png 图片拖曳到设计文档中，修改图层的混合模式为“变亮”，如图 1-137 所示。在图片图层下新建一个图层，使用“画笔工具”绘制如图 1-138 所示的阴影效果。

图 1-137　插入辣椒图片

图 1-138　绘制阴影效果

步骤 24　继续使用相同的方式，绘制如图 1-139 所示图像效果。新建一个名称为“云”的图层组。使用“椭圆工具”，选择“合并形状”方式，在画布中绘制如图 1-140 所示效果。

图 1-139　图像效果

图 1-140　绘制云形状

步骤 25　选择“直线工具”，设置填充“无”，描边为“黑色”，路径操作为“合并形状”，在画布中绘制如图 1-141 所示效果。为该层中添加“图层蒙版”，使用画笔工具在蒙版中涂抹，完成效果如图 1-142 所示。

图 1-141　绘制线条形状

图 1-142　添加图层蒙版

步骤 26　将该图层转换为剪贴蒙版，图层效果如图 1-143 所示。继续使用“椭圆工具”绘制如图 1-144 所示效果。

步骤 27　继续使用“直线工具”绘制如图 1-145 所示斜线形状。使用 “横排文字工具”输入如图 1-146 所示文本。“字符”面板如图 1-147 所示。

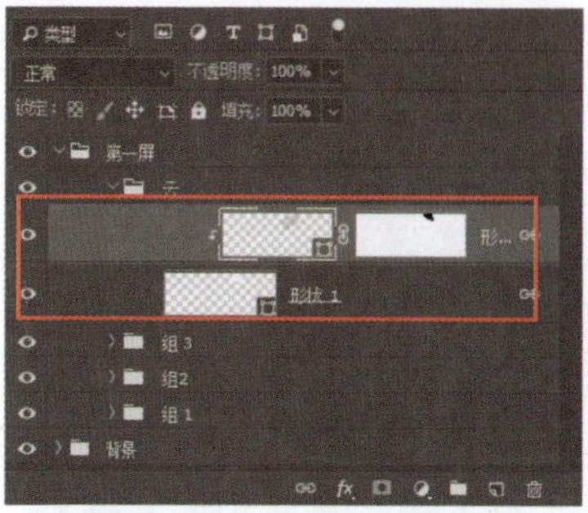

图 1-143　创建剪贴蒙版

图 1-144　绘制形状

图 1-145　绘制斜线形状

图 1-146　插入文字

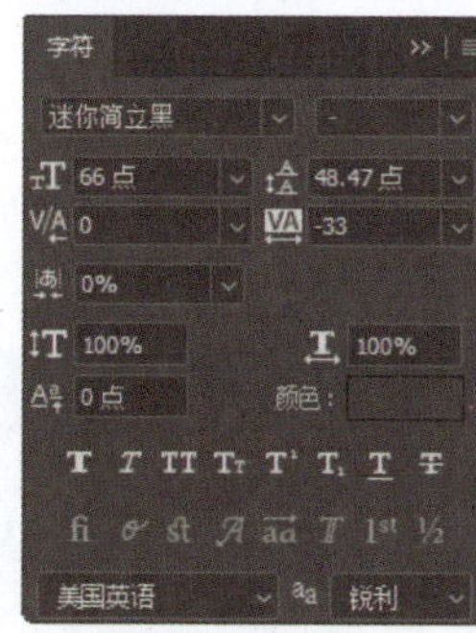

图 1-147　“字符”面板

步骤 28　使用相同的方法制作如图 1-148 所示效果。新建一个名称为“鸭脖”的图层组，新建一个图层，使用“画笔工具”在画布中绘制，并将该层的图层混合模式修改为“正片叠底”，不透明度修改为 49%，效果如图 1-149 所示。

图 1-148　绘制形状

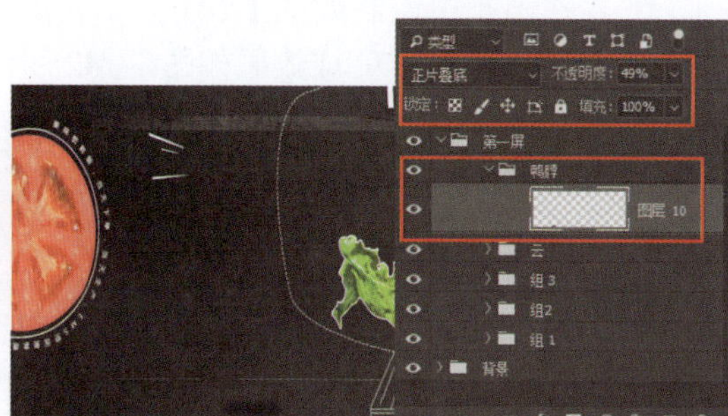

图 1-149　画笔涂抹

步骤 29　单击“钢笔工具”，在画布中绘制如图 1-150 中所示的形状，为该层添加描边效果，并将该层的“填充”不透明度修改为 0%。描边图层样式面板如图 1-151 所示。

步骤 30　继续使用相同的方法，使用“钢笔工具”绘制形状，完成鸭脖形状的制作，如图 1-152 所示。

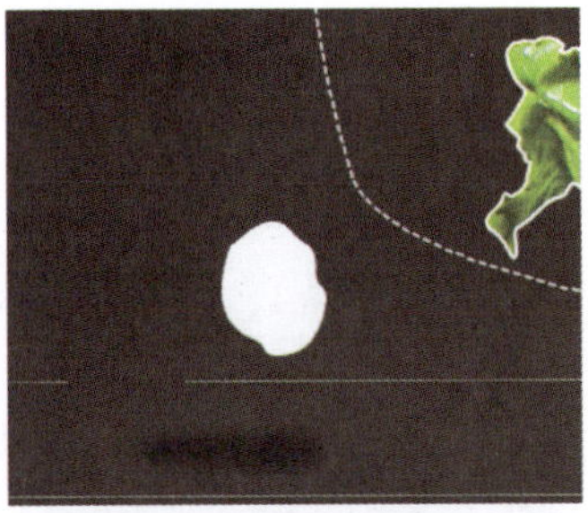

图 1-150　创建形状路径

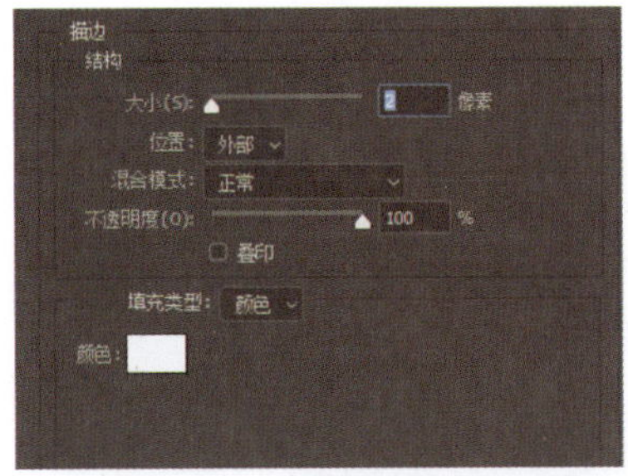

图 1-151　描边图层样式面板

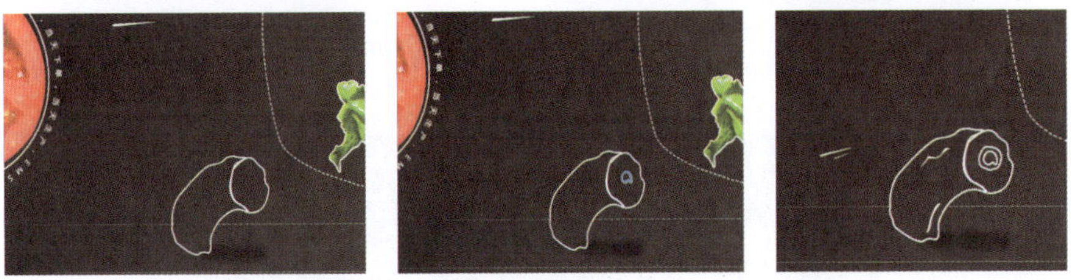

（a）　（b）　（c）

图 1-152　绘制鸭脖形状

步骤 31　使用“横排文字工具”在画布中输入文字，并将文字旋转，效果如图 1-153 所示，“字符”面板如图 1-154 所示。

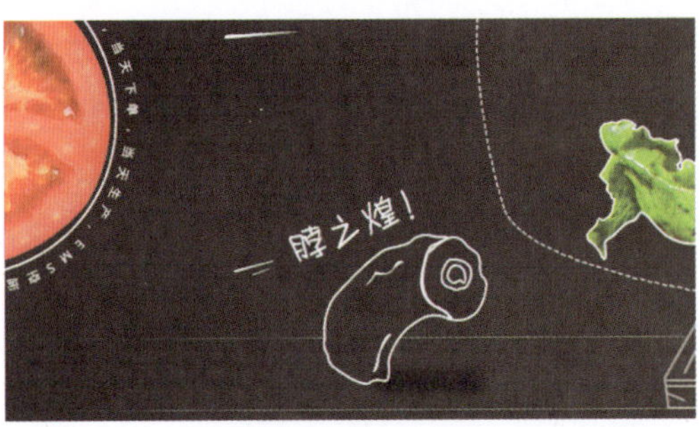

图 1-153　输入文字

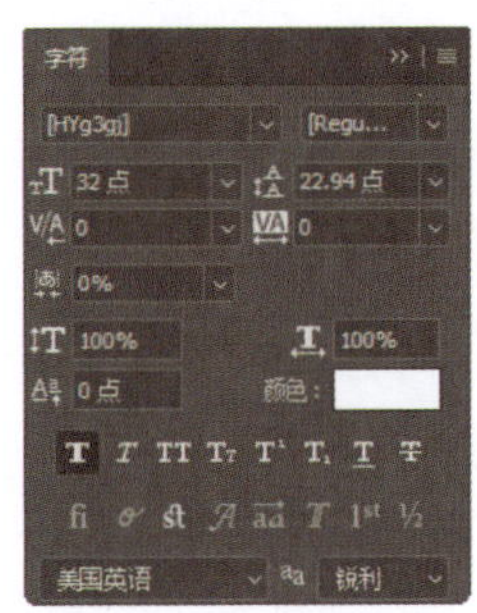

图 1-154　“字符”面板

步骤 32　复制“鸭脖”图层组，得到“鸭脖 副本”图层，按快捷键 Ctrl+T 调出形状编辑框，右击，选择“水平翻转”选项，得到如图 1-155 所示效果。

图 1-155　水平翻转复制图层组

步骤 33　再次新建一个图层组，使用“钢笔工具”绘制如图 1-156 所示星星形状，并为该图层添加描边效果，具体参数如图 1-157 所示。

图 1-156　绘制星星图形

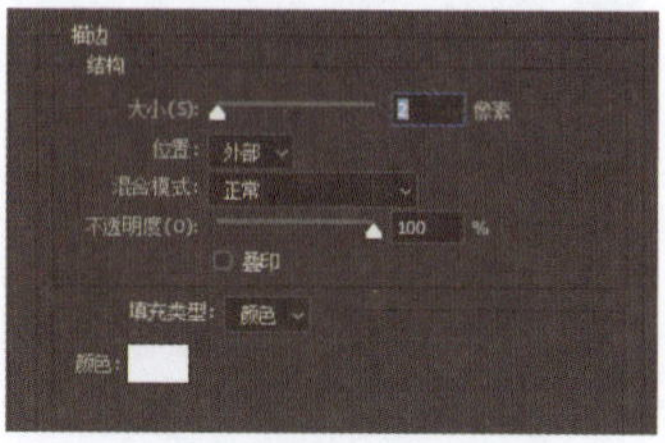

图 1-157　描边参数

步骤 34　继续使用相同的方法，制作海报中其他细节部分，完成效果如图 1-158 所示。

图 1-158　最终完成效果图

提示：分散式图形布局可以很好地丰富版面效果。看似零乱的布局，却给人充实的感受，且不会觉得版面很拥挤，给人以发散思考的空间。

举一反三　设计制作轻食商品海报

一个好的版式，除了可以获得好的视觉效果以外，还可以引导浏览者的浏览顺序，将浏览者的目光引导到指定的位置。接下来设计制作一款轻食商品的营销海报，帮助读者理解构图在视觉营销中的妙用。

步骤 01　使用“矩形工具”绘制多个长方形，完成海报背景图的制作，如图 1-159 所示。

步骤 02　在页面中对称地输入文本内容，并调整文本的大小和透明度，如图 1-160 所示。

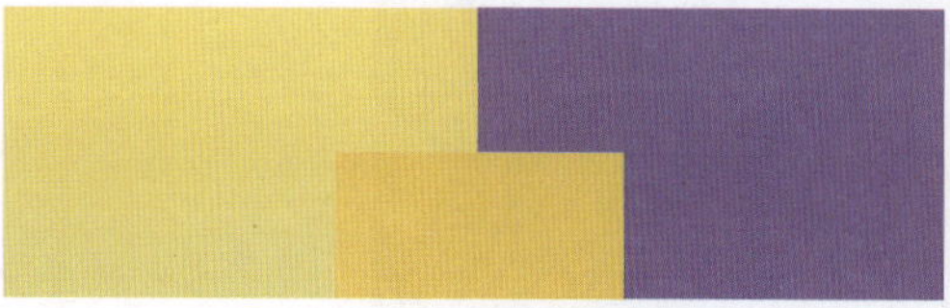

图 1-159　制作海报背景

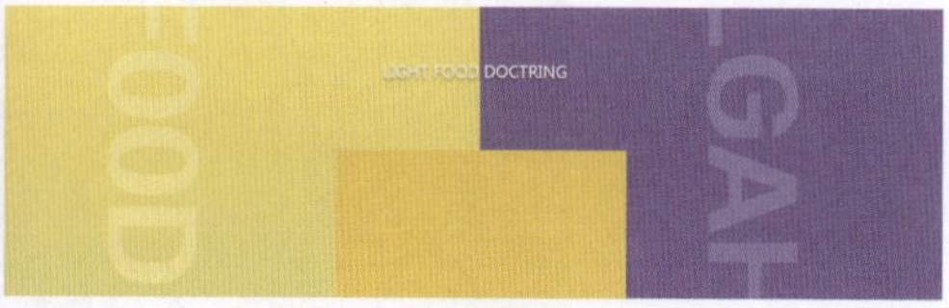

图 1-160　输入文本

步骤 03 导入图片素材，排列在页面中。色彩对比强烈，结构简单明了，如图 1-161 所示。

步骤 04 按照中心布局的方式，在页面中心位置完成海报主题和宣传语的制作，如图 1-162 所示。

图 1-161 导入图片素材

图 1-162 输入主题和宣传语

1.8 视觉营销中的文档营销

文字作为人类特有的沟通方式，在视觉营销中也起着重要的作用。当浏览者阅读文字内容后，会由于一些特定的因素产生共鸣，从而接受商品，购买商品。这种作用是色彩和构图所不能比的。如图 1-163 所示中“女王驾到”的促销口号对于女性有着强烈的刺激感，同时“全场折扣不断”文字又会再次刺激客户的购买欲。

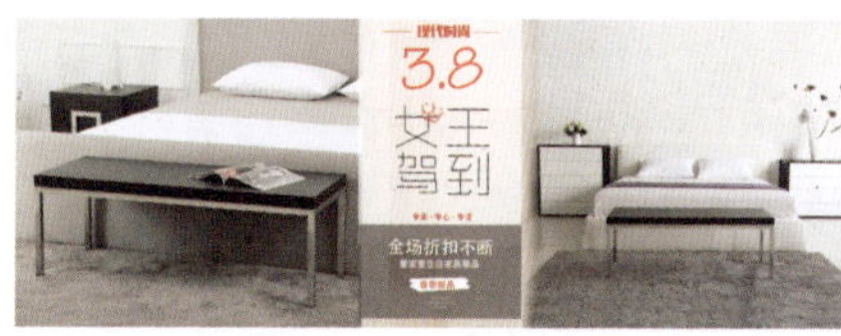

图 1-163 文档营销案例

1.8.1 营销文档的结构和意义

本案例是设计制作一个商品视觉营销的家具海报，海报文案分为 3 部分，分别是日期、标题和促销。为了吸引浏览者，将 3 部分文字使用了不同的颜色，分别为红色、白色和黑色。同时还使用了不同的字体来表达不同的文字具有不同的含义。

海报中的“现代时尚”文字指的是家具商品的风格，文体使用了红色，是为了引起浏览者的注意。“现代时尚”比其下面的字体相对来说小很多，那是因为它虽然是营销的关键因素，但是却不是最关键的那个因素。而在其的两边加上了横线，又为“现代时尚”这 4 个文字增添了一种俏皮的感觉，如图 1-164 所示。

海报中的文字内容“3.8”指的是营销活动的时间，文字使用了特殊的字体和红色字体，同时它也是所有文字中字号最大的，突出强调了文字的含义，如图 1-165 所示。

图 1-164 商品风格

图 1-165 营销时间

海报中的“女王驾到”文字，区别于上下两方的文字颜色，故而使用了黑色字体，加上特殊的字体和皇冠装饰，大气稳重地表现了营销主题，如图 1-166 所示。

“专业 - 专心 - 专注”是店铺营销口号，“全场折扣不断”等内容是营销广告和部分商品信息，这些文字制作简单直接，是为了与上面的主要文字内容和谐共存，这样海报的文字营销看起来才层次分明，容易阅读，如图 1-167 所示。

图 1-166　主题文字

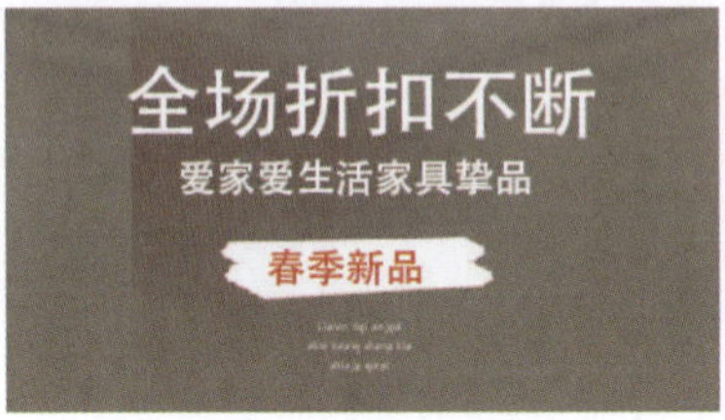

图 1-167　促销文字

1.8.2　如何提炼出适合的创意文档

在电子商务的时代背景下，大多数人都是通过移动终端来获得所需商品和服务的信息。因此在网络营销中，一张漂亮的图片非常容易吸引浏览者的注意，但准确到位的商品描述，更能够促使浏览者购买。

在电子商务视觉营销的过程中，每一个成功展示上的图片，都是经过精心策划与设计的。在页面设计时，商品描述的主要目的是让浏览者心动，最终激发购买欲望。设计师只要严格遵守 FABE 营销法则，就可以轻松制作出吸引浏览者的文档。

知识拓展：FABE 营销法则

FABE 模式是由美国奥克拉荷大学企业管理博士、台湾中兴大学商学院院长郭昆漠总结出来的。FABE 推销法是非常典型的利益推销法，而且是非常具体、具有高度、可操作性很强的利益推销法。它通过特征、优点、利益和证据四个关键环节，极为巧妙地处理好顾客关心的问题，从而顺利地实现商品的销售。

1. 抓住商品特征

在开始写营销文档前，要先对商品的基本特征有所了解。商品的基本特征包括商品的功能、属性、参数和特性等内容。在当下的互联网环境下，商品的同质性非常明显。要深挖商品特性，找到其独特的地方。寻找到竞争对手所忽略的特性，才能在同等竞争中胜出。

2. 明确商品优点

商品到底具有什么样的优点，促使顾客购买？这点非常的重要。将商品与同类商品相比较，找到商品的优点，并逐一列出。

3. 给买家的利益

商品的优势是浏览者购买商品的主要原因。一切从买家角度考虑，强调买家的利益以及买家得到的好处，设法激起顾客的购买欲望。

4. 展示证据

证据包括技术报告、评测视频、买家好评、媒体报道、操作示范等内容。获得充分的证据是促进销售的重要手段。

根据商品自身的性能特点，在找到顾客最感兴趣的各种特征后，进一步分析这一特征所产生的优点，以及带给买家的利益，最后再展示证据，进一步佐证商品，证实该商品的确可以给顾客带来好处。这就是 FABE 营销法则。

> **提示：** 在实际的营销过程中，设计师可以按照 FABE 法则的顺序和步骤完成一篇营销文档的编写，成功完成订单的转化。

课堂练习 完成商品的营销文档

假设商品为一件 T 恤衫，接下来参考 FABE 法则完成其营销文档的编写。

在某网店中，T 恤这样的商品琳琅满目，如何能将该件商品的特征表现出来，吸引浏览者浏览，增加页面停留时间，这都是需要考虑的内容。FABE 法则的思考图如图 1-168 所示。

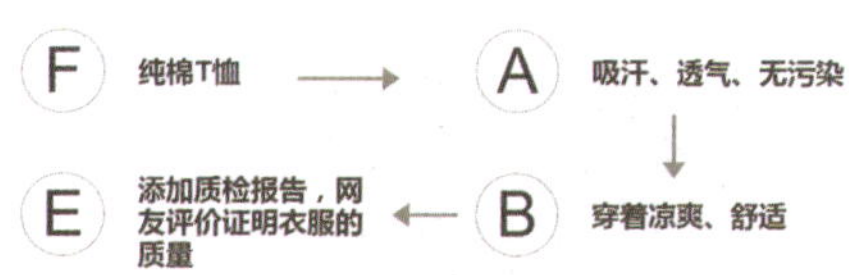

图 1-168　FABE 法则

由此可以得出，文档内容可以围绕 T 恤的纯棉质地，吸汗透气和穿着凉爽进行描述。使用 FABE 法则可以提高点击量，提高流量，从而提高转化率。

1.8.3 设计制作家具商品海报

步骤 01　打开 Photoshop 软件，执行“文件 > 新建”命令，弹出“新建文档”对话框，设置参数如图 1-169 所示。将文件另存为“设计制作家具商品海报 .psd”，如图 1-170 所示。

图 1-169　新建文件

图 1-170　保存文件

步骤 02　新建一个组名为“背景”的图层组，修改“背景”层名称为“图层 1”，拖至“背景”组中，如图 1-171 所示。分别将素材图像打开并拖曳到设计文档中，调整图片位置如图 1-172 所示。

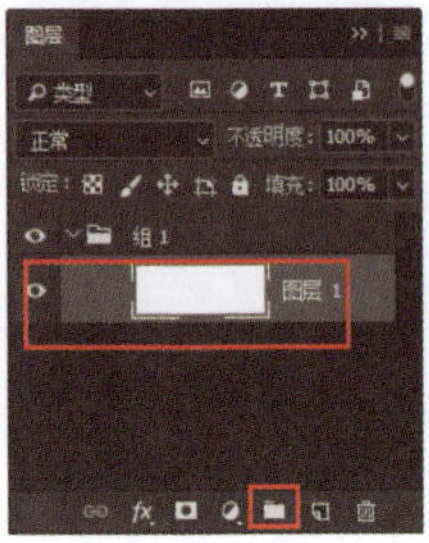

图 1-171　图层分组

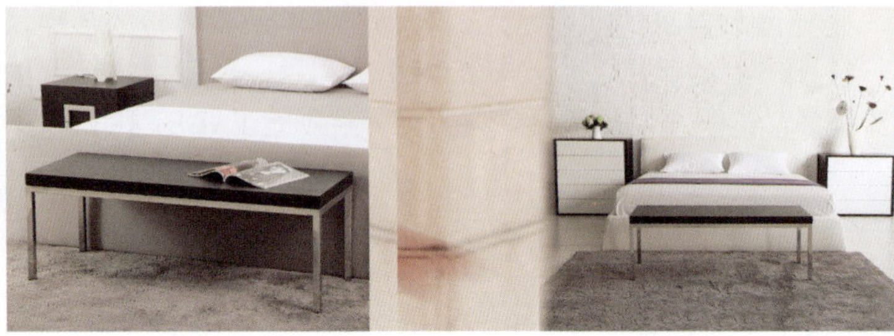

（a）　　（b）

图 1-172　插入图片

步骤 03　新建一个组名为“组 1”的图层组，如图 1-173 所示。单击工具箱中的“矩形工具”按钮，设置选项栏上的参数如图 1-174 所示。

图 1-173　创建新组

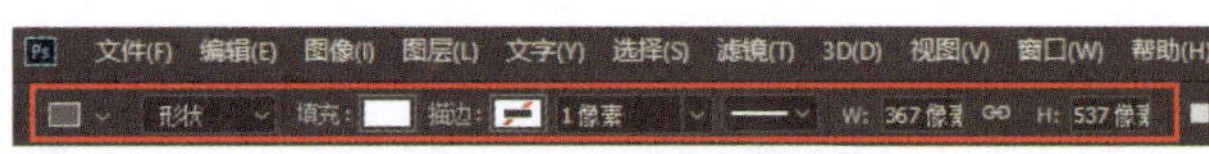

图 1-174　矩形属性参数

步骤 04　使用“矩形工具”在画布中绘制如图 1-175 所示的矩形。在“图层”面板中设置图层不透明度 70%，“图层”面板如图 1-176 所示。

图 1-175　绘制矩形

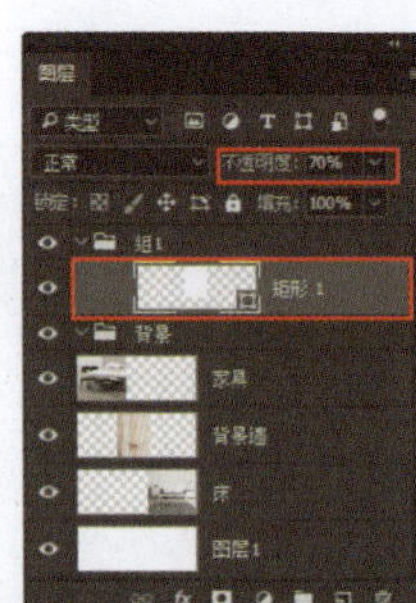

图 1-176　设置不透明度为 70% 的“图层”面板

步骤 05　复制“矩形 1”图层，修改其“填充颜色”为 RGB（121，110，116），调整其形状大小如图 1-177 所示。设置图层不透明度 80%，“图层”面板如图 1-178 所示。

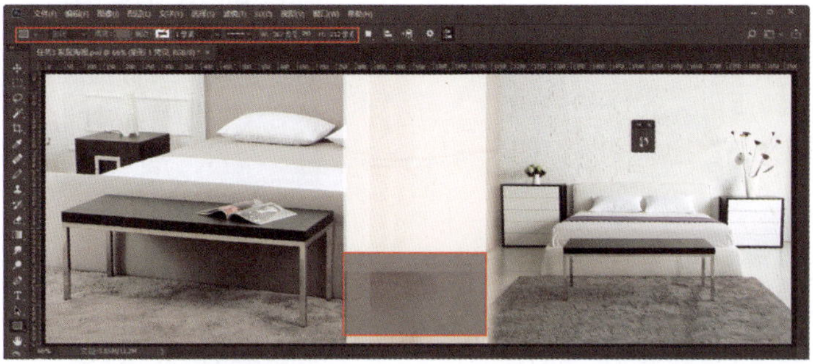

图 1-177　复制并调整矩形

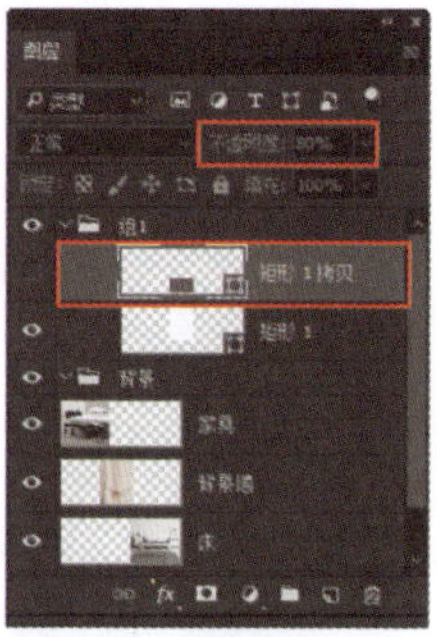

图 1-178　设置不透明度为 80% 的“图层”面板

步骤 06　使用“横排文字工具”在页面中输入如图 1-179 所示文本，文本颜色为 RGB（222，26，38），“字符”面板如图 1-180 所示。

图 1-179　输入“现代时尚”文字

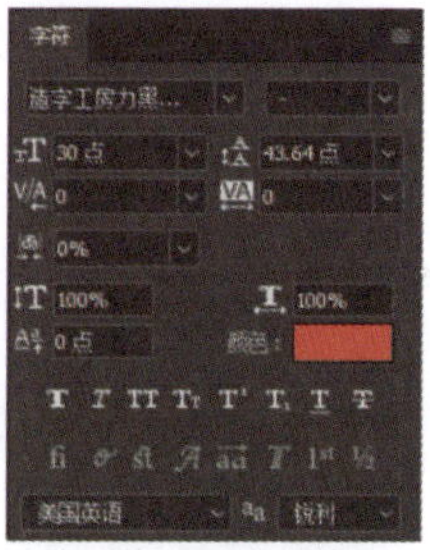

图 1-180　“字符”面板

步骤 07　单击工具箱中的“直线工具”按钮，设置选项栏中“填充”颜色为红色，高度为 1 个像素，在页面中绘制如图 1-181 所示直线。使用相同的方法绘制如图 1-182 所示直线。

图 1-181　绘制直线 1

图 1-182　绘制直线 2

步骤 08　使用“横排文字工具”按钮在页面中输入如图 1-183 所示文本。文本颜色为 RGB（236，39，51），“字符”面板如图 1-184 所示。

图 1-183　输入文本

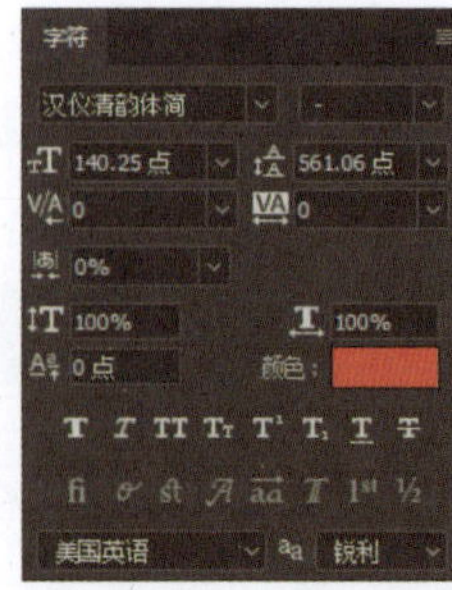

图 1-184　“字符”面板

步骤 09　新建图层，设置“前景色”为白色，使用“画笔工具”在画布中涂抹，得到如图 1-185 所示效果，“图层”面板如图 1-186 所示。

图 1-185　蒙版效果

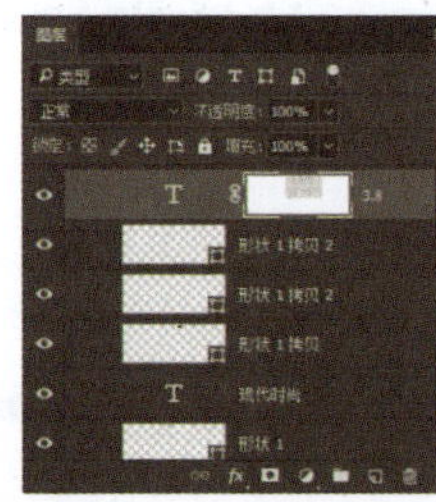

图 1-186　“图层”面板

步骤 10　复制改文字图层，将蒙版删除，修改填充值为 0%，为其添加“描边”图层样式，各项参数如图 1-187 所示，文字效果如图 1-188 所示。

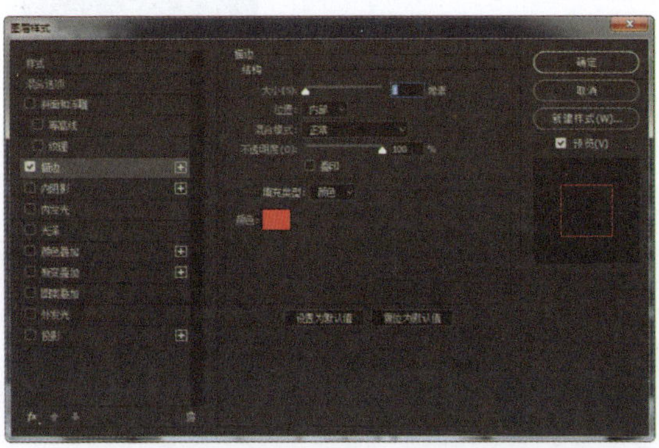

图 1-187　“描边”参数

图 1-188　描边效果

步骤 11　使用“横排文字工具”输入如图 1-189 所示文本。将“素材 \ 第 1 章 \ 皇冠 .png”图片打开并拖曳到设计文档中，效果如图 1-190 所示。

步骤 12　为“皇冠”图层添加“颜色叠加”的图层样式，参数设置如图 1-191 所示，单击“确定”按钮，图像效果如图 1-192 所示。

步骤 13　继续使用相同的方法，在页面中输入文字，完成效果如图 1-193 所示。新建一个图层，使用“画笔工具”在画布中绘制，效果如图 1-194 所示。

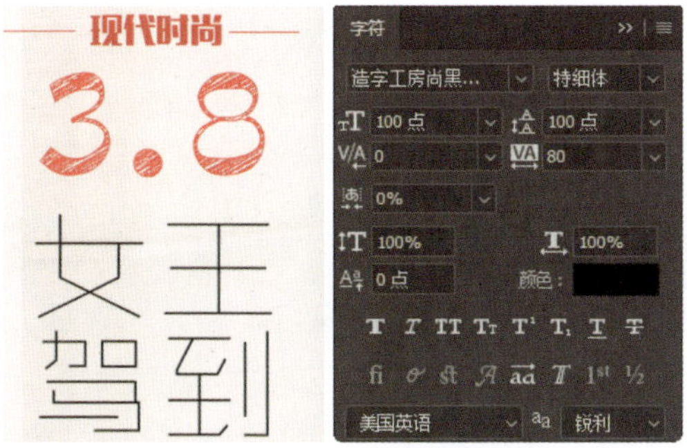

图 1-189 输入“女王驾到”文字

图 1-190 导入素材

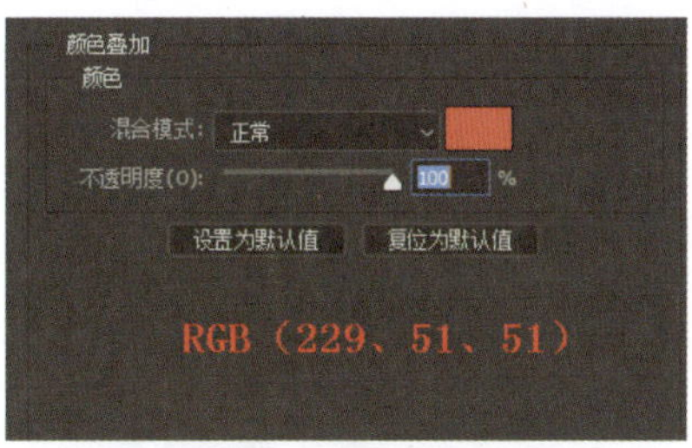

图 1-191 设置样式参数

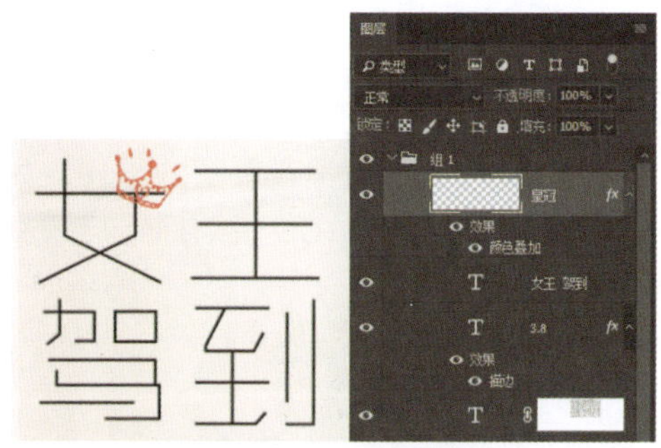

图 1-192 图像效果

图 1-193 输入文字

图 1-194 使用画笔绘制

步骤 14 使用“横排文字工具”，在画布中输入如图 1-195 所示文本，文本颜色为 RGB（221，39，36），“字符”面板如图 1-196 所示。

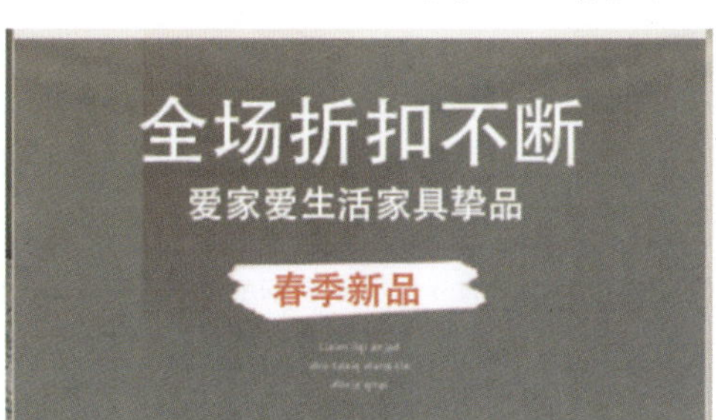

图 1-195 输入文字效果

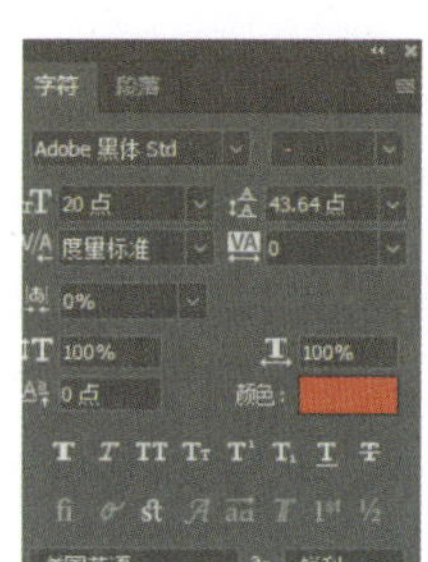

图 1-196 “字符”面板

步骤 15　按快捷键 Ctrl+S 保存文件。海报最终效果如图 1-197 所示。

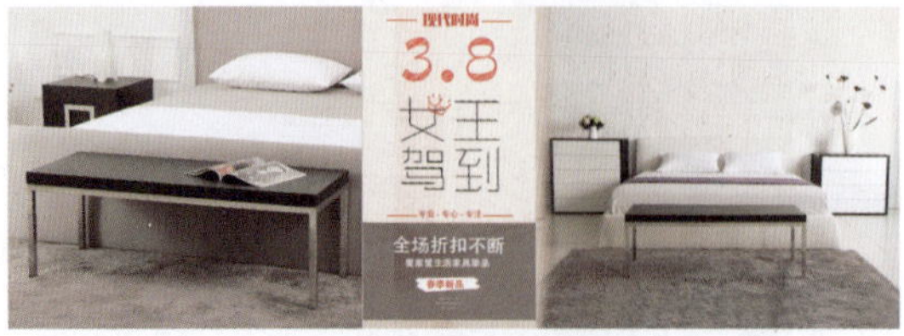

图 1-197　海报效果图

举一反三　**设计制作果蔬商品海报**

通过案例的制作，帮助读者了解营销文档对整个页面的影响。接下来制作一个果蔬类商品的海报，加深读者了解文档对视觉营销的作用。

步骤 01　完成海报背景图的制作，如图 1-198 所示。

步骤 02　通过 FABE 法则提炼标题文字，并制作完成，如图 1-199 所示。

图 1-198　完成海报背景图

图 1-199　提炼并输入标题文字

步骤 03　加入刺激文本，促使用户点击，产生流量。添加辅助图，丰富页面内容，如图 1-200 所示。

图 1-200　添加文本和辅助图

1.9　本章小结

本章着重介绍商品视觉营销的基础知识，包括商品视觉营销的概念、策略、主要手法、设计原则和作用；还设计制作了 3 个案例，3 个案例的侧重点各有不同。完成案例的制作后，可以使用户充分理解和熟悉视觉营销的三大重要组成元素。同时，课后习题可以帮助用户巩固和加深对基础知识的理解，更加利于用户的学习。

1.10　课后习题

学完本章的内容后，接下来通过几道课后习题，测验读者学习视觉营销基础的效果，同时加深对所学知识的理解。

1.10.1 选择题

1. 组成视觉营销的三大要素分别为（ ）。

A. 文字、版式和结构　　B. 图片、结构和文案

C. 色彩、图片和版式　　D. 版式、色彩和文案

2. 商品视觉营销有六大原则，下列选项中全部都属于视觉营销原则的是（ ）。

A. 一致性原则、易通性原则、连续性原则和目的性原则

B. 实用性原则、审美性原则、目的性原则和连读性原则

C. 审美性原则、一致性原则、连续性原则和实用性原则

D. 易读性原则、目标性原则、适用性原则和目的性原则

3. 视觉营销的表现手法中，第1屏的作用是整个视觉营销的点睛之笔，下面哪个选项不是点睛之笔的妙用？（ ）

A. 简单不简约的店招　　B. 重点突出的Logo

C. 一目了然的导航栏　　D. 美观大方的Banner海报

4. 下列视觉营销策略条件中，哪一个是不正确的选项？（ ）

A. 形成广告视觉，形成终端视觉高度统一

B. 合理展现商品的优势

C. 页面色调唤起审美的愉悦

D. 注重网店界面的视觉艺术

5. 下列选项中，哪个不是营销作用的具体表现？（ ）

A. 视觉营销里的“视”指的就是要浏览者眼睛“看到”并且视线“停留”

B. 吸引目光的同时还要让浏览者记住，这时候，重复和坚持是个好办法

C. “营”就是营造氛围，目的就是加强品牌和消费者之间的关系亲密度，也就是通过对品牌的塑造让消费者形成好感度，从而认可品牌传播的价值观

D. 在视觉营销中，除了给予消费者物质上的满足，对于消费者心理上的满足，可以忽略

答案：1. D　2. C　3. B　4. C　5. D

1.10.2 判断题

1. 店招，用户可以理解为店铺的招牌，总的来说，店招的信息需要短小精悍。（ ）

2. 视觉营销页面自始至终都得注重买家感受，如果卖家本身觉得店面看起来非常美观，足以吸引浏览者，浏览者却不会被吸引进店铺。（ ）

3. 视觉营销隶属于营销技术，是一种可视化的营销技术方法。视觉营销可以通过视觉体验达到商品营销或商品推广的目的。（ ）

4. 商品分类展示结束后，首页功能转战店铺爆款商品、热销商品页面，这里的

商品信息介绍当不能媲美商品详情页的信息介绍，但却可以给浏览者眼前一亮的感觉。（　　）

5. 一致性原则强调视觉营销内容和视觉传播的无差别。这一原则首先建立在清晰的营销构图上，视觉营销的所有元素都是围绕品牌理念这一中心思想展开的。（　　）

答案：1. √　　2. ×　　3. √　　4. √　　5. ×

1.11　创新实操

根据本章所学知识，设计制作面粉商品的营销广告，设计规范和要求如下。

1. 设计要求

商品图片要精致漂亮、文字叙述要简单明了、构图要大胆创新同时突出视觉营销的主题。

2. 内容 / 题材 / 形式

内容不限、题材不限、形式仅限于海报广告。

3. 参考案例（图 1-201）

（a）

（b）

图 1-201　参考案例

第 2 章

视觉营销之图片营销技法

——优化电子商务网站中的产品图

每一个电子商务网站都有大量的产品图片，这些图片会直接影响用户是否购买，因此优化产品图片，成为电子商务网站建设人员的一项重要任务。优化网站中的图片，除了可以减轻图片对网站的运行负担，还可以给网店带来流量以及较高的转化率。

浏览者想要购买一款产品，首先看到的就是产品的图片。图片质量的高低，色彩搭配的美观和结构布局的合理都会直接影响浏览者购买产品的欲望。如图 2-1 所示为一款化妆品产品的宝贝图，图片中清晰地展示了宝贝的形象，将刺激产品销售的价格以较大的文字展示。促销活动内容也清晰可见，刺激浏览者购买。

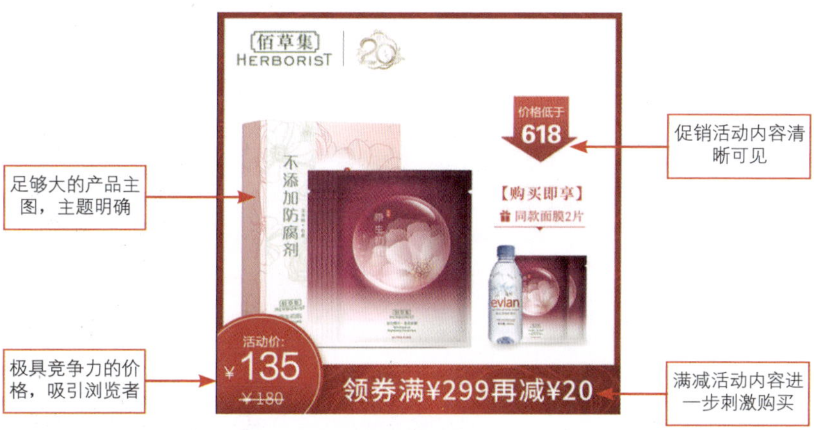

图 2-1　化妆品宝贝图

2.1　图片在电商网站中的应用

图片可以帮助用户实现电商销售业务目标，提高店面转换率。合理的使用图片，能够引导浏览者浏览并做出购买决定。在电子商务网站中，图片通常被应用作产品展示图、推广图和广告图。

2.1.1　产品展示图

产品展示图主要是为了展示产品的特点、细节和卖点。在浏览者产生兴趣的前提下浏览产品，促进消费。产品展示图的具体功能包括展示产品细节和以最佳的方式将产品的价值传递给浏览者，如图 2-2 所示为常见的天猫产品展示图。

(a)　　(b)　　(c)

图 2-2　产品展示图

2.1.2　推广图

推广图的位置很多，其主要作用就是吸引点击，促进购买。按照展示位置的不同，就会有不同的比例和展示特点。以淘宝的直通车推广为例，其推广图分为单品推广图和店铺推广图两种。

1. 单品推广图

淘宝网页在搜索框搜索关键词，单击“搜索”按钮后进入的页面，推广位置一共 16 个，位于页面的右侧，如图 2-3 所示。

图 2-3　单品推广图

提示：单品推广图片设计要注重三要素：突出产品、突出卖点与价格、色彩搭配视觉冲击强烈。设计的时候注重文案提炼，尽量将卖点提炼成 2～3 个字符。

2. 店铺推广图

淘宝网页在搜索框搜索关键词，单击“搜索”按钮后进入的页面，推广位置一共 20 个，位于页面的右侧，如图 2-4 所示。

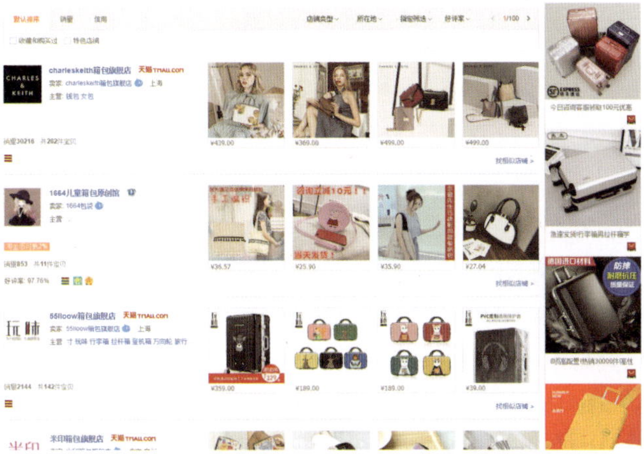

图 2-4　店铺推广图

> **提示：**店铺推广图片设计要注重三要素：突出品牌、折扣吸引买家、色彩搭配视觉冲击强烈。设计的时候注重文案提炼尽量将卖点提炼成2-3个字符。

直通车图可以直观地反映卖家宝贝在直通车推广上的信息。淘宝买家通过直通车图的表现，会给卖家宝贝打一个印象分，直通车图做得好，买家就会愿意点击、浏览甚至是购买。

2.1.3　广告图

广告图通常出现在网店首页焦点图中，能够使产品在众多广告和促销信息中脱颖而出，获得更高的点击率和转化率，推广位置以轮播图的方式展示，一共有 5 个位置，如图 2-5 所示。

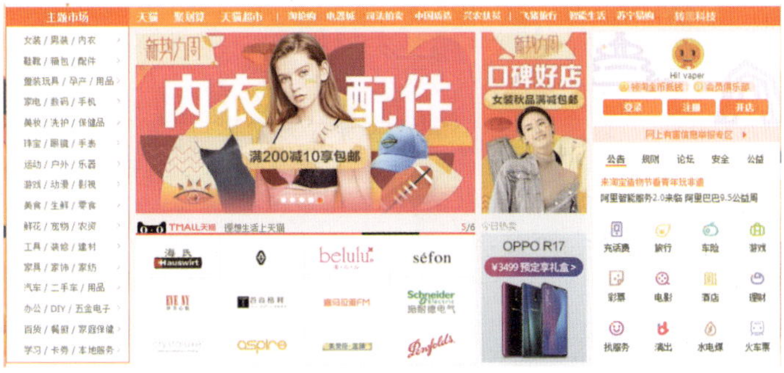

图 2-5　广告图

通常情况下广告图的投入成本很高，但获得的收益通常也是相当可观的。

> **提示：**广告图的设计标准是主题突出、目标明确、形式美观。掌握了这 3 点，就可以设计出符合要求的广告图。

2.2 产品主图与排列方式

浏览者通过关键词搜索或者通过类目搜索，展现在其眼前的第一张图片就是产品的主图。

2.2.1 主图的要求

（1）在选择主图素材时，首先要考虑的就是产品图片的清晰度。模糊的图片不仅影响浏览者的视觉体验，还会严重影响产品的价值体现。

（2）要选择一张曝光正确的产品图片，光线的色温以及明暗会造成产品的色彩问题。曝光有问题的图片，很容易引起售后纠纷。

（3）产品描述中最多可添加 5 张不同的产品图片，进行全方位、不同角度的展示产品，如图 2-6 所示。

（a）　　（b）　　（c）

图 2-6　主图的应用

（4）上传的图片一般情况为 JPG 格式。

（5）为节省店家的相册空间容量，上传的产品图片文件一般情况不能超过 500K。

（6）产品图片尺寸尽量选择 800×800 像素以上的图片。

2.2.2 主图的排列要求

主图中除了图片外，还会有文字标题、说明文字、装饰图像和促销广告等内容，常见的排列方式有以下几种。

1. 把产品放进盒子里

这种方式是各个电商网站常用的方式之一，可以寻找生活中各类容器来盛放产品，例如水果可以放进果盘中，也可以放置在冰箱中等。通常这种摆放方式采用左右布局的方式，文字在左图片在右，如图 2-7 所示。

（a） （b）

图 2-7 将产品放进容器展示

2. 产品与视线平行

将产品图片与人的视线平行，可以选择堆放或平行排列一行。平视角度也是较为常见的方式。它的特点就是产品的层次明显，不管是高低层次还是前后层次都非常明显，如图 2-8 所示。

（a） （b）

图 2-8 水平展示产品

3. 仰视 / 俯视角度

仰视 / 俯视角度通常把产品表现得更为立体，多见于文具和生活用品图的摆放，主要是为了突出产品的科技感。店家也可以添加文字在页面中间，使产品围绕在文字周围，如图 2-9 所示。

（a） （b）

图 2-9 俯视 / 仰视展示产品

4. 画面呈三角形

三角形具有稳定性，所以三角形的摆放给人一种稳固、坚定的感觉。虽然产品摆放呈三角形，但切记在产品摆放过程中不要过于生硬，页面中增加装饰物更随意一些比较好。产品不易过多；多则乱；也不宜过少，少则松，如图 2-10 所示。

5. 随运动轨迹摆放

随运动轨迹摆放产品即产品随着各种形状的轨迹摆放，例如，圆形、正方形、椭圆形等。这样的摆放方式给人一种很强烈的节奏感。动感在某种程度上也会激发浏览者的购买欲。需要注意的是有形的运动轨迹不可喧宾夺主，如图 2-11 所示。

（a）　（b）

图 2-10　呈三角形展示产品

（a）　（b）

图 2-11　随运动轨迹展示产品

2.3　产品拍摄的要点和技法

通过图片二次处理能够获得好产品主图，但是在耗费很多精力的同时也可能不能完全满足需求。电子商务网站中的图片通常是通过拍摄获得的，设计师可以按照设计的需求拍摄具有足够高清晰度的产品图。

如果是初次接触拍摄电商产品，可以遵循以下几种方式进行拍摄。

（1）拍摄照片的时候，要明白“是什么”“会什么”“怎么做”，照片的表现主题是什么。怎样才能把注意力集中在想表达的主体上，如何吸引别人的视线。

（2）画面是否简洁，会不会有分散注意力的物体。图中的物品是否颜色与实物偏差较大。拍摄的照片是否清晰。产品与周围光线或者颜色对比是否明显，如图 2-12 所示。

图 2-12 中的商品为一辆电动自行车。作为代步工具，为了获得更好的视觉效果，选择了侧拍的方式，可以很好地让浏览者观察到商品的各个细节。图片采用白色作为背景，可以方便浏览者清晰查看产品的各项细节

图 2-12　电动自行车产品图

（3）拍摄照片时需要注意：在拍摄时相机的像素不要太高但也不能过低，尽量使用手动模式，一定要保持相机稳定，并且尽量背着太阳，适当地缩小拍摄距离，如图 2-13 所示。展示产品不一定需要拍摄整个产品，可以对产品具有特色的细节进行夸大拍摄，也许反而会创造出强烈视觉冲击力，如图 2-14 所示。

图 2-13　拍摄产品

图 2-14　拍摄产品局部

提示：拍摄商品通常有竖拍和横拍两种方式，竖拍商品图是强调产品的高度，而横拍商品图则是强调产品的宽度。

不同的产品需要不同的拍摄风格来搭配，适当地增加景深。在拍摄中，适当地增加一些用于显示相对性的参照物，这样可以通过对比，显示出产品的大小及立体感，如图 2-15 所示为手提包的产品图拍摄。

图 2-15　选择合适的拍摄风格

在拍摄产品时，要遵循三点规则，即画面被分为三个部分，并且将被拍摄产品置于线上或交汇处，如图 2-16 所示为电水壶产品图的拍摄，选择放在左侧或右侧都是不错的构图方式。

（a）　（b）

图 2-16　选择正确的构图

如果是户外拍摄，还要考虑光线的影响。阳光直射下光照太强，强光下拍出的照片对比强，显得阴影部分生硬，暗部则看不清楚，所以不要在颜色很杂的房间内拍摄。若要拍摄可以在边上放上一个黑色的物品，制造几个点光源，这样拍出来的照片比较有金属感，且富有光泽性，如图 2-17 所示为太阳镜产品的拍摄。

图 2-17　光线对拍摄的影响

一般情况下，拍摄角度以拍摄方向与光线呈 45° 为宜，在此前提下，产品的摆放可以根据店家需要而定，这样的光线可以使拍摄出来的产品图片更具有立体感，且可以很好地表现出产品的表面质感，使产品更加生动形象，如图 2-18 所示为两款产品的拍摄效果。

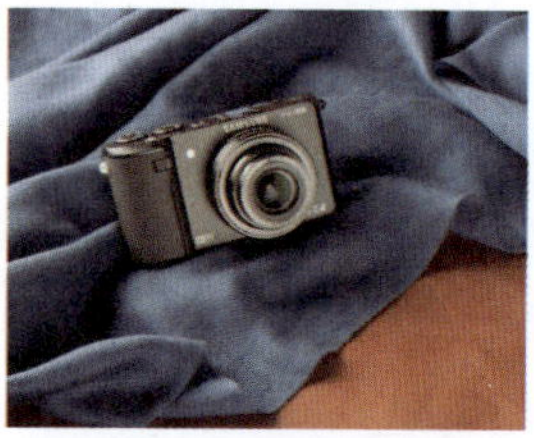

（a）

（b）

图 2-18　选择正确的拍摄角度

提示：需要说明的是，拍摄的角度也不是绝对的，拍摄者需要根据商品的实际情况做调整。

2.4　精修产品图的必要性

在摄影界，有一种修图叫作精修，精修图片是修图的最高境界。有人问，精修图片是什么概念？其实在平时的商业摄影中，例如产品的拍摄，其后期的修图就是简单的处理一下产品的杂质、污点、调色、去背景等，如图 2-19 所示。

精修就是指处理照片的精细程度，精致到人类的肉眼基本看不出照片的瑕疵，对事物近乎完美的修复，如图 2-20 所示。

图 2-19　普通修图

图 2-20　精修图

产品精修图已经成为电商时代的必备技巧，许多电商卖家都愿意前期花钱投资做好产品图片，因为只有产品图片做好了，才可以进一步得到访客、流量、点击率、转化率等。所以产品图片就是一个基础必要条件，如图 2-21 所示为精修前后商品图片的对比。

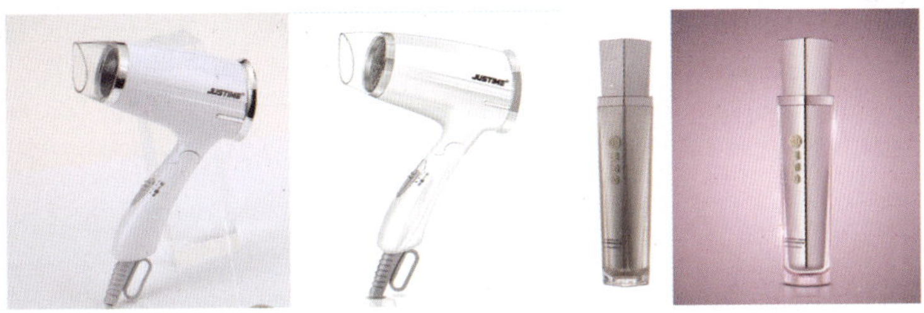

原图　精修图　原图　精修图

（a）　（b）

图 2-21　精修对比图

电子商务网站中一些走高端企业形象的品牌对产品精修的需求比较多，例如，珠宝首饰、化妆品、小家电、卫浴等。其中每个产品的定位都不一样，所以对精修图片的需求也不一样，如图 2-22 所示为一款珠宝首饰精修前后的对比效果。

为了获得更好的视觉营销效果，现在很多电商卖家对产品图片处理更多的是偏向精修图。店家想要高端的展示产品，那产品图片就一定是高端的。而产品形象得到提升，店铺的客单价也能得到相应的提高，如图 2-23 所示。

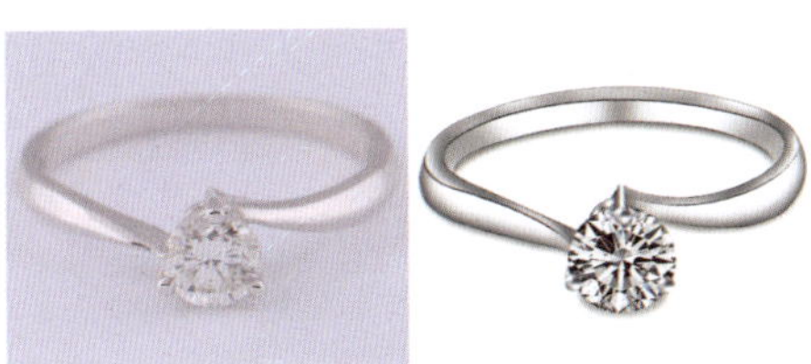

原图　精修图

图 2-22　珠宝产品精修对比图

（a）　（b）

图 2-23　精修提升产品形象

电商中性价比高的还有大型机械设备、工业设备等产品，这类产品同样对精修图有需求。化妆品对精修图的需求就更多了，化妆品的赢利很可观，所以需要快速赢得消费者的心，这时候一张精美的产品图必不可少，如图 2-24 所示。

图片精修不是造假，而是在原图的基础上对产品的光影精心修饰，在色彩上锦上添花。是为前期拍摄因灯光、环境、相机等各方面的原因而造成细节明暗上的瑕疵，在后期精修中弥补回来，如图 2-25 所示。

在各大电商平台，产品、人物是否进行精修处理，对销售起着至关重要的作用，因为它影响主图的点击率，影响产品详情页的转化率，所以随着电商行业的发展，对精修的要求也就越来越普遍和严格。

（a）　（b）

图 2-24　性价比高的精修图

原图　精修图

图 2-25　产品精修对比图

2.5　产品图的应用技巧

无论通过何种手段获得产品图，最终的目的都是要将图片应用到店铺中。不同电商平台的店铺对于图片都有不同的要求，应用图片时除了要尽量符合平台的要求外，还要注意以下几点。

2.5.1　选择合适的产品图片

互联网的出现，大大地方便了用户的信息收集过程。一些网店主会从网上搜集并下载产品图直接使用，表面看好像很方便快捷，却恰恰犯了一个致命的错误，对产品敷衍了事、对买家不够诚信。这样的话，很难让店主的产品从众多的竞争者中脱颖而出。

一个负责任的卖家会找来专业的摄影团队来对产品进行精心的拍摄，如图 2-26 所示。然后再使用 Photoshop 等图像处理软件处理图像细节，进行包装设计和效果图的制作，这样的产品图才能赢得买家的青睐，如图 2-27 所示。

图 2-26　产品拍摄图

图 2-27　处理后的产品图

提示： 现在的网络环境，为了禁止盗图和抄袭现象的发生，大部分的图片下载完成后都带有水印，甚至很多图片会防止下载和外链。

为了获得较快的下载速度，上传图片时，单张图片大小最好控制在 2M 以下，并且使用统一的图片尺寸，如 600×450 像素的产品图的清晰度就足够吸引买家的眼球。

2.5.2 合理控制图片数量

一般来说，一个产品可以有 10 张左右的产品图片，卖家可以将极尽详细的产品图摆放在产品详细描述中，这样的话买家在浏览查看产品文字描述时，也能同时对产品的各个细节有所了解。这样做还有一个好处就是，买家无须逐一点击产品图，可以直接拖动鼠标下滑即可看到所有图片，方便了买家的操作，如图 2-28 所示。

（a）（b）

图 2-28 一个产品的多张产品图

> **提示：**卖家可以尝试将更多的细节商品图摆放进产品详描中，用更精细的商品细节，引起买家下单的欲望。

2.5.3 产品图排列方式

图片的排列摆放跟产品叙述息息相关。不同的排列方式会有不同的视觉关注点，同时也能营造出不同的产品分类。比较常见的产品图排列方式有直线式、三角形、对角线、辐射式和框架式，如图 2-29 所示。

1. 直线式

产品的形状具有一定的规则性，通过直线式排列可以整齐美观地展现出产品，这样的排列方式可以将产品不同的颜色和规格通过并列对比展示给消费者。直线式排列可以增加产品的选择性，通过多色以及多规格展示来提高产品的竞争力，如图 2-30 所示。

图 2-29 产品排列

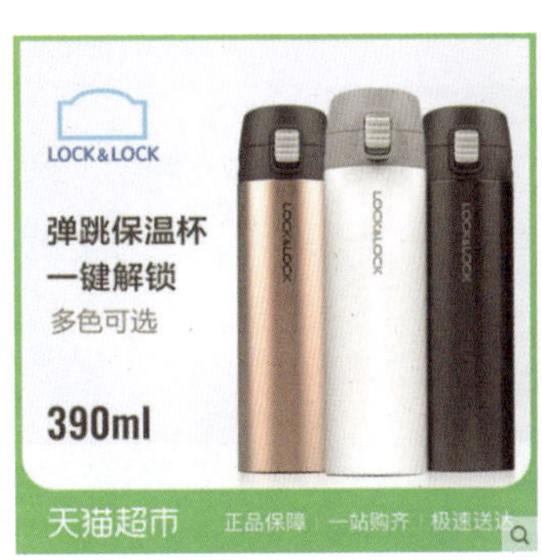

图 2-30 直线式排列产品

2. 三角形

三角形排列可以分为正三角排列、倒三角排列和斜三角排列。三角形排列具有安定、均衡而又不失灵活的特点。使用三角形排列的产品一定要有规则的外形，这样形成的三角形阵列才会更醒目。正三角形给人稳定的感觉，从而突显产品的特色；倒三角形有一种不稳定感，显得产品生动活泼，如图 2-31 所示。

3. 对角线

将产品排列在对角线上，突出产品的立体感、延伸感和动感。对角线排列形成的纵深，可以带给浏览者更多的视觉冲击。对角线排列能够体现产品的立体感，更好地展现产品的特点，如图 2-32 所示。

(a)　(b)

图 2-31　三角形排列产品

(a)　(b)

图 2-32　对角线排列产品

4. 辐射式

辐射式构图视觉冲击力强，向外扩张的腺体和动态都很明显，可以增加画面的张力，并能够凸显发散的中心。这类排列方式适合细长类的产品，这种排列方式可以紧收主题，能够很容易将线条引导到发散的中心，如图 2-33 所示。

5. 框架式

框架式排列通常在服装、化妆品行业中被广泛应用，单个模特很难完整地展现出产品的多色性。如对于口红的颜色，消费者有着很明显的个人喜好倾向，所以尽量多地展示口红的颜色，才能够吸引浏览者点击浏览。运用框架式排列可以在固定的面积中展示出产品的多样性，如图 2-34 所示。

(a)　(b)

图 2-33　辐射式排列产品

(a)　(b)

图 2-34　框架式排列

提示： 一般商品详描述文字都是遵从产品整体功能描述、细节展示、使用效果图和包装图这样一个顺序，商品图同样按照此顺序排列，这样符合买家的浏览习惯，同时也符合逻辑思维，看起来也比较舒服。

2.5.4 拥有适当的尺寸

除了图片质量要求之外，还建议每个产品图片的宽度或高度至少为 1000 像素。可以使用相对较大的图片来生成几种较小版本的产品图片，以便为每种情况提供适当尺寸的照片。

提示： 对于不同平台的店铺，店招需要测试产品图片的大小。一般来说，UI 设计专家建议使用相对较大的产品图片，对于某些产品，增加产品图片的白色空间，可以带来更多的销售。

店主需要选择几种不同的产品图片大小，并在不同平台店铺上对比销售。对比时间必须在同一时间进行，持续数周或一个月。

1. 从多角度展示产品

对于一些产品来说，一张电商产品图片就足以媲美把产品拿在手中检查的体验。考虑到这一点，可以考虑从多个角度展示产品。

2. 展示每种颜色或选项

无论销售的口红是红色、粉红色、洋红色或玫瑰红色，都需要将口红的颜色展示出来，供浏览者挑选，如图 2-35 所示。

（a）　　　　（b）

图 2-35　展示口红的每种颜色

2.5.5 展示产品细节

消费者如想要在电商网站上购买一款经典的自行车，店铺中则应该使用图片详细展示产品的细节，使消费者可以看到可调座椅、钢轮和手把上经典的铃销等结构。

这些图片可以让消费者更好地了解产品的价值。使用单张、近距离的图片来展示特定的产品功能、纹理或材料，如图 2-36 所示。

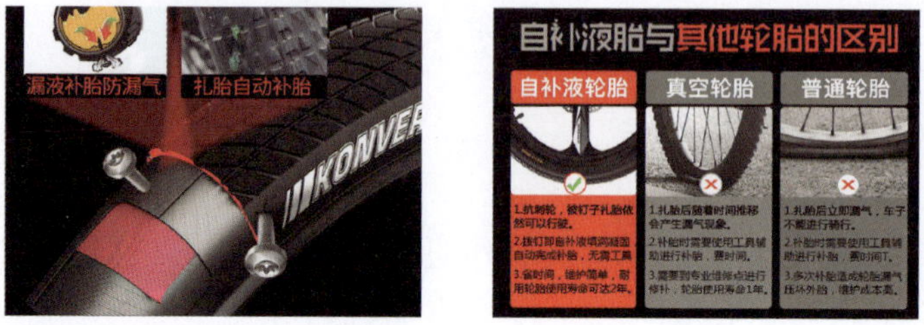

（a）　　（b）

图 2-36　展示产品细节

2.6　产品宝贝图视觉营销

对于大多数买家来说，产品的主图会影响其购买这个产品的决策权。精致美观的产品图无疑是给买家吃上一剂定心丸，它的存在极大地吸引着买家的目光。

下面将设计制作一款沙发产品的店铺宝贝图，通过本次制作使学习者能够掌握宝贝图的制作规范和设计技巧，完成效果如图 2-37 所示。

图 2-37　沙发宝贝图

2.6.1　分析产品营销的特点

图 2-37 中沙发宝贝图采用了对角线的构图方式，将产品放在页面对角线上，给浏览者带来了强烈的视觉冲击，同时产品的立体感强烈，很好地展示产品的特点，如图 2-38 所示。

宝贝图中采用了标题文字和营销文字相结合的方式，介绍产品的风格为北欧风格，材质为透气植绒面料，从产品本身吸引客户浏览，产品主题清晰，特色明确，如图 2-39 所示。

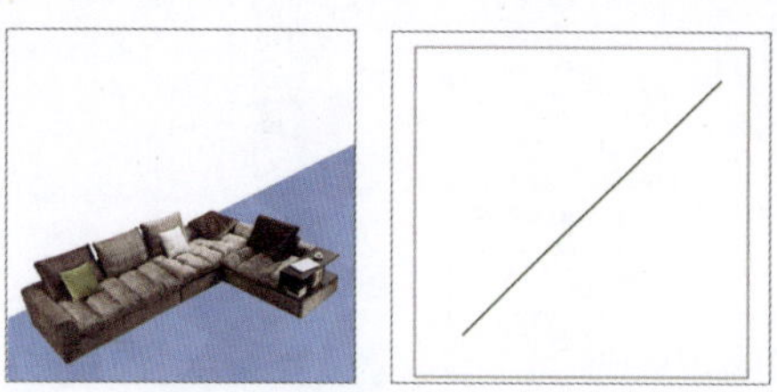

（a）　　（b）

图 2-38　对角线构图

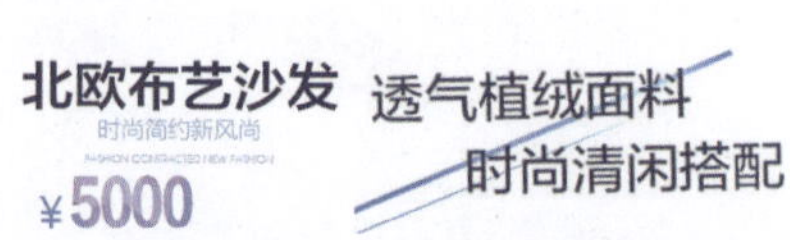

（a）　　（b）

图 2-39　标题文字和营销文字

宝贝图中采用了蓝色作为主色，突显出北欧风格，产品价格采用蓝色的补色红紫色作为辅色，对比强烈，层次结构一目了然，如图 2-40 所示。

图 2-40　宝贝图的主色与辅色

2.6.2　宝贝图的设计规范和要求

宝贝图是一个电子商务中最为重要的部分。以淘宝为例，浏览者在淘宝搜索产品，第一印象就是宝贝主图。好的主图会给店铺带来可观的流量和转化率；不好的主图则会使产品犹如石沉大海，不会产生任何订单。

1. 设计规范

在设计主图时，产品主体展示要清晰完整，图片四周要留等距的边界，其他内容尽量上下贴边、左右贴边，主体显示完整；背景整体干净清晰，不复杂，色彩对比不能过于强烈，颜色数量尽量不要超过 3 种。页面中尽量选择较粗的字体，字体的数量尽量不要超过 3 种，避免由于字体太多，使页面整体感觉杂乱。

2. 设计尺寸

淘宝店铺中宝贝主图尺寸要求至少为 700×700 像素及以上的正方形图片。店铺里宝贝主图最好大小保持一致。

3. 保存输出

宝贝主图制作完成后，首选保存 PSD 格式便于修改。然后可以将其保存为 JPG 格式、PNG 格式或者 GIF 格式，以供上传到店铺中使用。

提示： 在开始设计制作店铺的主图前，建议店主先去一些知名品牌店铺里看看，学习借鉴那些大店的主图样式，多看多实践。

课堂练习　新建一个宝贝图文件

步骤 01　在 Photoshop 中执行“文件”→“新建”命令，弹出“新建文档”对话框，设置各项参数如图 2-41 所示。从标尺中拖出辅助线，定义画布边界，如图 2-42 所示。

图 2-41　新建文档

图 2-42　定义边界

步骤 02　在画布中制作宝贝主图。完成制作后，执行“文件”→“存储”命令，将文件保存为 PSD 格式，便于再次修改编辑，如图 2-43 所示。

步骤 03　执行“文件”→“存储为”命令，将图片保存为 JPG 格式供上传使用，如图 2-44 所示。

图 2-43　保存 PSD 文档

图 2-44　保存 JBG 文档

2.6.3　设计制作沙发产品宝贝图

步骤 01　打开 Photoshop，执行“文件”→“新建”命令，弹出“新建文件”对话框，设置各项参数如图 2-45 所示。将文件另存为“设计制作沙发产品宝贝图.psd”，如图 2-46 所示。

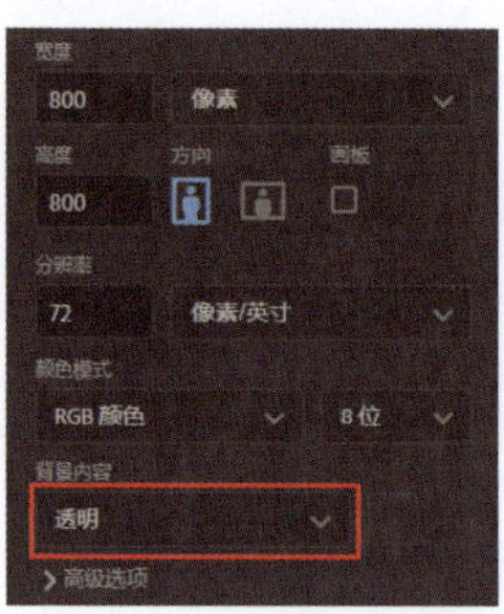

图 2-45　新建文件

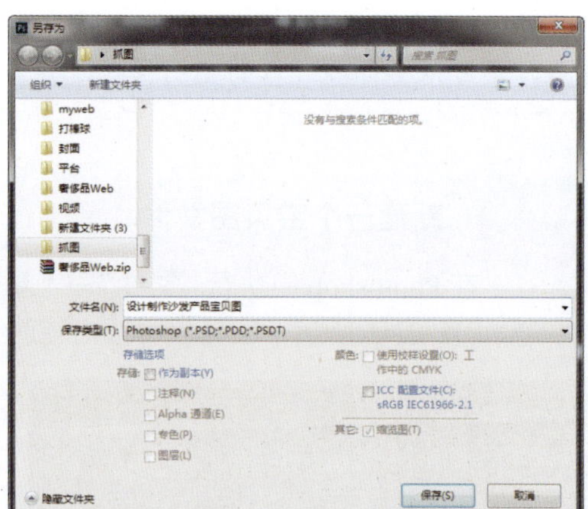

图 2-46　保存文件

小技巧：建议宝贝图为正方形，即 1:1 的宽高。当制作的宝贝图尺寸大于 700×700 像素时，上传以后宝贝就自动会有放大镜的功能，鼠标指针移动到宝贝图片各位置时会显示放大。

步骤 02 打开文件“素材\第 2 章\背景 3.JPG”，将该图片拖入“家居产品宝贝图”设计文档中。调整图片位置，如图 2-47 所示。使用“多边形套索工具”创建选区，并按 Delete 键删除选中像素，效果如图 2-48 所示。

步骤 03 新建一个图层，单击工具箱中的“圆角矩形工具”按钮，在选项栏中选择“像素”模式，设置半径为 9 像素，将“填充颜色”修改为 RGB（32，97，216），在画布中绘制如图 2-49 所示的圆角矩形。

图 2-47 插入图片

图 2-48 删除选区内容

图 2-49 画出圆角矩形

步骤 04 按下 Ctrl 键的同时单击图层缩略图，将圆角矩形的选区调出。选择“矩形选框工具”，按下 Alt 键的同时将选区底部删除，使用 RGB（56，130，227）颜色填充，填充效果如图 2-50 所示。

步骤 05 使用“横排文字工具”在圆角矩形上输入如图 2-51 所示的文字内容，“字符”面板各项参数如图 2-52 所示。

图 2-50 填充选区

图 2-51 输入文字

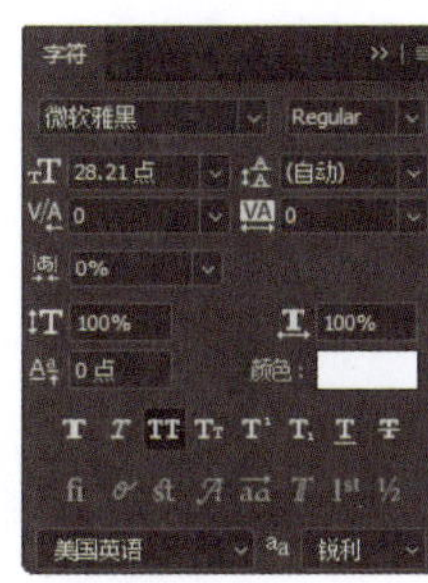

图 2-52 “字符”面板

步骤 06 继续使用相同的方法，在画布中输入文字内容，完成效果如图 2-53 所示。将“素材\第 2 章\背景 .JPG”文件拖入设计文档中，调整图片大小及位置如图 2-54 所示。

图 2-53 输入数字

图 2-54 添加图片

小技巧：产品宝贝图的主色调为蓝色，因此，在设计过程中，应始终围绕蓝色或橙色（蓝色的互补色）进行设计制作。建议一张图上不要超过三种颜色。

步骤 07　执行“图层”→“创建剪贴蒙版”命令，得到如图 2-55 所示的效果。修改该图层的图层混合模式为“变亮”，页面效果如图 2-56 所示。

小技巧：在某一图层“创建剪贴蒙版”，意味着该蒙版只作用于位于该图层的下一图层内容上，和其他图层无关。

步骤 08　新建一个图层，使用“多边形套索工具”创建选区并填充使用 RGB（69，164，248）颜色填充，填充效果如图 2-57 所示。将“素材 \ 第 2 章 \ 背景 2.JPG”图片拖入设计文档中，调整图片位置如图 2-58 所示。

图 2-55　插入图片

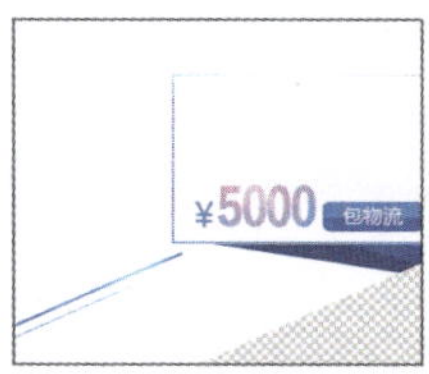

图 2-56　创建剪贴蒙版

图 2-57　填充多边形选区

图 2-58　创建剪贴蒙版

步骤 09　执行“图层”→“创建剪贴蒙版”命令，效果如图 2-59 所示。将该图层的图层混合模式修改为“柔光”，图层不透明度设置为 50%，图像效果如图 2-60 所示。

图 2-59　设置图层样式

图 2-60　混合样式为柔光的效果图

步骤 10　将“素材 \ 第 2 章 \ 沙发 .png”图片拖入设计文档中，调整图片位置如图 2-61 所示。使用“横排文字工具”输入如图 2-62 所示的文本内容，文本的颜色为 RGB（13，46，98）。

提示：PNG 格式图片支持透底效果。如果在制作过程中没有透底图，可以在完成抠像后，将文件保存为 PNG 格式或者 GIF 格式即可。

图 2-61　插入图片

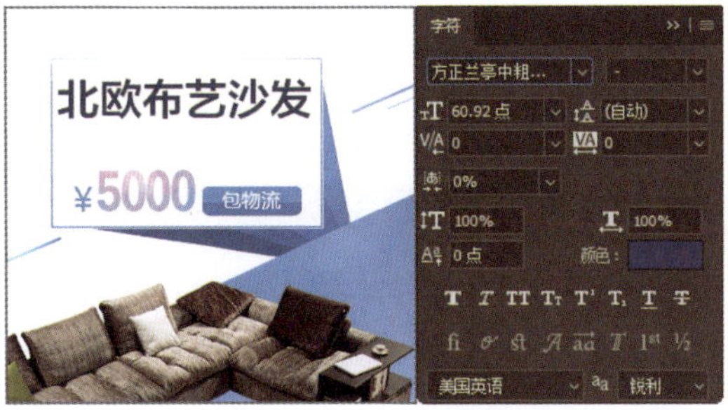

图 2-62　文字图层属性

步骤 11　新建一个图层，使用“椭圆选框工具”在画布中绘制选区，设置羽化值为 20 像素，如图 2-63 所示。为选区填充 RGB（73，139，248）的颜色，取消选区，如图 2-64 所示。

步骤 12　在“图层”面板中右击该图层，选择“创建剪贴蒙版”命令，“图层”面板如图 2-65 所示，效果如图 2-66 所示。

图 2-63　径向渐变

图 2-64　调整图层大小和位置

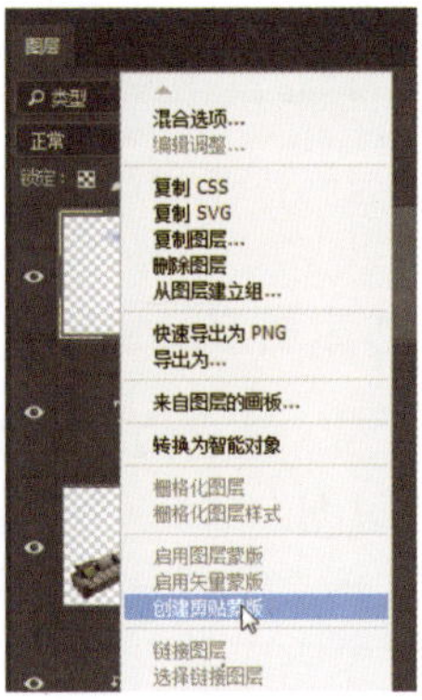

图 2-65　图层右键面板

图 2-66　剪贴蒙版效果

步骤 13　使用相同的方法，使用“横排文字工具”在页面中输入如图 2-67 所示文字内容。使用“直线工具”在画布中绘制如图 2-68 所示装饰线条，线条颜色为 RGB（68，137，248）。

步骤 14　继续使用相同的方式，在画布中输入如图 2-69 所示文字内容。按快捷键 Ctrl+T 旋转文本，完成宝贝图的制作，完成效果如图 2-70 所示。

图 2-67　输入文字

图 2-68　绘制线条

图 2-69　设置文字剪贴蒙版效果

图 2-70　完成效果

步骤 15　执行“文件”→“存储”命令，将文件保存。再次执行“文件”→“存储为”命令将文件保存为 JPG 格式，如图 2-71 所示。单击“保存”按钮，在弹出的“JPEG 选项”对话框中，设置“品质”为 6，如图 2-72 所示。单击“确定”按钮，完成保存。

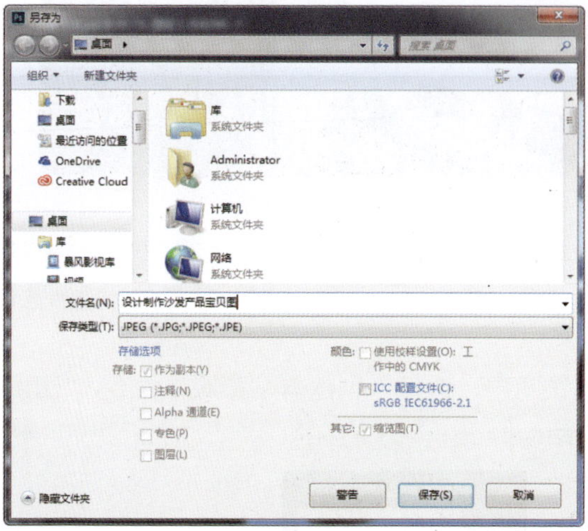

图 2-71　存储图像

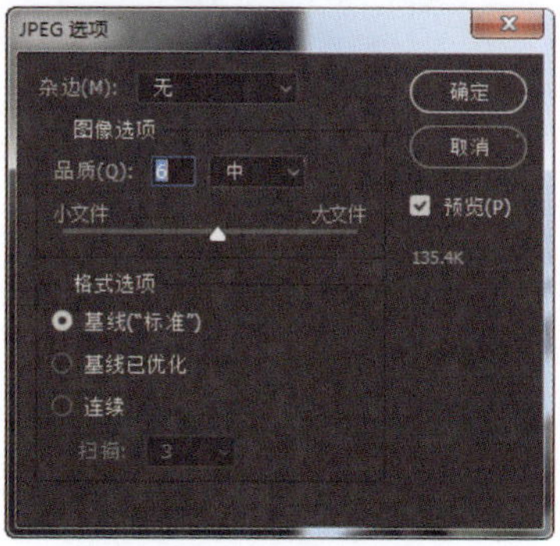

图 2-72　存储为 JPG 格式

举一反三　设计制作家居产品主图

完成沙发宝贝图制作后，读者应该基本掌握了宝贝图制作的规范和要求，接下来制作一个同类产品的宝贝图。

步骤 01　新建一个文档，绘制一个三角形图形，如图 2-73 所示。

步骤 02　使用“横排文字工具”输入文字内容，如图 2-74 所示。

步骤 03　继续使用“横排文字工具”，设置不同的字体，在画布中输入文本内容，如图 2-75 所示。

步骤 04　将产品主图打开并拖入设计文档中，调整图层显示顺序，完成制作，如图 2-76 所示。

图 2-73　绘制三角形

图 2-74　输入文件

图 2-75　输入促销文字

图 2-76　导入产品主图

2.7 店铺主页面视觉营销

一个电子商务网站通常由众多页面组成，而消费者浏览最多的页面是网站首页、店面首页和产品详情页等，因此页面设计效果的好坏会直接影响浏览者是否浏览页面，更会影响店铺的流量和转化率。

下面将通过完成一个母婴店铺首页面的设计制作，讲解图片在设计店铺首页面时的应用方法和技巧。同时帮助读者了解店铺首页设计规范和要求，页面完成效果如图 2-77 所示。

图 2-77　母婴店铺主页面

2.7.1 分析母婴产品营销的特点

本页面设计的是淘宝店铺中旺铺版的首页面，页面设计的自由度更高。将页面划分为上下两部分，并采用较大图片和较大文字标题，吸引浏览者浏览，促进点击浏览产品详情，页面布局结构如图 2-78 所示。

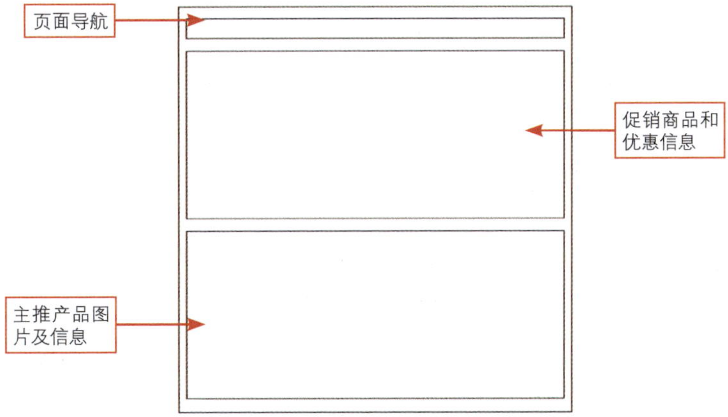

图 2-78　上下布局结构

由于此类产品的主要购买对象为年轻的父母，此类人群通常没有带孩子的经验，希望能够得到帮助。因此产品的大标题定为“妈妈的好帮手”。同时将用户人群关心的产品安全性参数清晰地罗列出来，如图 2-79 所示。

（a）　　　　　　　　（b）

图 2-79　标题文字和营销文字

页面中采用了补色搭配方案，清新淡雅的青色作为主色，明亮活泼的米黄色作为辅助色。虽然两种颜色互为补色，但降低纯度使用后，整个页面效果就和谐统一、主题清晰了，如图 2-80 所示。

主色　# b1edf5　　辅色　# ffdf92

图 2-80　主色和辅色搭配

页面中添加了很多辅助装饰元素，使得页面风格活泼可爱，当浏览者进入页面后，会被页面浓郁的童话气息所感染，对产品燃起强烈的购买欲望。

2.7.2　产品图片的格式与抠像

在电子商务网站中，图片格式通常有 JPG、PNG 和 JPEG 3 种。这 3 种格式的图片都具有很好的压缩性，图片都比较小，非常利于网络传播。3 种图片格式的具体优缺点如表 2-1 所示。

表 2-1　图片格式

格　　式	属　　性
GIF	GIF 格式是基于在网络上传输图像而创建的文件格式。它支持透明背景和动画，被广泛应用于因特网的 HTML 网页文档中。GIF 格式压缩效果较好，但只支持 8 位的图像文件
PNG	PNG 格式具备 GIF 格式的支持透明度及 JPEG 格式的色彩范围广的特点，并且可包含所有的 Alpha 通道，采用无损压缩方式，不会损坏图像的质量
JPEG	JPEG 格式的图像通常用于图像预览。此格式的最大特色就是文件比较小，是目前所有格式中压缩率最高的格式。但是 JPEG 格式在压缩保存时会以失真方式丢掉一些数据，因而保存后的图像与原图有所差别，没有原图像的质量好。印刷品最好不要用这种格式存储

如果产品图片轮廓规则，可以使用“矩形选框工具”和“椭圆选框工具”完成抠像的操作，如图 2-81 所示；如果产品图片轮廓不规则，可以使用“套索工具”“磁性套索工具”和“多边形套索工具”完成抠像操作，如图 2-82 所示。

图 2-81　轮廓规则产品

图 2-82　轮廓不规则产品

如果产品轮廓为不规则且不平滑，可以使用“选择并遮住”功能完成抠像操作，如图 2-83 所示。

原图

抠像后

图 2-83　轮廓不规则且不平滑产品抠图效果

课堂练习　完成毛绒玩具产品抠像

步骤 01　打开文件“素材 \ 第 2 章 \ 毛绒玩具 .png”，如图 2-84 所示。使用“魔术棒工具”在图像白色区域单击，创建选区，执行“选择”→“反选”命令，得到如图 2-85 所示的选区。

图 2-84　打开素材图

图 2-85　将毛绒玩具选中

步骤 02　单击选项栏上的“选择并遮住”按钮，打开“属性”面板，如图 2-86 所示。使用“调整边缘画笔工具”在毛绒玩具边缘涂抹，得到如图 2-87 所示效果。

图 2-86　“属性”面板

图 2-87　选择并遮住效果

步骤 03　单击“确定”按钮，按快捷键 Ctrl+J 复制选区内容到新图层，将背景图层填充为深蓝色渐变，如图 2-88 所示。选择“图层 1”，执行“图层”→“修边”→“移去白色杂边”命令，效果如图 2-89 所示。

图 2-88　修改背景颜色

图 2-89　完成效果

2.7.3　设计制作母婴产品网店首页

步骤 01　打开 Photoshop，执行“文件”→“新建”命令，弹出“新建文件”对话框，设置各项参数，如图 2-90 所示。将文件另存为“设计制作母婴产品网店首页 .psd”，如图 2-91 所示。

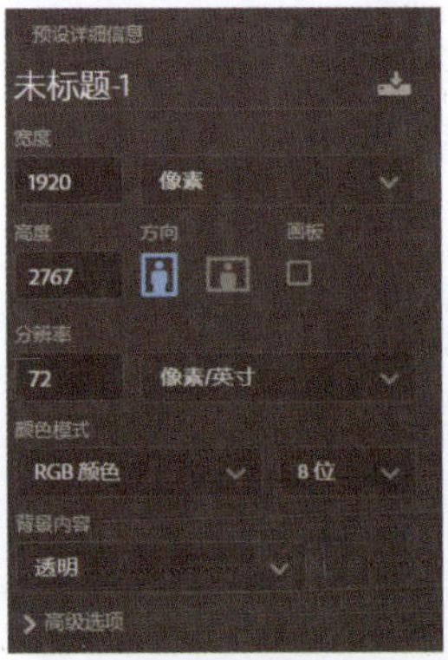

图 2-90　新建文件

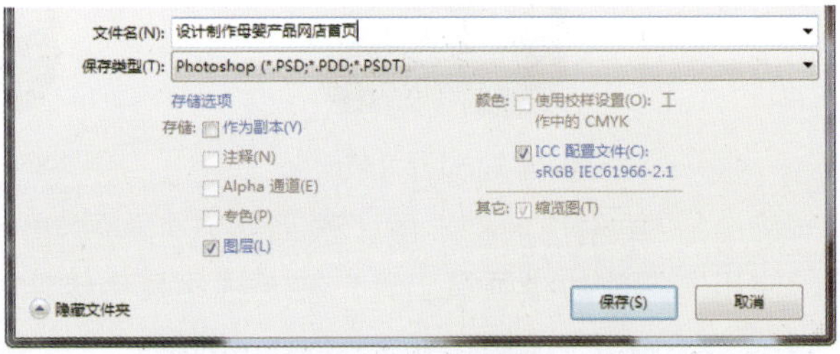

图 2-91　保存文件

步骤 02　将“素材 \ 第 2 章 \ 背景 1.JPG”文件打开并拖入设计文档中。调整图片位置如图 2-92 所示。将“图层 1”拖到“删除图层”按钮上删除，如图 2-93 所示。

步骤 03　为“图层 2”添加“颜色叠加”图层样式，颜色值为 RGB（156，239，245），设置各项参数如图 2-94 所示，图像效果如图 2-95 所示。

步骤 04　新建图层，使用颜色值为 RGB（177，237，245）填充画布，效果如图 2-96 所示，执行“图层”→“创建剪贴蒙版”命令，将填充图层作为图像图层的剪贴蒙版，设置该图层混合模式为“柔光”，“图层”面板如图 2-97 所示。

图 2-92　插入图片

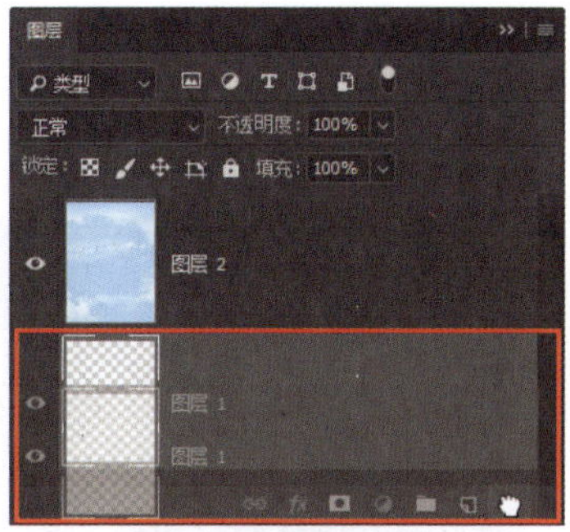

图 2-93　删除图层

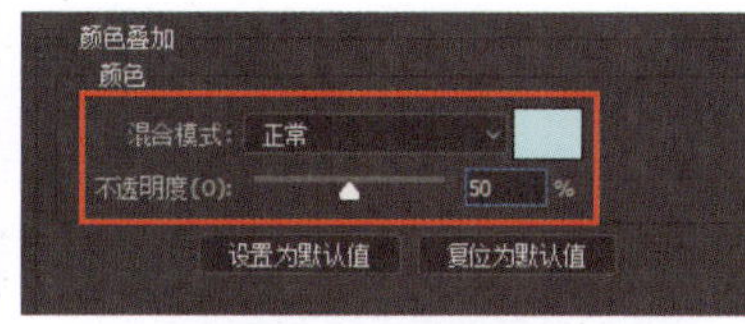

图 2-94　参数设置

图 2-95　图像效果

图 2-96　填充图层

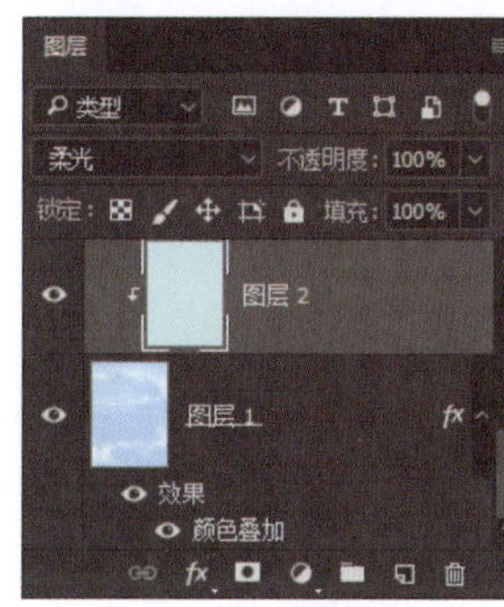

图 2-97　柔光样式

步骤 05　执行“视图”→“标尺”命令，将标尺显示。执行“视图”→“新建参考线”命令，新建如图 2-98 所示的参考线。

图 2-98　新建参考线

提示：为了保证页面可以在不同分辨率下都能正确显示，将页面的主体内容集中在页面中间，两侧只保留背景色，用来适配不同的分辨率。

步骤 06　新建一个图层组，修改其名称为“背景”。将“素材 \ 第 2 章 \ 云 .png”文件打开并拖入设计文档中，页面效果如图 2-99 所示。为该图层添加投影图层样式，设置各项参数如图 2-100 所示。

图 2-99　导入素材

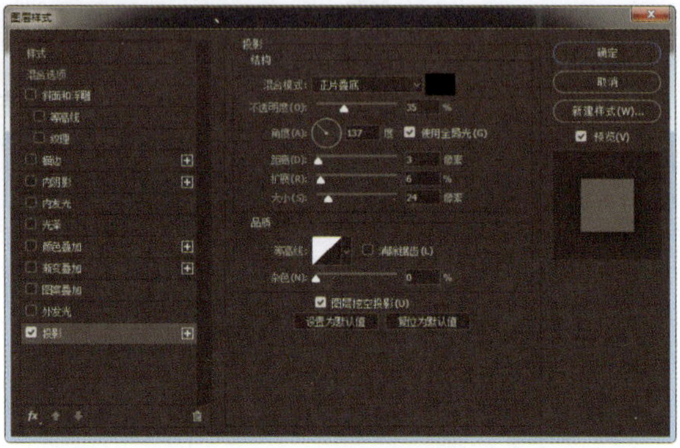

图 2-100　设置投影参数

步骤 07　单击“确定”按钮，页面效果如图 2-101 所示。继续使用相同的方法，导入外部图片素材并添加投影的图层样式，完成页面背景的制作，完成效果如图 2-102 所示。

图 2-101　导入图片素材

图 2-102　导入其他素材

步骤 08　将“素材 \ 第 2 章 \ 飞机 .png”文件打开并拖入设计文档中，页面效果如图 2-103 所示。使用“横排文字工具”在页面中输入如图 2-104 所示的文本，文本颜色为 RGB（82，208，223）。

图 2-103　导入素材图

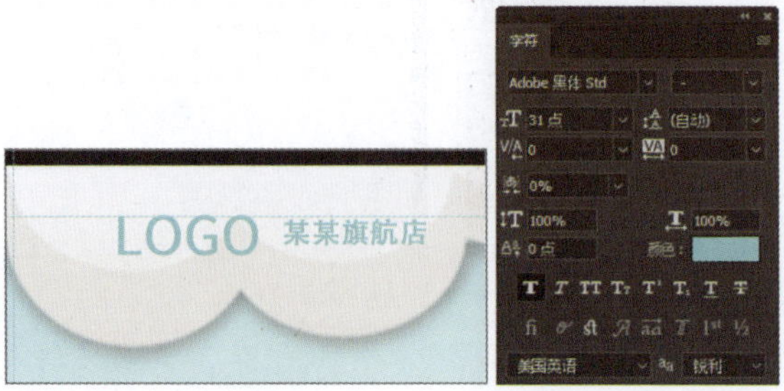

（a）　　（b）

图 2-104　输入标题文字

步骤 09　使用“直线工具”绘制如图 2-105 所示的直线。在“店招”图层组中新建一个名为“优惠券”的图层组，单击“椭圆工具”按钮，在画布中绘制正圆形，其形状的具体参数如图 2-106 所示。绘制完成后，图像效果如图 2-107 所示。

图 2-105　绘制直线

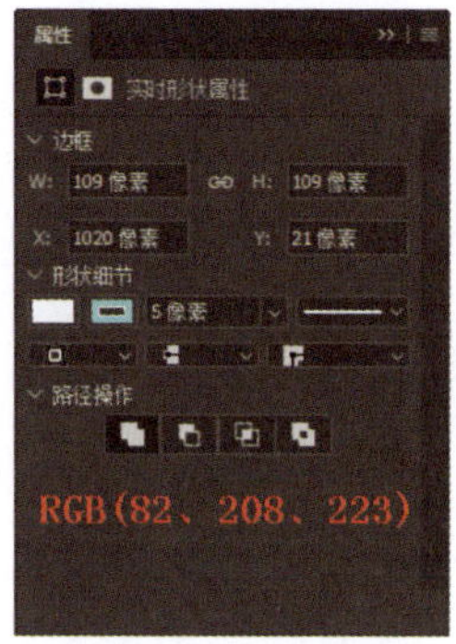

图 2-106　正圆参数

图 2-107　图形效果

步骤 10　使用“横排文字工具”在画布中输入文字内容，“字符”面板各项参数如图 2-108 所示。文字效果如图 2-109 所示。使用相同方法完成如图 2-110 所示的文本。

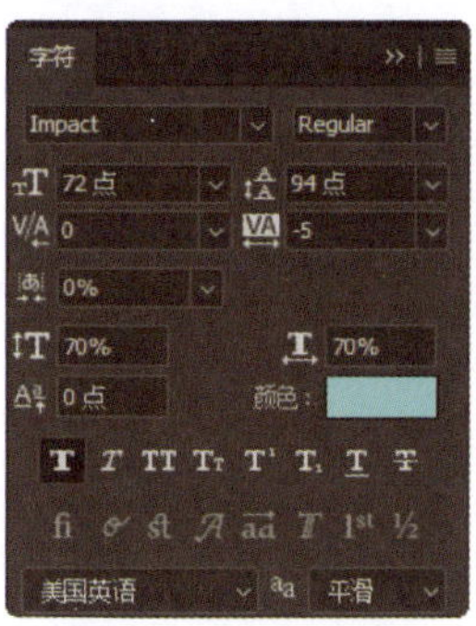

图 2-108　文字参数

图 2-109　添加文字效果图 1

图 2-110　添加文字效果图 2

步骤 11　将“素材 \ 第 2 章 \A.png”文件打开并拖入设计文档中，页面效果如图 2-111 所示。连续两次复制“优惠券”图层组，调整位置如图 2-112 所示。

图 2-111　添加图片

图 2-112　复制图层组

步骤 12　修改文本如图 2-113 所示。新建“导航”图层组，使用“圆角矩形工具”在画布中绘制形状，“属性”面板参数如图 2-114 所示。图形效果如图 2-115 所示。

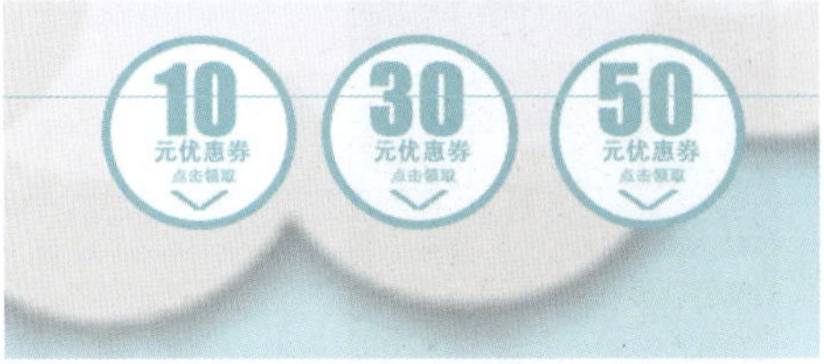

图 2-113　修改文本

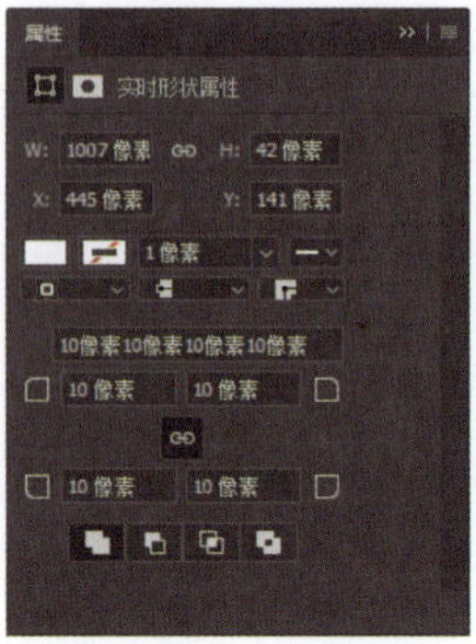

图 2-114　形状参数

图 2-115　图形效果

小技巧：图片格式中，只有 PNG 和 GIF 格式的图片素材支持透底效果。其他格式的图片只能通过图层蒙版的方式实现透底效果。

步骤 13　为形状图层添加“内阴影”图层样式，设置样式参数如图 2-116 所示。设置“字符”面板各项参数如图 2-117 所示，使用“横排文字工具”在画布中输入如图 2-118 所示文本。

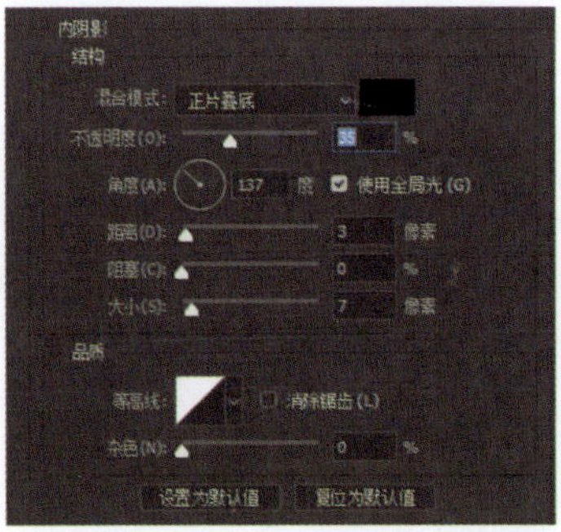

图 2-116　图层样式

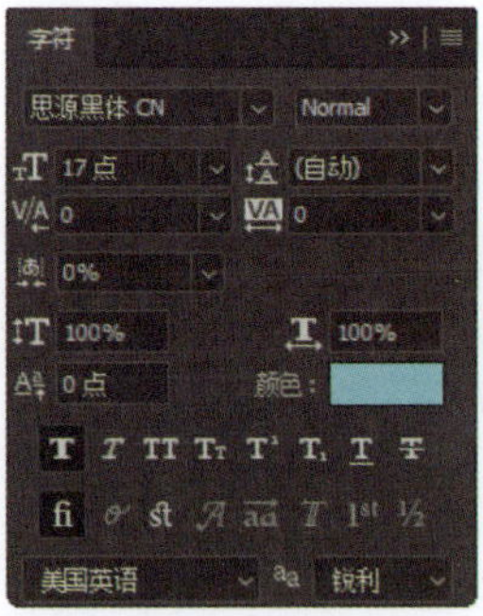

图 2-117　文字参数

图 2-118　输入文本

步骤 14　使用相同方法完成导航栏中其他文字内容的制作，完整的导航图像效果如图 2-119 所示。

步骤 15　将“素材 \ 第 2 章 \ 菊花 .png、洗衣皂 1、洗衣皂 2”文件打开并拖入设计文档中，页面效果如图 2-120 所示。

图 2-119　导航栏文字效果

图 2-120　拖入图像效果

提示：PNG 格式和 JPG 格式的图片色彩鲜艳，适合用作产品图，GIF 格式图片只有 256 种颜色，因此只适用于颜色较少的产品。

步骤 16　打开“字符”面板，设置颜色值为 RGB（138，232，214），其余参数如图 2-121 所示。使用“横排文字工具”在画布中输入文字内容，如图 2-122 所示。

步骤 17　使用“直线工具”在画布中绘制颜色值为 RGB（255，180，43）的直线，选择“合并形状”选项，继续绘制直线，如图 2-123 所示。

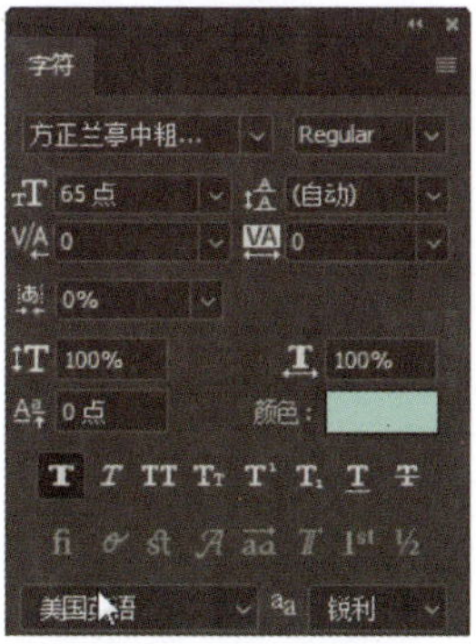

图 2-121　文字属性

图 2-122　文字效果

图 2-123　绘制直线

步骤 18　设置“字符”面板参数如图 2-124 所示。使用“横排文字工具”在画布中输入功能文字内容，如图 2-125 所示。

步骤 19　设置“字符”面板参数如图 2-126 所示。使用“横排文字工具”在画布中输入价格文字内容，如图 2-127 所示。

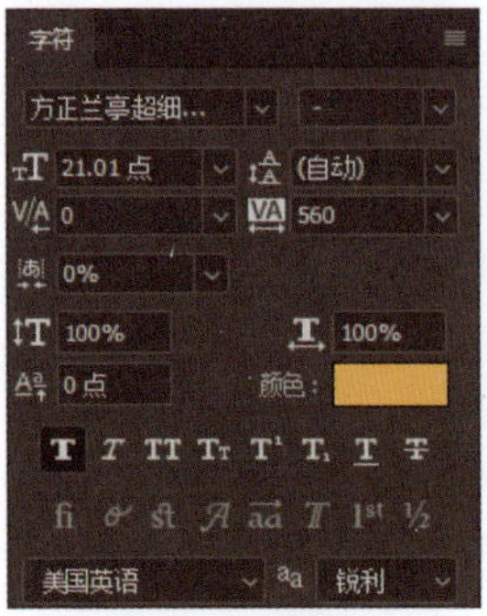

图 2-124　字符面板

图 2-125　功能文字效果

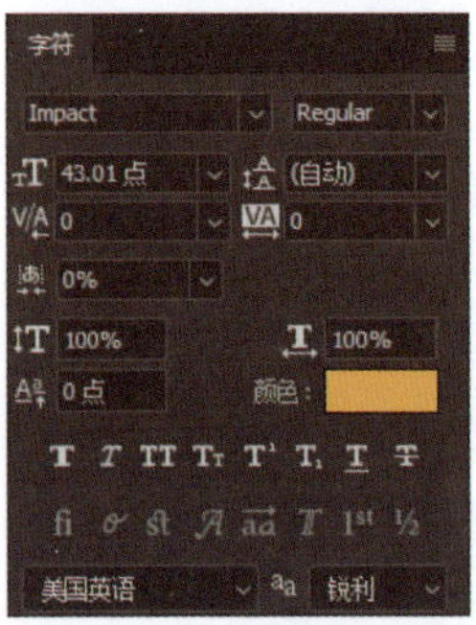

图 2-126　“字符”面板

图 2-127　价格文字效果

提示： 标题文字通常选择较大、较粗的字体，以烘托主题。副标题则会选择较小、较细的字体，既能说明产品特性，又不会抢了主题文字的风头。

步骤 20　设置“字符”面板参数如图 2-128 所示。使用“横排文字工具”在画布中输入促销文字内容，如图 2-129 所示。

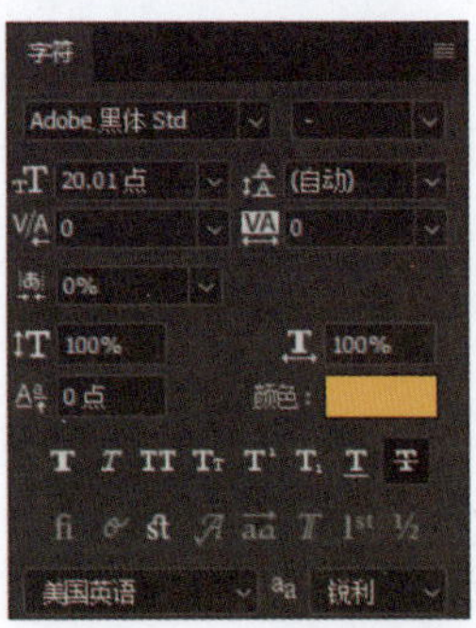

图 2-128　设置文本参数

图 2-129　促销文字效果

步骤 21　设置“字符”面板参数如图 2-130 所示。使用“横排文字工具”在画布中输入英文文字内容，如图 2-131 所示。

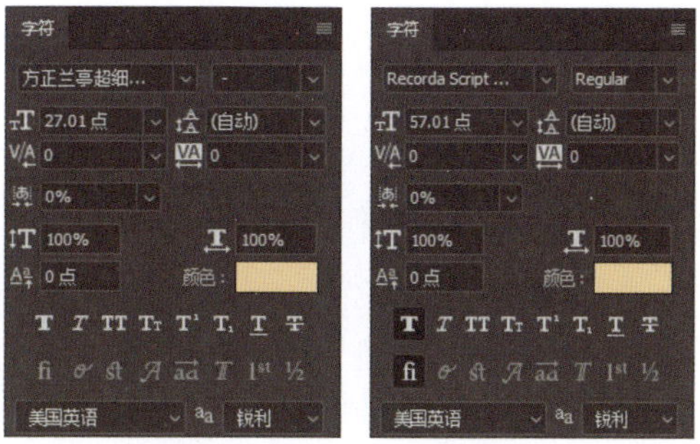

图 2-130 “字符”面板

图 2-131 英文文字效果

> **小技巧：**首页的文案宣传中，对产品的宣传是非常重要的，所以选用了较大字号的蓝绿色字体，以此显示文案的重要性，同时可以让浏览者清楚明白地阅读文案。在电子商务视觉营销中，文案编写的字号大小和颜色都关系着文案的层级属性。

步骤 22 使用“圆角矩形工具”在画布中绘制形状，如图 2-132 所示。“属性”面板中形状的参数设置如图 2-133 所示。使用“横排文字工具”在画布中输入文字内容，并为其添加“外发光”的图层样式，如图 2-134 所示。

图 2-132 绘制圆角矩形

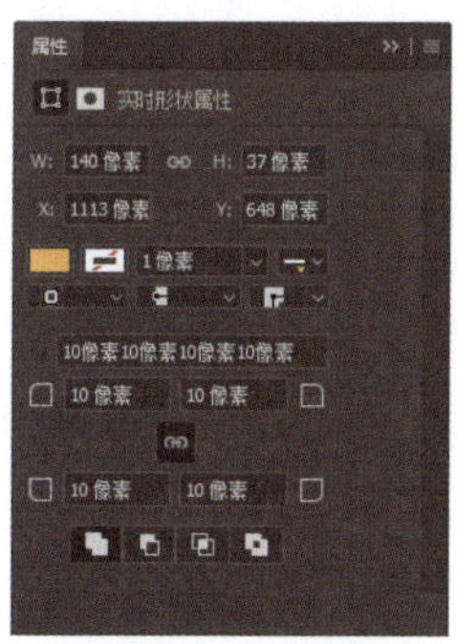

图 2-133 “属性”面板

图 2-134 添加按钮文字

步骤 23 新建“优惠券 2”图层组，在组内连续复制 3 次优惠券图层组，并使用快捷键 Ctrl+T 调整图层组的大小和位置，如图 2-135 所示。将“素材\第 2 章\羊.png”文件打开并拖入设计文档中，页面效果如图 2-136 所示。

图 2-135 复制图层组

图 2-136 添加图片

步骤 24　使用“直线工具”在画布中绘制一条白色直线，在选项栏上选择“合并形状”绘制模式，继续在画布中绘制一条直线，完成效果如图 2-137 所示。

小技巧：在复制形状对象时，使用“移动工具”按下 Alt 键复制将会新建一个图层。使用“直接选择工具”按下 Alt 键复制，将不会新建图层，复制对象将会与原对象位于一层上。

步骤 25　旺铺首页的第 1 屏全部绘制完成，图像效果如图 2-138 所示。打开“图层”面板，调整各个图层组的顺序，“图层”面板如图 2-139 所示。

图 2-137　绘制直线

图 2-138　图像效果

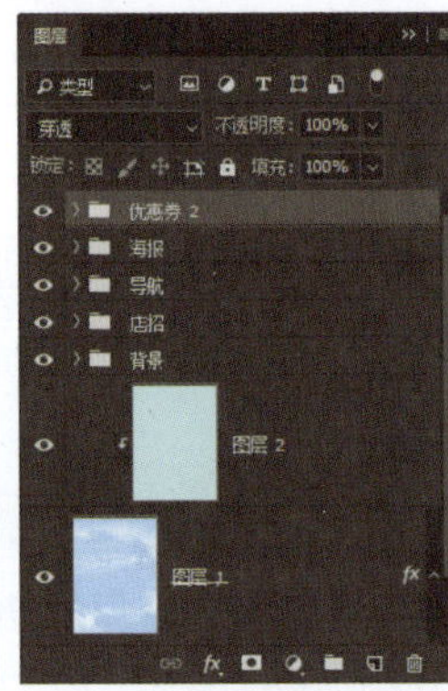

图 2-139　“图层”面板

步骤 26　按照之前讲解过的绘制方法，完成旺铺首页第 2 屏的绘制，图像效果如图 2-140 所示。调整图层顺序，“图层”面板如图 2-141 所示。

（a）　（b）

图 2-140　图像效果

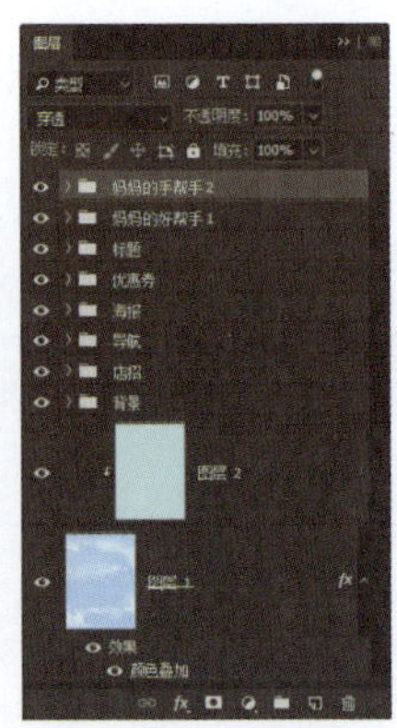

图 2-141　“图层”面板

提示：当用户想要开一家店铺时，首先要有一个清晰准确的定位，将店铺销售产品或提供服务确定下来。然后再根据产品类型设计店铺首页的整体风格。店铺设计完成后，再根据设计效果装修店铺，然后上架商品。千万不要随意改变店铺定位和商品类型，这样只会让店铺风格和目标客户变得混乱。

举一反三 设计制作母婴产品网店首页

完成母婴网店首页的制作后，读者应该基本掌握了网店首页制作的规范和要求，接下来我们再制作一个同类产品的网店首页。

步骤 01 新建文档并导入外部图片素材，完成页面背景制作，如图 1-142 所示。

步骤 02 使用“横排文字工具”在页面中输入文字内容，并添加图层样式，如图 1-143 所示。

图 1-142 导入图片素材

图 1-143 输入文字并添加样式

步骤 03 绘制店铺主页页面主体背景图及装饰图像，导入图片素材，如图 1-144 所示。

步骤 04 完成页面优惠券和促销产品页面内容的制作，如图 1-145 所示。

图 1-144 绘制背景图和装饰图

图 1-145 完成优惠券和促销产品页面制作

2.8 产品详情页视频营销

产品详情页是浏览者了解产品的一个重要途径。一个好的详情页会大大提高成交率。从理论上讲，浏览者在详情页中看到的每一件产品都会影响店铺的转化率。

下面将完成手机配件产品详情页的设计制作。通过演练制作帮助读者了解电商平台详情页的制作流程和技巧，页面完成效果如图 2-146 所示。

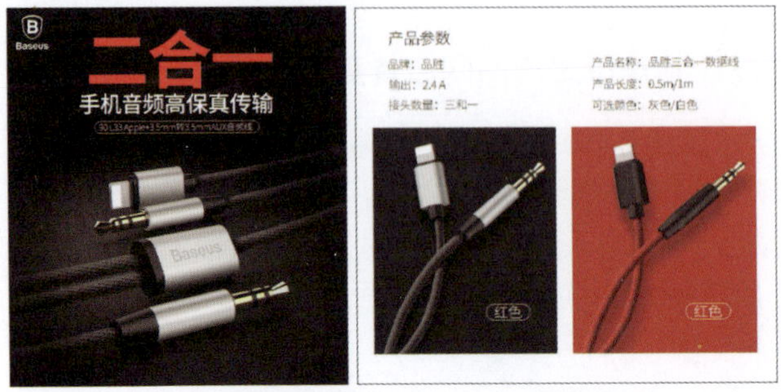

图 2-146　手机配件产品详情页

2.8.1　分析手机配件类产品的特点

本次将设计制作手机配件类产品的详情页，详情页第 1 屏如图 2-147 所示。图片选择了黑色作为主色，灰色作为辅色，页面效果和谐统一。页面中的标题文字采用了红色，与黑色背景搭配，简洁大气。银灰色的产品主图呈现出产品的优质和高端。

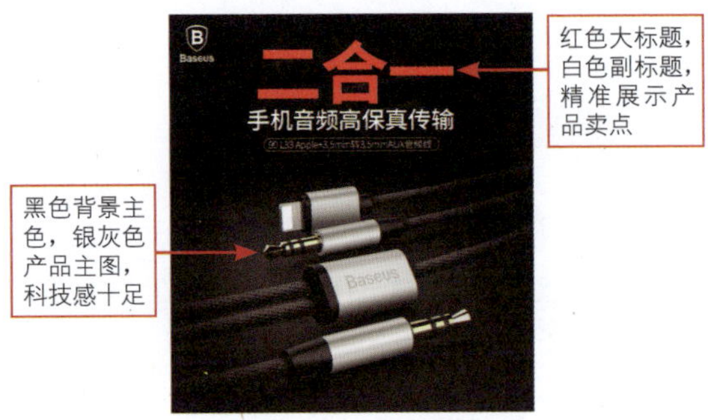

图 2-147　第 1 屏页面效果

详情页第 2 屏中，通过使用黑色色块与红色色块相对比的方式，将不同颜色的产品对比，并将产品说明以文字的形式展示出来，便于浏览者阅读，发现需求，如图 2-148 所示。第 3 屏中将产品的使用对象以图片和文字的方式，轻松地展示出来，如果浏览者已经看到了这个位置，那么基本上就会选择购买了，如图 2-149 所示。

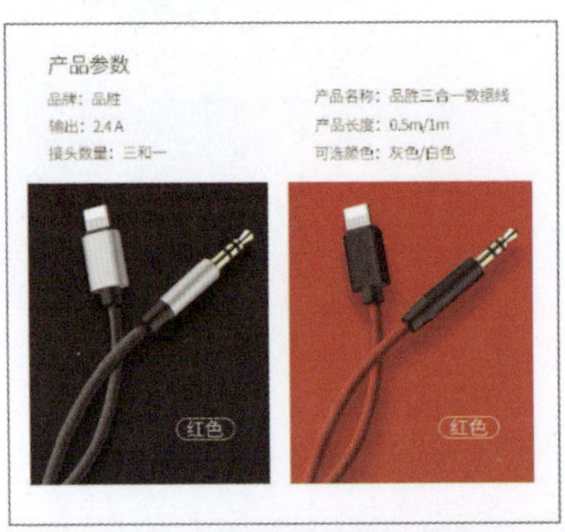

图 2-148　第 2 屏页面效果

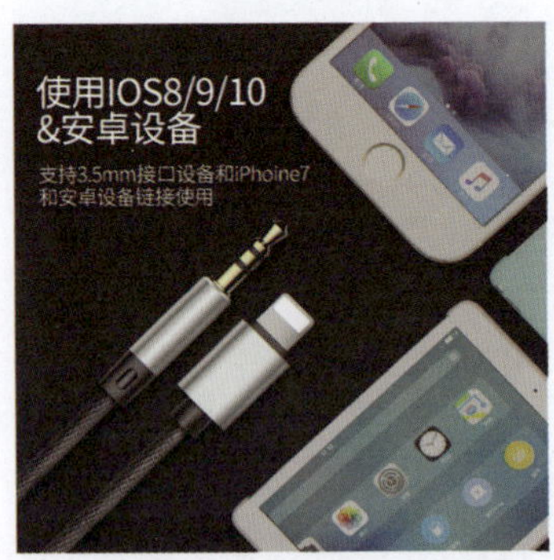

图 2-149　第 3 屏页面效果

在页面中加入两张灰色的产品说明图片，可以降低视觉冲击力，给浏览者充分的考虑时间。同时通过文字将产品的特征进一步传达给浏览者，促使浏览者尽快决定购买，页面效果如图 2-150 所示。

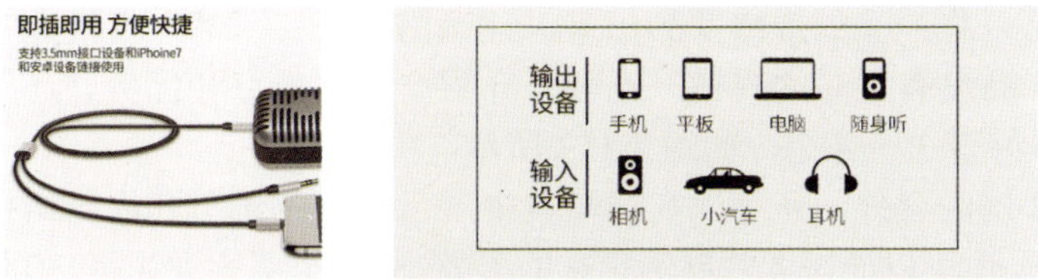

（a）　　　　（b）

图 2-150　灰色产品说明图

2.8.2　产品详情页的设计规范和要求

在开始设计制作详情页之前，网页设计师要分析产品的特点，做好产品的规划，并将详情页的内容罗列出来，如表 2-2 所示。

表 2-2　手机配件详情页规划

规 划 项 目	项 目 内 容
产品类别	手机配件
产品参数	90L33 Apple+3.5mm 转 3.5mmAUX 音频线
促销标题	二合一、手机音频高保真传输
产品解析	即插即用、支持安卓和苹果手机
产品展示	产品图片素材

有了规划的内容，就可以设计出详情页的内容。详情页可以设计得很长，但前 3 屏内容非常重要。第 1 屏的高度大概在 700 ～ 800 像素，前 3 屏内容直接影响浏览者是否继续观看详情页。

第 1 屏普遍默认是做海报，一张体现产品最大卖点的海报，要足够吸引浏览者。例如，淘宝默认宽度为 750 像素，高度不限制，但最好不要设计得过长，推荐 8 000 像素最好，大概为 10 屏的长度，如图 2-151 所示为一款无人机详情页第 1 屏效果。

第 2 屏通常展示产品的最大卖点，例如，品质好。这里可以采用一种展示兴趣点的方法，将同类产品的缺点暴露于此，例如，易碎、不安全、不耐高温等，如图 2-152 所示。

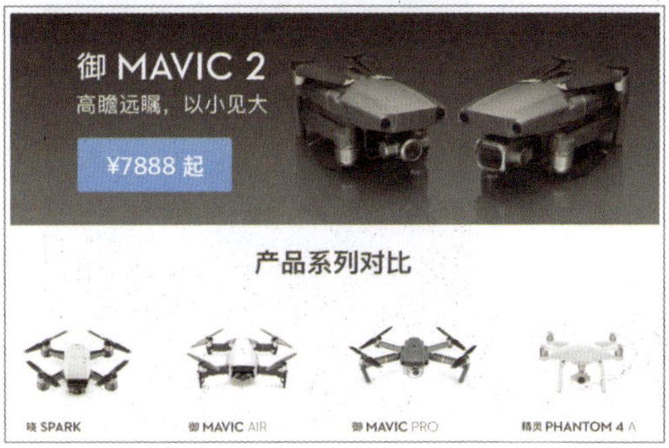

图 2-151　产品海报图

图 2-152　展示卖点

第 3 屏可以将产品的规格罗列出来，让浏览者一目了然，直接选中自己需要的标准。如果产品没有过多的规格，也可以介绍产品的特点和优势。产品的优势要不少于两个，最好有 3 ～ 4 个，如图 2-153 所示。

除了前 3 屏内容外，还可以在详情页中展示产品的细节和内部结构，让浏览者全面了解产品，也可以通过图片展示卖家的实力、服务或买家评论等，如图 2-154 所示。

图 2-153　展示规格

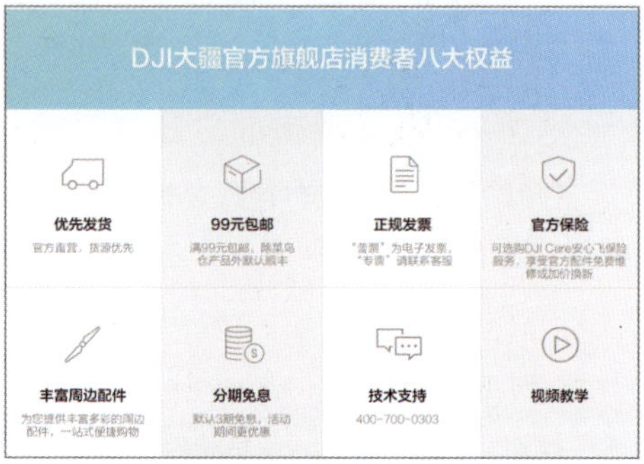

图 2-154　展示服务

课堂练习　设计制作详情页页面结构

步骤 01　执行“文件”→“新建”命令，新建一个 750×700 像素的文档，如图 2-155 所示。使用“矩形工具”在页面中绘制如图 2-156 所示矩形形状。

图 2-155　新建专题页文档

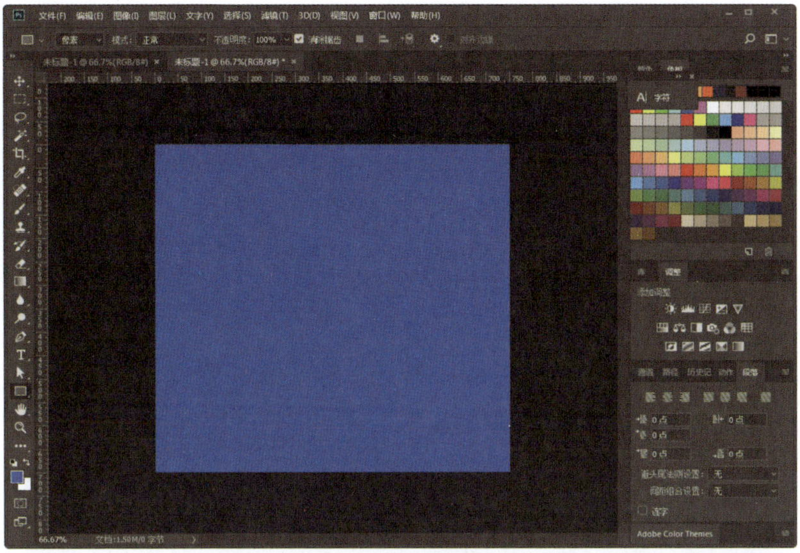

图 2-156　绘制矩形形状

步骤 02　执行“图像”→“画布大小”，设置“画布大小”对话框中各项参数如图 2-157 所示。单击“确定”按钮，页面效果如图 2-158 所示。

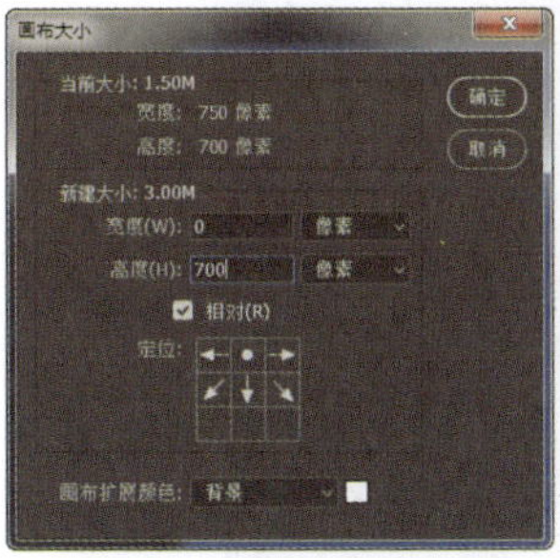

图 2-157　修改画布大小

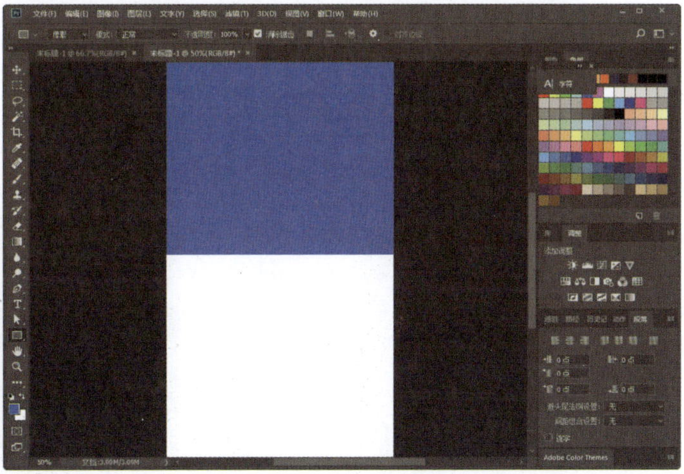

图 2-158　画布向下扩展效果

步骤 03　使用“矩形工具”在页面中绘制如图 2-159 所示的矩形。继续使用相同的方法，扩展出第 3 屏，效果如图 2-160 所示。

提示：详情页制作完成后，可以将每 1 屏的内容合并为一个图层，执行“文件 > 导出 > 将图层导出为文件”命令，将每 1 屏导出为一张图像，上传到店铺中。

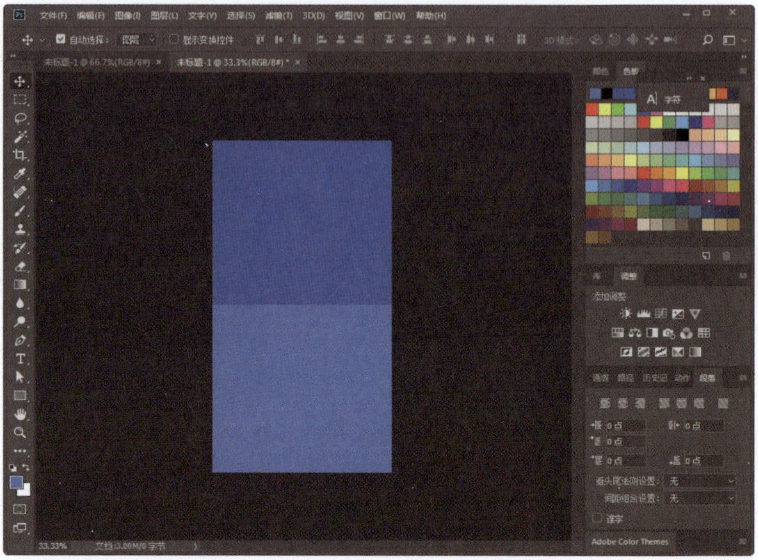

图 2-159　修改背景颜色绘制矩形

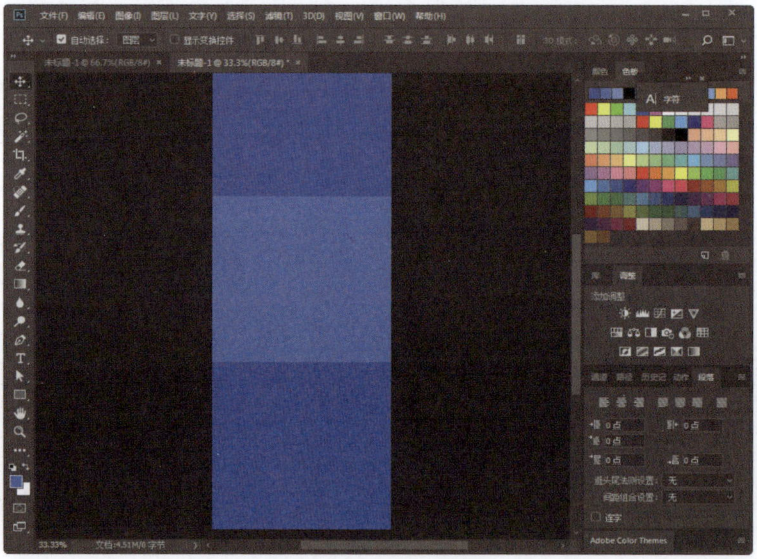

图 2-160　第 3 屏详情页

产品详情页插入的图片很多，不同平台对于图片要求都不同，此处以淘宝网为例，淘宝店铺中产品详情页插入图片的要求如表 2-3 所示。

提示：在上传详情页图片时，淘宝仅支持展示图片静态效果，不支持 GIF 动图，在上传图片时会有格式要求提醒。

表 2-3　淘宝详情页图片要求

项　　目	要　　求
图片格式	JPEG, JPG,PNG
图片大小	3M 以内
图片像素	普通编辑：750×800 像素；可插入图片上限：15 张；字符上限：50 000 个； 智能编辑：图片像素按照使用的具体模板要求进行上传；可插入图片上限：30 张；字符上限：65 535 个
色彩模式	RGB

2.8.3　设计制作手机配件产品详情页

步骤 01　执行“文件”→“新建”命令，弹出“新建文件”对话框，设置各项参数如图 2-161 所示。将文件另存为“设计制作手机配件产品详情页 .psd”，如图 2-162 所示。

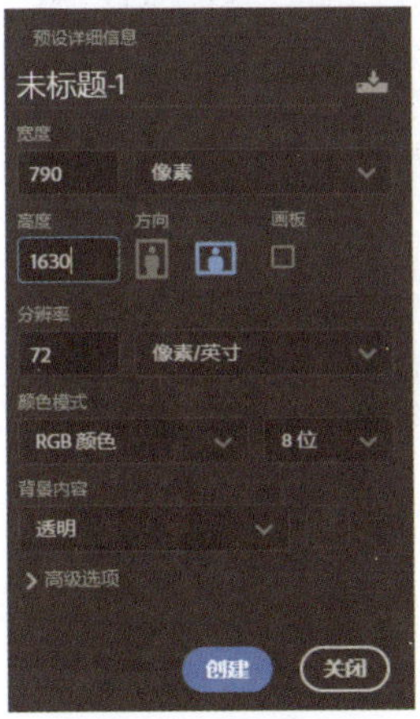

图 2-161　新建文件

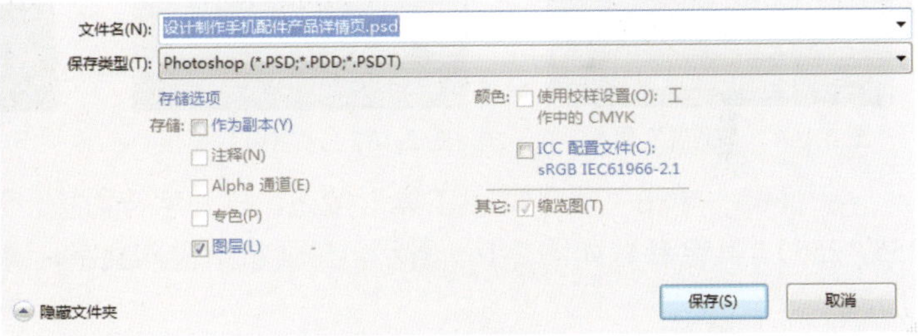

图 2-162　保存文件

小技巧：当客户提出需求后，产品详情页的尺寸是根据素材图片尺寸和设计构想进行预设，往往经过几次调整才能达到让客户满意的视觉效果，形成最终尺寸。

步骤 02　执行“文件”→“打开”命令，打开文件“素材\第 2 章\黑色背景 .JPG”，将图片拖曳到设计文档中，如图 2-163 所示。新建图层组，将“图层 2”命名为“黑色背景”，删除“图层 1”，如图 2-164 所示。

步骤 03　将“素材\第 2 章\手机线 .png”文件打开并拖曳到设计文档中，如图 2-165 所示。调整图片位置，图层命名为“手机线”，“图层”面板如图 2-166 所示。

图 2-163　插入图片

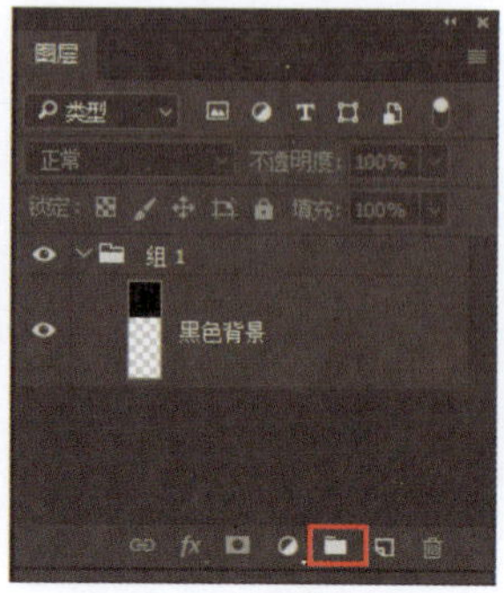

图 2-164　创建新组

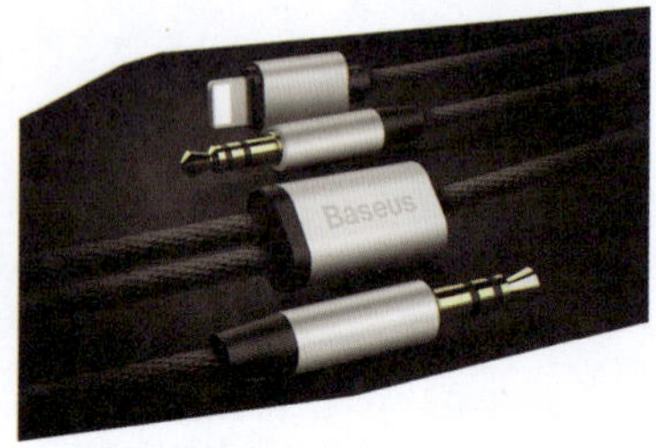

图 2-165　插入图片

步骤 04　单击“横排文字工具”按钮，打开“字符”面板，设置颜色为 RGB（242，0，0），其余参数如图 2-167 所示。输入文字内容，调整文字位置，如图 2-168 所示。

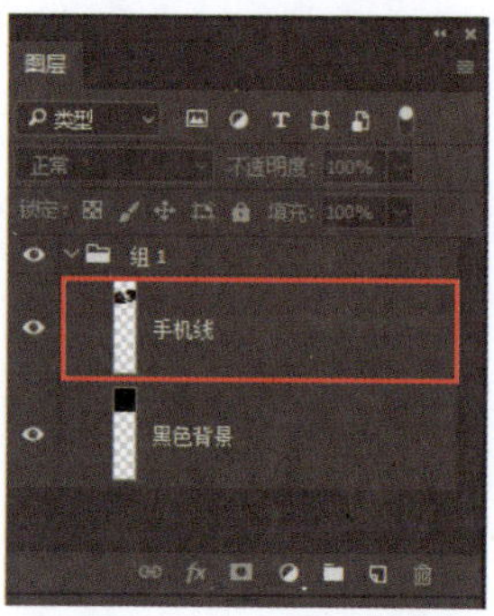

图 2-166　“图层”面板

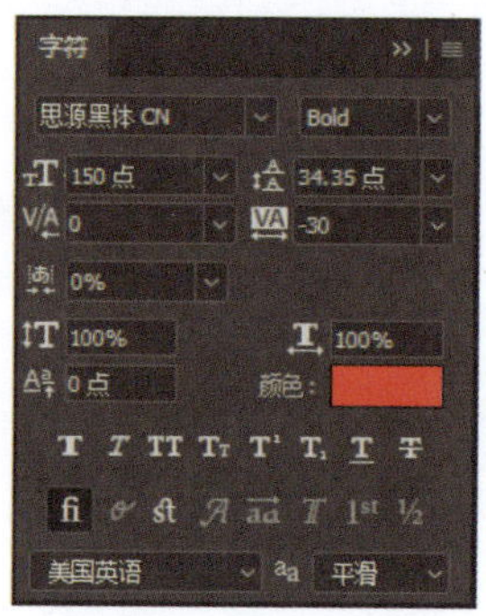

图 2-167　“字符”面板

图 2-168　输入文字

步骤 05　单击“横排文字工具”按钮，打开字符面板，设置颜色为 RGB（255，255，255），其余参数如图 2-169 所示。在画布中输入文字，调整文字位置，如图 2-170 所示。

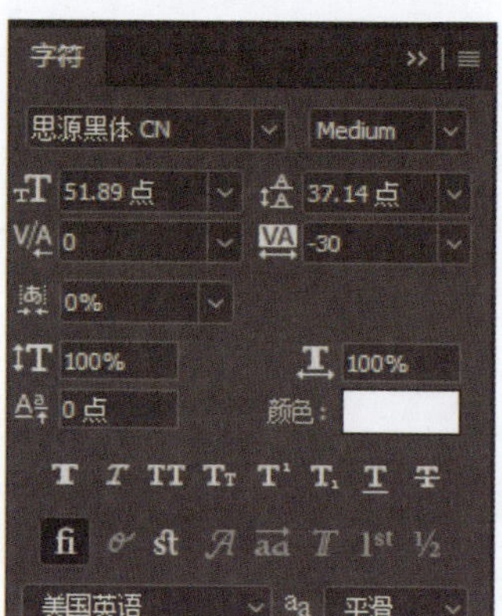

图 2-169　“字符”面板

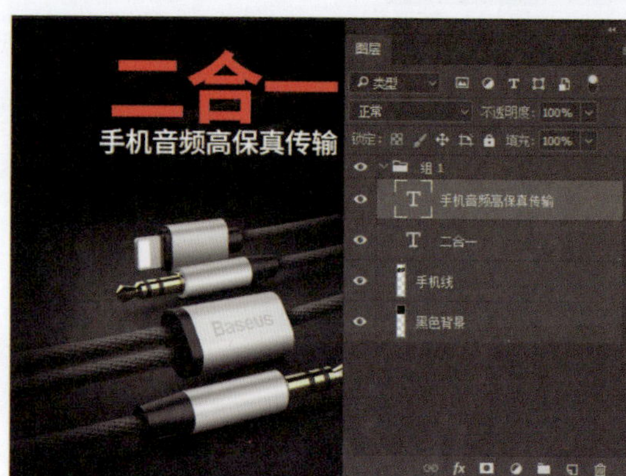

图 2-170　输入文字

小技巧：思源字体由 Adobe 与谷歌合作开发，风格介于现代和传统之间，提供了对日、韩、中文（简 / 繁体）的支持，包含了 7 种不同粗细大小。是一种开源字体，可以从网上下载。

步骤 06　将“素材 \ 第 2 章 \ 标志 .jpg”文件打开并拖曳到设计文档中，调整位置，图层命名为“标志”，完成效果如图 2-171 所示。

步骤 07　新建图层名为“圆角矩形”的图层。单击“圆角矩形”工具，在工具选项栏中选择“路径”选项，在画布中绘制圆角矩形，打开“属性”面板，设置参数如图 2-172 所示。按快捷键 Ctrl+Enter，将路径转换为选区，如图 2-173 所示。

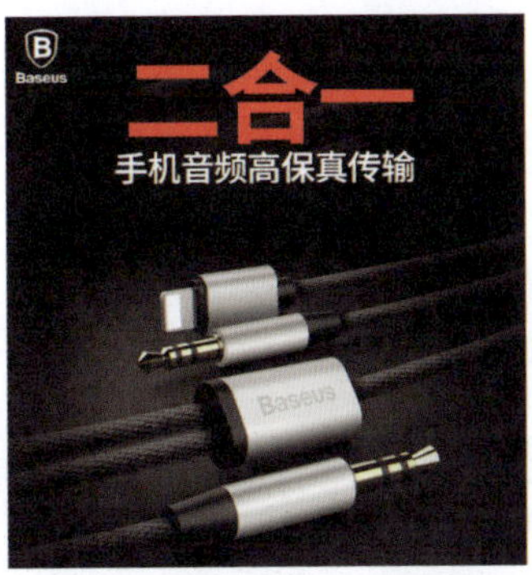

图 2-171　添加图片

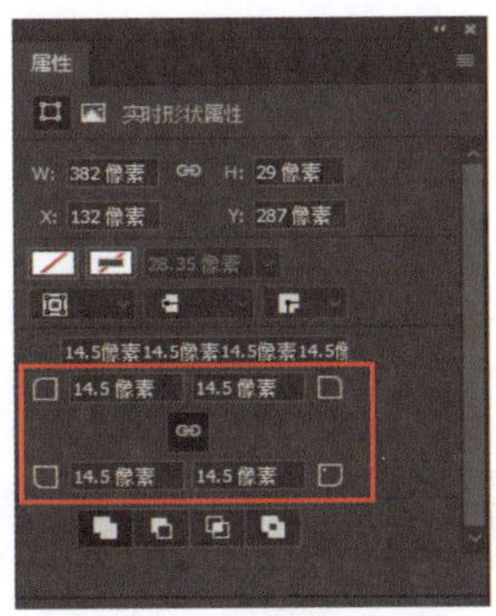

图 2-172　“属性”面板

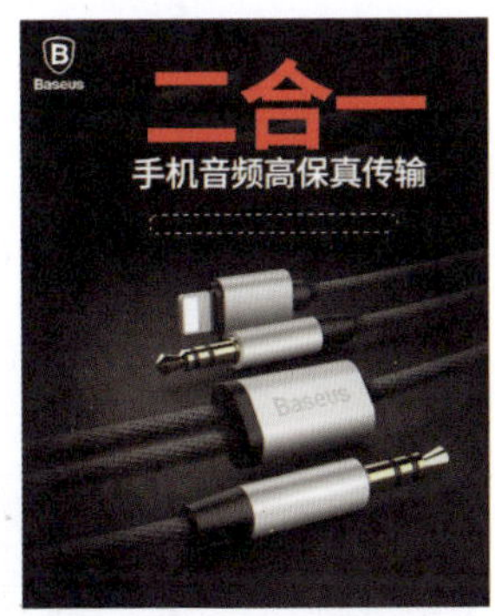

图 2-173　转为选区

步骤 08　执行“编辑”→“描边”命令，颜色设置为 RGB（255，255，255），在对话框中设置参数如图 2-174 所示。单击“确定”按钮，调整位置后按快捷键 Ctrl+D 取消选区，如图 2-175 所示。

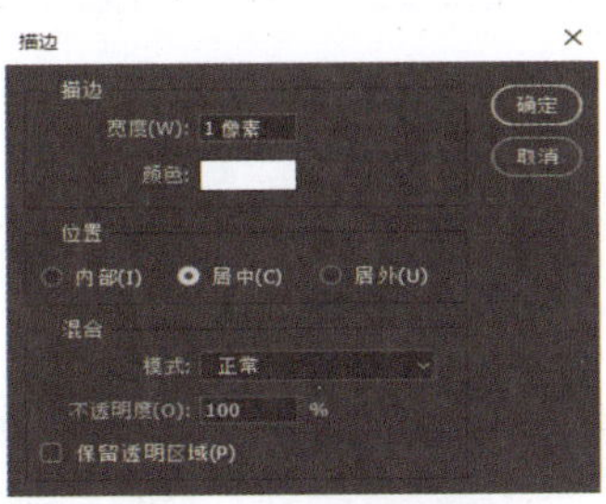

图 2-174　设置描边

图 2-175　描边效果

步骤 09　单击“横排文字工具”按钮，打开“字符”面板，颜色设置为 RGB（255，255，255），参数如图 2-176 所示。在画布中输入如图 2-177 所示的文字。

步骤 10　单击“创建新组”按钮，在组内新建图层，命名为“白色背景”，如图 2-178 所示。使用“矩形选框工具”，绘制一个 790×730 像素的矩形选框，使用“油漆桶工具”为选区填充 RGB（255，255，255）的颜色，如图 2-179 所示。

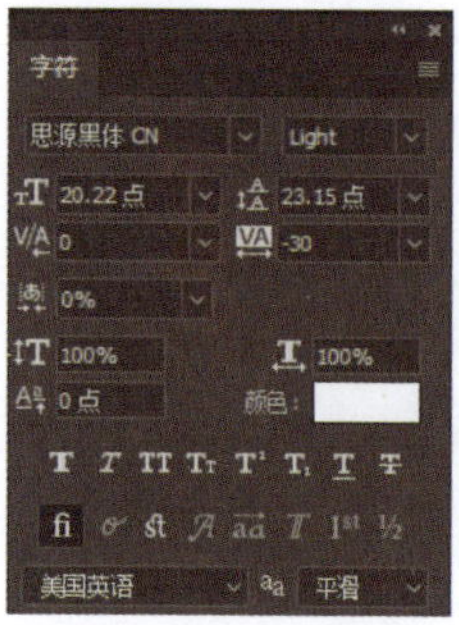

图 2-176　“字符”面板

图 2-177　输入文字

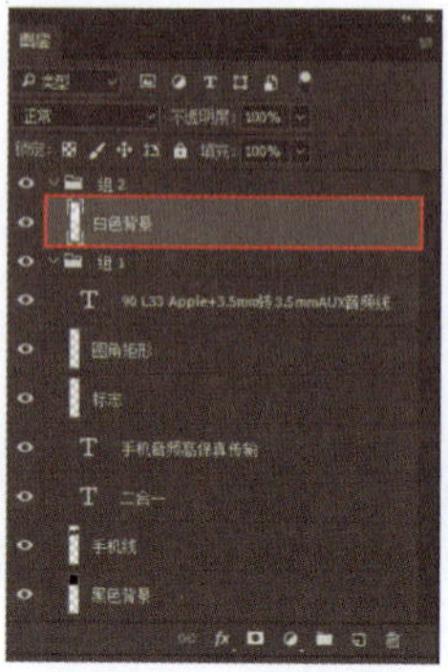

图 2-178　创建新组

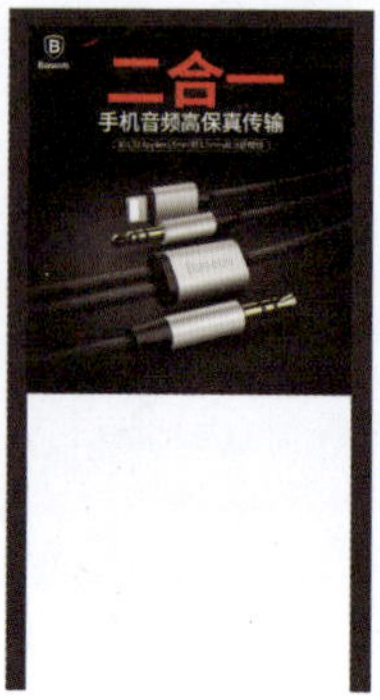

图 2-179　填充选区

步骤 11　将“素材 \ 第 2 章 \ 红色线 .jpg”文件打开并拖曳到设计文档中，调整图片位置如图 2-180 所示。使用相同方法绘制一个 84×31 像素的圆角矩形，“属性”面板如图 2-181 所示。

步骤 12　单击“横排文字工具”按钮，颜色设置为 RGB（255，255，255），设置字符面板参数如图 2-182 所示。在画布中输入文字，调整文字位置如图 2-183 所示。

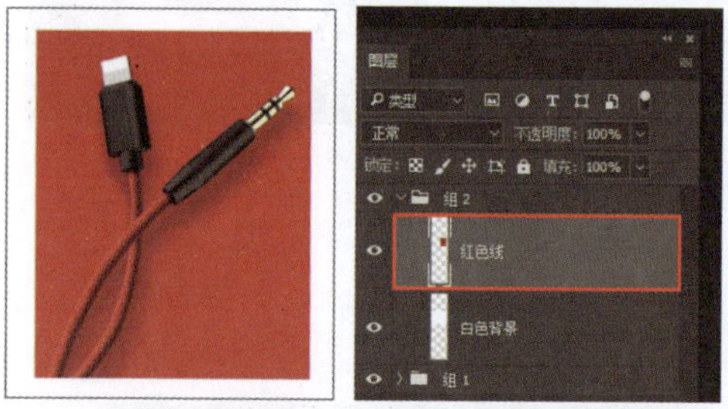

（a）　（b）

图 2-180　图像效果和图层面板

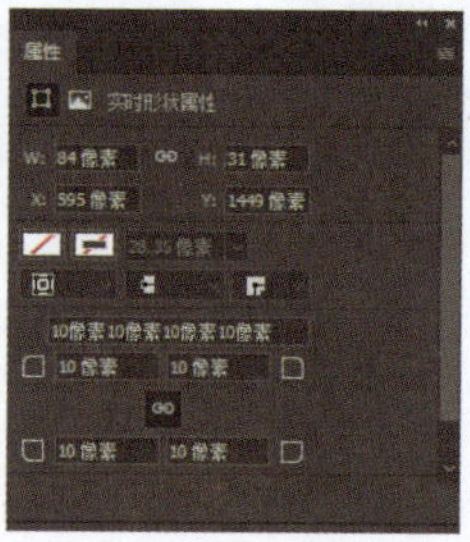

图 2-181　“属性”面板

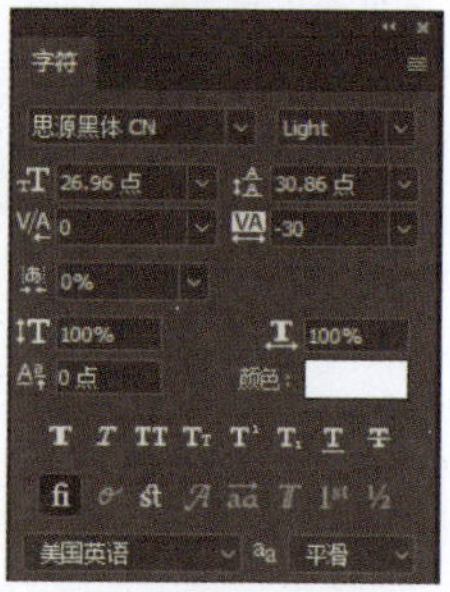

图 2-182　“字符”面板

步骤 13　使用相同方法，插入“黑色线”图片，图层命名为“黑色线”。选中圆角矩形图层，按快捷键 Ctrl+J 复制图层，得到“圆角矩形 复制”图层，调整此图层位置到“黑色线”图层之上，并建立文字“黑色”图层，如图 2-184 所示。

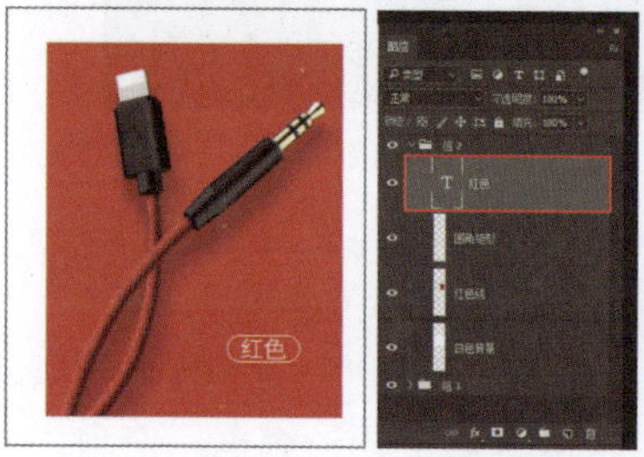

（a）　（b）

图 2-183　输入文字

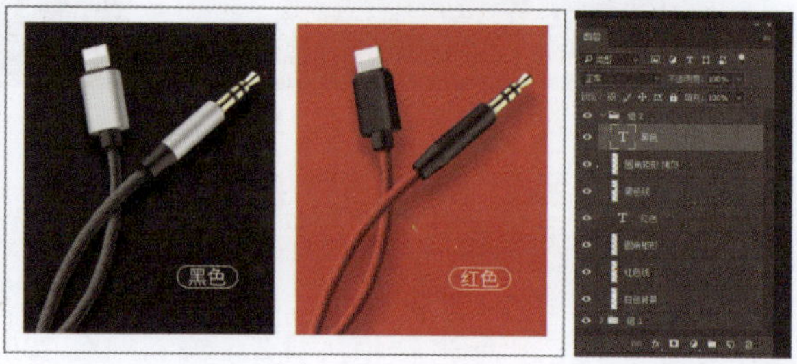

（a）　（b）

图 2-184　完成其他图像效果

小技巧：版面布局中的规则对称版面体现的是等形、等量的关系，有强烈的对比性，实现了均衡稳定的效果。制作的方法也是相似的。

步骤 14 使用相同方法，在画布中输入文字内容，“字符”面板如图 2-185 所示。输入完成后，文字效果如图 2-186 所示。

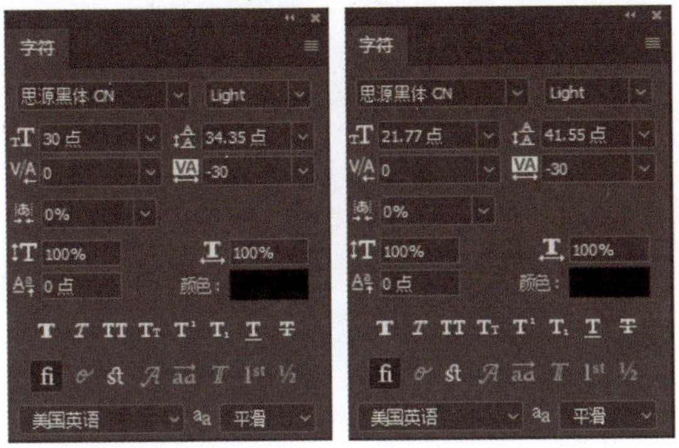

（a）（b）

图 2-185 “字符”面板

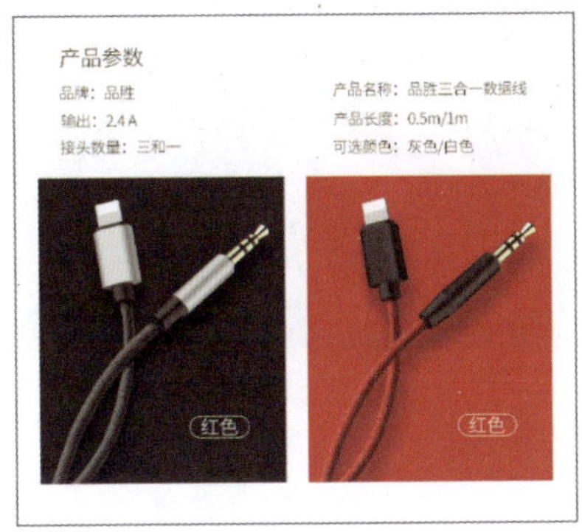

图 2-186 文字效果

步骤 15 执行“图像”→“画布大小”命令，在弹出的对话框中设置参数，如图 2-187 所示。单击“创建新组”按钮，在组内新建图层，使用“矩形工具”，选择“像素”选项，在画布中绘制，如图 2-188 所示。

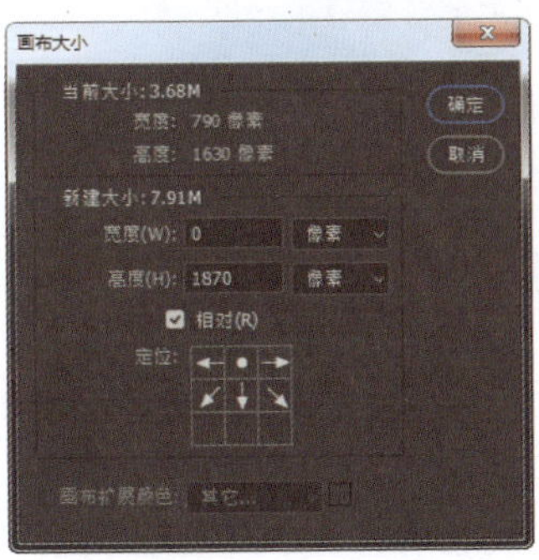

图 2-187 画布扩展

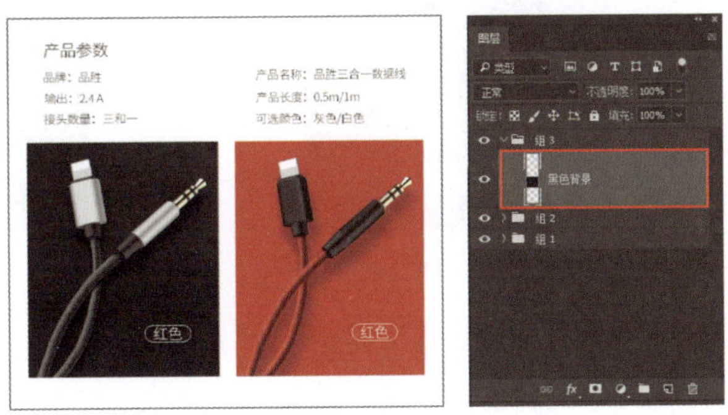

（a）（b）

图 2-188 图像效果和“图层”面板

小技巧：在对话框中单击向下的箭头，可以使画布高度增加 1 870 个像素。发现画布大小和设计不一样时，需要及时调整。根据素材图片确定宽度，设计中可以逐步增加画布的高度。

步骤 16 执行“文件”→“打开”命令，分别打开“手机 .png”和“线 .png”，将图片拖曳到文档中。调整图片位置，图层分别命名为“手机”和“线”，如图 2-189 所示。

步骤 17 单击“横排文字工具”按钮，在画布中输入文字，颜色设置为 RGB（255，255，255），调整位置，如图 2-190 所示。

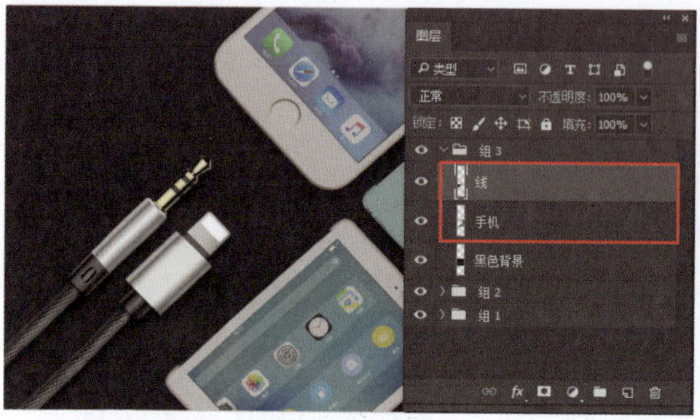

（a）　　（b）

图 2-189　合并图像

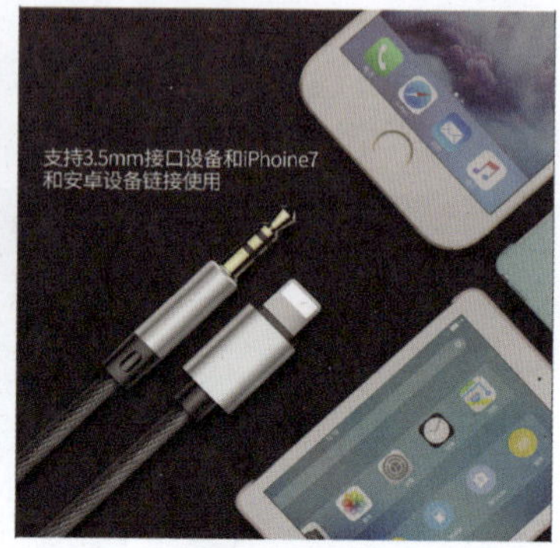

图 2-190　输入文字

步骤 18 单击“横排文字工具”按钮，在画布中输入文字，颜色设置为 RGB（255，255，255），“字符”面板参数如图 2-191 所示。调整文字位置如图 2-192 所示。

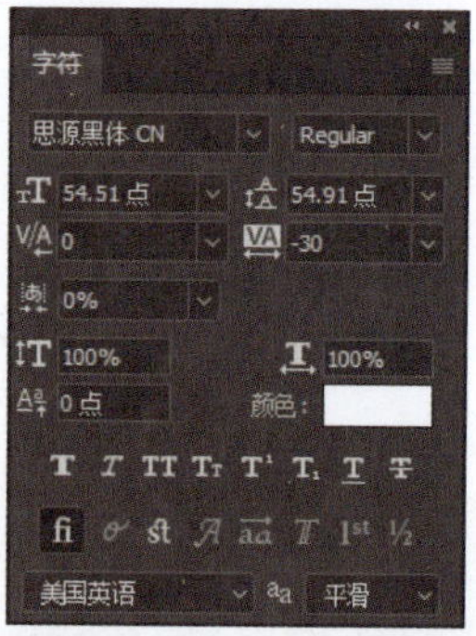

图 2-191　“字符”面板

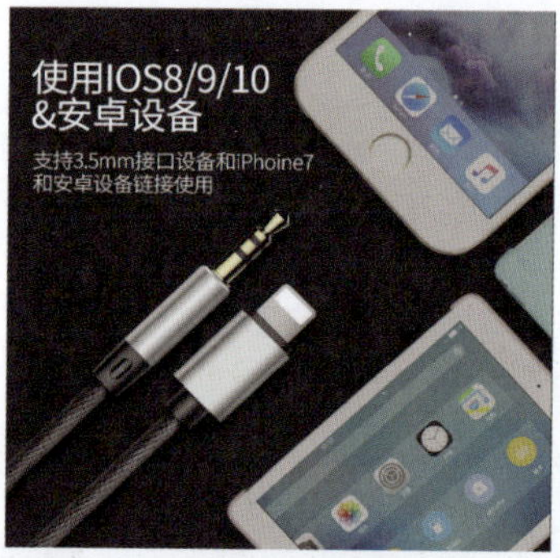

图 2-192　输入文字

小技巧：黑色为无色相无纯度之色，往往给人感觉神秘、严肃、庄重感觉。白色给人的印象是光明、纯真、清白。略有色相感的灰色有高雅、细腻、精致的感觉。黑白灰是经典搭配，适用于科技产品。

步骤 19 创建一个新组，并在新组内新建一个图层，使用“矩形选框工具”绘制一个 790×730 像素的矩形选框，使用“油漆桶工具”为选区填充 RGB（243，243，243）的颜色，如图 2-193 所示。将“素材 \ 第 2 章 \ 连接 .png”文件打开并拖曳到文档中，如图 2-194 所示。

步骤 20 选中“组 3”中的文字图层，按快捷键 Ctrl+J，得到文字复制图层，如图 2-195 所示。调整此图层位置到“连接”图层之上，单击“横排文字工具”按钮，在画布中输入文字，“图层”面板如图 2-196 所示。

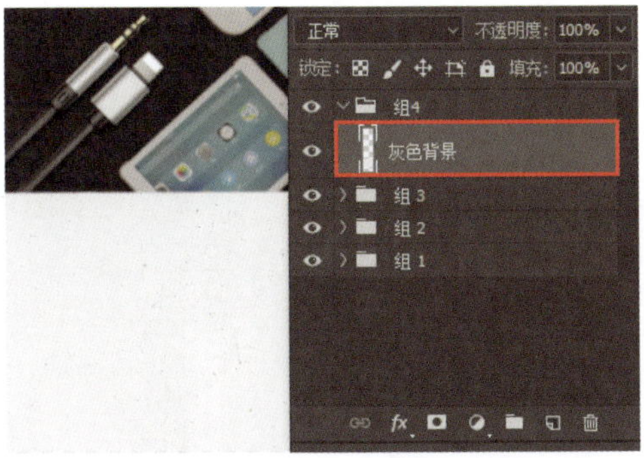

（a）　　　　（b）

图 2-193　“图层”面板

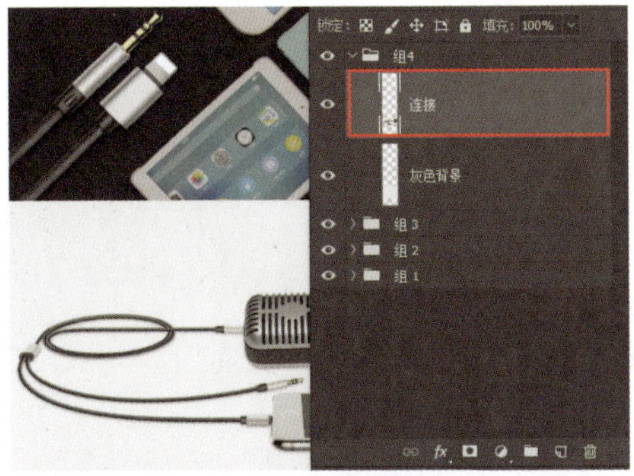

（a）　　　　（b）

图 2-194　添加图片

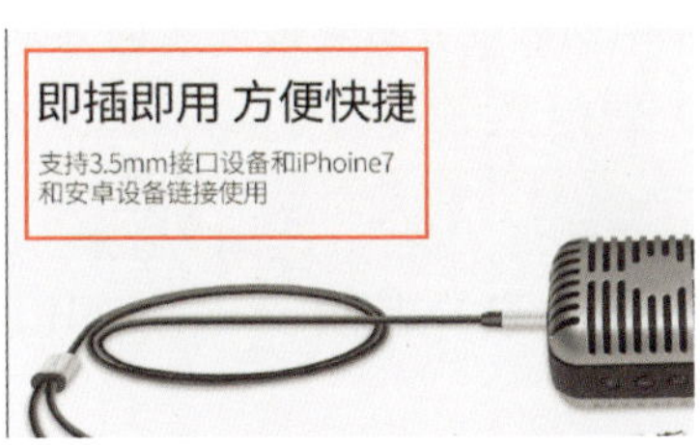

图 2-195　插入文字

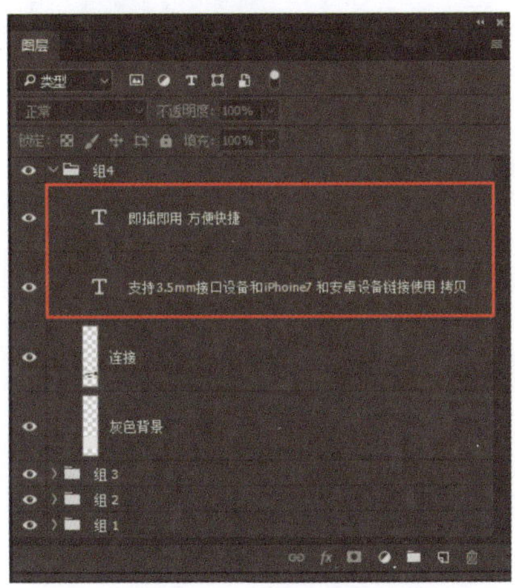

图 2-196　“图层”面板

步骤 21　选中两个文字图层，按快捷键 Ctrl+G 将两个图层放入“组 5”。执行“图层”→“图层样式”→“颜色叠加”命令，参数设置如图 2-197 所示，颜色设置为 RGB（0，0，0），“图层”面板如图 2-198 所示。

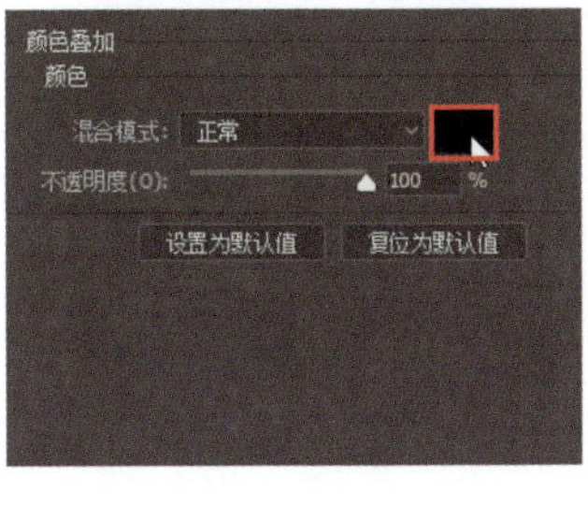

图 2-197　图层样式

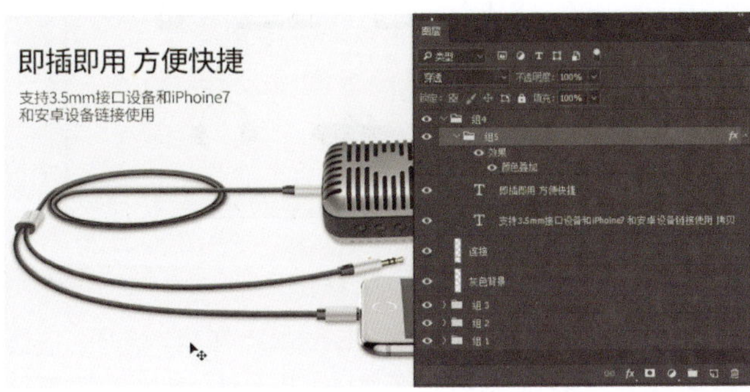

（a）　　　　（b）

图 2-198　“图层”面板

步骤 22　创建新组，使用“矩形选框工具”绘制矩形选框，使用“油漆桶工具”为选区填充 RGB（231，231，231）的颜色，如图 2-199 所示。在画布中添加图片并调整图片位置，完成效果如图 2-200 所示。

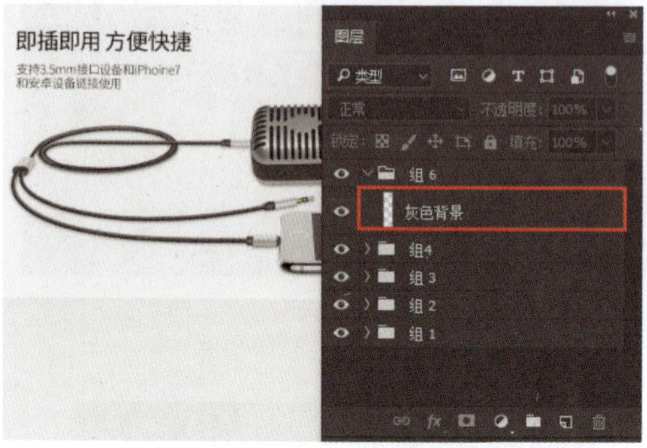

（a）　　（b）

图 2-199　填充选区

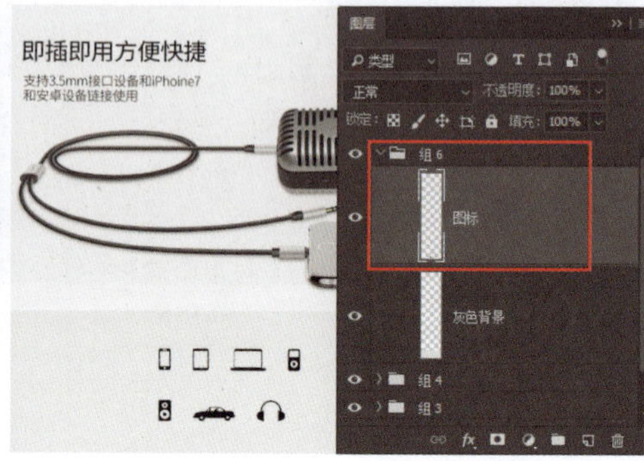

（a）　　（b）

图 2-200　添加图片

提示： 使用相同方法，增加画布长度 313 个像素。

小技巧： 实施任务时，把相对独立的部分组织到一起，用类似分组的方法，便于管理，也便于他人理解你的思路。

步骤 23　新建一个图层，命名为“矩形”。使用“矩形工具”，选择“像素”选项，描边颜色设置为 RGB（0，0，0），绘制一个 584×274 像素的矩形，如图 2-201 所示。“图层”面板如图 2-202 所示。

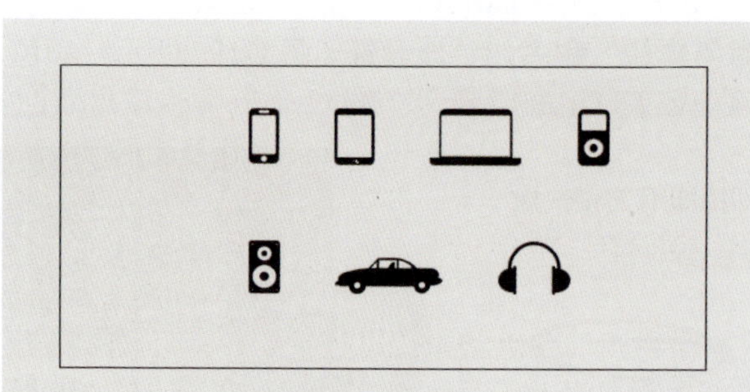

图 2-201　绘制矩形

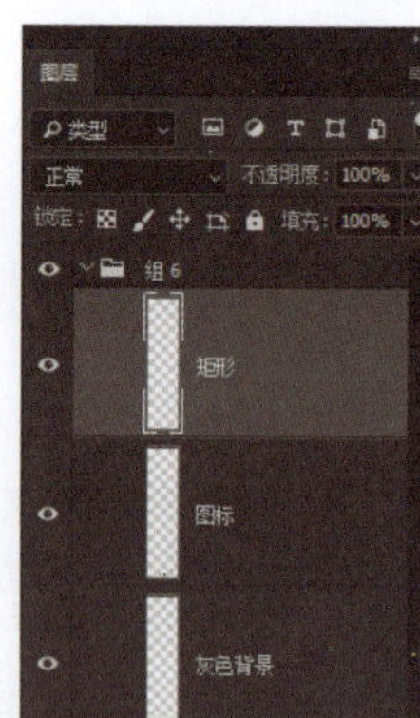

图 2-202　“图层”面板

步骤 24　使用“直线工具”，选择“像素”选项，描边为 2 像素。在画布中绘制直线，按快捷键 Ctrl+J 复制图层，得到“直线 拷贝”图层，调整图中直线位置，图像如图 2-203 所示。“图层”面板如图 2-204 所示。

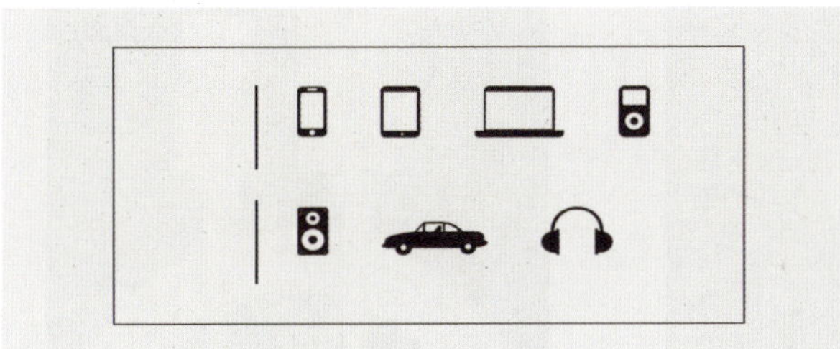

图 2-203　绘制直线

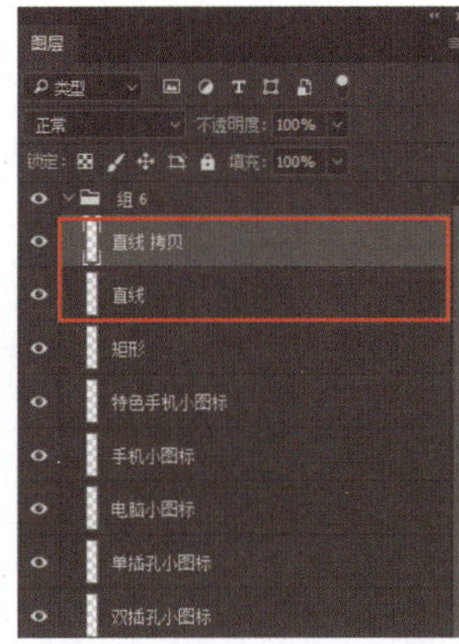

图 2-204　“图层”面板

步骤 25　使用“横排文字工具”在页面中输入文字，完成效果如图 2-205 所示。执行“文件”→“存储”命令，存储页面，页面最终效果如图 2-206 所示。

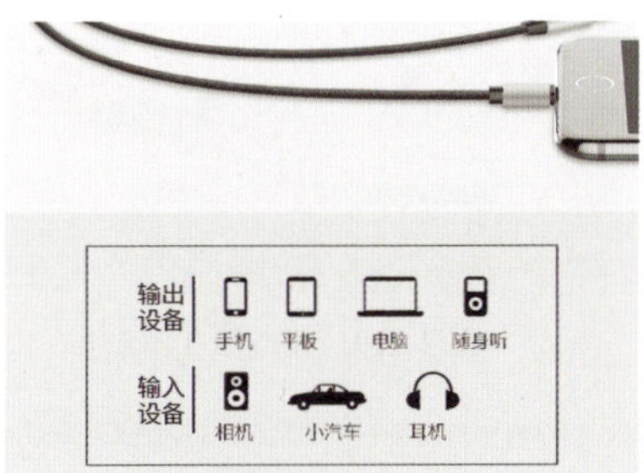

图 2-205　输入文本

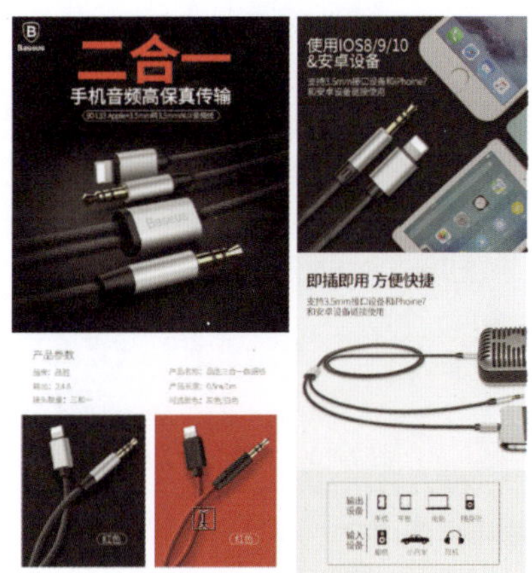

图 2-206　最终效果

举一反三　设计制作充电线产品详情页

产品详情页的设计通常体现了产品的特点和优势，因此要认真对待。接下来我们通过设计制作一款充电线产品的详情页，加深对详情页设计制作规范的理解。

步骤 01　新建一个文档，使用渐变色填充画布，制作页面背景，如图 2-207 所示。

步骤 02　导入图片并输入标题文字，完成详情页第 1 屏的制作，如图 2-208 所示。

步骤 03　继续导入图片并输入文字，完成详情页第 2 屏的制作，如图 2-209 所示。

步骤 04　继续导入图片并输入标题文字，再绘制图标，完成详情页第 3 屏的制作，如图 2-210 所示。

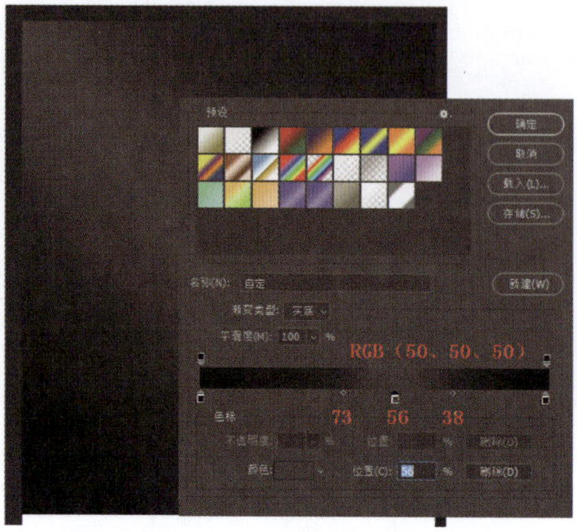

图 2-207　制作页面背景

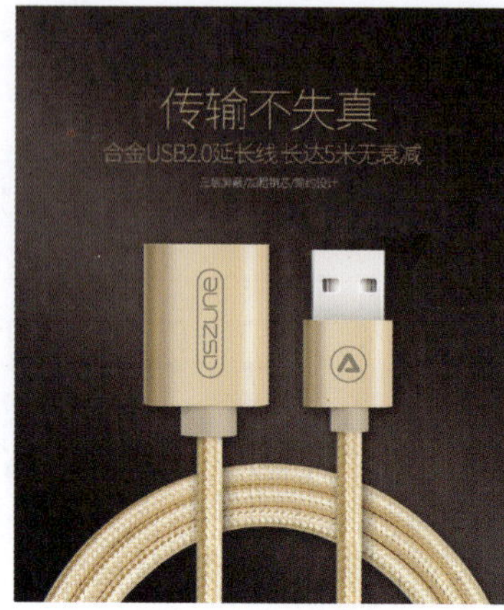

图 2-208　导入图片并输入文字

图 2-209　完成第 2 屏制作

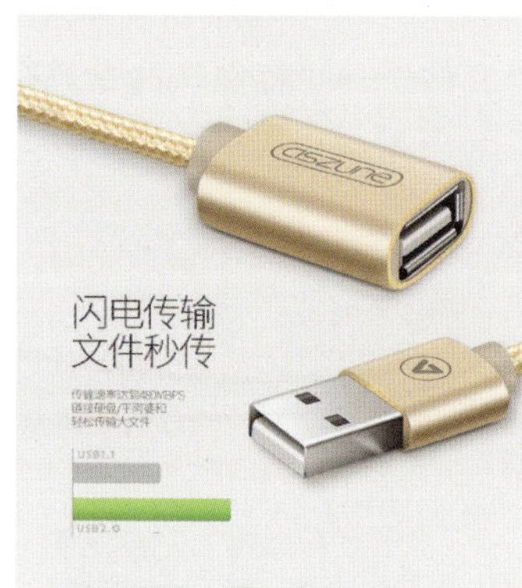

图 2-210　完成第 3 屏制作

2.9　本章小结

本章主要讲解在电子商务网站中图片营销的方法和技巧。通过讲解电子商务网站中图片的应用、排列方式和拍摄技巧，帮助读者学习制作一个合格的产品图。通过制作 3 个综合案例练习，引导读者进入实际设计工作中，边练边学，快速掌握软件的制作方法，并深刻理解电子商务网站中图片营销的方式。

2.10　课后习题

学完本章的内容后，接下来通过几道课后习题，测验一下读者学习图片营销技法的效果，同时加深对所学知识的理解。

2.10.1　选择题

1. 在下列 4 个选项中，关于电子商务网站图片的要求，哪一点是不正确的？（　　）

A. 产品描述中至多可添加 5 张不同的产品图片，全方位、不同角度的展示产品

B. 上传的图片一般情况为 JPG 格式

C. 图片可以帮助买家决定购买本产品的概率

D. 为节省店家的相册空间容量，上传的产品图片文件一般情况下小于 2MB

2. 在电子商务网站中，海报和广告无处不在，下面关于海报 / 广告的叙述中，哪一个是错误的？（　　）

A. 文字叙述简单直接

B. 恰到好处的留白：过满则亏

C. 文字内容层次分明：当在图片中需要表达多个信息时，文字内容要主次分明

D. 广告图片中，文字至多使用 5 种字体，颜色搭配至多使用 5 种主色

3. 产品图片对于电子商务网站的重要性不言而喻，下列叙述中，哪一个说法不符合精修图片？（　　）

A. 精修就是指处理照片到精致的程度，其程度是基本看不出照片的瑕疵

B. 为前期拍摄因灯光、环境、相机等各方面的原因，而造成细节明暗上的瑕疵，在后期精修中弥补回来

C. 只有产品图片做好了，才可以进一步得到访客、流量、点击率、转化率等

D. 精修图是近乎完美的处理，包装平整、有立体感、无任何瑕疵，精美等

4. 如何摆放产品才可以拍出优质宝贝图？下列说法正确的是（　　）。

A. 将产品与人的视线处于斜面，可以选择堆放或平行排列一行。斜视角度也是较为常见的方式

B. 俯视角度通常把产品表现得更为立体，多见于手表和数码产品图的摆放，突出产品的立体感

C. 三角形具有稳定性，所以三角形的摆放给人一种稳固、坚定的感觉

D. 随运动轨迹摆放，即产品摆放成各种形状，例如，圆形、正方形、椭圆形等

5. 下列选项中，关于如何选用优质图的说法，哪一个是错误的？（　　）

A. 找专业团队和摄像拍摄，再用 Photoshop 处理细节、进行包装设计和效果图的绘制

B. 一个产品可以有 8 张左右的产品图片，卖家可以将极尽详细的产品图摆放在产品详细描述中

C. 对于一些产品来说，一张电商产品图片就足以媲美把产品拿在手中检查的体验

D. 无论你是销售黄色、蓝色或绿色手柄的短柄小斧，还是玫瑰烟色、油绿色或白色的衬衫，你都需要展示产品每种颜色或选项的图片

答案：1. C　　2. D　　3. A　　4. C　　5. B

2.10.2　判断题

1. 拍摄产品时背景尽量简单，以深色背景为最佳，这是为了可以更加突出地展现产品，同时这样才能突出现实产品的特点。（　　）

2. 通过挖掘自己产品的优势，通过分析市场、分析竞争对手、给自己的产品在激烈的竞争中做差异化，让自己的产品在瞬间吸引消费者的眼球。（　　）

3. 色彩对比，给产品主图加一个与众不同的底色；愈清淡愈能第一时间吸引消费者；底色的应用也不必须符合产品的特征。（　　）

4. 电子商务网站中一些走高端企业形象的品牌对产品精修的需求比较多，例如，珠宝首饰、化妆品、小家电、卫浴等。（　　）

5. 给产品拍照时，光线角度能够决定被拍产品的细节是否表现为最佳。所以拍摄时要求与被拍产品保持 90° 角的侧光。（　　）

答案：1. ×　　2. √　　3. ×　　4. √　　5. ×

2.11　创新实操

根据本章所学习和了解到的知识，设计制作一款文具产品的营销图片，具体要求和规范如下。

1. 设计要求

产品图片需要精致漂亮、文字叙述需要简单明了、构图需要大胆创新同时突出视觉营销的主题。

2. 内容 / 题材 / 形式

内容不限、题材不限、形式仅限于产品宝贝主图。

3. 参考案例（图 2-211）

图 2-211　参考案例

第3章

视觉营销之动画营销技法

——让商品信息动起来

当浏览者浏览页面时，千篇一律的图片和文字会让浏览者感到枯燥乏味。使用动画展示商品信息无疑是一种新鲜的展示方式。这不仅能丰富页面效果同时又能吸引浏览者的注意，从而产生流量，促进转换率。

在电子商务网站中，每逢节日、热点实时、活动、商品发布等时期，广告是必不可少的宣传手段。由于海报的宣传快速高效，所以电商网站中的广告大多数都是以海报的形式展示。随着互联网技术的日益发展，日益成熟的动画制作技术也逐渐被使用。如图3-1所示为一款扫地机器人的展示动画，该广告将商品的运行模式和充电模式以动画的方式展示给浏览者。

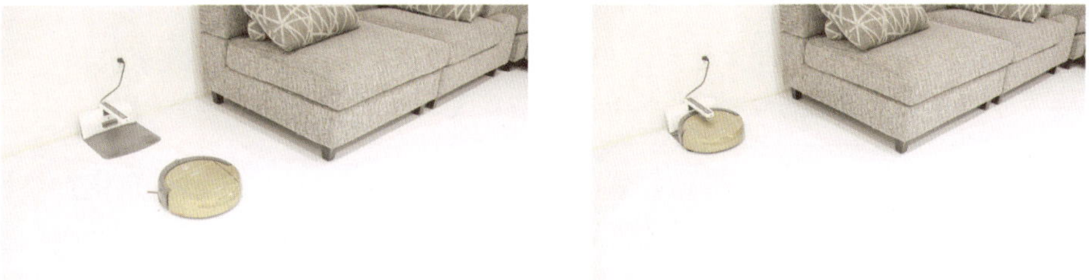

（a）　　　　（b）

图3-1　扫地机器人展示动画

3.1　电子商务网站中的动画基础知识

商品营销动画可以更详细、完整地展示商品信息，且动画具有互动性，可以更容易地调动消费者的积极性。商品营销动画可以让目标受众更自觉、主动地接受商品信息，还可以做到让商品动起来，使用户便捷和直观地了解商品的结构及工作原理。

3.1.1　动画基础知识

动画的概念不同于一般意义上的动画片。动画是一种综合艺术，它是集合了绘画、漫画、电影、数字媒体、摄影、音乐、文学等众多艺术门类于一身的艺术表现形式。动画最早发源于19世纪上半叶的英国，兴盛于美国。我国动画起源于20世纪20年代。

动画技术较规范的定义是采用逐帧拍摄对象并连续播放而形成运动的影像技术。

不论拍摄对象是什么，只要它的拍摄方式采用的是逐格方式，观看时连续播放形成了活动影像，它就是动画。

知识扩展：动画的英文

动画的英文有很多表述，如 animation、cartoon、animated cartoon、cameracature。其中较正式的“animation”一词源自于拉丁文字根 anima，意思为“灵魂”，动词 animate 是“赋予生命”的意思，引申为使某物活起来的意思。所以动画可以定义为使用绘画的手法，创造生命运动的艺术。

3.1.2 商品营销动画概述

商品营销动画是动画领域的一个分支，它采用计算机图形技术以及动画制作软件，把商品的结构、特点、功能、工作原理、使用方法、注意事项等通过三维动画形式立体呈现出来，使消费者可以直观、翔实、全方位地动态了解商品功能及特色。其被广泛运用于电子商务网站中的广告、商品图中。

使用动画可以更方便、更快捷地全方位展示商品，除了日常的一些商品外，还有一些新兴的极具购买力的市场更加需要使用动画表现商品，例如，文玩市场和古董市场。

提示：文玩市场出货量大，但大部分金额相比于古董市场金额较低，而古董市场虽然出货量小，但其市场价值却更大。

转战电子商务形式的文玩和古董市场，在商品的制作和包装上肯定更加精细。这也就预示了在这两个市场中商品营销动画的有利地位。而且，在房地产、汽车以及奢侈品行业，能够高精度、全面展示上的动画也受到极大的欢迎，如图 3-2 所示为淘宝 App 下载页面中使用的动画展示效果。

图 3-2　动画展示商品

在不断促销的电子商务行业，各种广告和活动总是扑面而来，这个时候如何让商家的海报脱颖而出，吸引消费者的眼球，就成了设计师首要考虑的问题了。而运用动画海报就是不错的选择，动画海报最大的特点就是低植入，即一张动图可以完成一系列的商品营销，如图 3-3 所示为七夕节某店铺的动图广告效果。

动态海报适合使用的场景很多，比较常见的场景是借势营销与新品发布，如图 3-4 所示为某酒水店铺的营销海报，该海报利用动画的手法将商品的生产过程表现出来，成功吸引了浏览者的注意力。

展示商品 1

展示商品 2

图 3-3　同一个位置展示多条广告

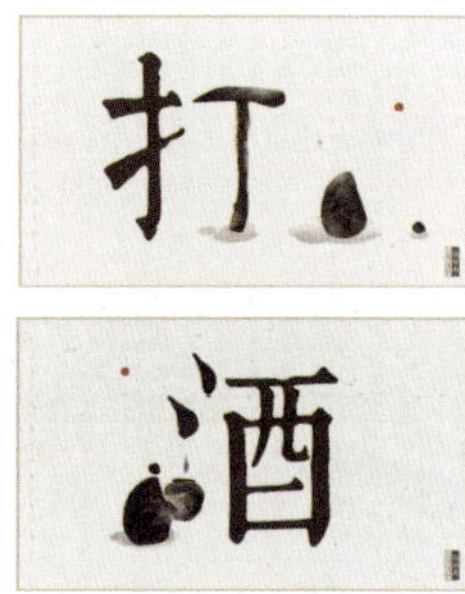

图 3-4　借势营销

3.1.3　商品营销动画的基本元素

一个成功的商品营销动画需要两个基本元素：一是要有新意并且美观的画面；二是要有好的文案。美观的画面需要设计师综合利用色彩、构图以及商品特性制作完成。而文案则需要设计师充分体会商品特性，理解促销人群的需求后反复推敲得来。

当商品营销动画有了一个初步设定以后，需要一个好的文案才能为商品营销动画锦上添花。如果没有写出很华丽的文案，也可以直白一些，将要传递给消费者的信息简单明了地写出，如图 3-5 所示将消费者心理作为文案直接表达出来。

好的文案会直击消费者的关注点，当浏览者看了店家文案，就觉得店家很懂他，知道他需要什么。例如，游客在出境游时的关注点就是不知道给亲人购买什么礼品、不知道去哪里体验特色美食、语言不通时无法求助等。

如果设计师将这些浏览者在出境游时常见的问题列在营销动画中，并给出最基本的答案，让浏览者知道遇到这些问题不需要担心，这样既宣传了商品，又得到了消费者的好评，如图 3-6 所示的营销海报。

图 3-5　直接表达消费者心理的文案

（a）　（b）

图 3-6　展示浏览者疑问的文案

3.1.4 制作动画的软件

由于电子商务平台对动画形式和格式的限制，用来制作电子商务网站动画的软件主要有 Photoshop 和 Animate（Flash）。而日益成熟的 HTML 5 技术也是制作商品营销动画的利器。

1. Adobe Photoshop CC 2018

Photoshop CC 2018 可以将短视频文件转化为图层序列帧，并通过时间轴及图层蒙版等功能来实现帧动画的制作。同时也可以在 Photoshop CC 2018 中使用图片素材配合各种工具在“时间轴”面板中设计制作帧动画。Photoshop CC 2018 软件界面如图 3-7 所示。

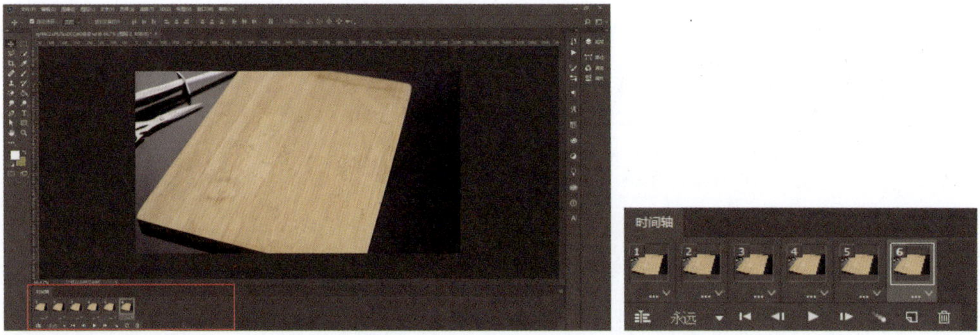

（a）　　（b）

图 3-7　Photoshop CC 2018 工作界面与时间轴面板

2. Adobe Animate CC 2018

Animate CC 2018 是由原来的 Adobe Flash Professional CC 更名得来。2015 年，Adobe 公司宣布 Flash Professional 更名为 Animate CC，除更名外，Animate CC 软件在支持 Flash SWF 文件的基础上，还加入了对 HTML5 的支持。Animate CC 软件虽然已经不被互联网支持，但依然可以输出其他格式的动画文件，Animate CC 2018 的软件界面如图 3-8 所示。

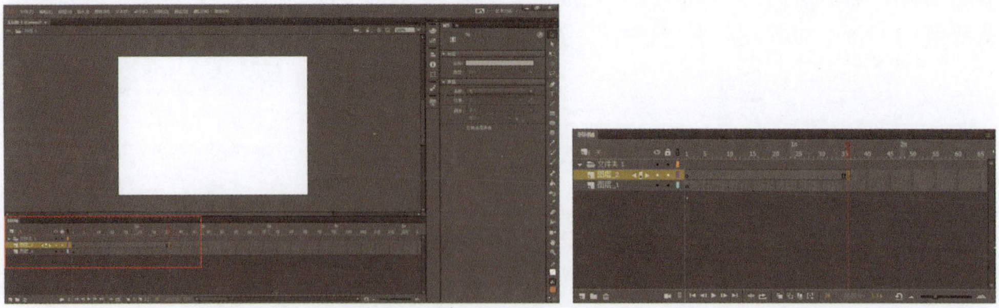

（a）　　（b）

图 3-8　Animate CC 2018 工作界面

3. Adobe Dreamweaver CC 2018

Dreamweaver CC 2018 是一种集网页制作和管理网站于一身的所见即所得的网页代码编辑器。利用对 HTML、CSS 和 JavaScript 等内容的支持，设计师和程序员可以在几乎任何地方快速制作和进行网站建设。同时最新的 HTML 5 技术可以帮助设计师完成 Flash 级别的动画制作，Dreamweaver CC 2018 软件界面如图 3-9 所示。

图 3-9　Dreamweaver CC 2018 工作界面

知识提炼：电子商务动画的发展

在电子商务网站上应用合理的动画技术，可以解除单纯的声音、图像、简单视频带来的不连贯和不足之处。但是由于这项技术开发成本较高，所以在很多网站中并不是很普及。但是对于未来的发展方向，电子商务必将越来越普及，因为它符合时代的潮流，谁先抓住其中的关键技术，必将为未来的发展提供更加广阔的空间。

3.2　电子商务动画的表现手法

根据商品进入画面大小的划分，将电子商务动画的表现手法分为远景、近景、中景和特写等表现手法。

1. 大远景

视野广阔，主要用来表现辽阔的大海、绵延的群山、星空或大环境的介绍，一般很少用来表现人物形象，如图 3-10 所示。

（a）旅游主图大远景

（b）旅游商品展示风景动图

图 3-10　大远景手法

2. 远景

仍然以表现自然景色或气氛性镜头画面为主，如果有动作只作为陪衬烘托气氛使用，如图 3-11 所示。

（a）旅游主图远景

（b）宣传动图

图 3-11　远景手法

3. 全景

表现力很强的常用景别，用来表现产品场景的全貌，全景在画面分镜头台本中用得比较广泛，整个产品出现在画面中，如图 3-12 所示。

4. 中景

表现大部分产品或者局部场面的画面，可以让观众看清产品的外形，也常用于表现人与人之间说话交流，感情表达，也是动画片中使用比较广泛的一种，如图 3-13 所示为应用了中景的产品图。

图 3-12　全景手法

图 3-13　中景手法

5. 近景

表现角色胸部以上或者物体局部，有一种让观众走近看人的感觉，能比较清楚地看到角色喜怒哀乐的面部表情，以及角色讲话时口型变化及局部手势动作，如图 3-14 所示。

图 3-14 为动画中商品近景图，图片拍摄为商品的局部，虽然将商品大部分都融入图中，但是视觉中心点却是商品的部分大图

图 3-14 近景手法

6. 特写

表现角色肩部以上的头像或躯体细部，主要用于刻画人物表情的细微变化，以及说话时嘴巴的口型、视线、眼神、冒汗等，如图 3-15 所示。

图 3-15 为特写的动画变现形式，图片中突出显示了人物的手部和手中的泡沫。商品的功能为清洁，并且广告文案词中提到“细腻泡沫，温和不刺激”等句式，所以商品图片特写了手部以及泡沫，用来显示文案的正确性

图 3-15 特写手法

7. 大特写

表现角色脸部某个局部，一般用于突发情况之下，给观众造成强烈的印象，如惊恐的眼神、悲痛的眼泪、高声呼喊，如图 3-16 所示。

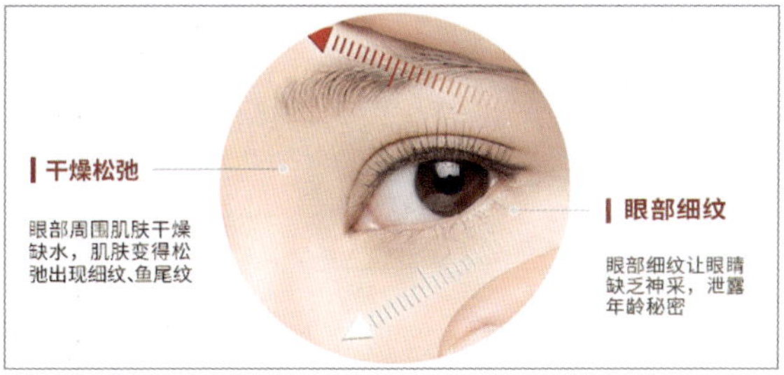

图 3-16 大特写手法

提示： 在制作电子商务商品营销动画时，通常不限于一种表现形式。设计师可以综合使用多种手法来表现商品特征。

3.3 商品营销动画分镜头的运用

由于电子商务平台的限制，通常商品营销动画不会很长。因此，为了在有限的时间内展示足够多的内容，就需要设计师在开始动画制作前做好充足的准备。分镜头的编写就显得尤为重要了。

3.3.1　传统动画中分镜头的应用

在传统的动画制作中，分镜头通常是在剧本编写完成和角色设计完成后才进行的工作，如图 3-17 所示。在动画制作过程中，分镜头是必不可少的重要步骤，基本决定了动画的叙事风格，统领动画的整体效果。

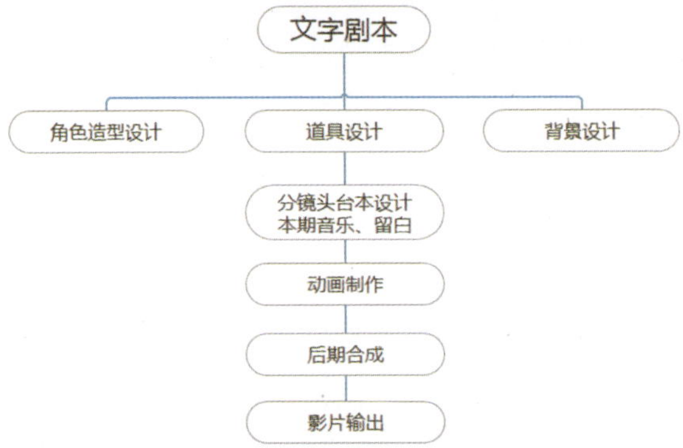

图 3-17　传统动画制作流程

动画分镜头是由导演或者设计人员根据文字剧本绘制的各个镜头的画面草图，它直观地体现了设计师的想法和动画风格。简单来说，就是将文字剧本画面化，用草图讲一个大概画面故事，如图 3-18 所示为分镜头的绘制草图。

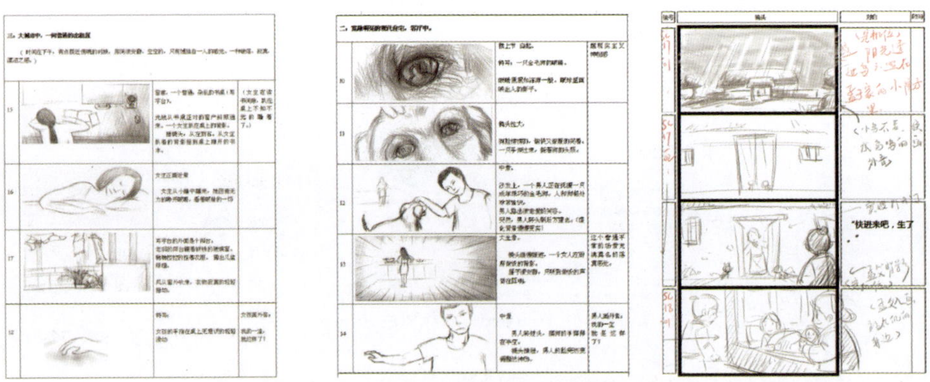

(a)　　(b)　　(c)

图 3-18　分镜头绘制草图

3.3.2　电子商务动画中分镜头的应用

在电子商务动画中常常也需要使用分镜头业来表现商品特性。但与传统动画相比，其表现手法就少很多，这是因为互联网中对动画格式和动画时长都有严格的限制。

而且为了能够在很短的时间内将商品特征表现清楚，一个电子商务动画会使用多种表现手法。

通常会使用全景或中景的手法表现商品的全貌，便于浏览者在众多同类商品中查找，如图 3-19 所示。

使用特写或大特写的手法表现商品的局部特征，便于浏览者查看商品的细节和组成结构，如图 3-20 所示。

使用大远景或远景展示商品的应用范围和使用方法，为浏览者营造商品氛围，促进浏览者点击购买，如图 3-21 所示。

图 3-19　全景表现商品特征

图 3-20　特写表现商品细节

图 3-21　远景营造氛围

3.4　电子商务网站中动画的表现形式

通过使用动画，有利于浏览者更好地表现商品的特征和特性，从而对商品产生兴趣，产生转化率。常见的动画表现形式有以下 4 种。

3.4.1　GIF 动画素材 + 文案

这种表现形式主要是搜集已经制作好的并且符合营销主题的动画图片素材，进行二次创作，为现有的 GIF 素材添加营销文案，如图 3-22 所示为在现有 GIF 动画图片上添加营销文字的案例。

图 3-22　GIF+ 文案表现形式

3.4.2　图片素材生成 GIF 动画

这种表现形式是通过选用几张精致美观的商品图，在软件中将其按照一定的顺序并且间隔一定的时间排列摆放，最后生成动画。这样的动画对于商品上新、商品推荐、功能展示等用途来说，既方便又快捷，如图 3-23 所示为服装商品展示动画。

（a）　（b）

图 3-23　图片生成 GIF 表现形式

3.4.3　视频图片 + 静态图片

这类表现形式是将动态摄影和静态图片相结合，是一种集创意、艺术化、拍摄和后期处理为一身的动态 GIF 图。例如，在微信朋友圈出现的小视频格式营销海报，一半是有声音的视频，一半是固定的海报，如图 3-24 所示。

（a）　　（b）

图 3-24　视频图片类表现形式

这种方式还允许直接截取广告影片中的场景制作 GIF 动画。这就需要广告影片在拍摄时就申明，里面的场景和画面是允许被再次利用的。例如，方太的镂空人物加阴影，配合自身商品画面的海报很有质感，如图 3-25 所示。

图 3-25　截取广告影片制作 GIF 动画

3.4.4　将三维动画转化成 GIF 动画

这类表现形式是将已经完成的三维动画通过软件转换为 GIF 格式动画。由于三维动画的表现形式更加形象，表现手法更加多样性，因此，此类动画通常都具有童趣性，很容易吸引拥有童心这类消费者的视线，如图 3-26 所示。

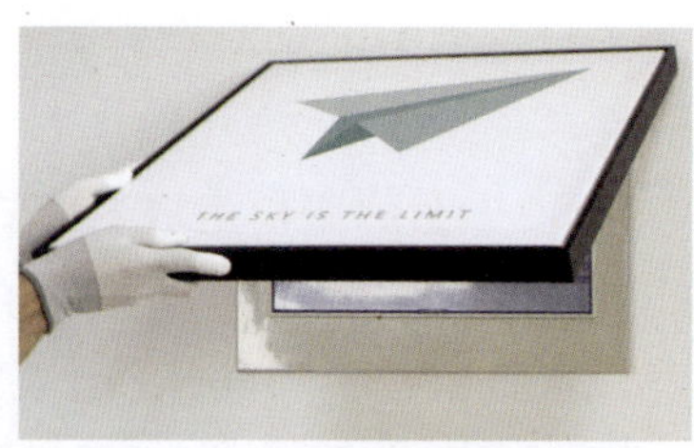

图 3-26　三维动画转换 GIF 动画

3.5　电子商务网站动画的输出和运用

商品营销动画制作完成后，需要将其输出为指定格式，再应用到特定的位置才能起到其应有的作用。接下来了解一下动画的输出途径和运用位置。

3.5.1　动画输出途径

受互联网发展的限制，之前网页中使用最多的 Flash 格式动画已经被淘汰，取而代之的是 GIF 动图和 HTML 5 动画。因此无论采用什么软件制作的动画，最终都要输出为 GIF 格式或者 HTML 格式，这样才能被电子商务网站使用。

1. GIF 格式

GIF 动画其实就是一个图片序列动画，通过将精美图片轮替播放而实现的动画效果。GIF 动画是做电子商务网站必不可少的元素，可以让原本呆板的商品变得栩栩如生，如图 3-27 所示为 GIF 动画。

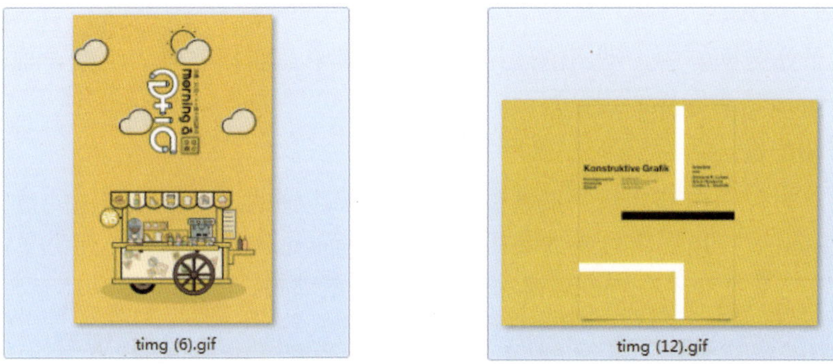

(a)　　(b)

图 3-27　GIF 动画

> **提示：** 需要注意的是，GIF 动画分为两种：一种是静态图片，另一种是图片序列。在输出时注意选择图片序列格式。

2. HTML 5

HTML 5 在过去几年中已经有了飞速的发展。在富媒体、运动图形和网络交换方面，HTML 5 已经完全取代了 Flash。一个 HTML 5 动画通常由一个 HTML 文件、若干个 CSS 文件和若干个 JS 文件组成，如图 3-28 所示为某电商网站中的一个 HTML 5 动画效果。

(a)　　(b)

图 3-28　HTML 5 动画

HTML 5 的基本动画可以通过使用 HTML 5、CSS 和 JavaScript 中手动编写代码来创建。对于初学者可以选择在 Dreamweaver 等编辑软件中制作。复杂的动画可以使用 HTML 动画工具来实现。这些工具提供拖放功能来创建 HTML 5 形状，还可以添加动画和交互效果。

使用这些工具制作 HTML 5 动画通常会生成可读的代码，并且可以反复修改。代码包含在 HTML 文档中，可以在手机、电脑、平板电脑和智能电视上运行。常用的一些 HTML 5 动画制作工具有 Bannersnack，Mugeda，GSAP，Animatron，Edge Animate，HTML5 Maker 和 Tumult Hype 等。

3.5.2　动画运用位置

在电子商务网站中，动画的运用位置主要集中在店招广告、店铺导航、爆款宝贝图和 Banner 广告图等固定位置。

1. 店招广告

店招广告位于电商店铺的顶端位置，相当于店铺的门面，对店铺的重要性不言而喻。所以出现在店招广告中的商品都是店铺销量比较好的商品，而为了让消费者可以更直观地看到商品，许多店铺的店招广告都是动画，如图 3-29 所示。

图 3-29　店招广告动画

2. 动图导航

为了能够吸引浏览者的注意力，页面中的标题广告都制作得非常美观。同时在广告中添加了链接按钮，吸引浏览者点击。这种按钮通常会制作成 GIF 动画或者交互动画形式，吸引浏览者点击，促进销售。如图 3-30 所示为添加了导航按钮的标题广告。

图 3-30　动图导航效果

3. 爆款宝贝图

一个店铺的爆款宝贝通常是其所有商品中最具竞争力的商品，因此一些商家会选择将该款宝贝制作成动画形式，吸引更多的浏览者浏览，以促进商品的销售。如图 3-31 所示为一款爆款宝贝的 GIF 动画展示图。

（a）　　　　　（b）

图 3-31　爆款宝贝动画

4. Banner 广告图

每个电子商务网站首页的 Banner 图都是网站中流量较大的广告位之一，这决定了它的价值和关注度很高。为了容量和效率的考量，电子商务网站中的 Banner 广告位一般会采用 HTML 5 动画，在一个有限的位置，使用轮替的方式，展示多个商品和促销广告，如图 3-32 所示为某网站首页面中的一个轮替图广告动画。

图 3-32　HTML 5 轮替图动画

在电子商务网站设计上应用合理的动画技术，可以解除单纯的声音、图像、简单视频带来的不连贯和不足。随着互联网技术的日益发展，电子商务必将越来越普及，商品营销动画的应用也将越来越，必将为未来的电子商务行业的发展提供更加广阔的发展空间。

知识提炼：动画形式的视觉营销方式需要注意的 3 点

1. 随着动态海报的日渐增多，若想脱颖而出，需要在动态形式的基础上，添加更多的创意元素。

2. 海报要想得到消费者的情感共鸣和品牌认同，就需要走心的文案和兴趣点的挖掘。

3. 动态海报需要配合其他诸如 H5、软文等各类型广告进行立体宣传，实现对目标受众覆盖和触动，才能达到最佳传播效果。

知识扩展：为何品牌钟情于使用动画形式作为宣传的重点？

1. 从传播介质本身分析

GIF 动画相对于传统平面，包含的传播信息量更大，场景化表达、自带的跳跃感、视觉冲击更易引起用户注意，让用户的眼睛停留时间也更久，进入记忆程序的概率更大。

2. 从用户消费行为分析

用户移动化的生活消费习惯、碎片化的信息截取方式，催生 GIF 动图的应用。而个性有趣的形式内容，比平面更丰富、更生动，既符合网络交流的情感需求，也迎合了年轻用户的猎奇心，可以更好地引起他们互动、评论、分享。

3. 从媒体营销环境分析

GIF 生存瓶颈被打破。不管是 PC 端还是移动端 App，都在逐步使用 GIF 来做最简单最直接的信息发布，并逐步渗透到营销以外、不同纬度的场景中。

3.6 店铺促销 GIF 动画

电子商务中精美的图片是必不可少的，但是千篇一律的图片使得浏览者很容易迷失，从而错过他们感兴趣的商品，而且静止的图片始终缺少了一股灵气，使商品图达不到预期的营销效果。设计制作一款动图，则可以让图片的视觉营销作用发挥到最大值。

下面设计制作了一款商品促销的倒计时动图，完成效果如图 3-33 所示。这款促销动图的最大特点就是具有时效性，能给浏览者带来紧迫感，促使浏览者在规定的时间内下单购买其感兴趣的商品。

图 3-33　店铺促销 GIF 动画效果

3.6.1 GIF 广告图的特点

为了突出广告的紧迫性，图 3-33 中的广告使用黄色和绿色作为背景色。为了使页面更加协调，降低了绿色的明度，使用了墨绿色。同时使用灰色作为辅助色降低颜色的对比。整个页面给人整齐严肃的感觉，增加了浏览者对活动的信任，如图 3-34 所示。

图 3-34　主色和辅色搭配

页面布局中采用了对角线构图法，将图片按照黄金分割的比例进行切割。标题文字放在页面的左上角位置，清晰明确，如图 3-35 所示。将动画部分放在页面底部的中间位置，使浏览者可以时刻看到动画效果，刺激购买，如图 3-36 所示。

因为这款动图的摆放位置应是在商品的购买详情页中，根据购买心理学分析，消费者既然已经进到商品的详情页，则表示其对商品有一定兴趣，这时有实效的促销活动，将更加刺激消费者的购买决心，如图 3-37 所示。

图 3-35　标题文字位置

图 3-36　动画位置

图 3-37　倒计时动画

3.6.2　GIF 动画的制作要求与规范

网页动画目前主要有 GIF 动画序列以及 HTML 5 动画。层级使用量很高的 SWF 格式动画由于浏览器的不支持，逐渐退出了互联网行业。在开始学习动画制作之前，先了解一下动画制作的几个基本概念。

1. GIF 动画格式

GIF 动画其实就是在一张图内存储若干幅静止的图像而形成的连续动画，其原理与动画制作中的逐帧动画类似，如图 3-38 所示。而且 GIF 动画中也可以指定透明区域，实现透底效果。用户使用 Photoshop 或 Flash 软件制作动画时，如果要选择在网页中使用，最终都需要将所制作的动画图片输出为 GIF 动画格式。

（a）　　（b）　　（c）

图 3-38　逐帧动画

2. 帧的概念

电影是通过胶片的连续转动来记录活动影像的。摄影机每秒拍摄 24 幅静止画面，每一幅称作 1 帧。由于人眼有视觉暂留现象，所以人们在观看这些静止的画面时，感觉像是一个连续运动的影像。

在 Photoshop 中制作动画也是同样道理，如图 3-39 所示首先使用静态文件生成各个帧，然后再为它们制作各种效果，最后播放图像。这些静态帧画面再被播放时，它们会因为人眼的视觉残留现象而变成活动影像。

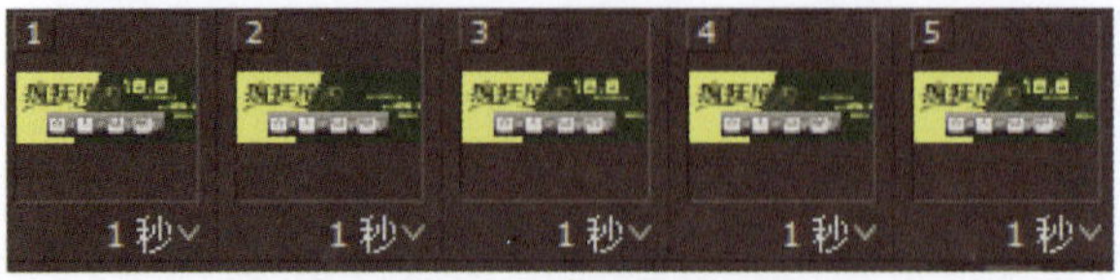

图 3-39　GIF 动画中的帧

3. 认识“时间轴”面板

要想使用 Photoshop 制作动画图片，必须要熟知 Photoshop 中的“时间轴”面板。执行“窗口”→“时间轴”命令，打开“时间轴”面板，如果“时间轴”面板为视频模式，可以单击“转换为帧动画”按钮，也可以单击“创建视频时间轴”按钮，选择“创建帧动画”选项，即可转换为帧模式“时间轴”面板，如图 3-40 所示。

图 3-40　帧模式时间轴面板

帧模式“时间轴”面板会显示动画中的每个帧的缩览图，使用面板底部的工具可浏览各个帧、设置循环选项、添加和删除帧以及预览动画，如图 3-41 所示。

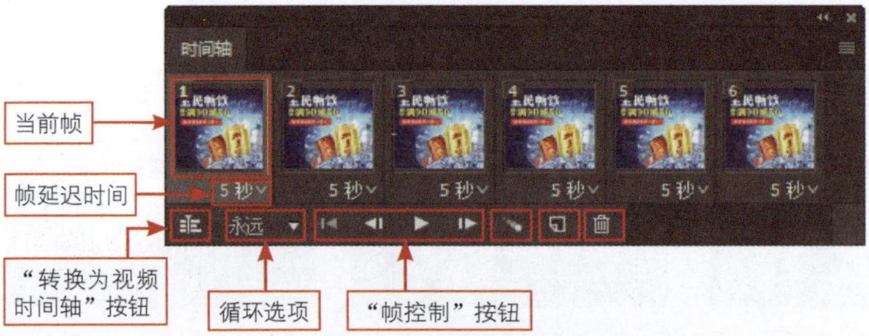

图 3-41　帧模式时间轴的缩览图

当前帧：选中该帧后，即可对该帧上的图形进行相应的处理。

帧延迟时间：该选项用于设置帧在回放过程中的持续时间。单击该选项，在弹出的菜单中可以选择一个帧延迟时间，如图 3-42 所示。如果选择“其他”选项，将弹出“设置帧延迟”对话框，如图 3-43 所示，用户可以自定义帧延迟的时间。

“转换为视频时间轴”按钮：单击该按钮，可以将帧模式“时间轴”面板切换为视频模式“时间轴”面板。

循环选项：该选项用于设置动画在作为动画 GIF 文件导出时的播放次数。单击该选项，在弹出的菜单中可以选择一个循环选项，如图 3-44 所示。如果选择“其他”选项，将弹出“设置循环次数”对话框，如图 3-45 所示，用户可以自定义循环的次数。

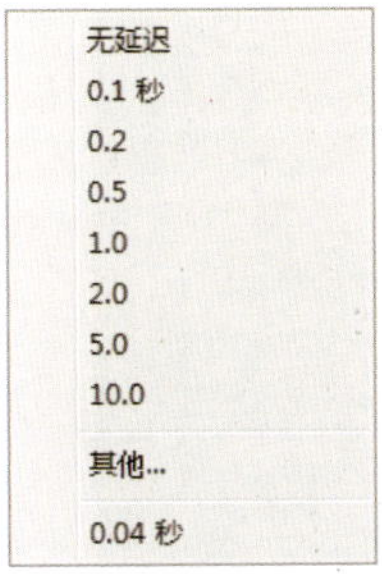

图 3-42　延迟时间

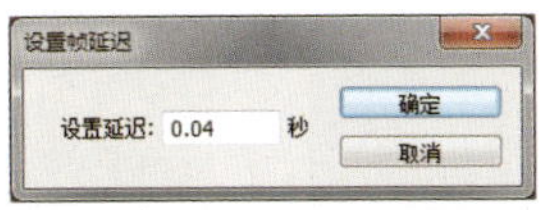

图 3-43　设置帧延迟时间

图 3-44　循环选项

图 3-45　设置循环次数

帧控制按钮：该部分 4 个按钮主要用于对动画帧进行控制。单击“选择第一帧”按钮，可以自动选择序列中的第一个帧作为当前帧；单击“选择上一帧”按钮，可以选择当前帧的前一帧；单击“播放动画”按钮，可以在窗口中播放动画，再次单击则停止播放；单击“选择下一帧”按钮，可以选择当前帧的下一帧。

“过渡动画帧”按钮：如果要在两个现有帧之间添加一系列帧，并让新帧之间的图层属性均匀变化，可单击该按钮，弹出“过渡”对话框来进行设置，如图 3-46 所示。

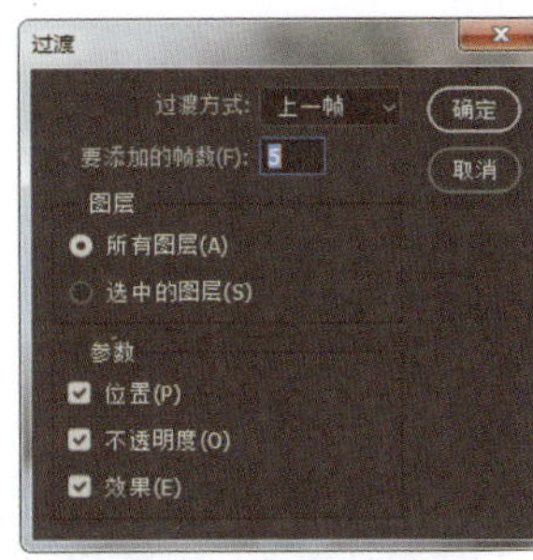

图 3-46　“过渡”对话框

“复制所选帧”按钮：单击该按钮，可以复制所选中的帧，得到与所选帧相同的帧。

“删除所选帧”按钮：选择要删除的帧后，单击该按钮，即可删除选择的帧。

课堂练习　为动画添加过渡效果

步骤 01　执行“文件”→“新建”命令，设置“新建文档”对话框中的参数，如图 3-47 所示。为舞台填充如图 3-48 所示的渐变效果。使用“横排文字工具”在舞台中添加如图 3-49 所示的文字内容。

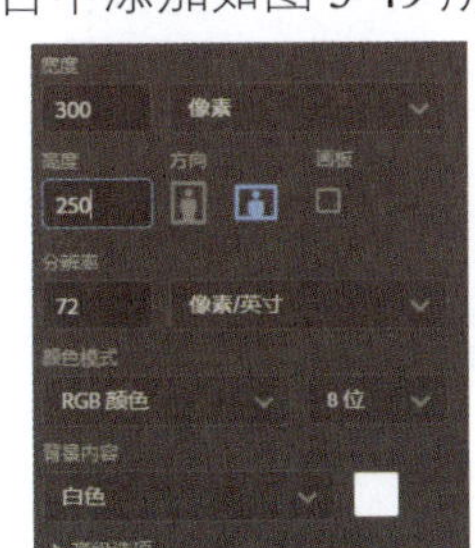

图 3-47　新建文件

图 3-48　填充背景颜色

图 3-49　添加文字

步骤 02　打开“时间轴”面板，单击“创建帧动画”按钮，创建帧动画，如图 3-50 所示。将文字图层编组，修改图层组的不透明度为 0%，“图层”面板如图 3-51 所示。

图 3-50　创建帧动画

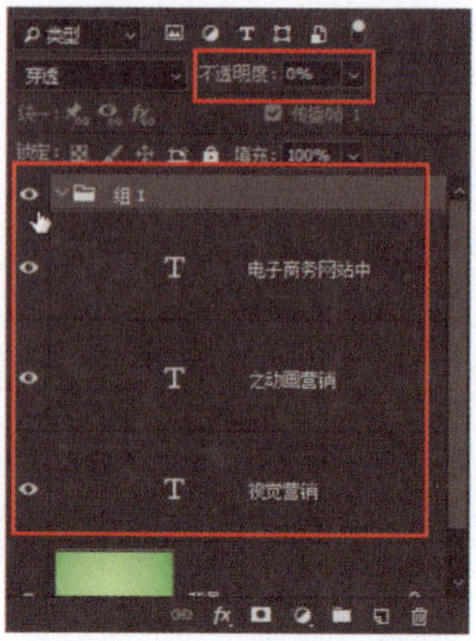

图 3-51　“图层”面板

步骤 03　复制一个帧，将文字图层组的不透明度设为 100%，在“时间轴”面板中同时选择两个帧，单击“添加过渡效果”按钮，如图 3-52 所示。弹出“过渡”对话框，设置参数如图 3-53 所示。

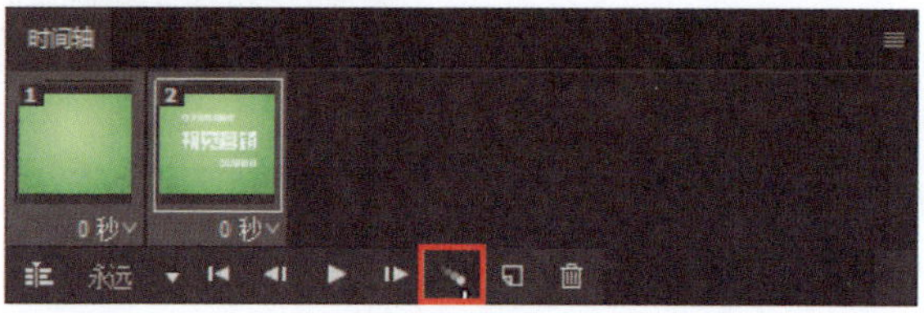

图 3-52　复制帧

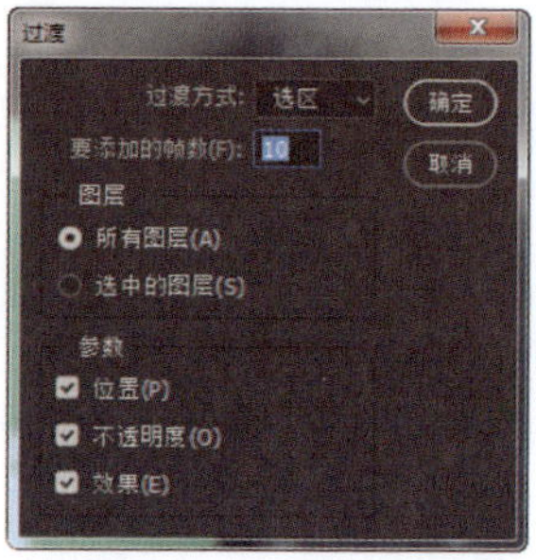

图 3-53　添加过渡效果

步骤 04　单击“确定”按钮，完成过渡动画的制作，时间轴效果如图 3-54 所示。动画效果如图 3-55 所示。

图 3-54　时间轴效果

图 3-55　动画效果

3.6.3　设计制作店铺促销 GIF 动画

步骤 01　打开 Photoshop，执行“文件”→“新建”命令，弹出“新建文件”对话框，设置各项参数如图 3-56 所示。将文件另存为“设计制作店铺促销 GIF 动画 .psd”，如图 3-57 所示。

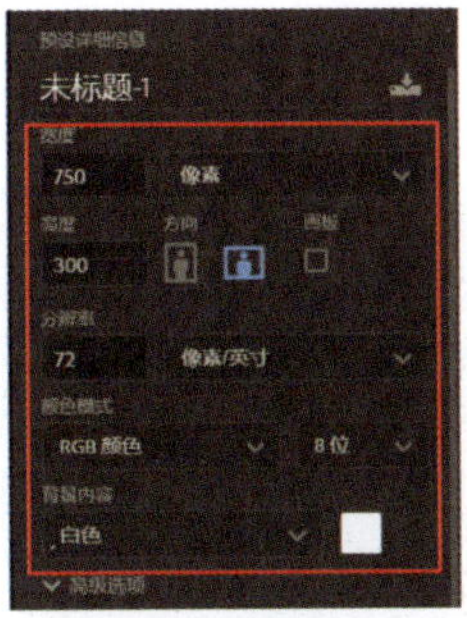

图 3-56　新建文件

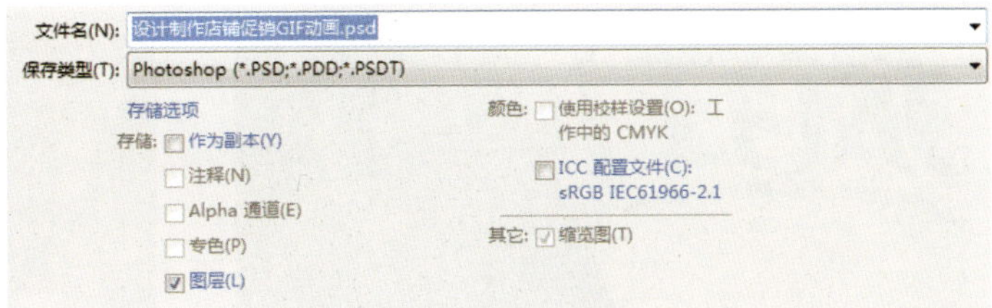

图 3-57　保存文件

步骤 02　设置前景色为 RGB（253，243，82），使用“油漆桶工具”在舞台中单击为舞台填充前景色，如图 3-58 所示。图层面板如图 3-59 所示。

图 3-58　填充舞台

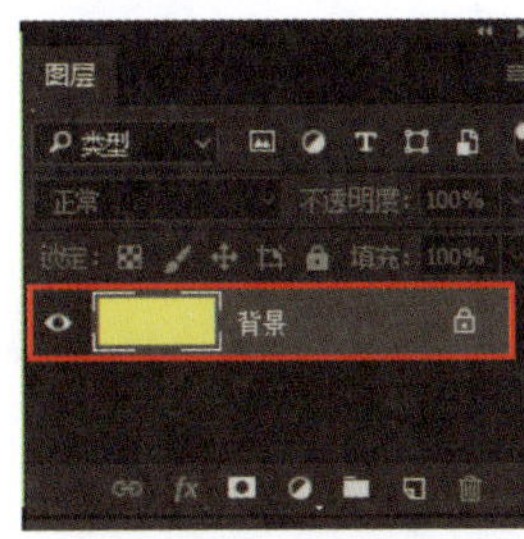

图 3-59　图层面板

> **小技巧：**作为一款计算机辅助性软件 Photoshop 在动画场景制作过程中起着举足轻重的作用，尤其在改变以往动画场景制作的复杂、枯燥过程中起着至关重要的作用。

步骤 03　单击“创建新组”按钮，将组名改为“倒计时牌”，在组内单击“创建新组”按钮，如图 3-60 所示。在“组 1”中新建图层，使用“多边形套索工具”在舞台中绘制多边形选区，并为选区填充 RGB（6，64，35）的颜色，按 Ctrl+D 快捷键取消选区，如图 3-61 所示。

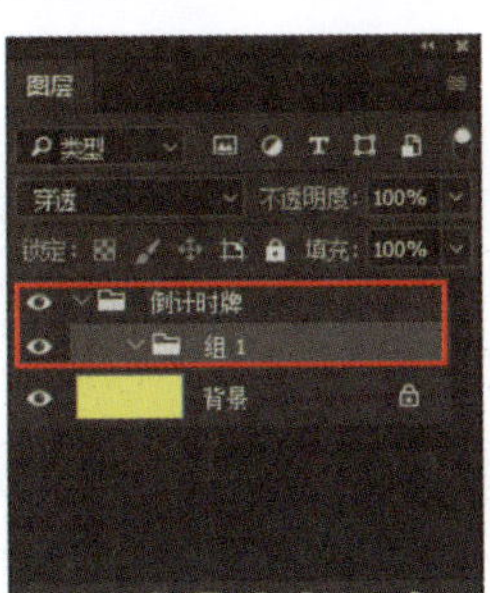

图 3-60　创建新组

图 3-61　填充选区

步骤 04　打开“素材 \ 第 3 章 \ 疯狂抢购 .png”文件并将图片拖曳到设计文档中，如图 3-62 所示。为图层添加“描边”的图层样式，具体参数如图 3-63 所示。

图 3-62　插入图片

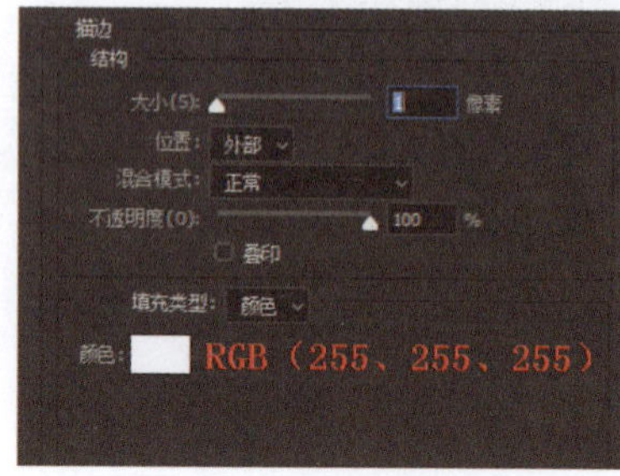

图 3-63　图层样式

步骤 05　打开文件“素材 \ 第 3 章 \ 叶子 .jpg”，将图片拖曳到设计文档中，右击图层，在弹出的下拉列表中选择“创建剪贴蒙版”，如图 3-64 所示。“图层”面板如图 3-65 所示。

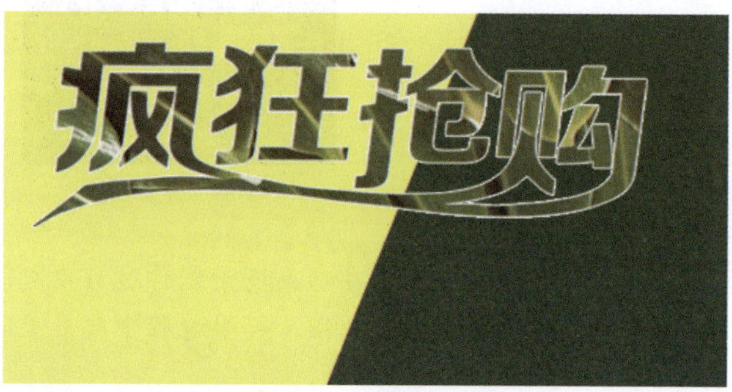

图 3-64　创建剪贴蒙版

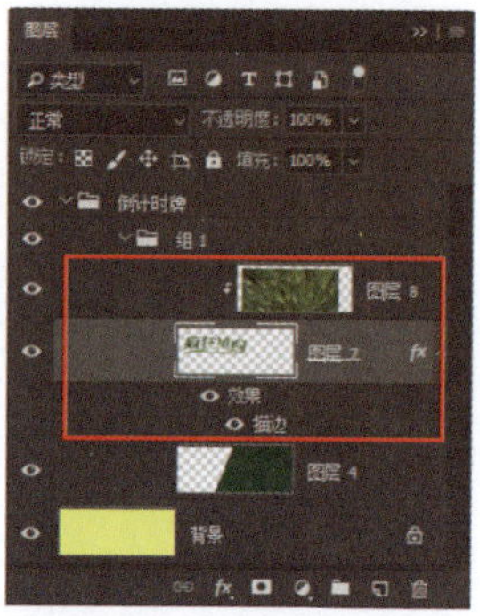

图 3-65　“图层”面板

步骤 06　单击“横排文字工具”按钮，设置文字颜色为 RGB（253，243，82），“字符”面板参数如图 3-66 所示。在舞台中输入如图 3-67 所示的文字。

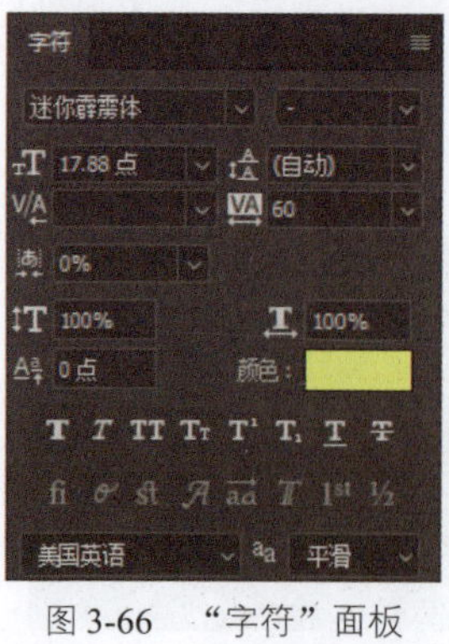

图 3-66　“字符”面板

图 3-67　添加文字

步骤 07　单击“横排文字工具”按钮，设置“字符”面板的参数如图 3-68 所示。在舞台中输入文字内容，如图 3-69 所示。

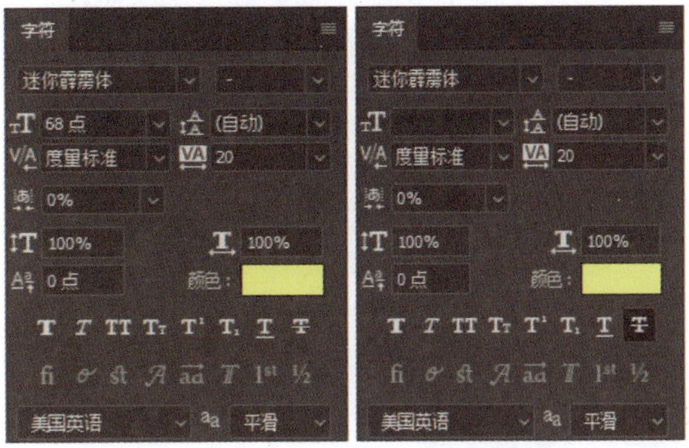

图 3-68　在“字符”面板中设置参数

图 3-69　输入文字

小技巧： 为了避免在制作动画时，文本出现对不齐的情况。可以在新建文档后，使用辅助线为页面添加边界，用来控制页面内容元素的位置。

步骤 08　使用“圆角矩形工具”在舞台中绘制圆角矩形形状，为图层添加“渐变叠加”的图层样式，参数如图 3-70 所示。单击“确定”按钮，形状效果如图 3-71 所示。

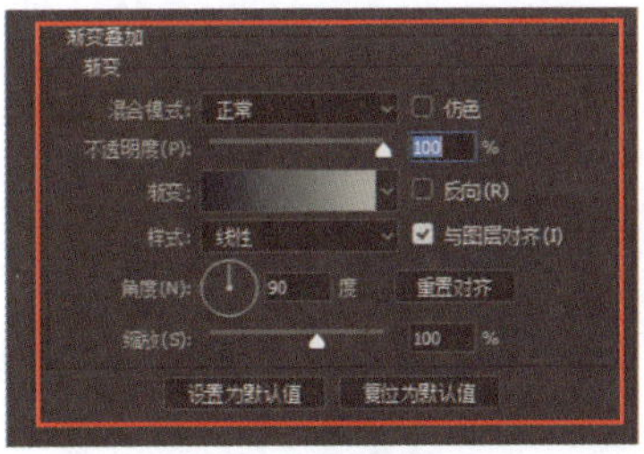

图 3-70　图层效果属性面板

图 3-71　形状绘制效果

提示： 圆角矩形宽为 486 像素、高为 99 像素，颜色填充为 RGB（255，255，255），圆角半径为 10 像素。

步骤 09　创建新组并将组名改为“天”，单击“圆角矩形工具”，设置“填充”颜色为 RGB（144、148、156），半径为 10 像素，在舞台中绘制如图 3-72 所示圆角矩形形状。为形状添加“描边”的图层样式，参数如图 3-73 所示。

步骤 10　继续为图层添加“渐变叠加”图层样式，参数如图 3-74 所示，为图层添加“投影”图层样式，在“图层样式”对话框中设置各项参数，如图 3-75 所示。单击“确定”按钮，形状效果如图 3-76 所示。

图 3-72　绘制圆角矩形

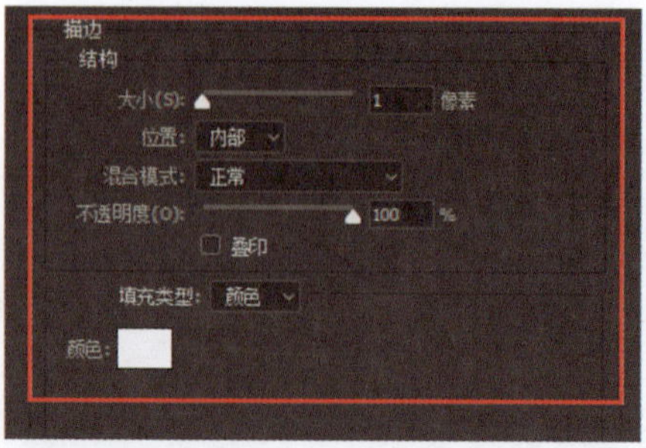

图 3-73　图层样式

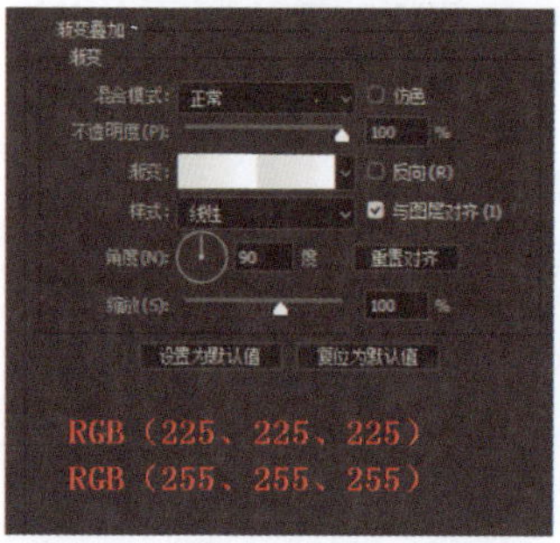

图 3-74　“渐变叠加”图层样式

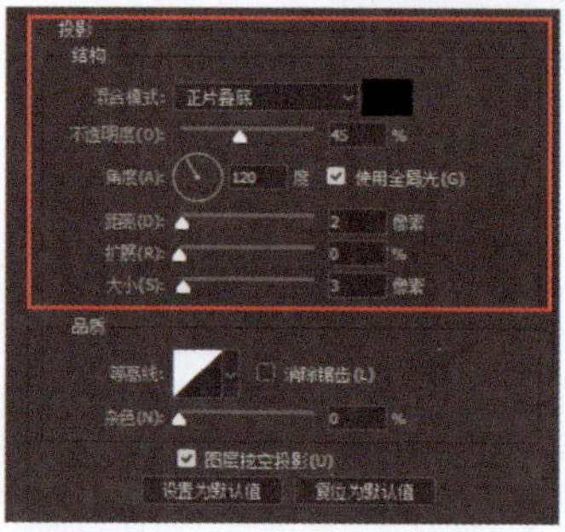

图 3-75　“投影”图层样式

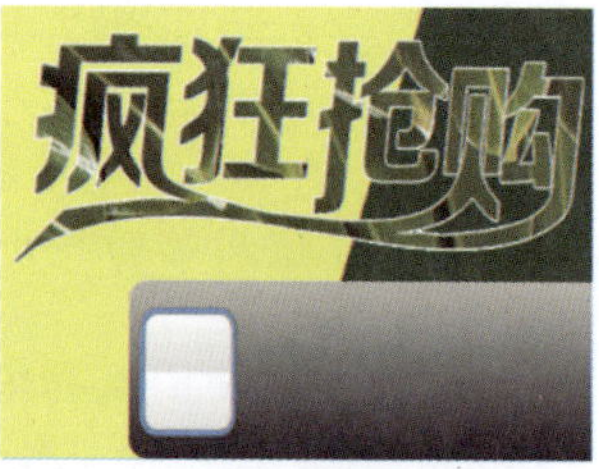

图 3-76　形状效果

步骤 11　单击“横排文字工具”按钮，设置“字符”面板参数如图 3-77 所示。在页面中输入文本，并为该文字图层添加“渐变叠加”的图层样式，参数如图 3-78 所示。单击“确定”按钮，效果如图 3-79 所示。

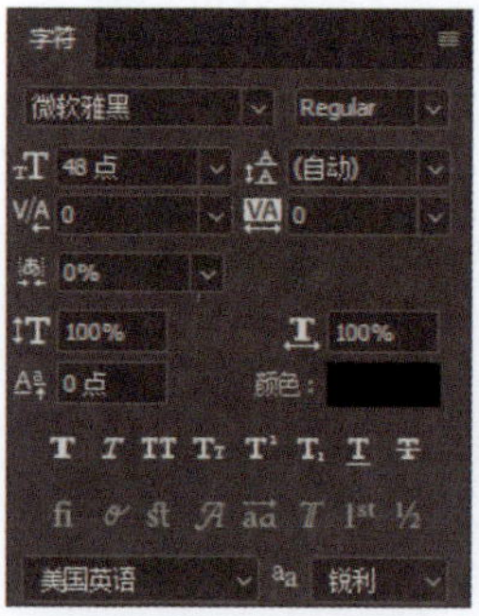

图 3-77　文字参数

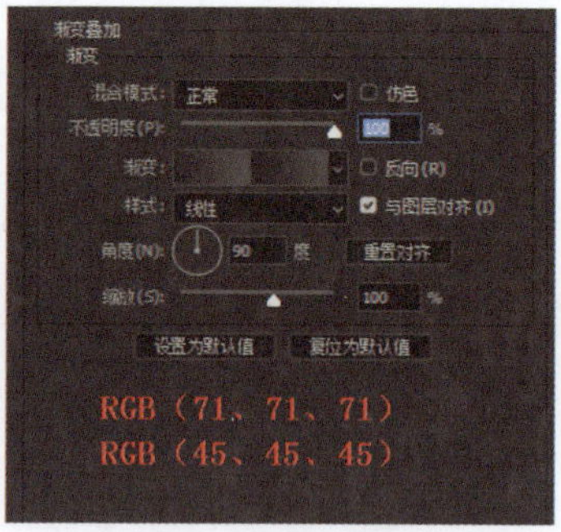

图 3-78　“图层”面板

图 3-79　文字效果

步骤 12　单击“横排文字工具”按钮，设置“字符”面板参数如图 3-80 所示。在舞台中输入文字，文字效果如图 3-81 所示。

步骤 13　单击“直线工具”按钮，设置“填充”颜色为 RGB（144，148，156），“粗细”为 2 像素，在文字中间位置绘制一条灰色直线和白色直线，如图 3-82 所示。分别修改图层名称，“图层”面板如图 3-83 所示。

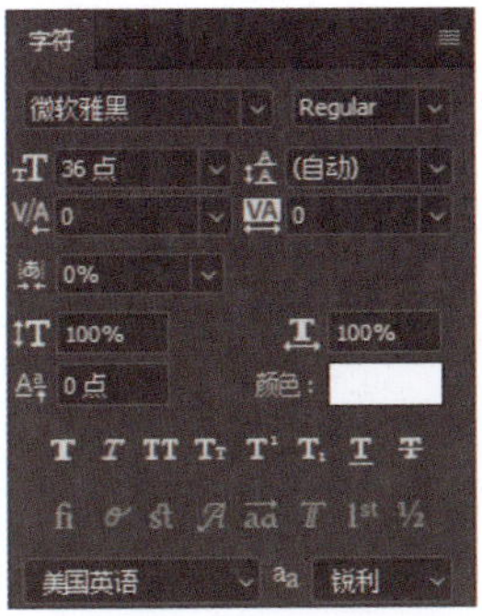

图 3-80　文字参数

图 3-81　文字效果

图 3-82　创建直线

步骤 14　复制图层组“天”，将组的名字改为“时”，展开组并选择文字图层，使用“横排文字工具”将文字“0”改为“3”，将“天”字改为“时”字，“图层”面板如图 3-84 所示。向右移动图层组，调整图层组位置如图 3-85 所示。

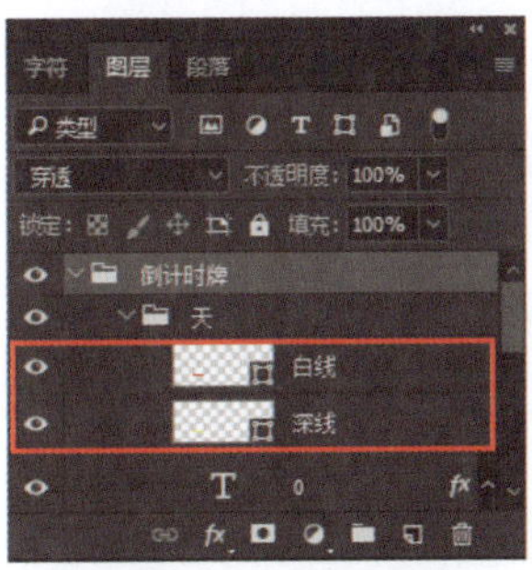

图 3-83　“图层”面板

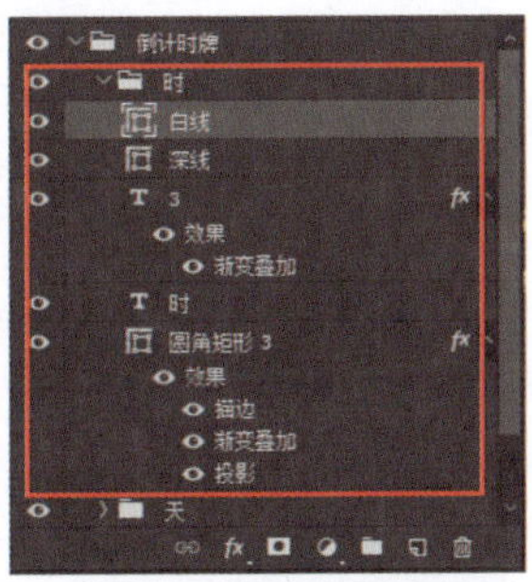

图 3-84　“图层”面板

图 3-85　图片效果

步骤 15　使用相同方法，复制得到图层组“分”和图层组“秒”，如图 3-86 所示。打开“分”图层组，单击“56”和“57”图层前面的“指示图层可见性”图标，隐藏图层如图 3-87 所示。

步骤 16　展开“秒”图层组，将各图层文字分别改为“01”至“59”，隐藏部分图层组，如图 3-88 所示。

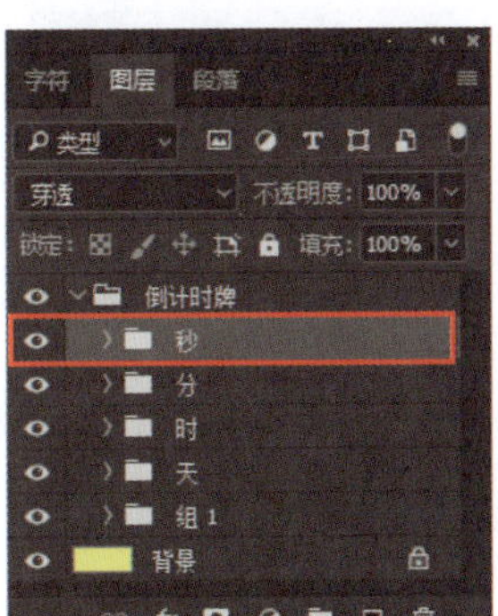

图 3-86　复制图层组

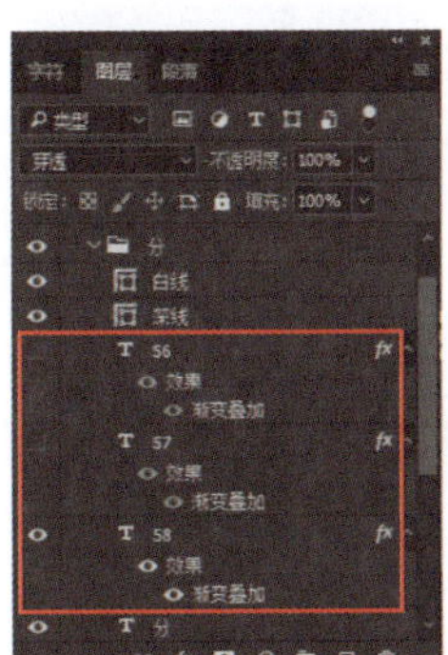

图 3-87　隐藏面板

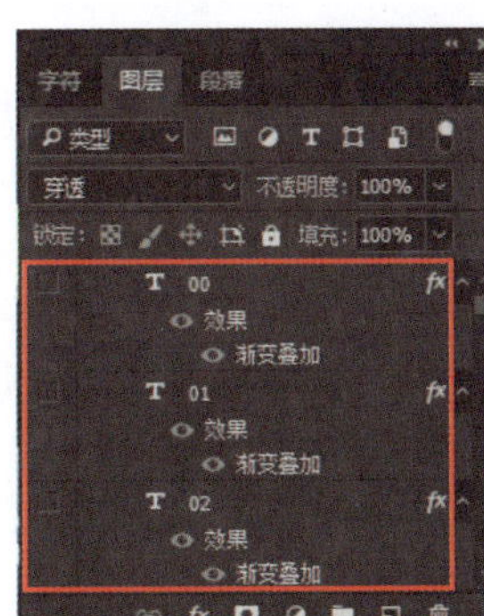

图 3-88　图层组

> **提示：**选择上传 GIF 图片时会发现无法完成上传，这可能是因为要上传的动态图片的尺寸不符合要求。所以尽量按照店铺的要求制作图片的大小，以获取最佳的浏览效果。

步骤 17　在“秒”图层组内隐藏除“56”图层以外的其他的所有图层，“图层”面板如图 3-89 所示，图像效果如图 3-90 所示。

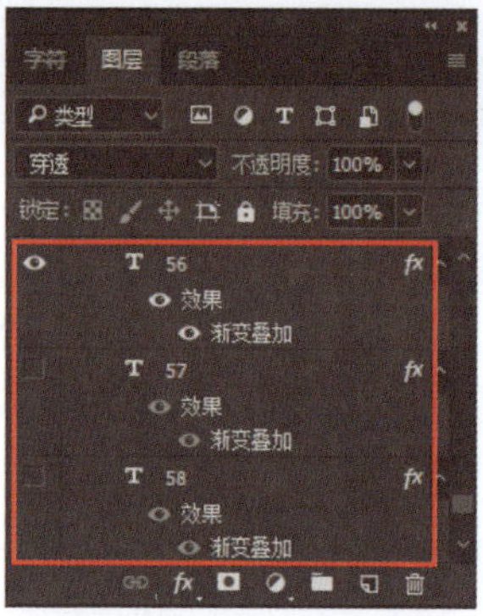

图 3-89　隐藏图层

图 3-90　图像效果

步骤 18　执行“窗口”→“时间轴”命令，打开“时间轴”面板，单击“帧动画”按钮，设置帧延迟为“1”秒，选择循环次数为“永远”选项，如图 3-91 所示。选择第一帧动画，单击“复制所选帧”按钮，复制 9 帧动画，如图 3-92 所示。

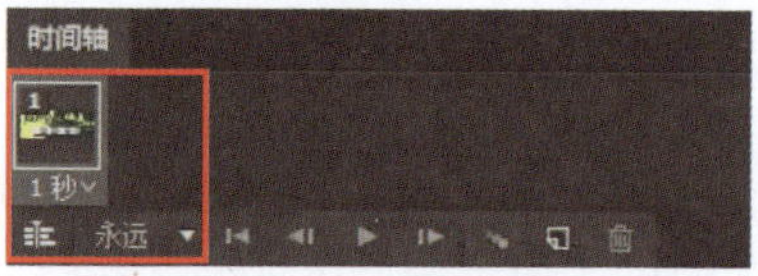

图 3-91　第一帧动画

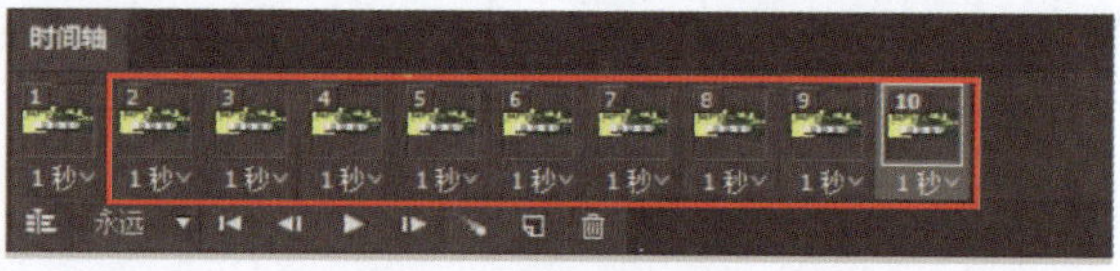

图 3-92　复制所选帧

步骤 19　选择第 1 帧动画，显示“秒”图层组中的“59”文字图层，如图 3-93 所示。隐藏其余数字图层，“图层”面板如图 3-94 所示。

图 3-93　第 1 帧动画效果

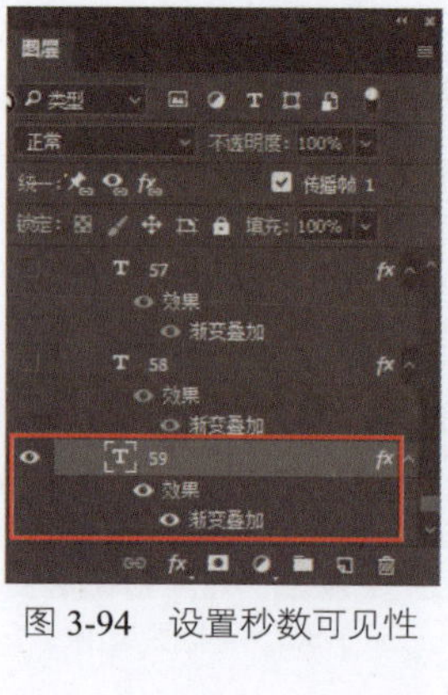

图 3-94　设置秒数可见性

步骤 20　选择时间轴中第 2 帧动画，显示“秒”图层组中的“58”文字图层，隐藏其余数字图层，“图层”面板如图 3-95 所示。隐藏“组 1”中的“18.8”图层，如图 3-96 所示。

图 3-95　第 2 帧动画效果

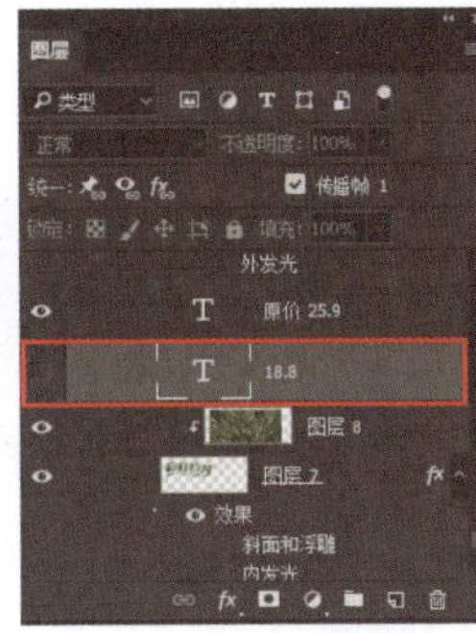

图 3-96　设置图层可见性

步骤 21　选择时间轴中第 3 帧动画，显示“秒”图层组中的“57”文字图层，隐藏其余数字图层，“图层”面板如图 3-97 所示。隐藏“组 1”中的“原价 25.9”图层，如图 3-98 所示。

图 3-97　第 3 帧动画效果

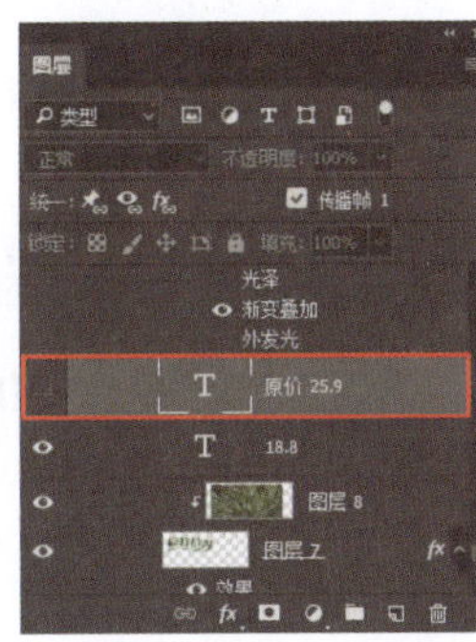

图 3-98　设置图层可见性

步骤 22　依次单击时间轴中第 4 帧、第 5 帧、第 6 帧及第 8 帧和第 10 帧，修改每帧动画图层中的数字及文字的可见性。第 4 帧动画效果如图 3-99 所示。

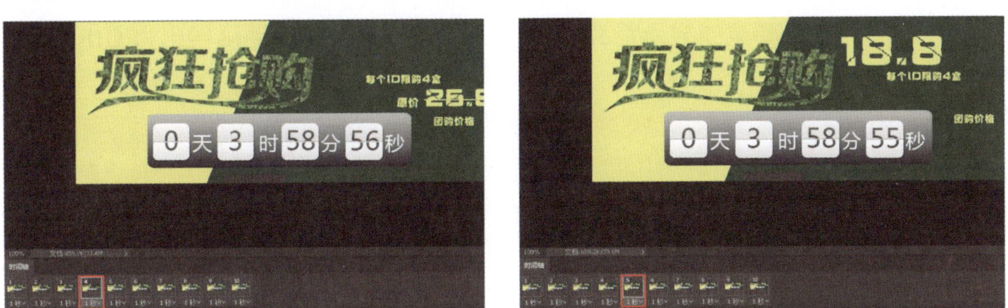

（a）　　（b）

图 3-99　第 4 帧动画效果

步骤 23　选择第 10 帧动画，单击“复制所选帧”按钮，继续复制帧，使用相同方法，继续制作帧动画，当各数字显示均为“0”的效果出现，完成倒计时动画制作。

步骤 24　选择“文件”→“导出”→“存储为 Web 所用格式”命令，选择存储的图片为 GIF 格式，设置各项参数，如图 3-100 所示。单击“确定”按钮导出动画文件，动画效果如图 3-101 所示。

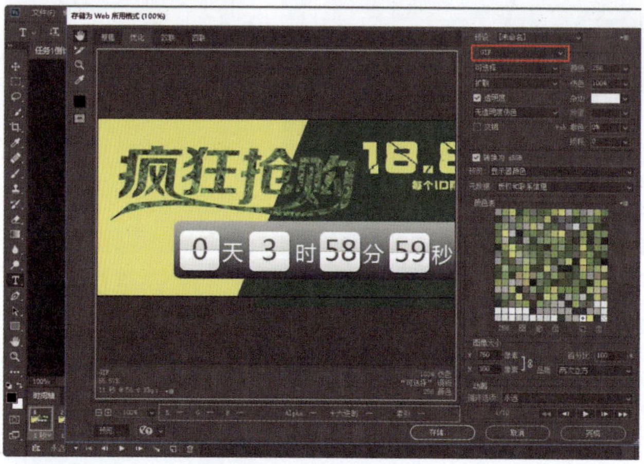

图 3-100　导出 GIF 图片

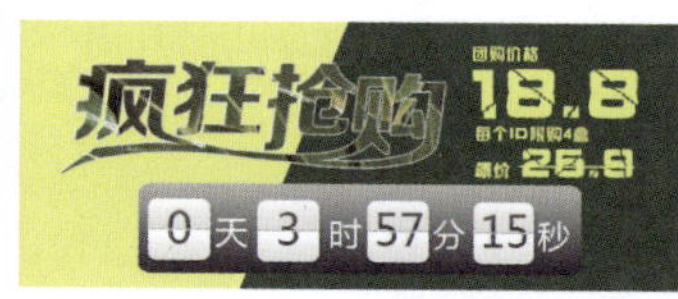

图 3-101　动画效果

举一反三　设计制作收藏店铺动态图

完成店铺促销 GIF 动画的制作后，读者应基本掌握设计制作 GIF 动画的规范和要求，接下来使用 Photoshop 制作一个收藏店铺的营销动态图。

步骤 01　新建文件并填充背景颜色，导入素材图像，输入文字内容，如图 3-102 所示。

步骤 02　导入箭头素材图片，将同类图层编组，如图 3-103 所示。

步骤 03　在“时间轴”面板上创建帧动画，更改“收”文字图层的颜色，如图 3-104 所示。

步骤 04　通过隐藏或显示箭头素材图像制作动画，并将动画导出为 GIF 文件，如图 3-105 所示。

图 3-102　导入图像并输入文字

图 3-103　导入素材编组图层

图 3-104　创建帧动画

图 3-105　制作动画并导出

3.7 动态店招广告图

对于绝大多数的电子商务店铺连锁来说，页面中的动态广告图在平静的页面中显得异常突出，能时刻吸引浏览者的注意，增加浏览者购买的可能性。同时也可以增加页面信息的存储量，在有限的空间内同时展示多个商品。

下面将设计制作一款图书商品的动态店招广告图，通过本设计掌握动态广告图的制作规范和设计技巧，完成效果如图 3-106 所示。

图 3-106　动态店招广告图

3.7.1 动态店招广告图的特点

本次将制作一个书籍广告营销动画。由于商品将以滚动的形式展现出来，因此背景图等元素就不能制作得太过丰富。太过复杂的背景或者太艳丽的配色，与动画效果一起展示，画面效果会显得过于热闹，同时也会失去焦点。

广告动画图中将商品图放置在页面左侧的黄金分割位置，如图 3-107 所示。用户打开页面时一眼就会看到商品。

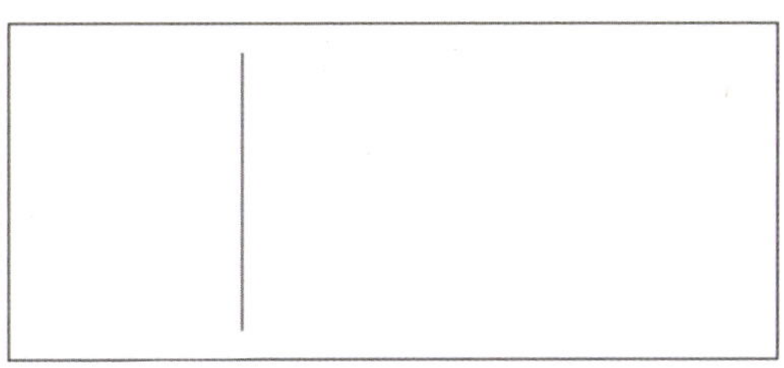

图 3-107　黄金分割构图

用户的主色使用了明亮的黄色，会给浏览者带来愉悦的感受。辅色采用了邻近色——咖啡色。整体页面色调一致，和谐统一，主题明确，如图 3-108 所示。

主色	#f8cf10	辅色	#751E0A

图 3-108　主色与辅色的搭配

提示：GIF 动画通常对文件大小有要求，因此在制作时采用了相同背景的制作方法。只是让商品图产生动画效果。这样既能突出画面的主题，又能适当的控制图片的尺寸。

3.7.2 二维动画制作软件 Animate

Animate 是一款动画创作与应用程序开发于一身的创作软件，它是由 Flash 改名而来，最新版本的 Animate CC 功能非常强大。这里将讲解如何使用 Animate CC 制作动画，通过详细讲解，让读者更加轻松、容易地学习使用 Animate CC。如图 3-109 所示为 Animate CC 界面。

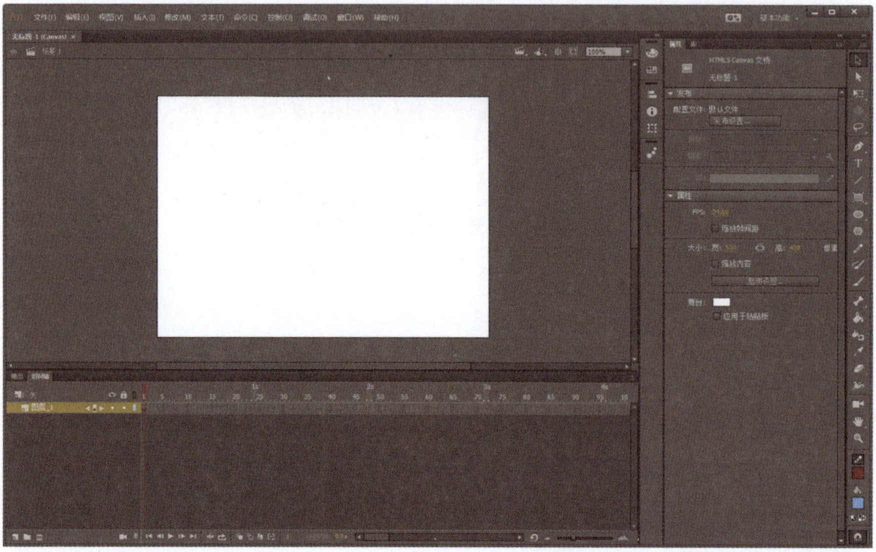

图 3-109 Animate CC 界面

舞台（二维区域）就是工作界面中背景为白色的区域，相当于 Photoshop 中的舞台，Animate 中大部分的绘图、动画创建等工作都在此二维区域内进行。在输出影片时，只有白色区域内的对象被显示，因此，无论是动画或是静态的图形，都必须在舞台上创建。

“工具栏”正下方的“编辑栏”包含用于编辑场景和元件以及用于更改舞台的缩放比例等信息，单击左边的“场景”按钮或右边的下拉列表中对其进行编辑，如图 3-110 所示为编辑栏。

图 3-110 编辑栏

工具箱是读者在设计过程中最常用的。工具箱内包含了很多工具，如图 3-111 所示，能实现不同效果。熟悉各个工具的功能特性是 Animate 学习的重点。

工具箱中工具图标右下角如果有箭头，则表示该工具为一个工作组，在该按钮上单击鼠标左键或单击鼠标右键，即可将显示整个工具组，如图 3-112 所示。

时间轴是 Animate 的一大特点，通过对时间轴上的关键帧的制作，Animate 会自动生成运动中的动画帧，节省了设计师的时间，从而提高了效率。在时间轴的上面有一个红色的线，被称为播放的“定位磁头”，拖动即可观察动画，“时间轴”面板如图 3-113 所示。

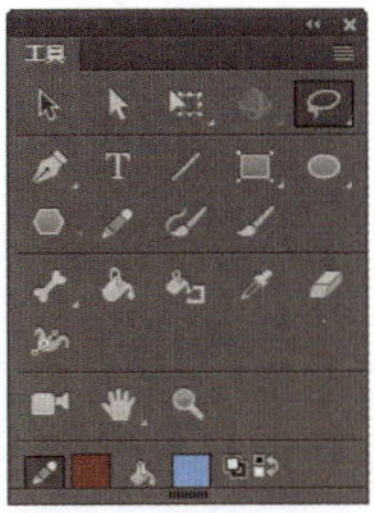

图 3-111　工具箱

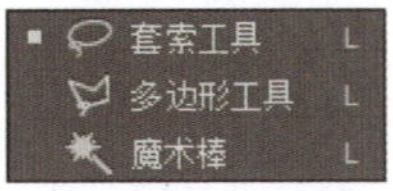

图 3-112　工具组

完成动画制作后，Animate 可以将动画导出为多种形式。执行“文件”→“导出”命令，选择要导出的文件类型，如图 3-114 所示。

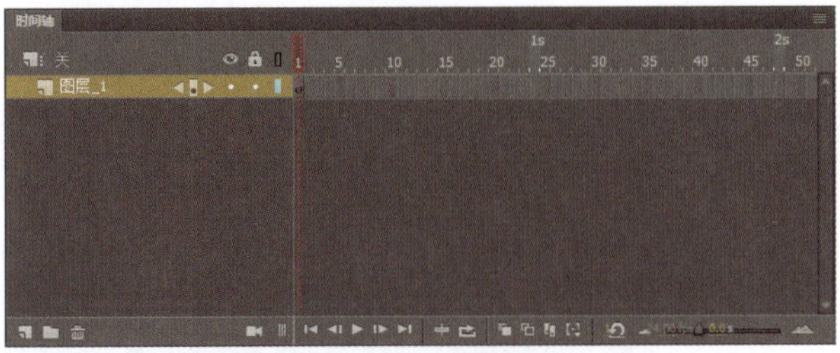

图 3-113　“时间轴”面板

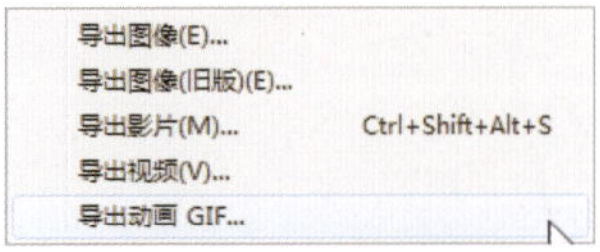

图 3-114　导出动画

课堂练习　使用 Animate 制作逐帧动画

步骤 01　新建一个如图 3-115 所示的动画文档。单击工具箱中的“矩形工具”按钮，设置“填充颜色”为 #E1D7BF，在舞台中绘制一个同舞台大小的矩形，如图 3-116 所示。

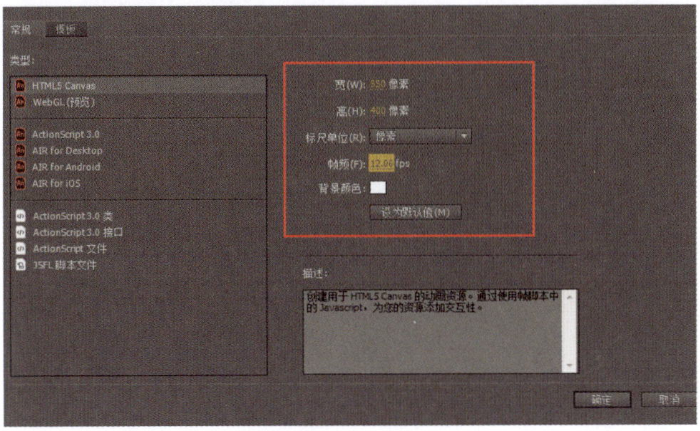

图 3-115　新建文件

图 3-116　填充颜色

步骤 02　在“图层 1”的第 8 帧位置按 F5 键插入帧。新建“图层 2”，“时间轴”面板如图 3-117 所示。单击“图层 2”中的第 1 帧位置，按快捷键 Ctrl+R，将图像素材“第 3 章 \ 素材 \81301.png”导入到舞台，系统将弹出如图 3-118 所示的提示对话框。

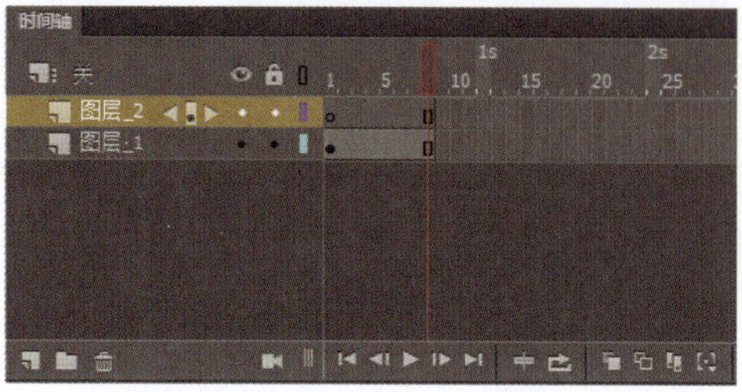

图 3-117　“时间轴”面板

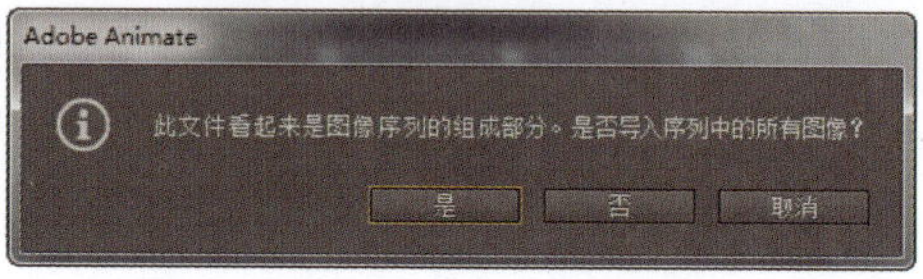

图 3-118　提示对话框

步骤 03　单击“是”按钮，导入序列图片，如图 3-119 所示。“时间轴”面板如图 3-120 所示。

图 3-119　导入序列图

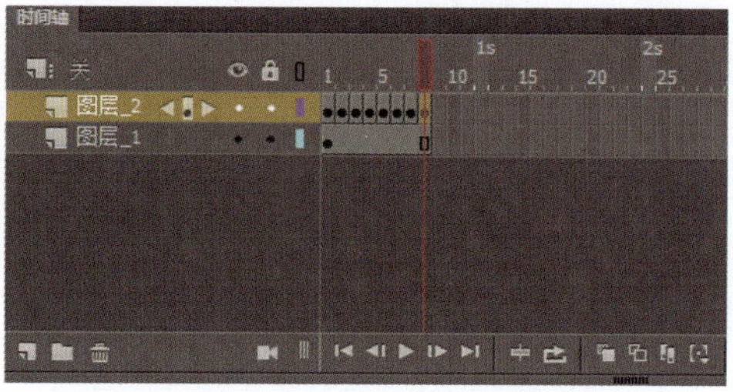

图 3-120　“时间轴”面板

步骤 04　将文档存储为“源文件 \ 第 3 章 \ 课堂练习 \ 使用 Animate 制作逐帧动画 .fla”，按快捷键 Ctrl+Enter 预览动画效果，如图 3-121 所示。

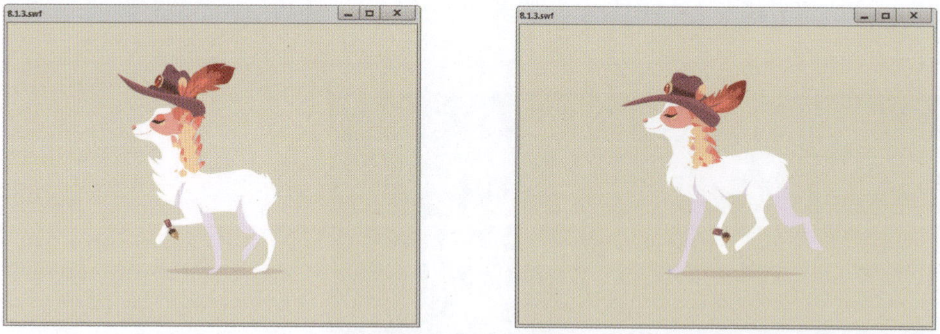

（a）　（b）

图 3-121　预览动画

3.7.3　设计制作图书商品动态店招

步骤 01　打开 Animate，执行“文件”→“新建”命令，设置弹出的“新建文档”

对话框各项参数如图 3-122 所示。执行“文件”→“导入”→“导入到舞台”命令，将“素材\第 3 章\背景.jpg”文件导入到舞台中，页面效果如图 3-123 所示。

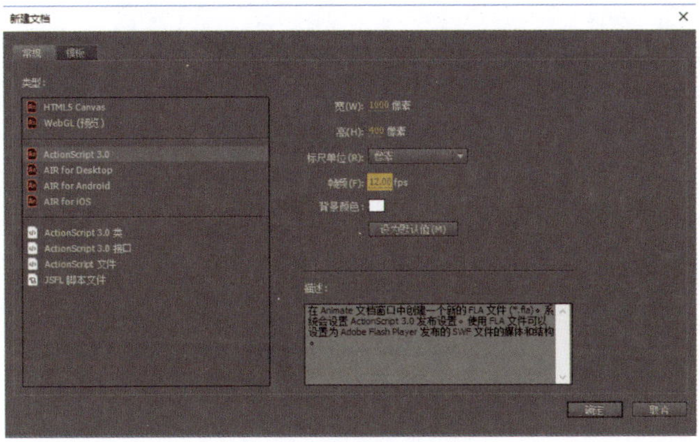

图 3-122　新建文件

图 3-123　导入背景图

> **提示：**“帧频”文本框中的数字表示动画中每一秒钟内动画播放的帧数。数值越大，动画播放速度越快。

步骤 02　新建一个图层，单击“基本矩形工具”按钮，在“属性”面板中设置圆角半径为 50，设置“填充颜色”为 #751E0A，在舞台中绘制一个如图 3-124 所示的圆角矩形。

步骤 03　新建图层，单击“椭圆工具”按钮，设置“笔触颜色”为 #751E0A，“填充颜色”为 #FFFFFF。在舞台中绘制如图 3-125 所示的圆形。

图 3-124　绘制圆角矩形

图 3-125　绘制圆形

步骤 04　拖动选中 2 个图层的第 45 帧位置，按下 F5 键插入帧，时间轴效果如图 3-126 所示。新建图层组，将 3 个图层放置在图层组中，时间轴效果如图 3-127 所示。

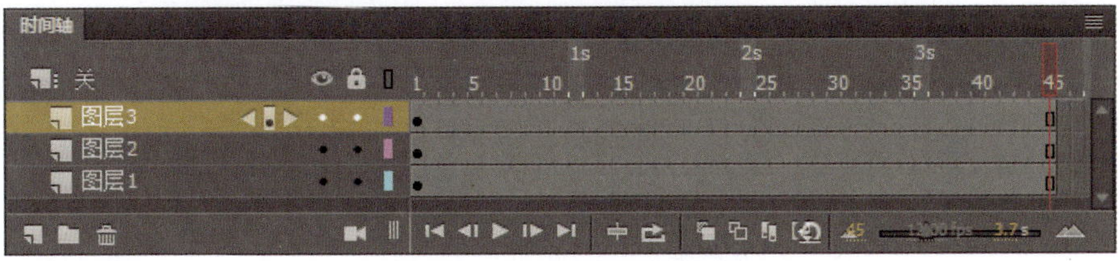

图 3-126　2 个图层的时间轴效果

图 3-127　3 个图层的时间轴效果

步骤 05　新建图层并修改图层名为“有故事”，将“素材 \ 第 3 章 \ 图书 1.jpg”文件导入到舞台中，按下 F8 键将其转为“图形”元件，调整其位置到如图 3-128 所示的位置。在时间轴第 10 帧位置按下 F6 键，插入关键帧，将图片移动到如图 3-129 所示的位置。

图 3-128　导入图像转换为元件

图 3-129　移动元件位置

步骤 06　在第 1 帧位置上右击，选择“创建传统补间”选项，如图 3-130 所示。在时间轴第 25 帧和第 28 帧位置按下 F6 键，插入关键帧。移动第 28 帧上元件到如图 3-131 所示位置。

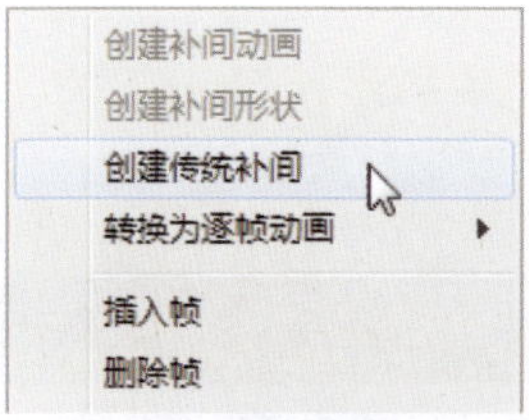

图 3-130　创建传统补间

图 3-131　移动元件位置

步骤 07　在第 25 帧上添加“传统补间”动画，时间轴效果如图 3-132 所示。

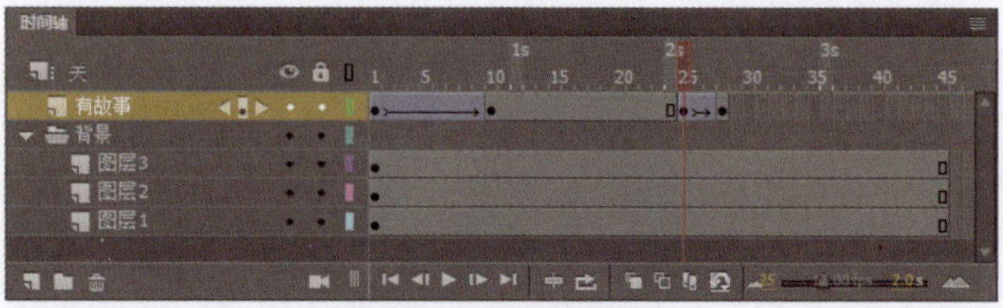

图 3-132　时间轴效果

步骤 08　新建一个名为“中国历史”的图层，在时间轴第 25 帧位置按下 F7 键，插入一个空帧。将“素材\第 3 章\图书 2.jpg”文件导入到舞台中并转为“图形”元件，如图 3-133 所示。在时间轴第 35 帧位置插入关键帧，移动图片元件到如图 3-134 所示位置。

图 3-133　导入素材

图 3-134　移动元件位置

步骤 09　在时间轴第 45 帧位置按下 F5 键，插入帧，时间轴效果如图 3-135 所示。

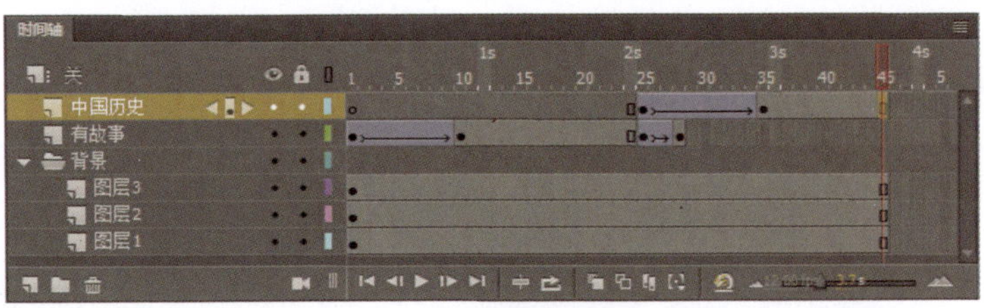

图 3-135　时间轴效果

步骤 10　新建一个名为“遮罩”的图层。使用“椭圆工具”在舞台中绘制一个圆形，如图 3-136 所示。右击图层，在弹出的快捷菜单中选择“遮罩层”命令，如图 3-137 所示。

图 3-136　绘制椭圆图形

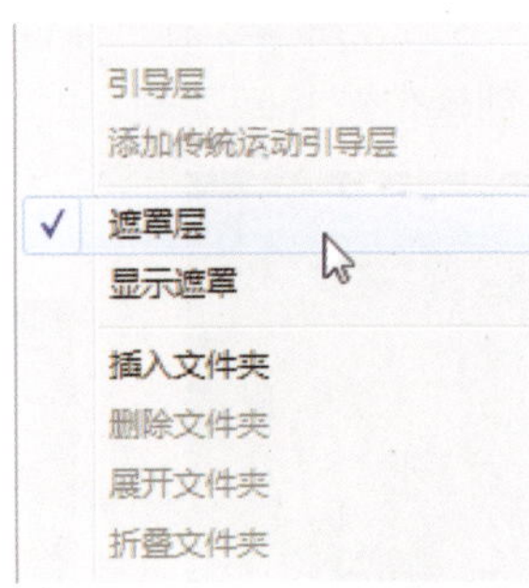

图 3-137　创建遮罩层

> **提示：** 为了获得更好的动画效果，此处绘制的圆形应与图层 3 上圆形大小一致。如果大小不一致，将会出现漏边的效果。

步骤 11　实现如图 3-138 所示遮罩效果。时间轴效果如图 3-139 所示。

图 3-138　遮罩效果

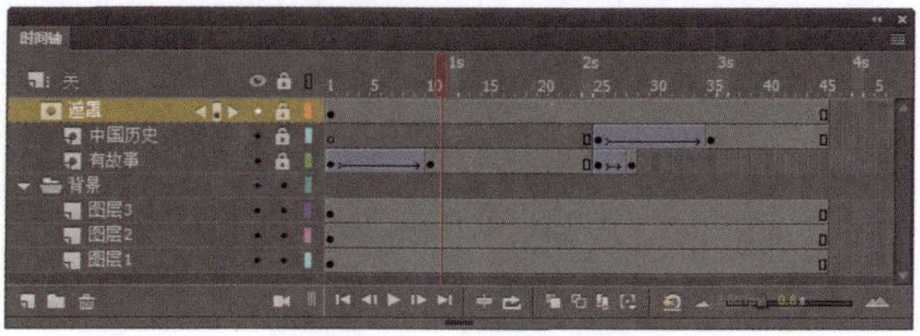

图 3-139　时间轴效果

> **小技巧：** 用户也可以选中图层 3 上圆形的填充，将其复制，然后在“遮罩”图层执行“粘贴到当前位置”命令，创建遮罩图形。

步骤 12　新建一个图层名为“文字”的图层，在时间轴第 5 帧位置插入空白关键帧，使用“文本工具”输入如图 3-140 所示文字。“字符”面板各项参数如图 3-141 所示。

图 3-140　输入文本

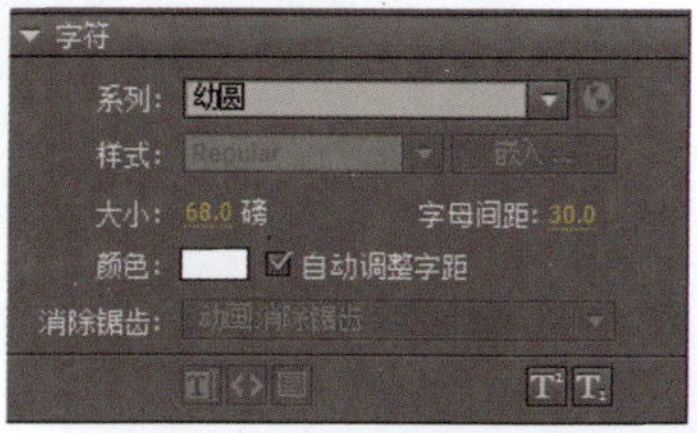

图 3-141　设置文本参数

步骤 13　按下 F8 键将文本转换为“图形”元件。在时间轴第 10 帧位置插入关键帧。选中第 5 帧上元件，在“属性”面板中设置其不透明度为 0%，如图 3-142 所示。在第 5 帧上创建传统补间动画，时间轴效果如图 3-143 所示。

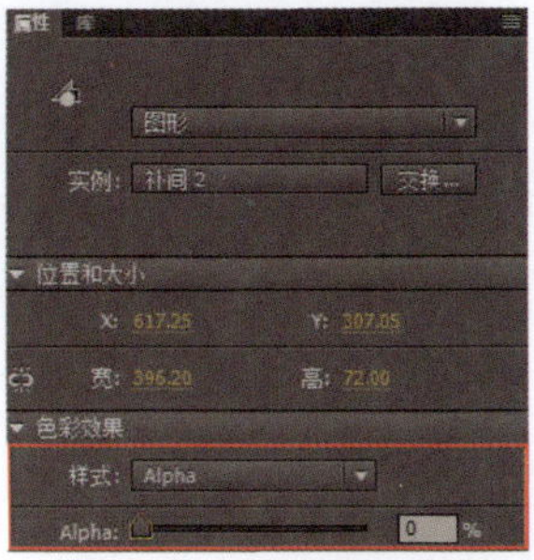

图 3-142　设置不透明度

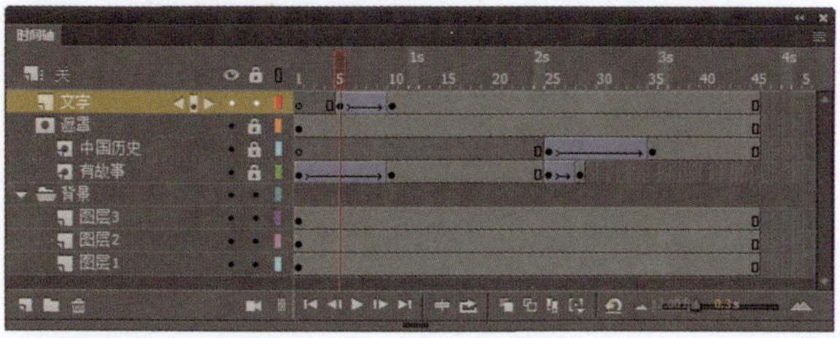

图 3-143　时间轴效果

步骤 14　新建一个图层，在时间轴第 8 帧位置插入空白关键帧，输入文本并将其转换为图形元件，如图 3-144 所示。

步骤 15　依次在时间轴第 10 帧、第 25 帧和第 28 帧位置插入关键帧，修改第 8

帧和第 28 帧上元件的不透明度为 0%，并创建传统补间动画，时间轴效果如图 3-145 所示。

图 3-144　插入文本元件

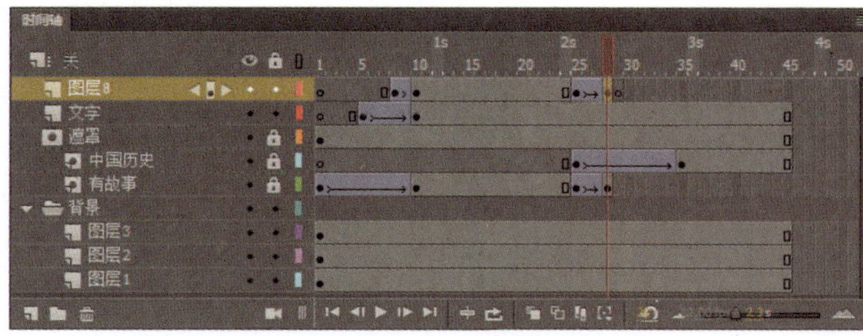

图 3-145　时间轴效果

步骤 16　新建一个图层，在时间轴第 31 帧位置插入空白关键帧，输入文本并将其转换为图形元件，如图 3-146 所示。

步骤 17　在时间轴第 35 帧位置插入关键帧，修改第 31 帧上元件的不透明度为 0%，并创建传统补间动画，时间轴效果如图 3-147 所示。

图 3-146　插入文本元件

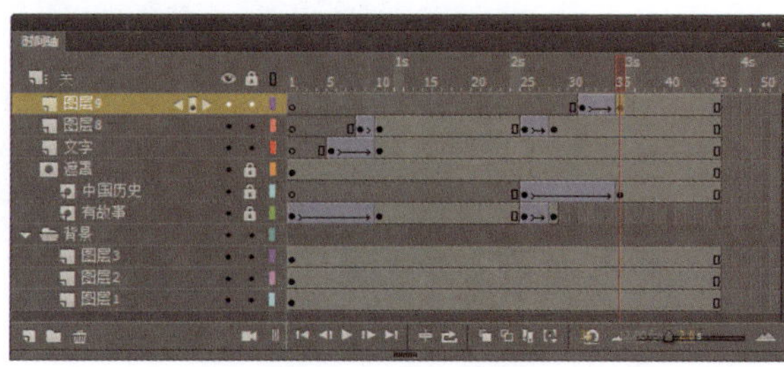

图 3-147　时间轴效果

步骤 18　执行“文件”→“存储”命令，将文件保存。执行“文件”→“导出”→“导出动画 GIF”命令，设置“导出图像”对话框中各项参数如图 3-148 所示。单击“保存”按钮，将文件保存为 GIF 文件，完成效果如图 3-149 所示。

图 3-148　导出 GIF 动画

图 3-149　动画效果

举一反三 设计制作图书商品动态广告图

完成动态店招广告图的制作后，读者应基本掌握了使用 Animate 软件设计制作 GIF 动画的规范和要求，接下来使用 Animate 制作一个图书商品的动态广告图。

步骤 01　新建文档，导入图片素材，使用“文本工具”输入文本，如图 3-150 所示。

图 3-150　导入素材输入文本

步骤 02　创建一个遮罩元件，使用矩形工具制作补间形状动画，如图 3-151 所示。

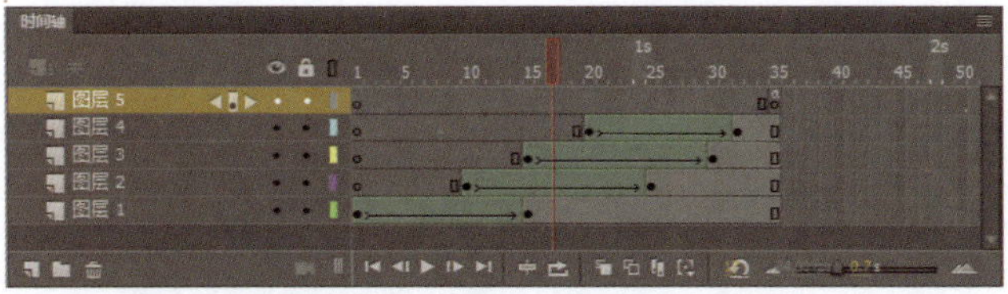

图 3-151　制作补间形状动画

步骤 03　新建影片剪辑元件，制作蜜蜂动画短片和书籍商品动画短片，如图 3-152 所示。

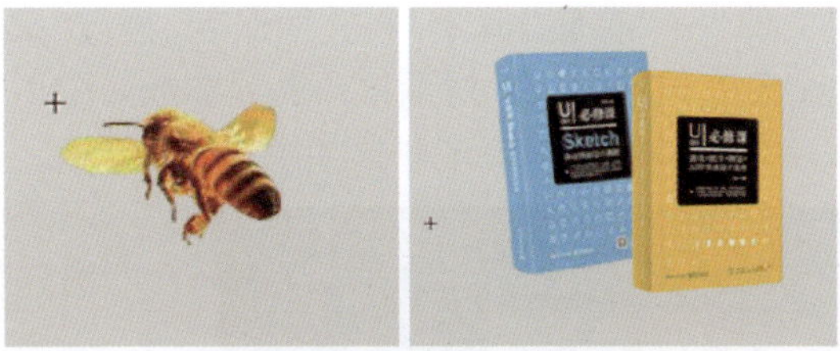

图 3-152　制作影片剪辑动画

步骤 04　返回场景中，将影片剪辑软件一次拖入页面中，完成制作，如图 3-153 所示。

图 3-153　拖入元件完成制作

3.8 商品展示动画

静态的页面总会给人乏味的感觉，对于电子商务网站来说更是如此。通过在页面中插入动画，既可增加页面的趣味性，吸引浏览者的注意，又可以将页面空间立体化，在有限的空间里展示更多的商品。

下面将制作一个 HTML 5 的轮播图动画，这里首选使用 HTML+CSS 搭建页面，然后再通过调用外部 JavaScript 脚本实现图片轮替效果，完成效果如图 3-154 所示。

图 3-154　轮替动画效果

3.8.1　交互动画的应用

轮播图动画既有丰富的动画效果，又能展示丰富的商品信息，因此在电子商务网站页面中比较常见。在网页中制作轮播图动画需要使用 HTML、CSS 和 JavaScript 三项技术。三者的关系如图 3-155 所示。

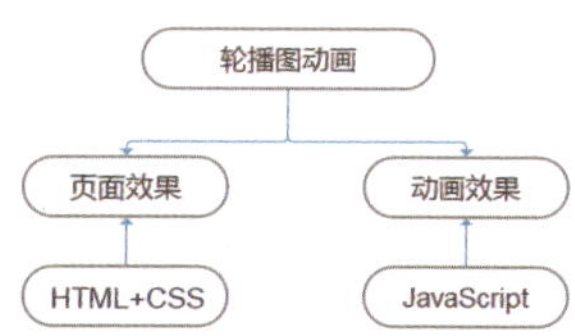

图 3-155　轮播图制作技术

网站页面是使用 HTML 语言搭建的，目前最新的版本为 HTML 5。通过使用 <div> 等标签来完成对页面的基本架构搭建。例如，插入框架、输入文字、插入图片等操作。使用 CSS 可以控制页面显示效果，优化页面的功能。例如，设置页面背景、定义页面文字样式、设置超链接样式等。使用 JavaScript 语言可以使网页效果动起来，例如，鼠标响应事件、图片滑动效果等。

> **提示：** JavaScript 语言是一门非常强大的编程语言。要想熟练掌握这门语言，需要耗费很多精力学习。对于视觉营销人员来说，可以直接从互联网中获取相关的 JS 代码，修改使用即可。

3.8.2　了解 CSS 和 JavaScript 基础

所有样式的基础就是 CSS 规则，每一条规则都是一条单独的语句，它确定应该如何设计样式，以及应该如何应用这些样式。因此，样式由规则列表组成，浏览器用它来确定页面的显示效果，甚至是声音效果。

CSS 由选择符和声明两部分组成。其中声明由属性和属性值组成，所以简单的 CSS 规则如下：

1. 选择符

选择符部分指定对文档中的哪个标签进行定义。选择符最简单的类型是“类型选择符”，直接输入元素的名称，便可以对其进行定义，例如，定义 XHTML 中的 <p> 标签，只要给出 < > 尖括号内的元素名称，用户就可以编写类型选择符了，如下所示：

```
p {属性:值;}
```

规则会选择所有 <p> 标签的样式。

2. 声明

声明包含在 {} 大括号内，在大括号中首先给出属性名，接着是冒号，然后是属性值，结尾分号是可选项，推荐使用结尾分号，这样做的原因将在本章后面更清楚，整条规则以结尾大括号结束。

3. 属性

属性由官方 CSS 规范定义。用户可以定义特有的样式效果，与 CSS 兼容的浏览器可能会支持这些效果，尽管有些浏览器识别不是正式语言规范部分的非标准属性，但是大多数浏览器很可能会忽略一些非 CSS 规范部分的属性，最好不要依赖这些专有的扩展属性，不识别它们的浏览器只是简单的忽略它们。

4. 属性值

声明的值放置在属性名和冒号之后。它确切定义应该如何设置属性。每个属性值的范围也在 CSS 规范中定义。例如，名为 color（颜色）的属性可以采用由颜色名或代码组成的值，如下所示：

```
p {
color: blue;
}
```

该规则声明所有段落标签的内容应该将 color 属性设置为值 blue（蓝色），因此所有 <p> 文本将变成蓝色。

在 HTML 内插入样式，可分为 3 种，分别是内联式样式、嵌入式样式和外部样式，在应用时可以根据需要任意应用以上 3 种，最接近目标的样式定义优先权越高，高优先权样式将继承低优先权样式的未重叠定义并覆盖重叠的定义。

（1）内联式样式：直接写在 HTML 标签中。

（2）嵌入式样式：用 <style>…</style> 嵌入 HTML 文件的头部。

（3）外部样式：以 .css 为扩展名，在 <head> 内使用 <link> 将外部 CSS 样式文件链接到 HTML 文件内。

课堂练习 制作商品图左右滚动效果

步骤 01 打开 Dreamweaver，创建 HTML 5 文档，如图 3-156 所示。在文档内添加一个 ID 名为 box 的 <div> 标签，为其添加如图 3-157 所示的样式。

图 3-156 新建文件

```
</head>
<body>
    <div id="box" style="top:10px;left:0"></div>
</body>
```

图 3-157 添加样式

步骤 02 在 <title> 标签下方添加 <style> 标签，在 <style> 标签内设置 <div> 标签的样式，具体代码如图 3-158 所示。继续在 < div> 标签后面添加 <script> 标签，在标签内添加动画代码，具体的代码如图 3-159 所示。

```
<head>
    <meta charset="UTF-8">
    <title>animation</title>
    <style type="text/css" media="screen">
        *{
            padding: 0;
            margin: 0;
        }

        #box{
            height: 400px;
            width: 400px;
            background: #f00;
            border-radius: 50%;
            position: absolute;
            background-image:url(images/02.png)
        }
    </style>
</head>
```

图 3-158 样式代码

```
<body>
    <div id="box" style="top:10px;left:0"></div>
    <script>
    var box=document.getElementById('box');
    var xSpeed=2;
    setInterval(function(){
        var x=parseInt(box.style.left)+xSpeed;
        //给动画设置边界
        if(x>800) xSpeed*=-1;
        else if(x<0) xSpeed*=-1;
        box.style.left=x+'px';
    },1000/60);
</script>
</body>
```

图 3-159 动画代码

步骤 03 全部代码添加完成后，执行“文件”→“实时预览”命令，在弹出的下拉列表中选择一种浏览器进行动画预览，如图 3-160 所示。

一种编程语言通常是由另一种编程语言演变而来，JavaScript 语言也是由一种编程语言演变而来的。例如，Java 是由 C++ 演变来的，而 C++ 是从 C 演变来的。

Netscape 最初开发了 LiveScript 语言，在 Navigator 和 Web 服务器中加入基本的脚本功能，当 Navigator 2.0 加进了 Java 小程序支持后，Netscape 把 LiveScript 变成了 JavaScript。最初的 JavaScript 不过是 LiveScript 的更名，但随后每次新的 Navigator 版本都使 JavaScript 的功能有所改进和完善。

图 3-160 动画预览效果

> **提示：**JavaScript 是一种新的描述语言，它可以被嵌入 HTML 的文件中。JavaScript 语言可以做到响应事件，而不用任何网络来回传输资料。所以当使用者输入数据时，它不用经过传给服务器端处理，再传回来的过程，而是直接可以在客户端上进行处理。

JavaScript 是被嵌入 HTML 中的，其最大的特点便是和 HTML 结合。当 HTML 文档在浏览器中被打开时，JavaScript 代码才被执行。JavaScript 代码使用 HTML 标记 <script></script> 嵌入 HTML 文档中。JavaScript 扩展了标准的 HTML，为 HTML 标记增加了事件，通过事件驱动来执行 JavaScript 代码。在服务器端，JavaScript 代码可以作为单独的文件存在，但也必须通过在 HTML 文档中调用才能起作用。

3.8.3 任务实施——设计制作体育商品交互动画

步骤 01 打开 Dreamweaver，执行“站点”→“新建站点”命令，设置各项参数如图 3-161 所示。执行“文件”→“新建”命令，新建一个 HTML 文档，将其保持到站点中，并命名为 index.htm，如图 3-162 所示。

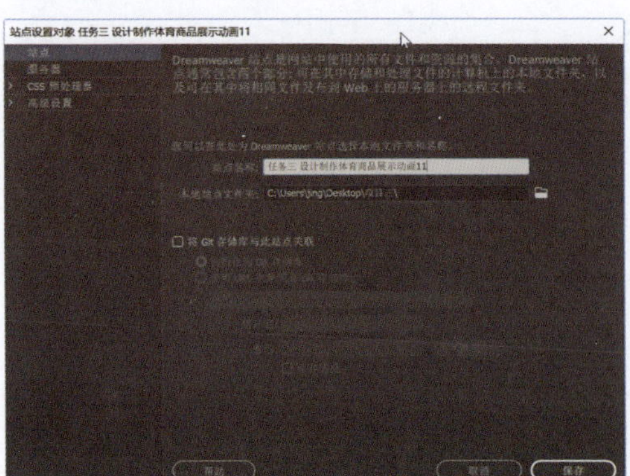

图 3-161 新建站点

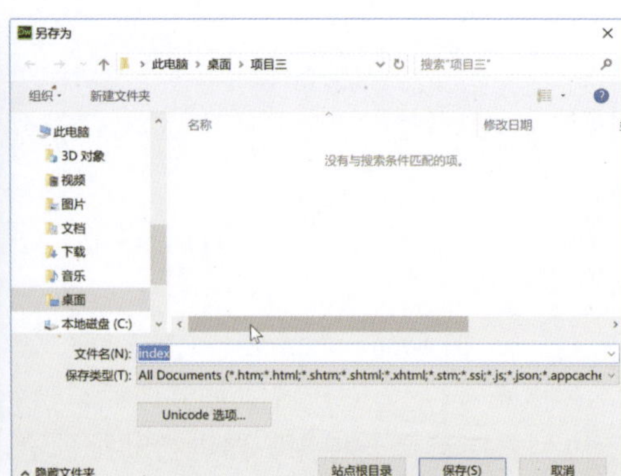

图 3-162 保存 HTML 文件

步骤 02　新建一个 CSS 文件，将其保存到站点中，并命名为 style.css，如图 3-163 所示。返回 HTML 文件中，单击“CSS 设计器”面板中的“添加 CSS 源”按钮，选择“附加现有的 CSS 文件”选项，如图 3-164 所示。

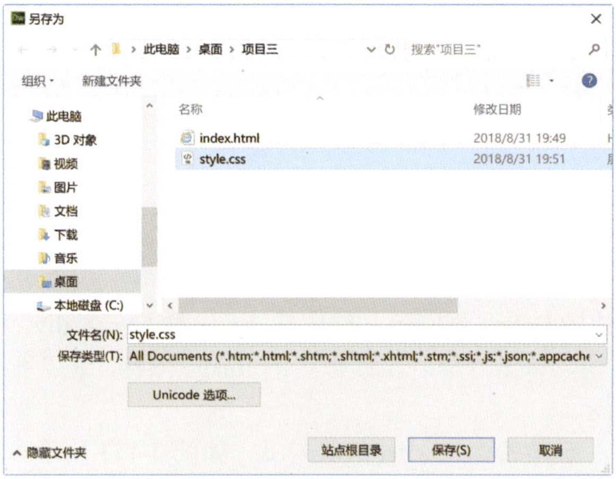

图 3-163　保存 CSS 文件

图 3-164　附加现有的 CSS 文件

步骤 03　选择“链接”选项，选择 style.css 文件，如图 3-165 所示。单击“确定”按钮，“CSS 设计器”面板如图 3-166 所示。

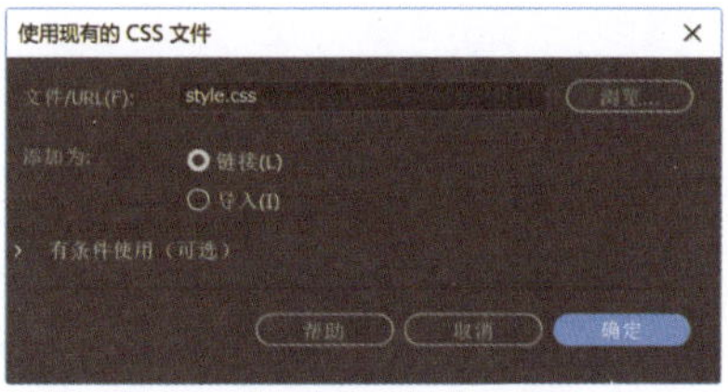

图 3-165　链接 CSS 文件

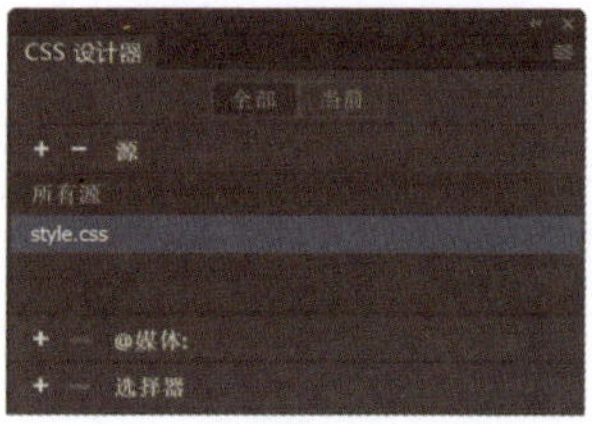

图 3-166　链接 CSS 设计器的效果

步骤 04　单击“插入”面板中的 div 按钮，在页面中插入一个 div，页面效果如图 3-167 所示。切换到 style.css 文件中，新建一个名为 .container 的类样式，如图 3-168 所示。

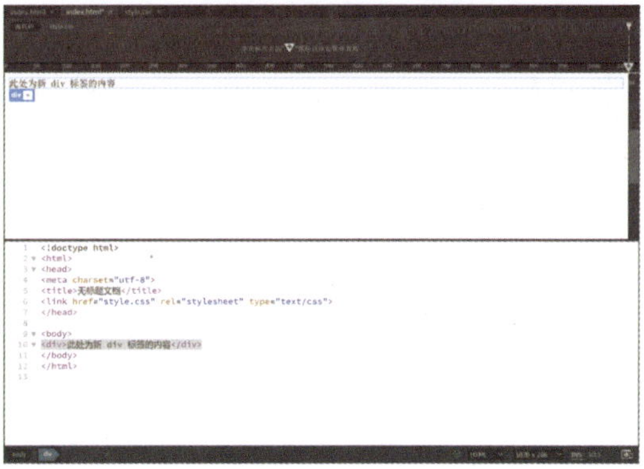

图 3-167　插入 div

```
.container{
    margin:0 auto;
    width:600px;
    height:400px;
    position: relative;
    overflow: hidden;
    border:4px solid gray;
    box-shadow: 3px 3px 5px gray;
    border-radius:10px;
  }
```

图 3-168　新建类样式

步骤 05　在 HTML 中应用类样式，如图 3-169 所示。页面效果如图 3-170 所示。

```
<body>
<div class="container">此处为新 div 标签的内容</div>
</body>
```

图 3-169　应用样式

图 3-170　应用样式效果

步骤 06　选中 div 中的文字，并按 Delete 键删除，继续在 div 中插入一个 div，如图 3-171 所示。将光标移动到 div 内，单击“插入”面板中的 Image 图标，将 7 张素材图片插入页面中，如图 3-172 所示。

步骤 07　切换到 style.css 文件，新建名称为 . list 的类样式 , 如图 3-173 所示。同时将样式应用到 HTML 页面中，如图 3-174 所示。

```
<body>
<div class="container">
    <div>此处为新 div 标签的内容</div>
</div>
</body>
```

图 3-171　插入 div

```
<body>
<div class="container">
    <div>
     <img src="img/5.jpg">
     <img src="img/1.jpg">
     <img src="img/2.jpg">
     <img src="img/3.jpg">
     <img src="img/4.jpg">
     <img src="img/5.jpg">
     <img src="img/1.jpg">
      </div>
</div>
</body>
```

图 3-172　插入图片

```
.list{
    width:4200px;
    height:400px;
    position: absolute;
    top:0px;
    }
```

图 3-173　新建样式

步骤 08　在 HTML 中添加样式，如图 3-175 所示。在 style.css 中创建一个标签样式，如图 3-176 所示。

```
<div class="container">
    <div class="list">
     <img src="img/5.jpg">
     <img src="img/1.jpg">
     <img src="img/2.jpg">
     <img src="img/3.jpg">
     <img src="img/4.jpg">
     <img src="img/5.jpg">
     <img src="img/1.jpg">
      </div>
</div>
```

图 3-174　添加样式

```
<body>
<div class="container">
    <div class="list" style=" left:-600px;">
     <img src="img/5.jpg">
     <img src="img/1.jpg">
     <img src="img/2.jpg">
     <img src="img/3.jpg">
     <img src="img/4.jpg">
     <img src="img/5.jpg">
     <img src="img/1.jpg">
      </div>
</div>
```

图 3-175　添加样式

```
img{
    float:left;
    width:600px;
    height:400px;
    }
```

图 3-176　新建标签样式

步骤 09　在 div 后创建无序列表标签，如图 3-177 所示。切换到 style.css 中，创建名为 .dots 的类样式，如图 3-178 所示。

步骤 10　创建一个列表样式，如图 3-179 所示。继续创建类样式，如图 3-180 所示。

```
    </div>
    <ul>
        <li></li>
        <li></li>
        <li></li>
        <li></li>
        <li></li>
    </ul>
    </body>
```

图 3-177　添加列表

```
    .dots{
      position: absolute;
      left:40%;
      bottom:30px;
      list-style: none;
    }
```

图 3-178　创建类样式

```
    .dots li{
      float:left;
      width:8px;
      height:8px;
      border-radius: 50%;
      background: gray;
      margin-left:5px
    }
```

图 3-179　继续创建样式

```
    .dots .active{
      background: red;
    }
```

图 3-180　创建样式

步骤 11　将样式应用到 HTML 中，如图 3-181 所示。继续在代码中插入两个 div，如图 3-182 所示。

```
        </div>
        <ul class="dots">
            <li index=1 class="active dot"></li>
            <li index=2 class="dot"></li>
            <li index=3 class="dot"></li>
            <li index=4 class="dot"></li>
            <li index=5 class="dot"></li>
        </ul>
    </div>
    </body>
    </html>
```

图 3-181　应用样式

```
    <li index=1 class="active dot"></li>
      <li index=2 class="dot"></li>
      <li index=3 class="dot"></li>
      <li index=4 class="dot"></li>
      <li index=5 class="dot"></li>
      </ul>
      <div></div>
      <div></div>
    </div>
```

图 3-182　插入 div

步骤 12　在 style.css 中创建类样式，如图 3-183 所示。继续创建如图 3-184 所示的类样式。

```
    .pre,.next{
      position: absolute;
      top:40%;
      font-size:40px;
      color:white;
      text-align:center;
      background: rgba(128,128,128,0.5);
    }
```

图 3-183　创建样式

```
    .pre{
      left:30px;
    }
    .next{
      right:30px;
    }
```

图 3-184　应用样式

步骤 13　将样式应用到 HTML 中，如图 3-185 所示。在源代码 <head> 标签内插入如图 3-186 所示的代码。引用外部 JavaScript 脚本。

```
      </ul>
      <div class="pre"></div>
      <div class="next"></div>
    </div>
```

图 3-185　应用样式

```
<head>
<meta charset="utf-8">
<title>无标题文档</title>
<link href="style.css" rel="stylesheet" type="text/css">
<script type="text/javascript" src="banner.js"></script>
</head>
```

图 3-186　引用外部 JS

步骤 14　在“代码”视图中引用 js 文件，如图 3-187 所示。按快捷键 Ctrl+S 将页面保存，页面效果如图 3-188 所示。

```
    </div>
        <script src="banner.js"></script>
    </body>
```

图 3-187　引用 js 文件

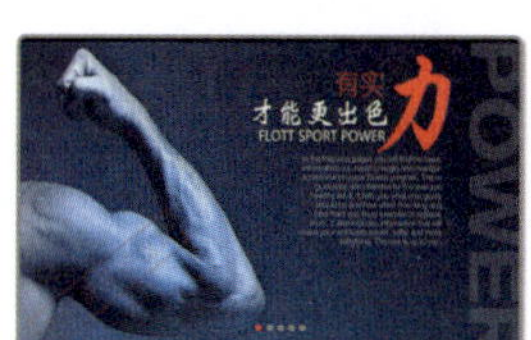

图 3-188　保存页面

步骤 15　按下键盘上的 F12 键，在浏览器中预览页面，页面效果如图 3-189 所示。

（a）　　　　　　　　（b）

图 3-189　预览页面效果

举一反三　设计制作健身商品轮播图动画

完成体育商品交互动画的制作后，读者应基本掌握了使用 HTLML、CSS 和 JavaScript 完成 HTML 5 动画的方法和技巧，接下来一起制作一个健身商品的轮播图动画。

步骤 01　将需要用到的商品图片素材重新命名并存入文件夹中，如图 3-190 所示。

步骤 02　新建 HTML 文件，完成页面基本结构的搭建，如图 3-191 所示。

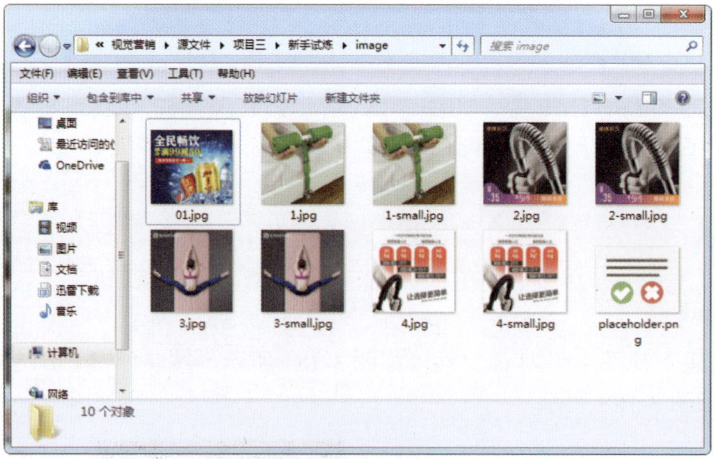

图 3-190　重命名图片

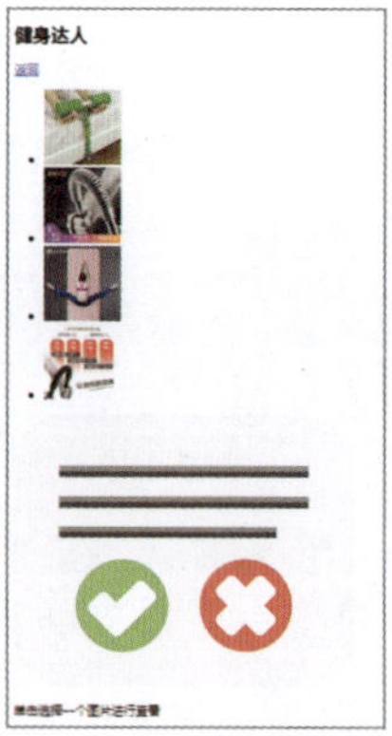

图 3-191　搭建页面结构

步骤 03　使用 CSS 样式控制页面的显示效果，如图 3-192 所示。

步骤 04　调用 JavaScript 交互，实现轮播动画效果，如图 3-193 所示。

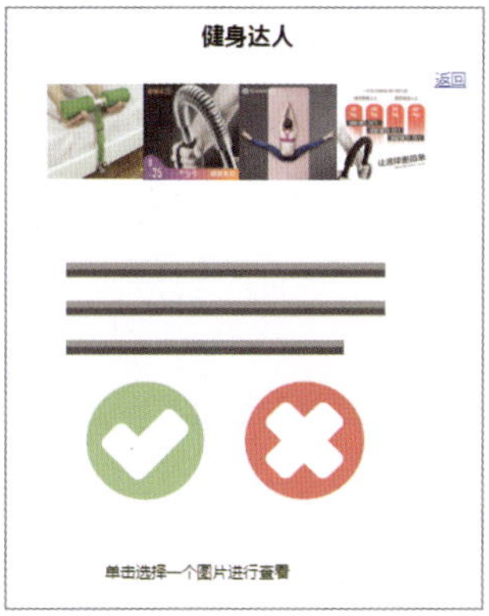

图 3-192　使用 CSS 样式

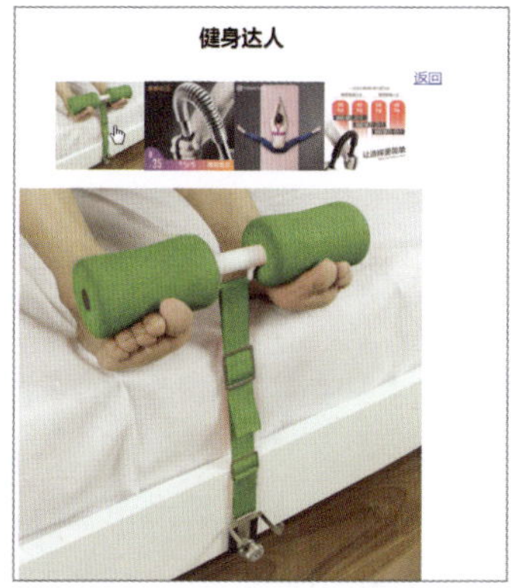

图 3-193　使用 Java Script 实现动画效果

3.9　本章小结

本章主要讲解了电子商务网站中视觉营销的动画营销技法，通过 3 个案例制作演练，生动形象地告诉读者动画营销技法的用途与设计技巧。3 个案例演练分别使用了 Photoshop、Animate 和 Dreamweaver 这 3 种不同软件，意在提升读者的设计专业技术，希望读者课后可以多加练习，为将来的设计工作打下坚实的基础。

3.10　课后习题

完成本章的任务后，接下来通过几道课后习题，测验一下读者学习视频营销技法的学习效果，同时加深对所学知识的理解。

3.10.1　选择题

1. 下列选项中，关于动画的输出途径，哪一个选项的说法是错误的？（　　）

A. 受互联网发展的限制，之前网页中使用最多的 Flash 格式动画已经被淘汰，取而代之的是 GIF 动图和 HTML 5 动画

B. 无论采用什么软件制作动画，最终都要输出为 GIF 格式或者 HTML 格式才能被电子商务网站使用

C. GIF 动画其实就是一个图片序列动画，通过将精美图片轮替播放实现的动画效果。GIF 动画是做电子商务网站必不可少的元素，可以让原本呆板的商品变得栩栩如生

D. HTML 5 在过去几年中仍然发展得非常缓慢

2. 下面的选项中，针对动画的应用位置的说法，哪一项是正确的？（　　）

A. 在电子商务网站中，动画的运用位置主要集中在店招广告、店铺导航、爆款宝贝图和宝贝主图等固定位置

B. 出现在店招广告中的商品都是店铺销量比较好的商品，而为了让消费者可以

更直观地看到商品，许多店铺的店招广告都是动画

C. 为了能够吸引浏览者的注意力，页面中的标题广告都制作得非常华而不实

D. 电子商务网站中的 Banner 广告位一般会采用 GIF 动画，在一个有限的位置，使用动画的方式，展示多个商品。

3. 关于电子商务网站中动画的表现形式这一内容，下面的说法中表述错误的是哪一项？（　　）

A. GIF 素材 + 文字的表现形式主要是搜集 GIF 动画图片素材，进行二次创作，为现有的 GIF 素材添加营销文案

B. 图片素材生成 GIF 动图的表现形式是通过选用几张精致美观的商品图，在软件中将其按照一定的顺序并且间隔一定的时间排列摆放，最后生成动画

C. 视频图片 + 静态图片就是微信朋友圈出现的小视频格式营销海报，一半是有声音的视频，一半是固定的海报

D. 将三维动画转化成 GIF 动画通常都具有童趣性，很容易吸引拥有童心这类消费者的视线

4. 下面关于电子商务动画中的表现手法，说法错误的是（　　）。

A. 大远景表现视野广阔，主要用来表现辽阔的大海、绵延的群山、星空、气氛镜头或大环境的介绍，一般很少表现人物形象在其中活动

B. 全景：表现力很强的常用景别，用来表现人物全身或者场景的全貌，全景在画面分镜头台本中用得比较广泛，整个人物出现在画面中

C. 近景是表现物体上半部分或者物体局部，有一种让观众走近看人的感觉，能比较清楚地看到角色喜怒哀乐的面部表情、讲话时口型变化以及局部手势动作

D. 大特写表现角色脸部某个局部，一般用于突发情况之下，给观众造成强烈的印象，如惊恐的眼神、悲痛的眼泪、高声呼喊

5. 针对电子商务网站中动画的基础知识，下面的说法中哪一项是正确的？（　　）

A. 商品营销动画已广泛运用于电子商务网站中的广告、商品图中去了

B. 一个成功的商品营销动画需要两个基本元素：一是要守旧并且中规中矩的画面；二是要有好的文案

C. 如果没有写出很华丽的文案，也可以选择一些华丽的辞藻进行堆砌

D. 转战电子商务形式的房地产和古董市场，在商品的制作和包装上肯定更加精细。这也就预示了在这两个市场中商品营销动画的有利地位

参考答案：1. D　　2. B　　3. A　　4. C　　5. A

3.10.2　判断题

1. 在电子商务动画中常常也需要使用分镜头表现商品特性。但与传统动画相比，其表现手法就少很多，这是因为互联网中对动画格式和动画时长都有严格的限制。（　　）

2. 特写是角色肩部以上的头像或躯体细部，主要用于刻画人物脸部的细节、嘴巴的口型、视线、眼神、冒汗等。（　　）

3. 使用动画可以更方便、更快捷地全方位展示商品，除了日常的一些商品外，还有一些新兴的极具购买力的市场更加需要使用动画表现商品。（　　）

4. 在电子商务网站设计上应用合理的动画技术，可以解除单纯的声音、图像、简单视频带来的不连贯和不足。（　　）

5. 直接截取广告影片中的场景制作 GIF 动画，广告片里面的场景和画面是任何时间都被允许再次利用的。（　　）

参考答案：1. √　　2.×　　3. √　　4. √　　5.×

3.11 创新实操

根据本章所学知识，请设计制作一款数码商品的广告动画，具体要求和规范如下。

1. 设计要求

商品动画需要精致美观、文字叙述需要简单明了、动画构思需要大胆创新同时突出视觉营销的主题。

2. 内容 / 题材 / 形式

内容不限、题材不限、形式仅限于商品广告 GIF 图或 HTML 5 动画。

3. 参考案例（图 3-194）

图 3-194　参考案例

第 4 章

视觉营销之视频营销技法

——不断“流动”的视觉营销手法

电子商务网页中通过插入音频和视频等多媒体元素展示商品特性的方法越来越常见，使得商品展示效果越来越趋于具象化。这种视频营销的方式，可以帮助浏览者在网页中快速全面地了解商品。

视频营销是近几年才兴起的一种营销方式。将浏览者感兴趣的商品以视频的方式 360° 全方位、无死角地展示出来，既有利于展示商品的特色和优点，又便于浏览者更加直观地看到商品外观和商品的操作方法。

本章将针对电子商务网站中视频营销形式进行讲解，通过制作不同形式的商品展示视频案例，让读者掌握使用不同软件制作营销视频的方法和技巧，如图 4-1 所示为某品牌紫砂炖锅官方店首页的营销视频，视频将商品外观、特点和操作方法等内容展示给浏览者，促进浏览者购买。

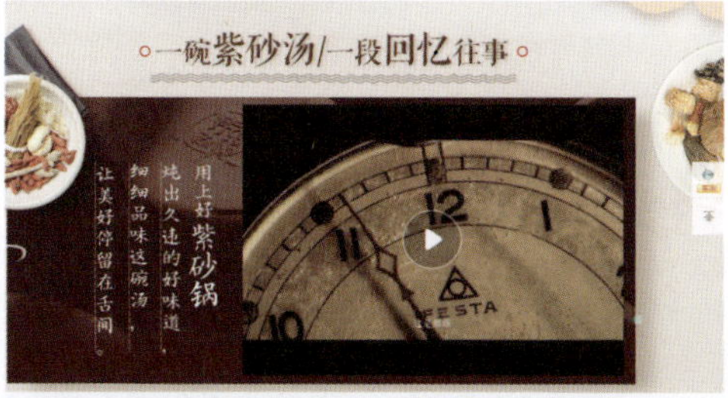

图 4-1 中商品使用视频营销的方式展示了商品的外观、细节和使用方式等信息。充分让浏览者了解商品信息，吸引消费者购买商品

图 4-1　某品牌紫砂炖锅视频营销

4.1　电商网站中视频的应用

在互联网网速较慢的时候，图片展示是唯一的途径。这就会出现浏览者收到商品后常常发现该商品与图片不符的情况。随着网速的大幅提升，视频营销的出现就很好地解决了这个问题。使用视频可以更加准确地观察商品。

在电子商务网站中应用视频营销主要有 3 种形式，分别是商品主图视频、商品详情页视频和店铺首页广告视频。接下来逐一进行解释。

4.1.1　商品主图视频

此类视频主要是直接介绍商品的外观和使用方法，是通过商品介绍或是商品展示进行视觉营销，如图 4-2 所示为床上四件套商品的营销视频。

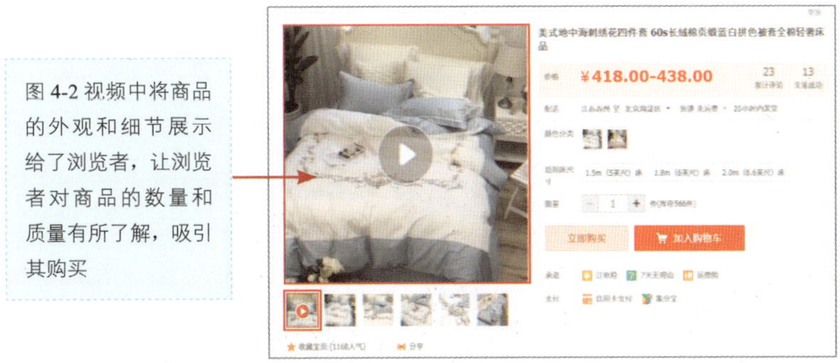

图 4-2 床上四件套主图营销视频

知识提炼：主图视频的优势

主图视频的表现形式新颖，具有平面图片不可比的动态展示效果，能有效弥补普通平面图片无法拥有的展现方式。

提示： 制作商品主图视频时需要注意，主图视频必须是大于 9s 且小于 60s 的视频，视频画面最好为正方形，视频的宽高比必须为 1:1，最好是 800×800 像素的视频尺寸，低于 800 像素的主图视频会比较模糊。

4.1.2 商品详情页视频

对于一些精打细算的目标客户来说，在商品详情页介绍中适当地插入商品使用介绍或品牌介绍视频，可以增加浏览者的信任，促进其购买。如图 4-3 所示为一套厨具的营销视频。

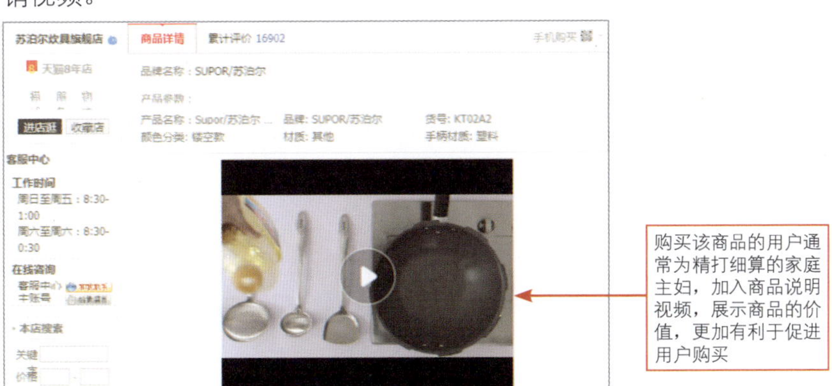

图 4-3 商品详情页中的营销视频

提示： 商品详情页视觉营销，可以使消费者对商品或品牌有更加深入地了解和认识，增强消费者对商品或品牌的信心，从而增强消费者的购买决心。

4.1.3 店铺首页广告视频

店铺首页中的视频，通常会使用明星代言的广告视频或品牌历史介绍视频。此类视频在展示品牌文化的同时能够拉近与消费者的关系，加深消费者对商品的认同感，从而促进消费。如图 4-4 所示为一家厨具店铺的首页品牌历史视频。

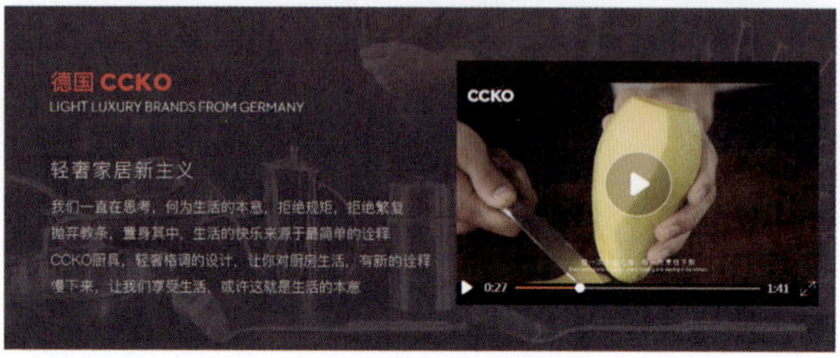

图 4-4 的店铺首页中通过视频营销的方式向浏览者展示品牌的发展、商品的分类以及使用方法，给浏览者带来诚实可信的企业印象，从而促进其购买

图 4-4　店铺首页面中的广告视频

提示：通过店铺首页广告视频营销，可以使消费者对商品的某个特点记忆深刻，从而形成了对该商品的固有印象，在消费者想要购进同类商品时，该商品的身影总是抢先出现在脑海中，从而加深购买欲望，促进消费。

4.2 电子商务网站中视频的作用

要提高网站的转化率，降低退货的数量，电子商务网站需要给浏览者提供尽可能充分的商品信息。这些信息可以通过文字、图片和用户评论等多种方式提供，而视频则是一种全面展示商品的有效方法，其具体作用有以下几点。

提示：电子商务网站中视频的使用并不仅限于展示商品，可以使用视频向用户传递多种信息和通告，帮助网站提高转化率。

1. 个性化商品调研

网站可以用视频来对用户进行调研，通过让用户在视频内回答若干问题，然后给出用户可能喜欢的推荐。当然这个调研通过传统的方式也可以收集，而视频则可以让用户有更多的个性化体验。

2. 指南视频

网站可以通过教学视频，告诉用户如何使用和维护商品。通过丰富的视频指南，网站可以在竞争对手网站中脱颖而出。事实证明，观看了视频的用户在网站中停留的时长是没有看视频的两倍。

3. 挑选建议视频

在商品页面提供针对用户如何根据自身情况挑选商品的建议，可以起到很好的促销作用。例如，不同的肤质选择推荐不同的护肤商品，不同体型推荐不同的服装尺寸。由于用户在购买商品前做了充足的准备，这将大大降低退货率和差评率。

如图 4-5 所示这款多功能迷你电锅的主图为视频营销，在商品建议视频中，店家向消费者展示了包括涮火锅、炒菜、煎鸡柳、煎鸡蛋、煮面、烙饼、蒸饺子和焖米饭等使用功能，间接地告知消费者，商品虽小用途多多。

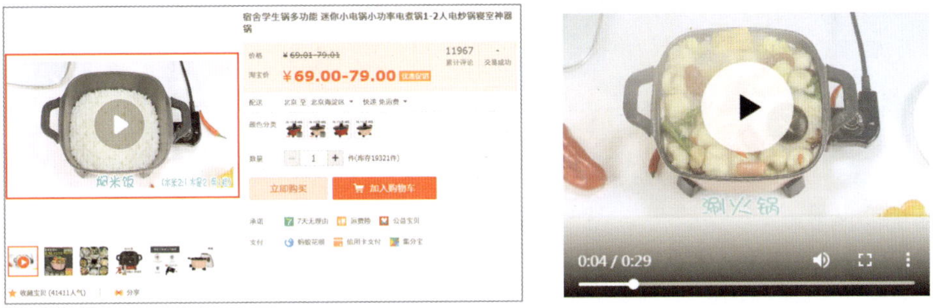

（a）　　（b）

图 4-5　商品说明视频

提示：需要注意的是，商品建议视频中展示的商品功能必须是商品本身具备的能力，不可过分夸大商品的功能，导致消费者接受错误信息，进而消费后如果使用商品没有预期的效果，将会对电商店铺造成不可估量的损失。

4. 商品分类信息视频

除了使用视频进行各种互动调研外，还可以使用商品视频告诉消费者商品的产地、生厂日期等信息，为用户提供绝佳的消费体验。

5. 商品介绍视频

在商品页面中穿插展示介绍商品的视频，给用户一个全方位了解商品的机会，从而影响用户的购买。视频看似简单，但确实向用户提供了更多的商品信息，从而提高转化率，降低退货率。

6. 商品描述视频

网站员工亲自上阵录制商品视频，解答各种用户会关心的商品问题，这比让演员来演示的视频所提供给用户的信息更多。通过视频告诉用户退货政策以及让用户了解如何验货等信息。

4.3　电子商务网站中视频的要求

视频营销逐渐融入商品视觉营销中，许多电子商务网站的店家开始在页面中使用视频营销。那么，视频营销中的具体要求有哪些？接下来为用户详细介绍关于电商网站视频营销中的短视频规则。只有清楚了视频的具体要求，才能更好地介绍自己的商品。

4.3.1 营销视频的要求

以淘宝网站为例，淘宝店铺中对主图短视频的基本要求如表 4-1 所示。

表 4-1 淘宝店铺对主图短视频的基本要求

时　长	1min 以下，最好是 9 ～ 60s
画质要求	高清，720 像素以上
视频格式要求	mp4、mov、flv、f4v
尺　寸	9:16、1:1、3:4
短视频内容要求	主要展示单品卖点、亮点，以介绍一件商品的功能、特点或使用方法等为主，需要 5s 内进入主体商品介绍，不可以采用图片拼接的方式出现

1. 淘宝短视频内容统一的规则

- 视频中不能含其他平台的二维码、站内和站外店铺的任何二维码信息。
- 不能包含微信、QQ、今日头条等其他内容平台引导的透出信息，如微信朋友圈、公众号、QQ 空间帖子等。
- 不能含其他视频平台、电视台、境外网站、境外制作公司的标志（含港澳台），如腾讯视频、爱奇艺和搜狗等。
- 不能包含任何引导 App 下载信息，包含文字及口播方式。
- 视频内容中不能出现任何其他购物平台品牌透出，引导下载等信息流。

2. 淘宝功能短视频的要求

淘宝功能短视频中的商品必须是本店铺中正在销售的商品，类型尽量出现齐全，教程类视频尽量类型丰富。具体设计要求如表 4-2 所示。

表 4-2 淘宝短功能视频商品设计要求

展示数量	按期望投放的渠道需求来设定宝贝的基础数量
商品图	无水印、无拼接、无 logo、无多余文字，背景干净，尽量选择白底图，并且尽量清楚明亮
标　题	16 字以内
	不得有“”等特殊符号
	突出视频中商品的看点，使人有点击欲望，但不得带有明确标题党和色情引导
	符合广告法
简　介	150 字以内
	传达商品主题、看点，让用户快速了解商品值得关注、学习的地方，不要赘述，文案生动有感染力
	不要堆砌卖点，不要出现营销字样，不要备注标签

4.3.2 营销视频的审核流程

视频审核有3道流程，第1道是机器审核，第2道是店铺审核，第3道是人工审核。

1. 机器审核

过滤清晰度不够，时长、比例、商品的数量不符合要求的视频。

2. 店铺审核

审核店铺的动态评分是否大于或等于4.6，以及是否符合淘宝网站营销的规则，是否违反广告法以及有黄赌毒内容。

3. 人工审核

主要审核视频的内容和封面，是否违反刚才所有提到的要求，以及视频标签。

通过3道审核之后，视频就会到各个渠道根据分类进行分发。

那么短视频是如何分发到不同的渠道呢？

视频上传时可以选择分类词，分类词有4种，分别是领域、类型、人群、风格，如图4-6所示。所有的导购入口都是根据分类词展现的，所以分类词很重要，请商家务必正确填写视频分类词。

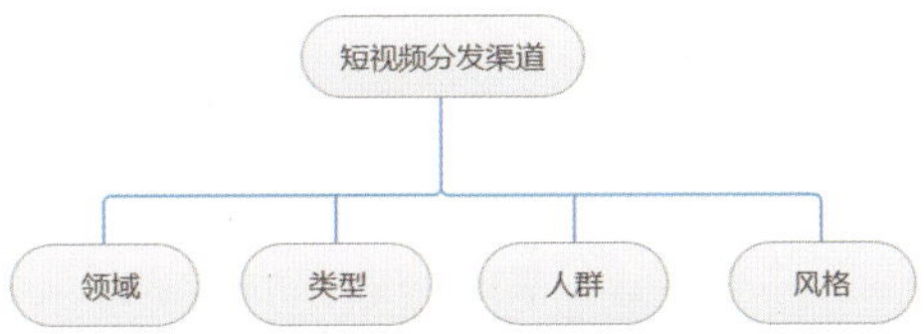

图4-6 短视频分发渠道图

知识扩展：视频质量分体系

根据视频本身的清晰度、时长以及文案、标题和商品的内容，每个视频都会有一个内容质量分。视频到了各渠道后，用户对视频是否评论、分享都会影响质量分，质量分越高的内容在网站中会得到更多的曝光。

每月的首焦、营销活动、各导购入口主题页、各类促销类营销活动，都会配合短视频露出，展现机会会以内容质量分为基础，分数越高，加权展现机会越大。同时短视频正在做一个500个行业共建IP的计划，每年有3万条内容质量分达标的视频会被打上映象淘宝的官方水印，有机会通过官方微博全网和线上线下资源推送。

4.4 选择正确的视频格式

视频格式是视频播放软件为了能够播放视频文件而赋予视频文件的一种识别符号。视频格式可以分为适合本地播放的本地影像视频和适合在网络中播放的网络流媒体影像视频两大类。

提示：网络流媒体影像视频在播放的稳定性和播放画面质量上可能没有本地播放优秀，但网络流媒体影像视频的广泛传播性使之正被广泛应用于视频点播、网络演示、远程教育、网络视频广告等互联网信息服务领域。

4.4.1 视频格式

1. MPEG/MPG/DAT

MPEG 包括 MPEG-1、MPEG-2 和 MPEG-4 在内的多种视频格式。MPEG 系列标准是国际上影响最大的多媒体技术标准，其原理为基础的预测编码、变换编码、熵编码及运动补偿等数据压缩编码技术。具体参数如表 4-3 所示。

表 4-3 MPEG 格式

MPEG 视频格式	说明
MPEG-1	MPEG-1 因为其正在被广泛地应用在 VCD 的制作和一些视频片段下载的网络应用上面，大部分的 VCD 都是用 MPEG-1 格式压缩的（刻录软件自动将 MPEG-1 转换为 DAT 格式），使用 MPEG-1 的压缩算法，可以把一部 120min 长的电影压缩到 1.2GB 左右大小
MPEG-2	MPEG-2 是应用在 DVD 的制作格式，同时在一些 HDTV（高清晰电视广播）和一些高要求视频编辑、处理上面也有相当多的应用。使用 MPEG-2 的压缩算法压缩一部 120min 长的电影可以压缩到 5 ～ 8 GB 的大小
MPEG-4	MPEG-4 是基于第二代压缩编码技术制定的国际标准，它以视听媒体对象为基本单元，采用基于内容的压缩编码，以实现数字视音频、图形合成应用及交互式多媒体的集成

2. MOV

使用过 Mac 机的用户应该接触过 Quick-Time。Quick-Time 原本是 Apple 公司用于 Mac 计算机上的一种图像视频处理软件。Quick-Time 提供了两种标准图像和数字视频格式，即可以支持静态的 *.pic 和 *.jpg 图像格式，动态的图像则是基于 Indeo 压缩法的 *.mov 和基于 MPEG 压缩法的 *.mpg 视频格式，如图 4-7 所示为 MOV 格式的视频文件。

3. FLV

FLV 是 FLASH VIDEO 的简称，FLV 格式更多的是配合 Flash 视频使用。由于它形成的文件极小、加载速度极快，使得网络观看视频文件成为可能，它的出现有效地解决了视频文件导入 Flash 后，使导出的 SWF 文件体积庞大，不能在网络上很好地使用等缺点，如图 4-8 所示为 FLV 格式的视频文件。

4. F4V

作为一种更小、更清晰、更利于在网络传播的视频格式，F4V 已经逐渐取代了传统 FLV 格式，同时被大多数主流播放器所兼容，不需要通过转换等复杂的方式进行播放。

F4V 是 Adobe 公司为了迎接高清时代而推出继 FLV 格式后新的流媒体格式。它和 FLV 主要的区别在于，FLV 格式采用的是 H263 编码，而 F4V 则支持 H.264 编码的高清晰视频，码率最高可达 50Mbps。也就是说 F4V 和 FLV 在同等体积的前提下，能够实现更高的分辨率，并支持更高比特率，观看视频时更清晰更流畅。

很多主流媒体网站上下载的 F4V 文件后缀为 flv，这是 F4V 格式的另一个特点，属正常现象，观看时可明显感觉到这种实为 F4V 格式的视频比 FLV 格式有更高的清晰度和流畅度，如图 4-9 所示为 F4V 格式的视频文件。

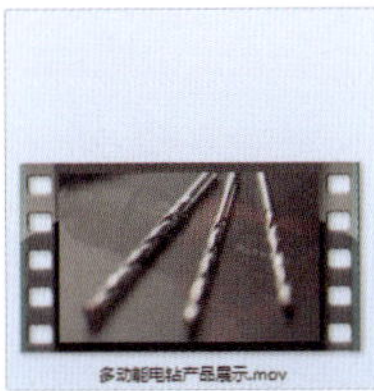

图 4-7　MOV 视频图标

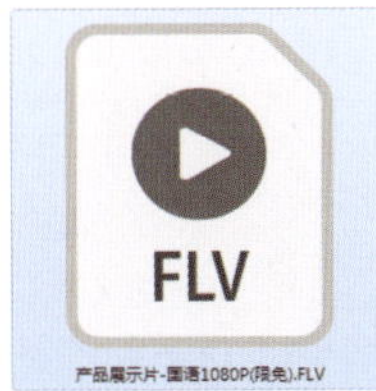

图 4-8　FLV 视频图标

图 4-9　F4V 视频图标

4.4.2　视频编码

准确地说，AVI、ASF、FLV 是一种文件格式，用户可以在“我的电脑”上看到的 *.avi 这种文件。即使是同一种文件格式，如 MPEG，又分为 MPEG-1、MPEG-2、MPEG-4 三种视频格式。同一种视频格式，如 MPEG-4 又可以使用多种视频编码，例如，MP4V、XVID、DX50、DIVX、DIV5、3IVX、3IV2 和 RMP4 等。

4.4.3　视频转换器

视频转换器就是将某一种视频格式转换为另一种视频格式，常见的视频转换器工具有格式工厂、会声会影、魔影工厂和 Honestech MPEG Encoder 等。

1. 格式工厂

格式工厂是一款多功能的多媒体格式转换软件，适用于 Windows 平台，并且完全免费。它可以实现大多数视频、音频以及图像不同格式之间的相互转换。转换时可以设置文件输出配置，增添数字水印等功能，如图 4-10 所示为格式工厂的软件界面图。

图 4-10　格式工厂软件界面

提示：格式工厂在转换视频格式时可设置的文件输出配置包括：屏幕大小（分辨率）、每秒帧数、比特率、视频编码；音频的采样率、比特率；字幕的字体与大小等。

2. 会声会影

会声会影的影片剪辑功能非常适合家庭或个人模式的编辑，但同时它也可以挑战专业级的影片剪辑软件。软件支持对DV视频进行转录，并进行剪辑，最终实现影片编辑功能。如图4-11所示为会声会影软件界面。

图4-11　会声会影软件界面

事实上，由于强大的非线性视频编辑功能，会声会影更倾向于是一款视频编辑软件，但其多种选择的编辑功能和附带的视频转换功能，同样可以给需要对视频转换要求不高，或更喜好编辑的用户带来方便。

3. 魔影工厂

魔影工厂是一款使用起来非常简单的全能格式转换工具，它是海外流行的视频格式转换软件WinAVI，面向中国用户推出的官方中文版。对中国用户的使用习惯做了大量的调整，并且完善了对移动设备的支持，界面容易上手，且支持广泛的视频格式。

魔影工厂支持几乎所有流行的视频格式，如AVI、MPEG/1/2/4、RM、RMVB、WMV、VCD/SVCD、DAT、VOB、MOV、MP4、MKV、ASF、FLV等。用户可以随心所欲地在各种视频格式之间互相转换，转换的过程中还可以随意对视频文件进行裁剪、编辑，更可批量转换多个文件，让用户轻松摆脱无意义的重复操作。由于采用独特硬件加速技术，转换速度大大提升，致使软件转换速度远超同类转换器，如图4-12所示为魔影工厂的操作界面。

图 4-12　魔影工厂操作界面

4. Honestech MPEG Encoder

Honestech MPEG Encoder 是一套编码软件，能够让用户将 AVI 格式的影片文件转换成 MPG 格式的影片文件，使用特殊的 Fast Motion Estimation Algorithm 和支持 Intel MMX 技术，使得转换文件工作能够快速地完成，如图 4-13 所示为 Honestech MPEG Encoder 软件界面。

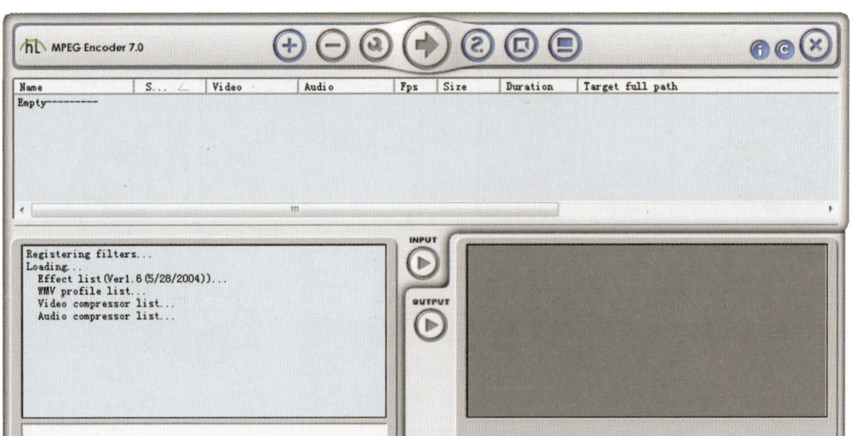

图 4-13　Honestech MPEG Encoder 软件界面

4.5　视频营销的脚本编写

视频脚本是一个编剧术语，通常是指拍摄电影、电视等所依据的底本，或者视频内容的底本。脚本可以说是故事的发展大纲，起到前期策划的作用。在电子商务短视频中应用脚本，有利于更准确地表达商品的特点，吸引特定人群，提高转化率。

视频都是在讲故事，无论这个故事是关于一个主角还是一件商品，设计师都在试图吸引浏览者，让他们相信所讲的故事，这是制作和编辑视频的真谛。要想编写好营销视频的脚本，需要注意以下几点。

4.5.1 明确定义

任何好的活动或内容都有一个清晰并明确的自我定义，这个定义可以包括很多方面，例如对目标的定义是提高品牌知名度、增加网站流量以及吸引更多订阅者等。

在创建视频脚本之前，首先要考虑以下几个关键问题，如图 4-14 所示。

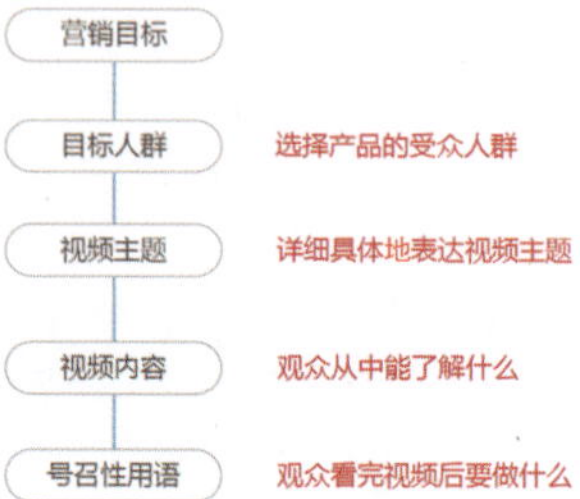

图 4-14 明确定义

4.5.2 创建故事板

选择好主题并有清楚定义后，就可以开始编写脚本了。首选创建一个故事板，作为拍摄的大纲。故事板看起来有点像漫画，包括不同场景的粗略草图，相机位置和运动以及对话的简短描述，如图 4-15 所示为一款手机产品的故事板。

图 4-15 手机产品故事板

不同的产品视频细节会有所不同，但故事板至少包含以下内容。

（1）每个主要场景或位置变化的框架。

（2）有关场景的基本描述信息。

（3）相机方向的运动和详细信息。

（4）角色对话或产品信息介绍词。

如果视频中包括图形、标题幻灯片或其他多媒体元素，那么应该事先计划这些部分的位置和内容。将这些元素融入故事板，方便之后的视频拍摄。

提示：视频长度也是一个关键点。有研究表明：2min以内的影片可获得最高的参与度；近2/3的消费者喜欢60s以内的视频。这说明，短视频仍然是比较主流的，设计师可以参考这些数据来决定视频长度。

4.6 视频营销的意义

在很多的营销模式中，视频营销所传达的信息速度是最直接有效的，它不同于平面营销的视觉直观性，也不同于文字的单一性，视频营销注重的是声色的结合，生动形象地为广大消费者提供印象最深刻的商品信息，加深消费者对品牌的印象，更是为日后的市场推广做铺垫，如图4-16所示为旺铺首页的营销视频。

图4-16 旺铺首页的营销视频

在招商以及品牌市场推广中，视频营销是最直接，也是最快捷的宣传营销模式，其中品牌宣传片更有着不可或缺的作用。一个好的品牌宣传片往往能够带动新的消费需求，如图4-17所示的品牌宣传片。

图4-17 品牌宣传视频

4.6.1 宣传受众广

品牌的宣传片往往能够投放于各类的媒介上，无论是网络门户还是手机App，甚至是一些视频网站上，其投放的渠道形式多样化，能够起到的传播效果也是十分惊人。

如我国一些视频门户网站上投放的商品广告或品牌宣传片，其点击率甚至可以高达上百万次，为此，部分的品牌宣传片和商品广告片都会选择视频制作模式。如

图 4-18 所示为手机 App 截取到的商品广告和视频门户网站的视频广告。

图 4-18　App 开屏视频广告和门户网站视频广告

知识扩展：通过广告视频引爆卖点

比较常见的形式是通过病毒视频引爆商品卖点，这样带给网民连续不断的观感，将视频内容元素刻印入浏览者的脑海中。比较理想的延展方式是浏览者还会自发性地对视频进行传播讨论，继而产生搜索行为。事实上往往是那些新商品和新功能，做这种病毒视频效果才会更佳。大众在碰到新鲜未知的事物时，搜索动作才会被引导并触发。

针对此类视频，实际营销推广过程中需要处理好以下几个方面。

视频网站内的露出 = 广告推荐 + 人为干预。对于预算有限而无法购买（长期）广告位的广告主，后一种方法就是比较实惠的方式。也许可以尝试一定周期采用不同的标题党，进行轮番打榜的操作，或许每天都有可能进行 TOP 排名。这样操作的现实原因就是视频网站内容太多，很容易被新的内容顶替。但这一操作是否可行，视频网站的容忍度有多高，都是未知因素。

社会化媒体传播，利用各种渠道，例如，微博、淘宝、微信和 QQ 等社交通信软件，进行分段分散式营销，合理安排时间节点，果断转起。

视频互动评论监控引导，由于互联网发展迅速，网民人数的崛起也相当可观。但是网民的评论大多具有主观性，所以可以适时地引导部分网民进行正确地评论，这样也利于商品视频的发展。

网民搜索行为应对，微博和视频网站的兴起，搜索也不仅限于百度和谷歌等浏览器。微博搜索和视频站内搜索，参与人数也在逐年增加。例如，优酷前年对 SOKU 的推广发力，土豆联合搜狐视频进行屏蔽就可见一斑。需要释放的信息（商品、功能等），通过什么方式释放（百度百科、官方新闻、意见领袖诤言等），以及这些信息成品的搜索引擎优化，都是需要考虑到的方面。

4.6.2 全方位展示

视频营销中企业宣传片是主要组成部分。一般而言，制作企业宣传片的时间和广告时间相差不大，但是相对而言，企业宣传片更多的是侧重于企业的概况以及企业的内容。在观看的时候可以简洁明了地了解企业的主要信息，如图 4-19 所示的主图视频全方位展示了泡面食用过程。

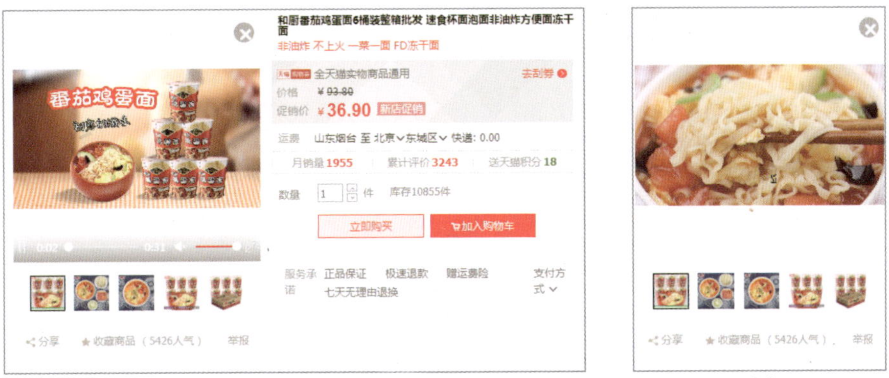

（a）　　　　　　　　　　（b）

图 4-19　主图视频全方位展示商品

知识扩展：视频的曝光机会更多

通过视频增加品牌曝光次数，或是将品牌需要传达的精神与热门视频相联系。脉动“改斜归正”系列病毒视频，因为脉动的知名度已经足够高，网民看完视频后并不会产生更深层次的探讨（例如脉动营养成分，为什么能“改斜归正”等），更不会去搜索什么是脉动。品牌想要能够表达品牌的消费态度，活力好玩，其实就是增加品牌的曝光机会。

还有这部“随手拍解救大龄女青年”短片，增加曝光量的目的更加明显。相对于病毒式营销视频，这类视频的推广重点是增加视频的曝光量，后续的搜索动作相对较少发生。

4.6.3 投资风险小

相对于其他的投资宣传来说，视频营销的风险会相对比较低，而企业宣传片的风险更低。现在电商网站中的宣传视频投资成本不高，但是往往在这低投资中能够达到非常不错的市场宣传效果，如图 4-20 所示为厨房小家电的主图宣传视频。

知识扩展：视频的内容更多更丰富

当下的大众喜爱短视频的信息接收模式，致使视频搜索人群增多。据此分析目标人群的搜索行为，根据常用关键字制定与品牌商品有关的内容、标题、标签等，增大商品被点击率。这类视频虽然不具备病毒视频的爆炸性效果，但同样也是视觉营销中不可缺少的一部分。

图 4-20　厨房小家电的主图宣传视频

视频营销可以在短时间内传递有效信息，满足浏览者的视觉观感。对于电商来说，视频营销可以迅速地向浏览者传达品牌优势，击中消费者的兴趣点，容易刺激消费者下单转化为购买率。例如，美妆博主，在讲解美妆知识的同时进行相关商品推销，就很容易实现店铺导量转化，如图 4-21 所示为眼影的视频营销。

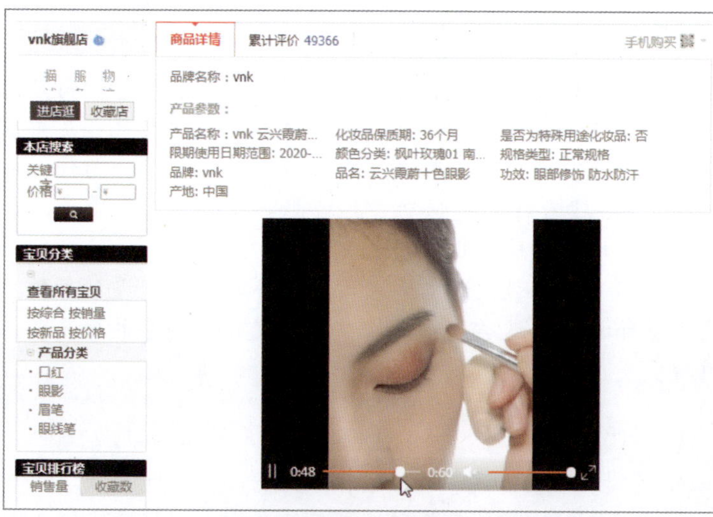

图 4-21　眼影的视频营销

商品分类信息视频类似说明类的图文，包含信息比较多，且实用价值高，相对来说比较受浏览者的喜爱。最关键的是制作门槛和成本相对较低，不需要复杂的创意构思、高级的拍摄技术、华丽的场景和精美的后期制作，如图 4-22 所示为真丝围巾的功能介绍。

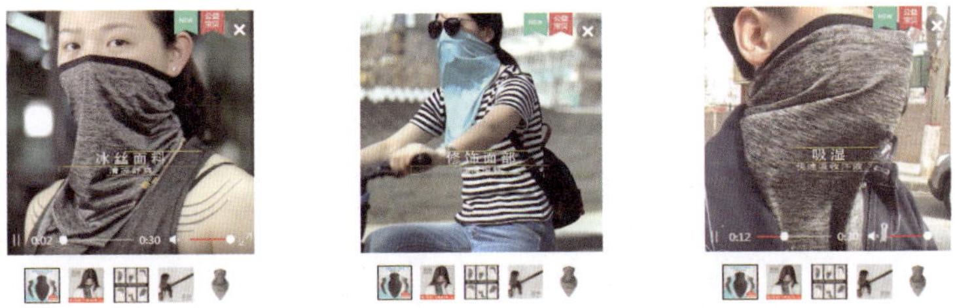

（a）（b）（c）

图 4-22 真丝围巾的功能介绍

4.7 设计制作商品的建议视频

在商品营销视频中，什么样的视频可以抓住浏览者的目光，让其为之产生心动，并将之购买？如果浏览者当下拥有的东西无法办到，而营销商品却可以，这样的话，商品才会顺利进入浏览者的视线。

电子商务网站中的商品建议视频就是在视频中向用户展示一款商品，并且在展示的过程中向用户建议如何使用本款商品，为用户使用本款商品提出合理的、具有建设性的建议，如图 4-23 所示为视频中的商品图。

（a）（b）

图 4-23 视频中的商品图

4.7.1 分析厨具商品营销的特点

本案例为设计制作一段刀具商品的营销视频。刀具商品为厨房的系列用具，共分为 4 类。因此营销视频中的商品介绍采用了“总—分—总”的展示方式，即首先把刀具一字排开向用户总体展示，如图 4-24 所示。这是向消费者告知商品的多用型，使消费者对商品产生好感。

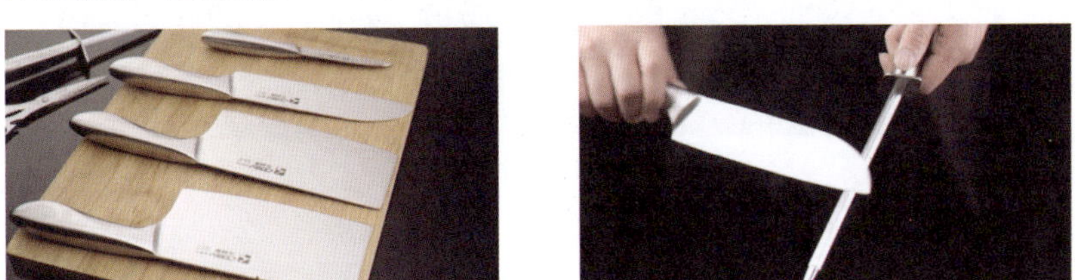

（a）（b）

图 4-24 视频展示刀具

接着逐个介绍刀具的使用方法，并为每个刀具配上字幕，如图 4-25 所示。视频中字幕的作用是通过精简的文字向用户传达商品的特点，此时已引起消费者的注意，加深了消费者对商品的印象，从而促进消费。

（a）　　（b）

图 4-25　各个刀具的具体适用范围

如果消费者已经将视频观看到了结尾处，充分表明消费者对商品的兴趣，加上使用置刀架将全部刀具摆放整齐，向用户完美地再次展示系列刀具，如图 4-26 所示。这时，消费者对商品的心动指数一定居高不下，商品下单率将会增大。

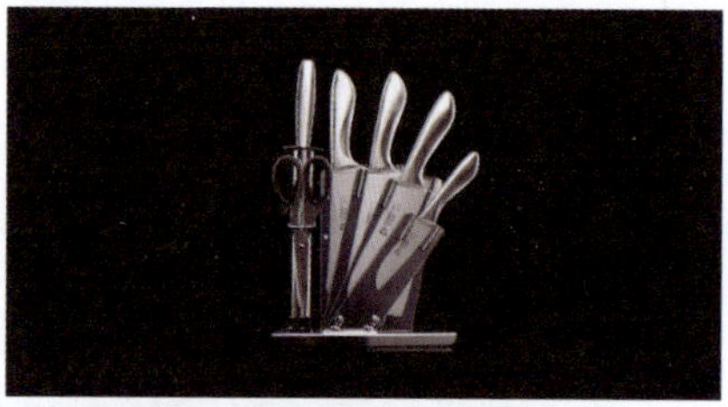

图 4-26　全部刀具摆放展示

4.7.2　Photoshop 中的视频导入与编辑

在 Photoshop CC 中不仅可以制作帧动画，还可以利用“时间轴”面板制作复杂的视频动画，时间轴面板各部分功能标注如图 4-27 所示。时间轴模式可以显示文档图层的帧持续时间和动画属性。

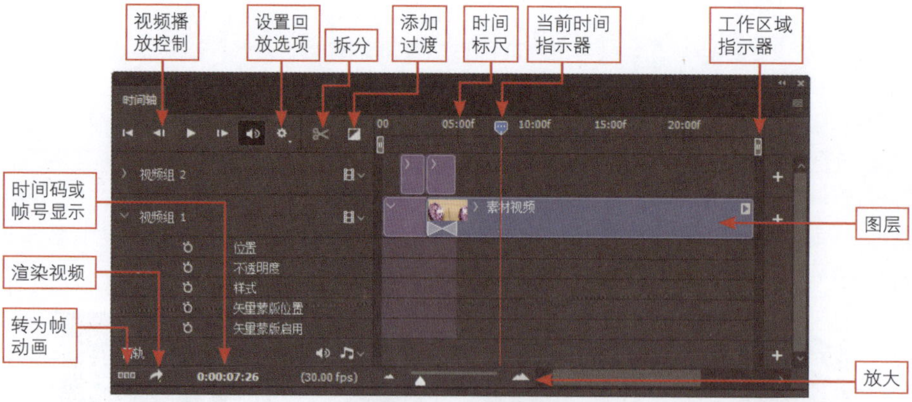

图 4-27　时间轴模式

1. 视频持续时间和速度

将视频导入时间轴后，单击视频图层尾部的图标，弹出“视频”面板，如图 4-28 所示。可以设置视频持续时间和播放速度，实现对视频播放部分截取和加减速效果。

2. 设置视频动感

执行“文件”→“置入”命令可以将外部视频或图像序列置入“时间轴”面板中。在“时间轴”面板上单击置入对象图层的尾部图标，弹出“动感”面板，如图 4-29 所示，可以在此设置视频动感效果。

3. 拆分视频

Photoshop CC 中针对视频和图像序列提供了拆分工具。使用这个工具可以轻松地将一段视频或图像序列拆分成多段，并自动放置在不同的图层中，以供编辑使用。

4. 添加过渡效果

在“时间轴”面板上单击“选择过渡效果”按钮，可以看到 5 种过渡效果，如图 4-30 所示。直接将效果拖动到视频图层上，释放鼠标即可完成过渡效果的添加。

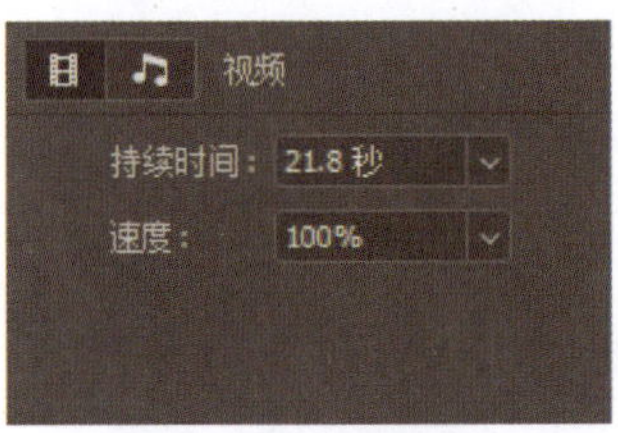

图 4-28 视频面板

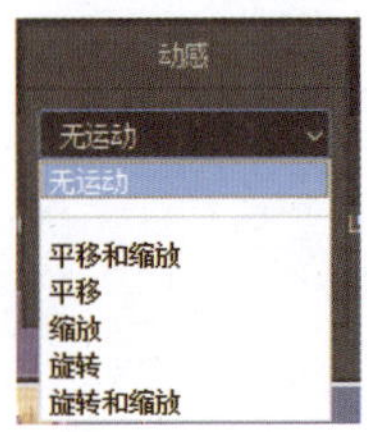

图 4-29 “动感”面板

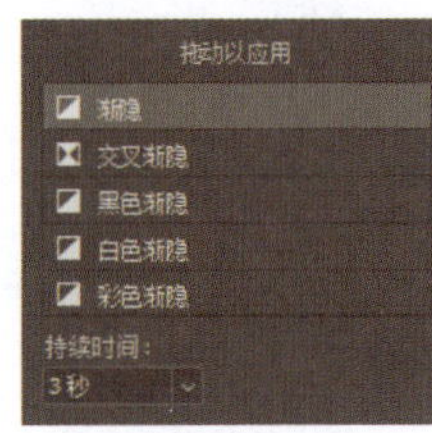

图 4-30 过渡效果

通过拖动转场效果可以调整过渡的时间，也可以在过渡效果上右击，在弹出的“过渡效果”对话框中修改过渡效果和过渡持续时间。

编辑视频图层后，可以将文档存储为 PSD 文件。在开始渲染输出视频文件前，首先要确认计算机系统中安装了 QuickTime 7.1 以上版本。执行“文件 > 导出 > 渲染视频”命令，打开“渲染视频”对话框，如图 4-31 所示。Photoshop CC 允许输出 MP4、DPX 和 MOV 视频格式。可以将时间轴动画与普通图层一起导出生成视频文件。

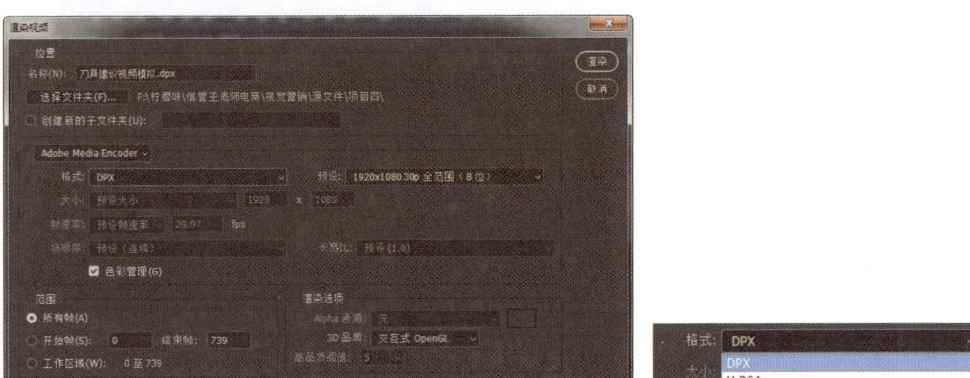

（a） （b）

图 4-31 渲染视频

在 Photoshop CC 中创建视频图层可分为以下几种方法，下面分别向读者讲解创建视频图层的方法。

课堂练习　新建空白视频图层

步骤 01　执行“文件”→“新建”命令，弹出“新建”对话框，在“预设”下拉菜单中选择“胶片和视频”选项，然后在“空白文档预设”中选择一个选项，如图 4-32 所示。单击“确定”按钮，即可创建一个空白的视频图像文件。

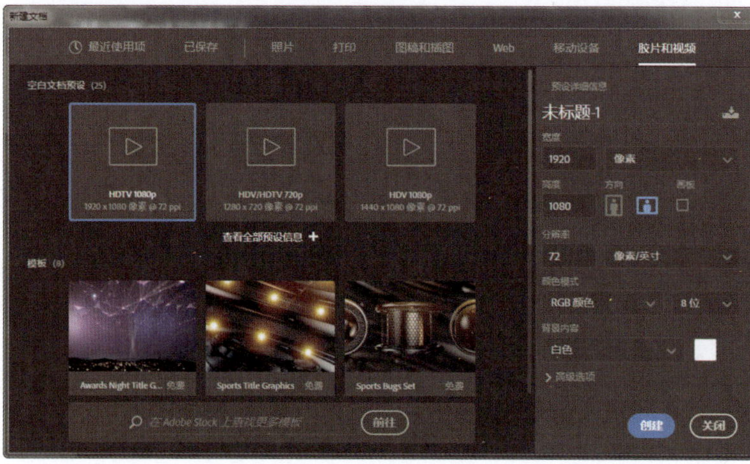

图 4-32　新建文件

步骤 02　执行“图层”→“视频图层”→“新建空白视频图层”命令，如图 4-33 所示，即可新建一个空白的视频图层，“图层”面板如图 4-34 所示。

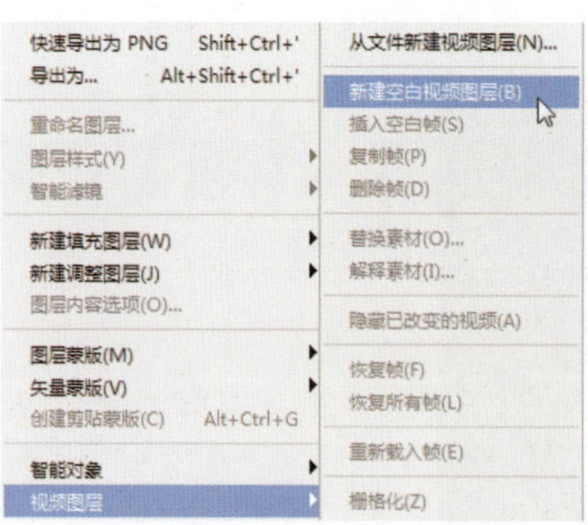

图 4-33　新建空白视频图层

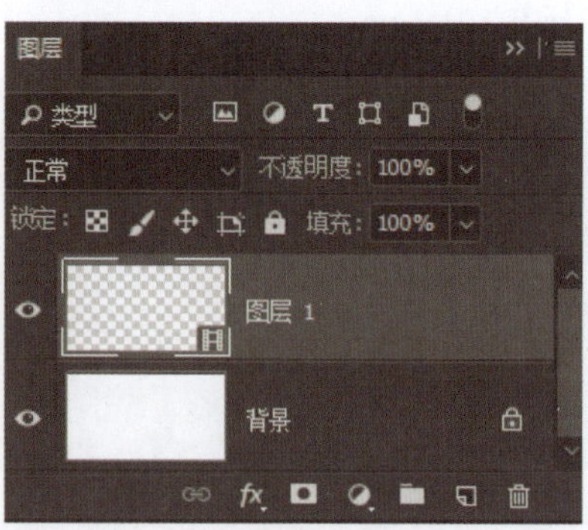

图 4-34　“图层”面板

> **提示：**新建视频图层后，Photoshop 会自动为图层添加 8 条辅助线。最外面的 4 条辅助线为安全框辅助线，内部的 4 条辅助线是编辑辅助线。

4.7.3 设计制作刀具商品建议视频

步骤 01 打开 Photoshop，执行“文件”→“新建”命令，弹出“新建文件”对话框，设置各项参数如图 4-35 所示。将文件另存为“设计制作刀具产品建议视频 .psd”，如图 4-36 所示。

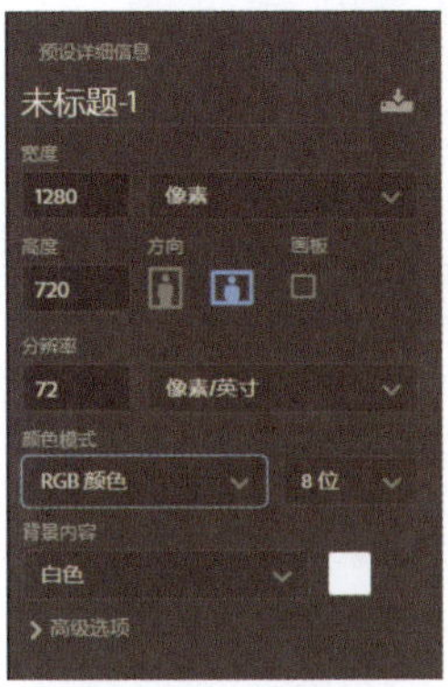

图 4-35 新建文件

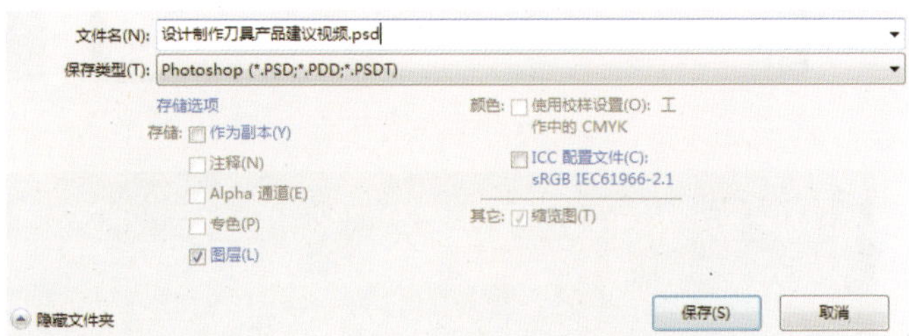

图 4-36 保存文件

步骤 02 执行“图层”→“视频图层”→“从文件新建视频图层”命令，打开“光盘 \ 素材 \ 第 4 章 \ 刀具素材 \ 视频 .mp4”文件，建立一个视频图层，如图 4-37 所示。修改图层名为“素材视频”，如图 4-38 所示。

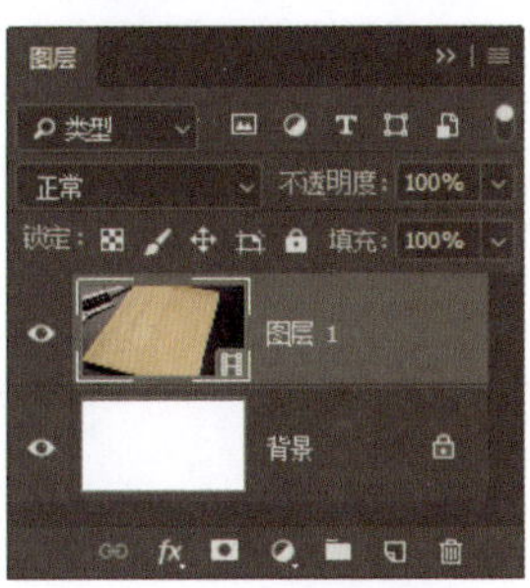

图 4-37 导入视频

图 4-38 修改图层名的“图层”面板

步骤 03 执行“窗口”→“时间轴”命令，打开“时间轴”面板，如图 4-39 所示。单击“播放”按钮（或按下键盘上的空格键），即可播放视频，预览效果。

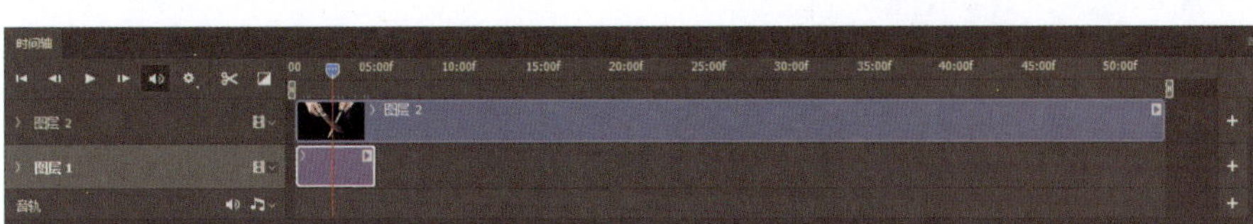

图 4-39 “时间轴”面板

步骤 04 使用“矩形工具”，在选项栏中设置填充色 RGB（255，255，255），在图层 1 上绘制一个 1 280×720 像素的矩形，“属性”面板如图 4-40 所示。在“时间轴”

面板中调整矩形位置，如图 4-41 所示。

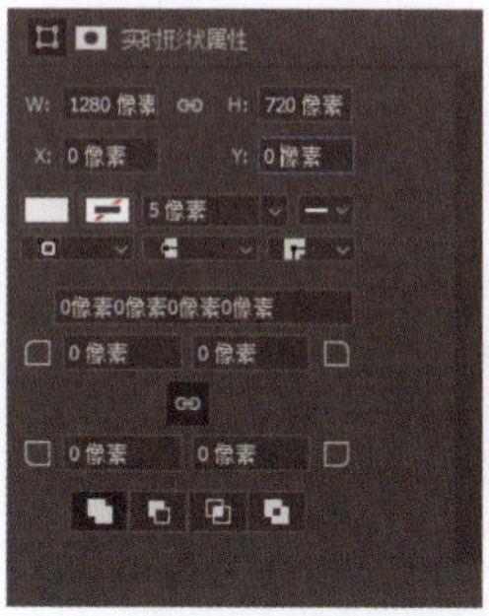

图 4-40 “属性”面板

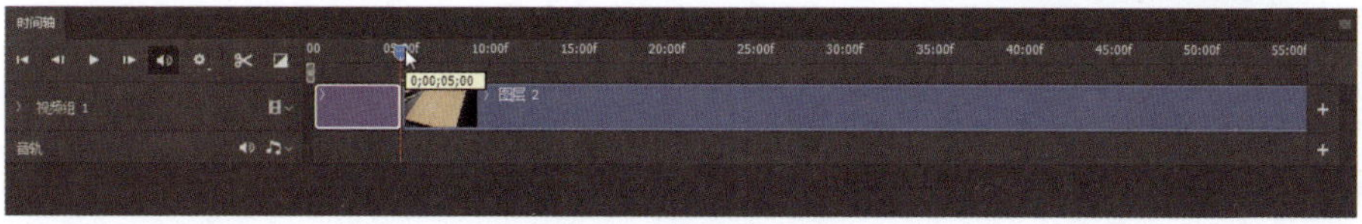

图 4-41 “时间轴”面板

小技巧：Photoshop 中可以一次导入多个视频文件，按住 Ctrl 键然后用鼠标选择。它们被认为是视频组成员放入了一个轨道中。

步骤 05 执行“视图”→“新建参考线”命令，弹出“新建参考线”对话框，设置参数如图 4-42 所示。连续设置 4 次，完成后参考线效果如图 4-43 所示。

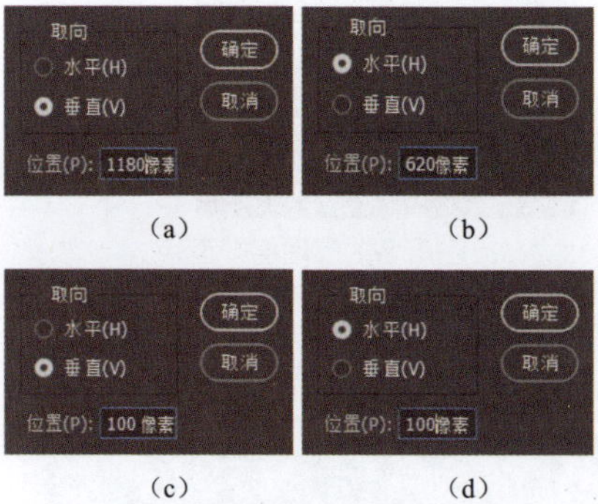

图 4-42 新建参考线

图 4-43 参考线效果

步骤 06 单击“横排文字工具”按钮，打开“字符”面板，设置各项参数如图 4-44 所示，输入如图 4-45 所示的文字。在时间轴中调整图层顺序如图 4-46 所示，“时间轴”面板如图 4-47 所示。

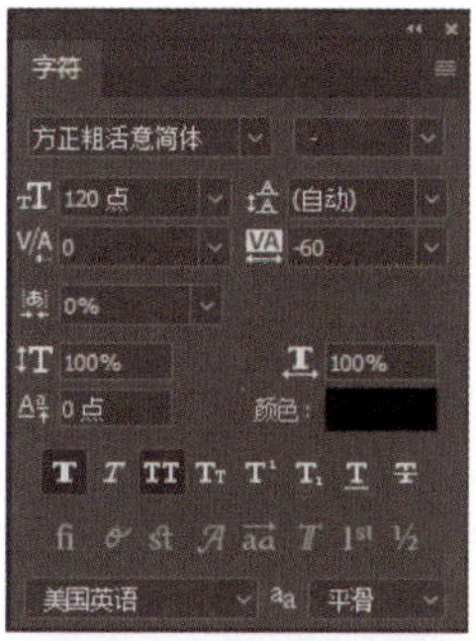

图 4-44 “字符”面板

图 4-45 输入文字

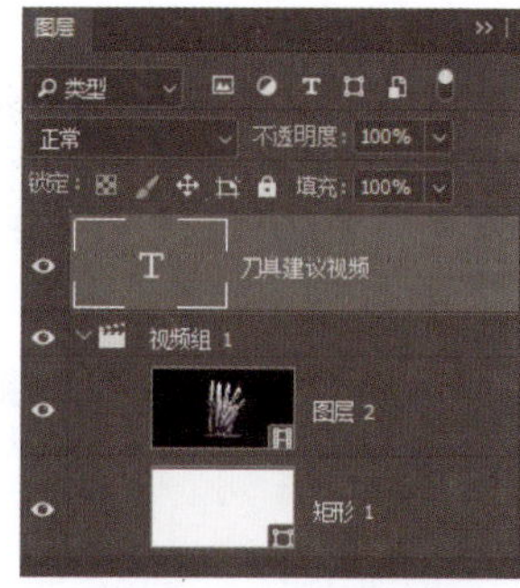

图 4-46 调整图层顺序

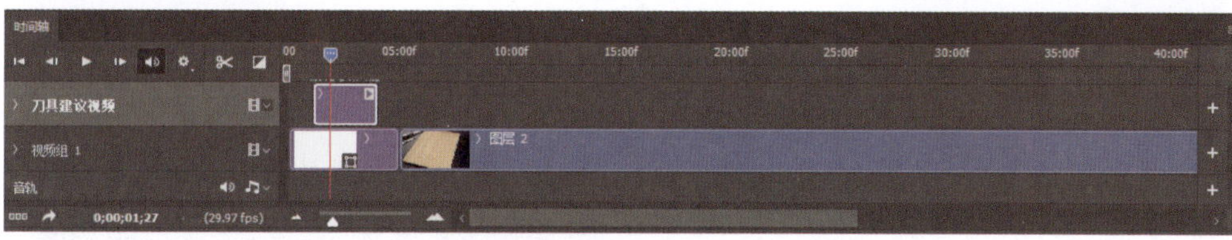

图 4-47 “时间轴”面板

步骤 07 单击时间轴上的“过渡效果”按钮，在弹出的快捷菜单中选择“渐隐”效果，将其拖曳到文字视频图层上，如图 4-48 所示。选中文字视频的中间位置，单击“剪刀”按钮，将视频剪断成两部分，时间轴如图 4-49 所示。

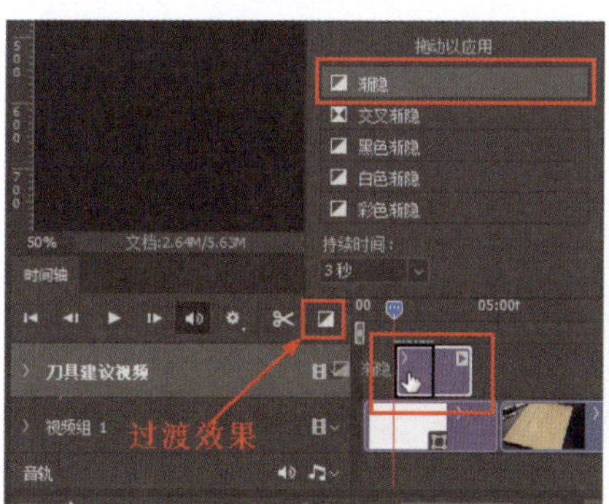

图 4-48 添加过渡效果

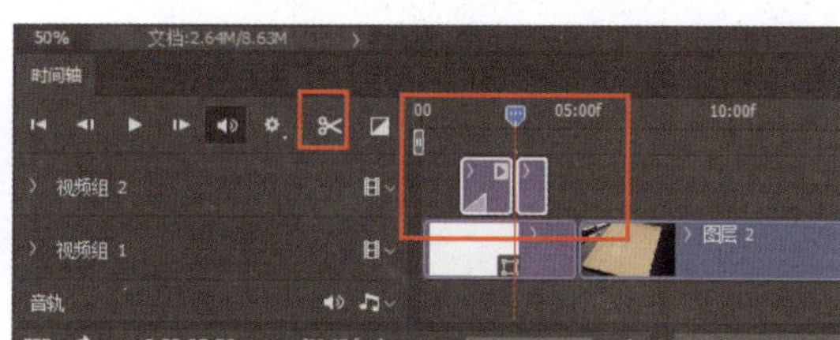

图 4-49 “时间轴”面板

步骤 08 选中前面的文字视频图层，右击，在弹出的快捷菜单中选择“缩放”选项，如图 4-50 所示。选择完成后，再次单击文字视频图层，将“当前时间指示器”停留在文字视频开始位置，使用快捷键 Ctrl+T 缩小文字，如图 4-51 所示。

小技巧：视频裁剪是为了剔除有瑕疵的部分。在裁剪前要仔细观看视频，提前预设位置及长度。这样才能保证效果。

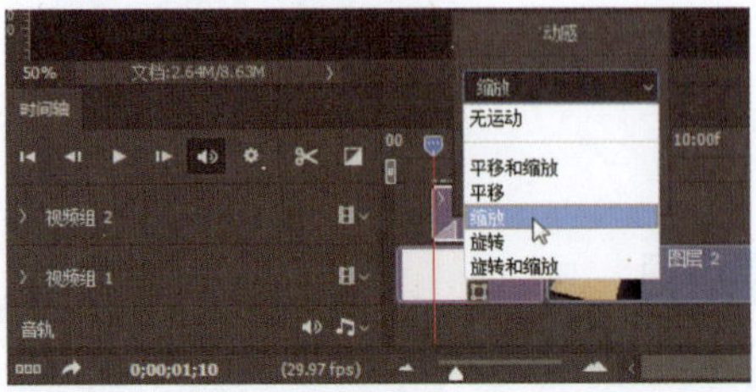

图 4-50　选择“缩放”选项后的“时间轴”面板

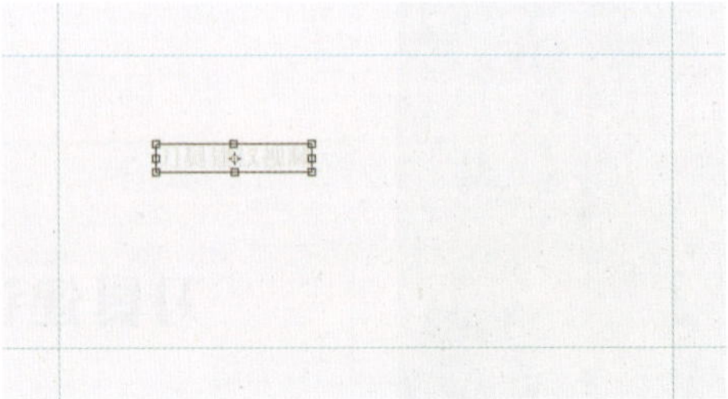

图 4-51　缩小文件

步骤 09　完成后，时间指示器在文字视频中间位置时，图像效果如图 4-52 所示。继续为后面的文字视频图层添加过渡效果，如图 4-53 所示。

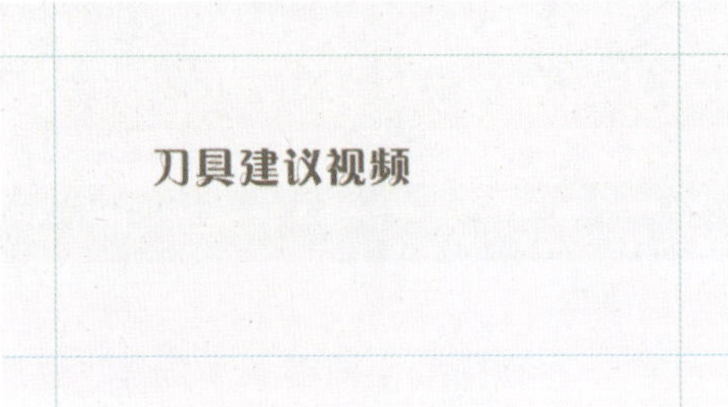

图 4-52　文字效果

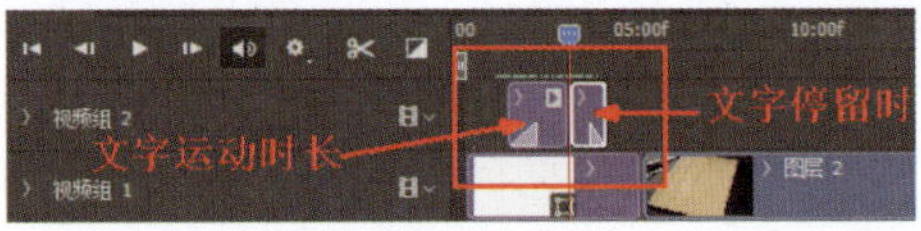

图 4-53　过滤效果

步骤 10　继续单击“过渡效果”按钮，为视频图层和形状图层添加“交叉渐隐”效果，并缩短效果时间，如图 4-54 所示。将“当前时间指示器”停留在 06:26s 处，如图 4-55 所示。

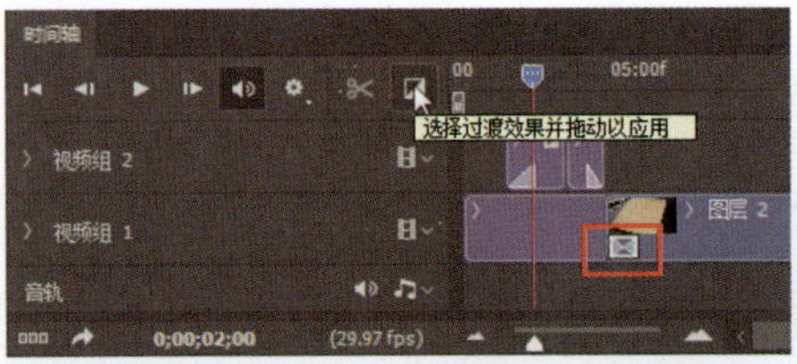

图 4-54　添加“交叉渐隐”效果

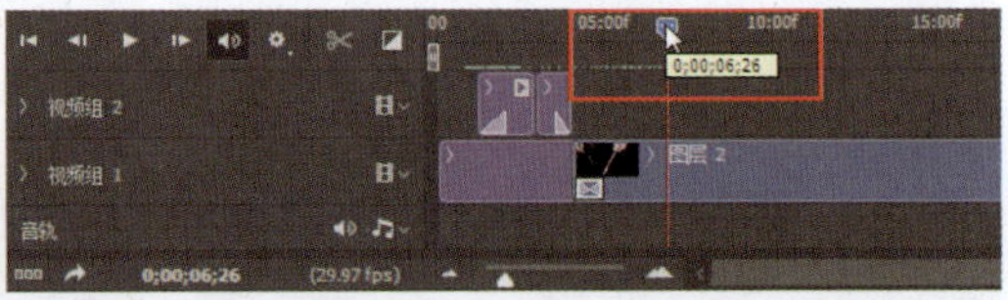

图 4-55　停留在 06:26s 处的“时间轴”面板

步骤 11　在时间轴中单击“剪刀”按钮，将视频图层分割，继续将“当前时间指示器”停留在 7:28s 处，单击“剪刀”工具，再次分割视频图层，如图 4-56 所示。

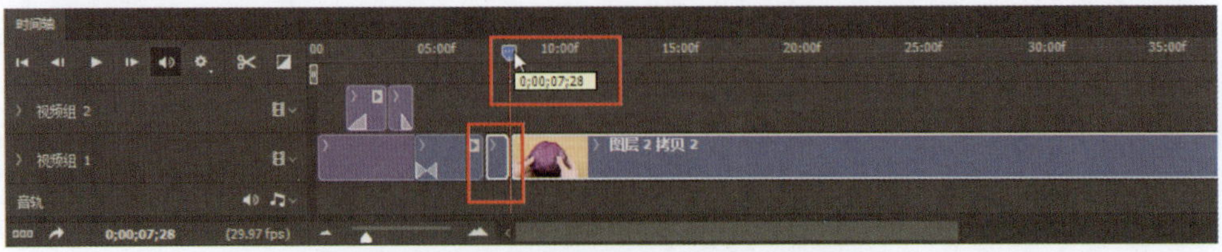

图 4-56　停留在 07:28s 处的“时间轴”面板

步骤 12　分割完成后，视频图层变为 3 段，因为中间这段视频属于多余操作，用户可以选择按 Delete 键或者 Backspace 键将其删除，如图 4-57 所示。

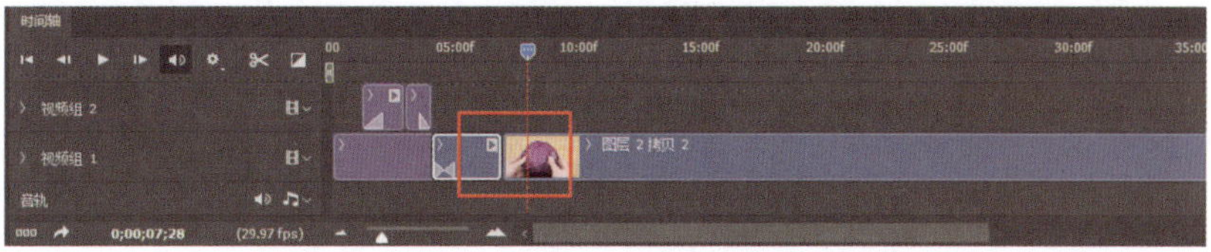

图 4-57　删除中间视频后的“时间轴”面板

步骤 13　单击“横排文字工具”按钮，打开“字符”面板，设置参数如图 4-58 所示。使用“横排文字工具”在画布中输入文字内容，如图 4-59 所示。

步骤 14　打开“图层”面板，整理图层顺序如图 4-60 所示。在“时间轴”面板中，调整文字视频图层的时长和位置，如图 4-61 所示。

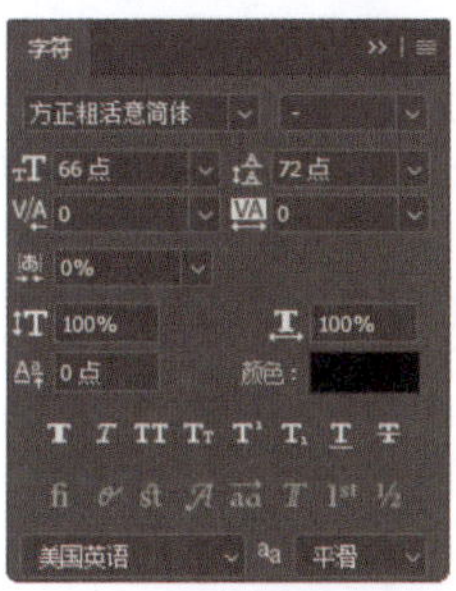

图 4-58　“字符”面板

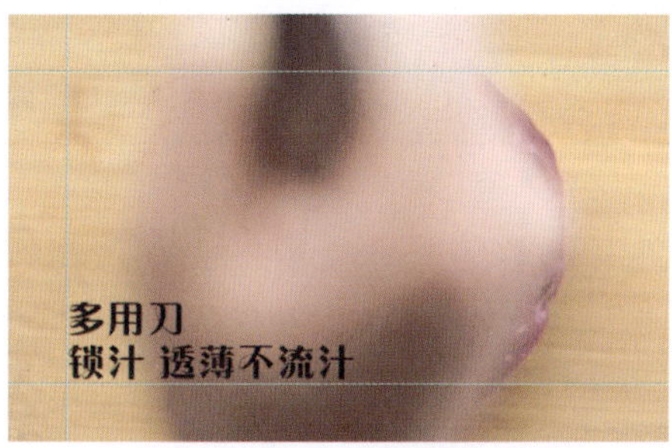

图 4-59　输入文字后的效果

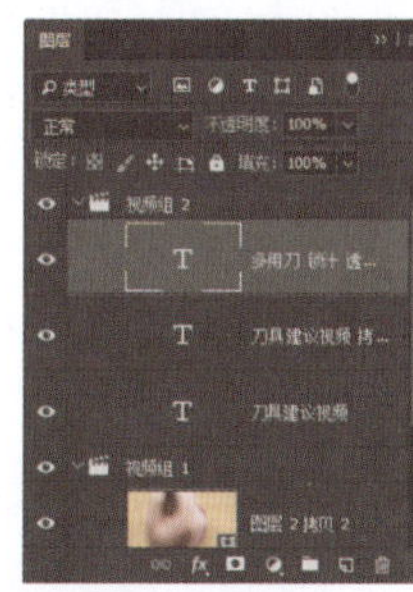

图 4-60　“图层”面板

图 4-61　调整文字视频图层后的“时间轴”面板

步骤 15　打开“图层”面板，复制文字图层，在画布中使用“横排文字工具”更改文字内容，如图 4-62 所示。回到“图层”面板，“图层”面板如图 4-63 所示。在“时间轴”面板中，调整复制得到的文字图层的时长，并为其添加过渡效果，如图 4-64 所示。

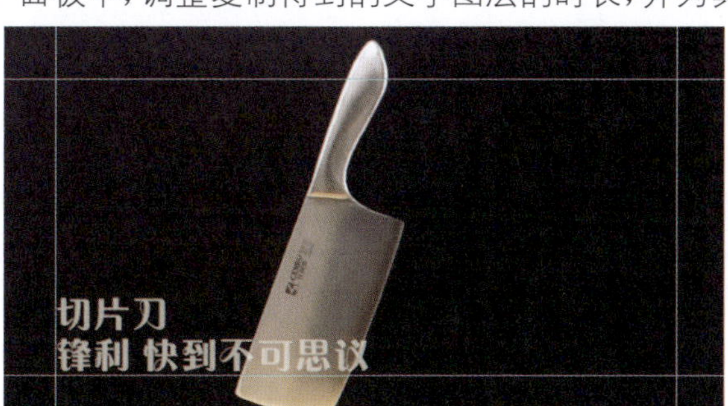

图 4-62　更改文字内容后的图像效果

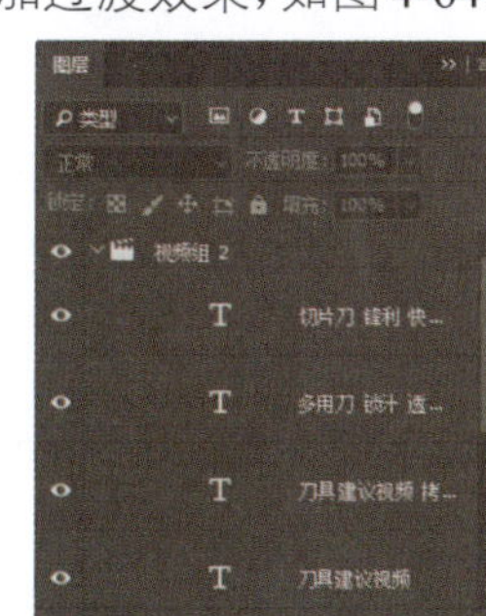

图 4-63　修改后的“图层”面板

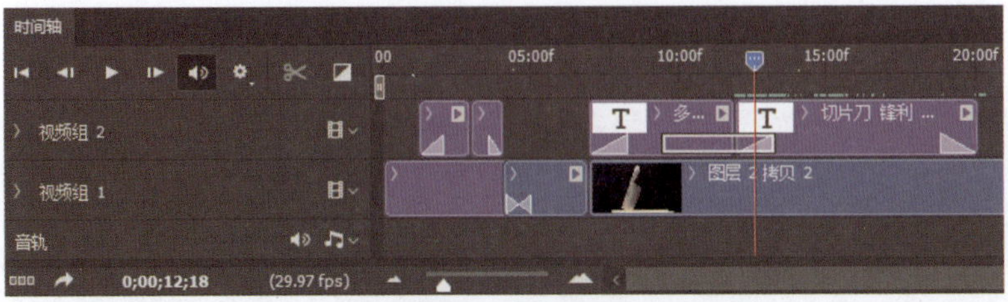

图 4-64　添加过滤效果后的“时间轴”面板

步骤 16　使用相同方法完成其余字幕的添加，并为各个字母调整时长和摆放位置，“时间轴”面板如图 4-65 所示。

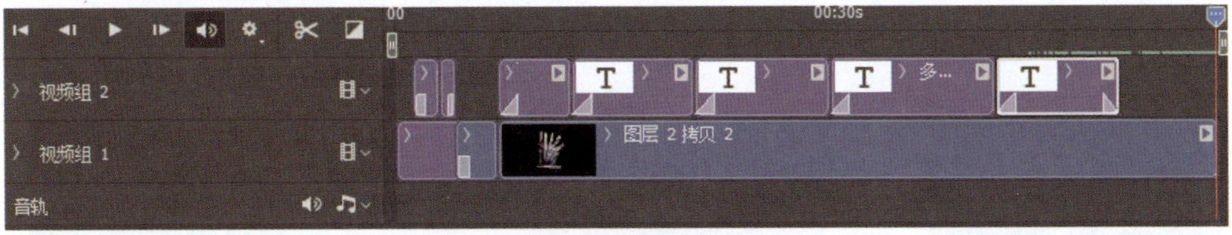

图 4-65　调整后的“时间轴”面板

步骤 17　执行“文件”→“存储”命令，将文件保存。执行“文件”→“导出”→“渲染视频”命令，弹出“渲染视频”对话框，设置参数如图 4-66 所示。单击“渲染”按钮，弹出“进程”对话框，如图 4-67 所示。

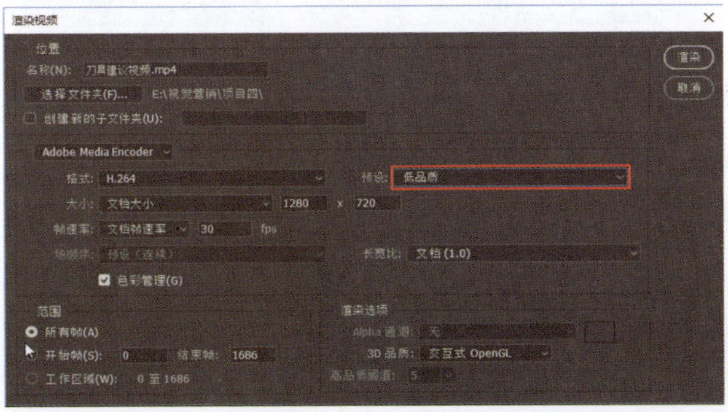

图 4-66　设置参数

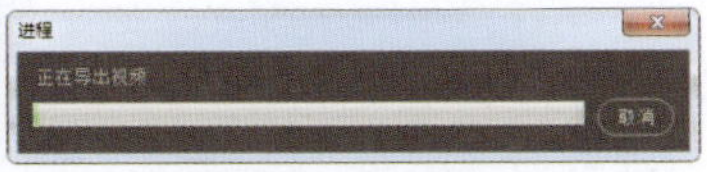

图 4-67　渲染视频

举一反三　设计制作牛肉酱商品建议视频

完成刀具商品建议视频的制作后，读者应基本掌握设计制作建议视频的规范和要求，接下来制作一个牛肉酱商品的建议视频。

步骤 01　在 Photoshop 中导入牛肉酱商品视频，并对视频进行切割修剪，如图 4-68 所示。

步骤 02　使用“横排文字工具”为视频添加标题说明文字，如图 4-69 所示。

步骤 03　为视频和文字图层添加“渐隐”转场效果，丰富视频效果，如图 4-70

所示。

步骤 04　使用相同的方法，继续为视频添加标题和转场效果，如图 4-71 所示。

图 4-68　导入视频并修剪

图 4-69　添加标题文字

图 4-70　添加转场效果

图 4-71　添加标题与转场

4.8　设计制作商品分类视频

何为商品分类视频？即在商品视频中向用户介绍商品的一些信息，例如商品使用的材质、商品的产地和商品的适用人群等基本信息。

4.8.1　分析纺织商品营销的特点

本案例中商品为纺织品，根据产品类型的特点，在设计制作分类视频时要注意在商品材质和用料、适用人群、工艺细节 3 个方面的展示，下面进行详细讲解。

1. 商品材质和用料

强调商品的材质和用料是精选桑蚕丝，如图 4-72 所示。在分类视频中要表现出使用精选桑蚕丝制作出的丝巾不仅吸湿透气，还柔软亲肤。最重要的是安全健康，让消费者对商品的安全放心，从而使其产生购买兴趣。

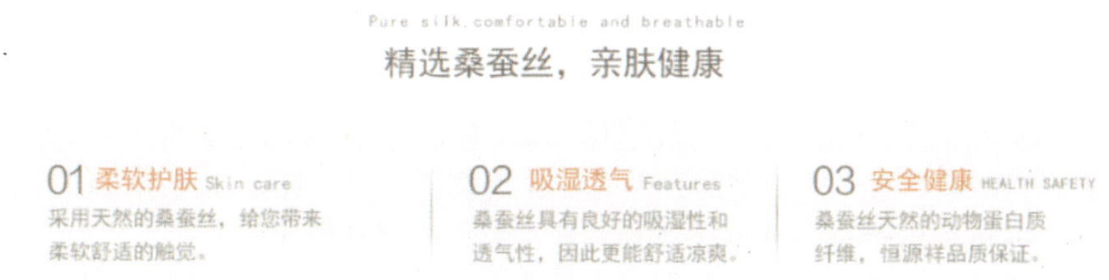

图 4-72　商品材质优点

2. 适用人群

在分类视频中突出商品的适用人群为女性，着重强调商品的颜色多样性和样式多样性，如图 4-73 所示。以此来吸引消费者的注意力，达到营销的目的同时增加转化率。

(a) (b) (c) (d)

图 4-73　商品颜色多样

3. 工艺细节

在分类视频中强调商品的纺织工艺，让浏览者了解商品的独特性，并向浏览者展示商品的面料、印花和锁边等细节，如图 4-74 所示。这样可以使消费者能够放心购买商品。

(a) (b) (c)

图 4-74　商品细节展示

4.8.2　会声会影概述

会声会影 2018 提供了完善的编辑功能，用户利用它可以全面控制影片的制作过程，还可以为采集的视频添加各种素材、转场、覆叠以及滤镜等效果。下面将对会声会影的编辑界面进行讲解，如图 4-75 所示为会声会影 2018 的编辑界面。

1. 菜单栏

与 Windows 系统中的绝大多数软件一样，会声会影 2018 在菜单栏中提供了常用功能的执行命令。菜单按照功能分为文件、编辑、工具、设置和帮助 5 种。

文件：在该菜单中可以进行文件的新建、打开和保存等操作。

编辑：在该菜单中可以执行各种编辑命令，包括撤销、重复、复制和粘贴等。

工具：在该菜单中可以对视频进行多样的编辑。例如，使用会声会影的 DV 转 DVD 向导直接刻录、简易编辑和创建光盘等。

设置：在该菜单中可以对各种管理器进行操作。

帮助：在该菜单中用户可以获得有关会声会影的各类帮助信息。

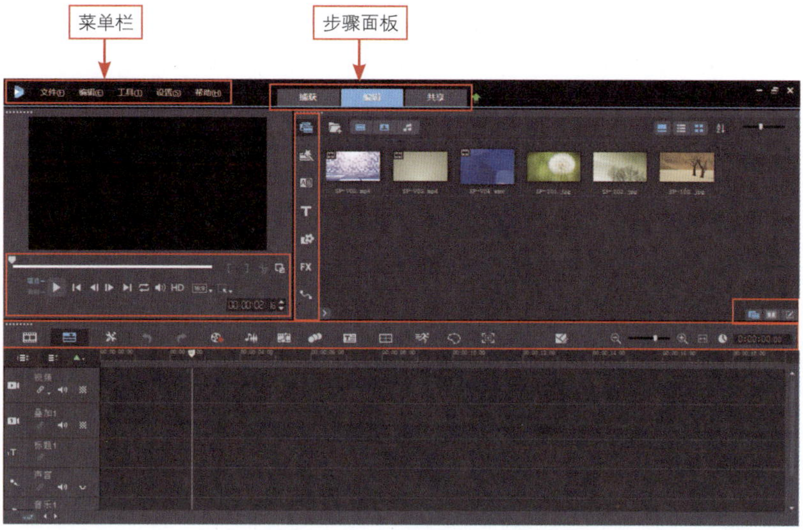

图 4-75　会声会影 2018 的编辑界面

2. 步骤面板

会声会影高级编辑器将影片创建的步骤简化为捕获、编辑、分享 3 个步骤，单击步骤面板上相应的按钮，可以在不同的步骤之间进行切换。

捕获：媒体素材可以直接在该步骤中录制或导入计算机的硬盘驱动器中。该步骤允许用户捕获和导入视频、照片和音频素材。录像带中的素材可以被捕获成单独的文件或自动分割成多个文件。

编辑：该步骤面板是会声会影的核心，在该面板中可以整理、编辑和修整视频素材，也可以将视频滤镜应用于视频素材上，从而为视频素材添加精彩的视觉效果。该选项面板下包括 5 个选项卡，即媒体、即时项目、转场、标题和图形。

分享：影片编辑完成后，通过该步骤可以创建视频文件，或将影片输出到磁带、DVD 光盘或 CD 光盘上。

课堂练习　新建会声会影项目文件

步骤 01　启动会声会影 2018，进入会声会影高级编辑器，执行“文件”→“新建项目”命令，如图 4-76 所示。单击“编辑”步骤选项卡下的“导入媒体文件”按钮，弹出相应的对话框，在该对话框中可以选择计算机中的视频文件，如图 4-77 所示。

图 4-76　新建项目

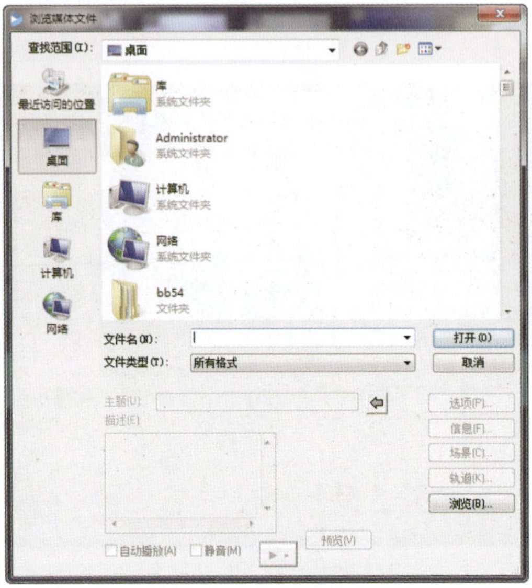

图 4-77　添加视频文件

步骤 02　单击素材文件并将其拖曳到视频轨，如图 4-78 所示。释放鼠标即可将选择的视频文件添加到视频轨道中，完成新建项目文件的操作，如图 4-79 所示。

图 4-78　将素材文件拖入视频轨

图 4-79　将视频文件添加到视频轨道

4.8.3 设计制作纺织商品分类视频

步骤 01 打开 VideoStudio 2018，在“编辑”面板中单击“媒体”按钮，单击“导入媒体文件”选项，将素材图像导入，如图 4-80 所示。在“编辑”面板中单击“图形”按钮，选择“色彩”选项中的白色，将其拖曳到视频时间轴内，如图 4-81 所示。

图 4-80 导入素材

图 4-81 添加白色图形

步骤 02 在视频时间轴内单击白色色彩后，在“编辑”面板中设置色彩的时长，如图 4-82 所示。在“图像”按钮的“画廊”下选择“Flash 动画”选项，单击“FL-F03.swf”动画并将其选中，并拖曳到叠加 1 时间轴内，如图 4-83 所示。

图 4-82 设置参数

图 4-83 添加动画

步骤 03 在叠加 1 时间轴内单击 Flash 动画，在“编辑”面板中设置动画的时长，如图 4-84 所示。单击“标题”按钮，选择“LOREM IPSUM|DOLOR SIT ANET”选项，将其拖曳到标题 1 时间轴内，如图 4-85 所示。

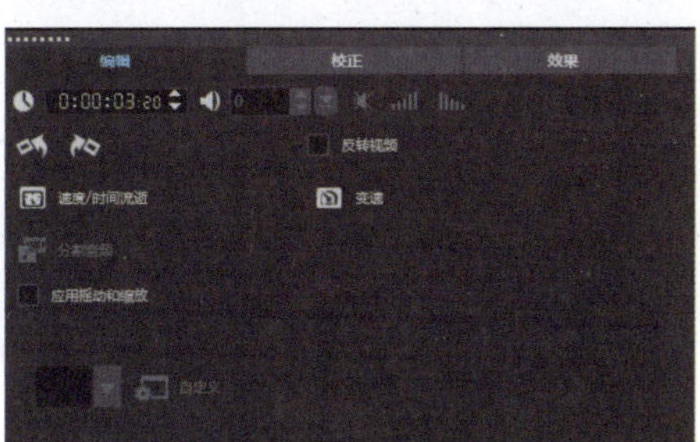

图 4-84 设置参数

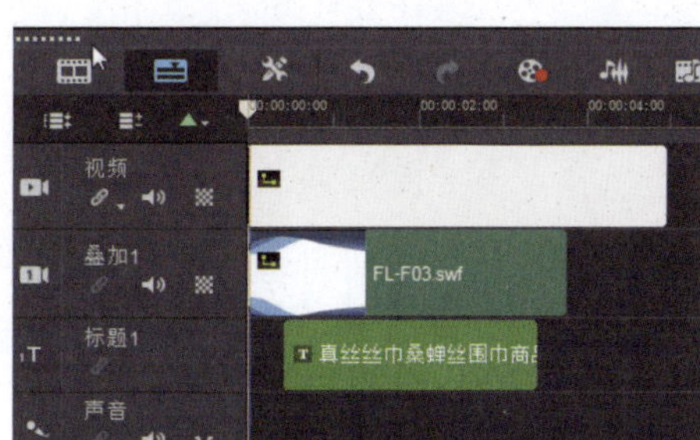

图 4-85 添加标题

步骤 04 在时间轴内单击标题选项，在“编辑”面板中设置标题的各项参数，如图 4-86 所示。设置完成后，视频轨的图像效果如图 4-87 所示。

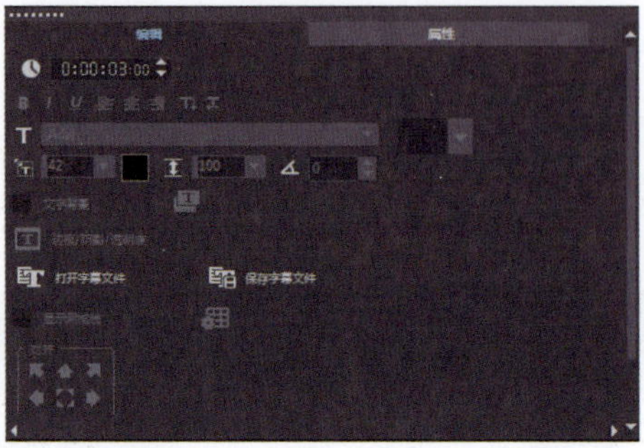

图 4-86　设置时间轴内的参数

图 4-87　图像效果

步骤 05　在“编辑”面板中单击“媒体”按钮，将“商品介绍 .jpg”素材图像拖曳到视频时间轴内，如图 4-88 所示。在“时间轴”面板上单击图像，在“编辑”面板中设置图像的各项参数，如图 4-89 所示。

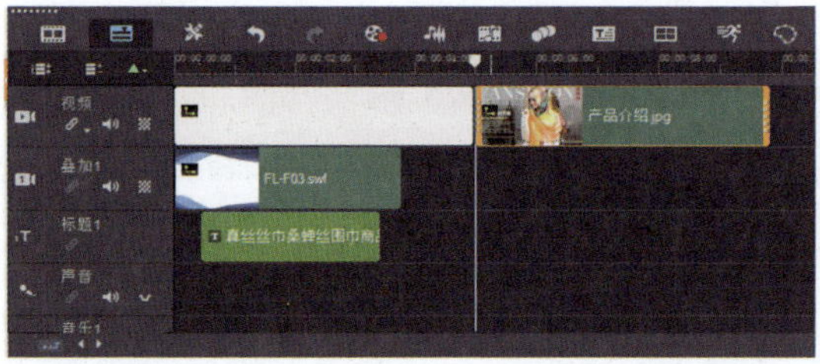

图 4-88　添加图片

图 4-89　设置图像参数

步骤 06　单击“转场”按钮，选择画廊下的“三维”选项中的“开门”选项，将其拖曳到白色色彩和图像之间，调整各元素的位置，在“编辑”面板中设置参数，如图 4-90 所示。时间轴效果如图 4-91 所示。

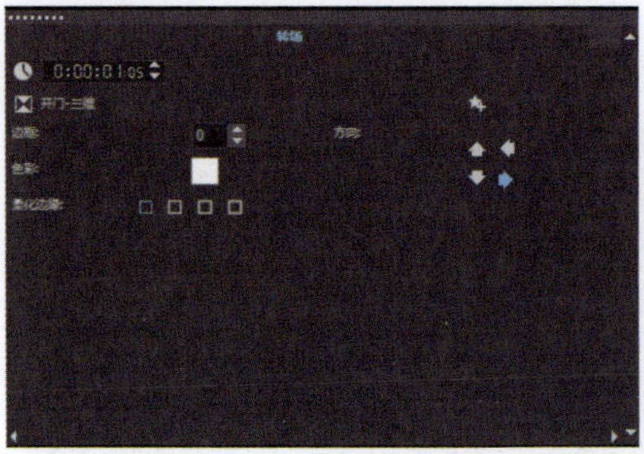

图 4-90　设置各参数

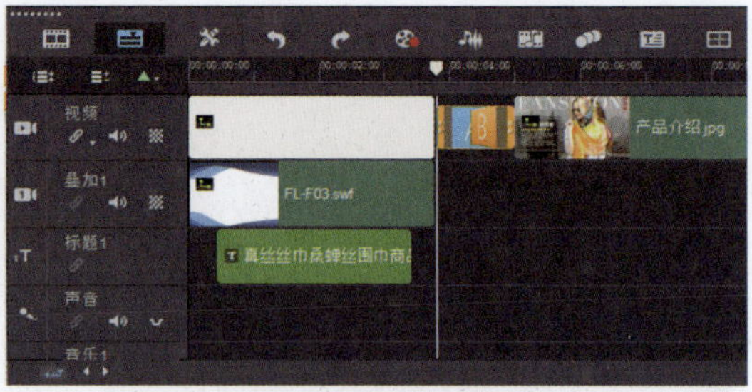

图 4-91　时间轴效果图

步骤 07　在“编辑”面板中单击“图形”按钮，在“画廊”选项下选择“边框”中的“FR-C03.jpg”选项，将其拖曳到时间轴内，视频轨如图 4-92 所示。视频时间轴如图 4-93 所示。

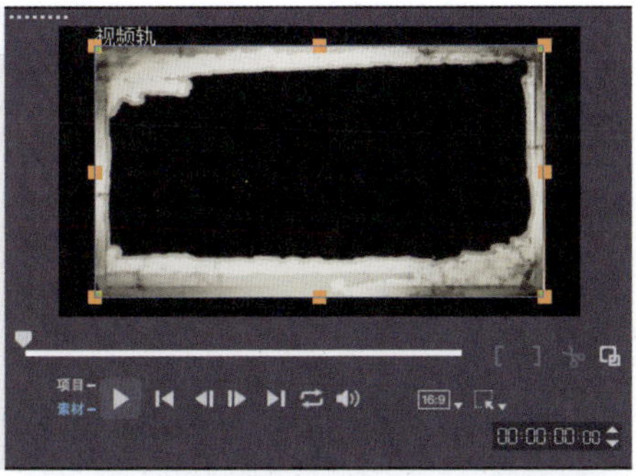

图 4-92 添加边框

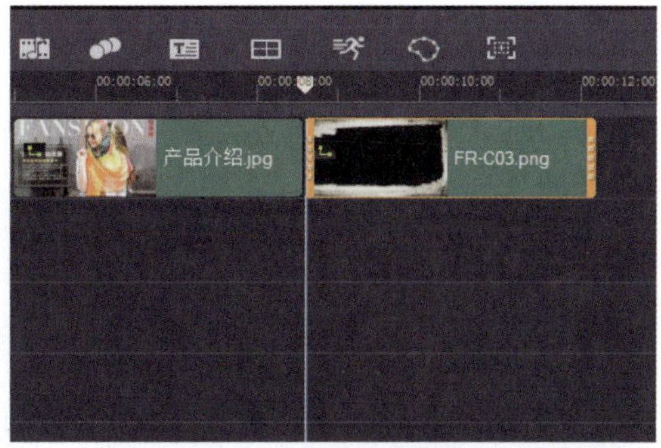

图 4-93 视频时间轴

步骤 08 在视频时间轴内单击边框图形，在“编辑”面板中设置边框图形的参数，如图 4-94 所示。单击“转场”按钮，选择“对开门 - 三维”选项，将其拖曳到时间轴内的图像和边框图形之间，如图 4-95 所示。

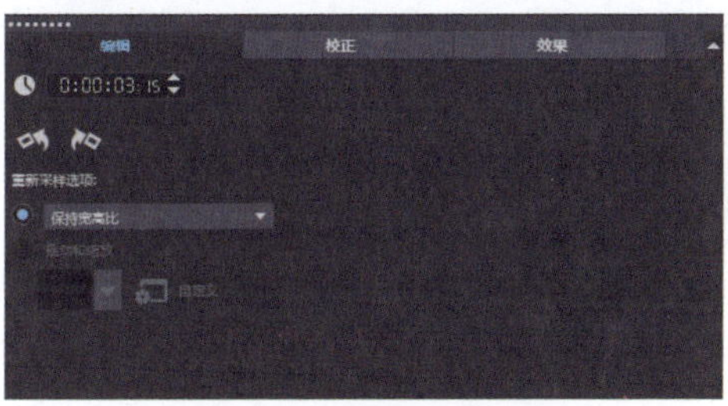
图 4-94 设置边框参数

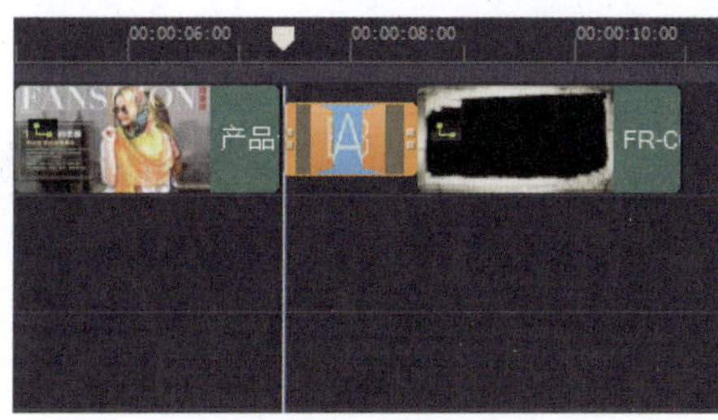

图 4-95 添加转场

步骤 09 在视频时间轴内单击“转场”，在“编辑”面板中设置转场的具体参数，如图 4-96 所示。单击“标题”按钮，选择“LOREM IPSUM|DOLOR SIT ANET”选项，将其拖曳到标题 1 时间轴内，如图 4-97 所示。

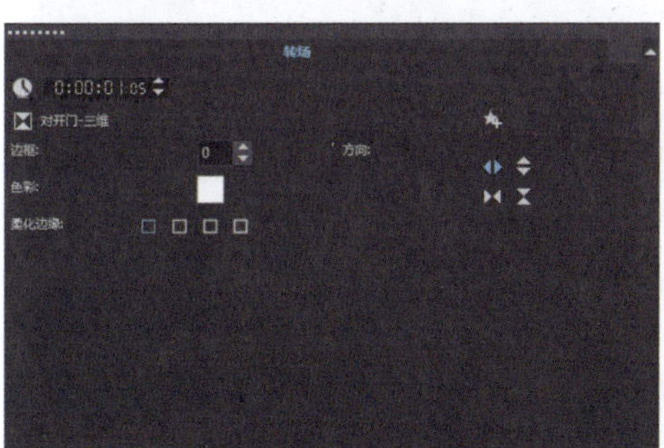
图 4-96 设置转场参数

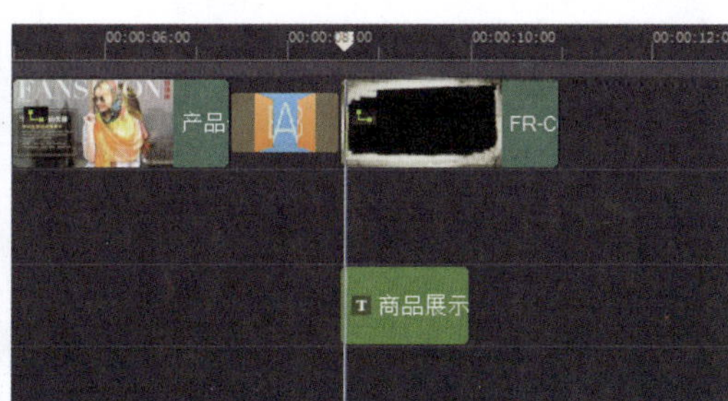

图 4-97 添加标题

步骤 10 在时间轴内单击标题，在视频轨内修改文字内容，如图 4-98 所示。在“编辑”面板中设置标题的参数，如图 4-99 所示。

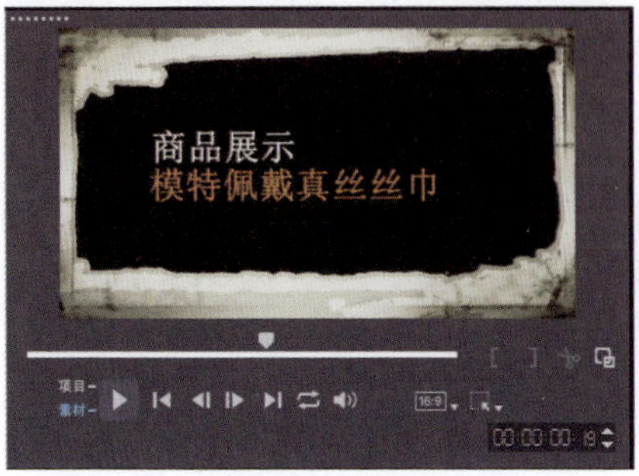

图 4-98　修改文字

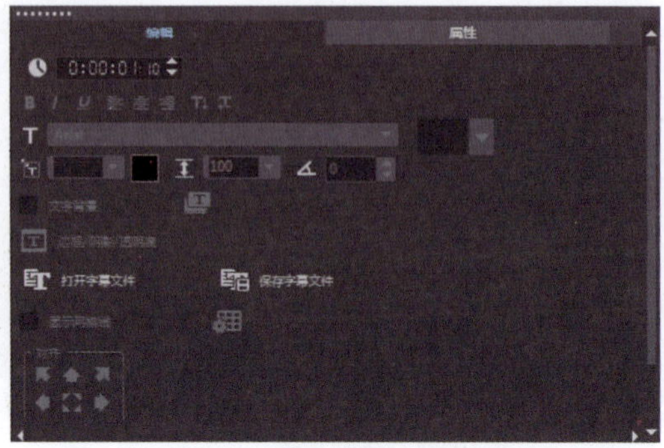

图 4-99　设置标题的参数

步骤 11　使用相同的制作方法，完成相似的“商品详情参数”“商品原材料展示”和“商品细节优势”等模块制作，制作完成后，“时间轴”面板如图 4-100 所示。

图 4-100　完成其他模块制作

步骤 12　在“编辑”面板中单击“图形”按钮，在“画廊”选项下选择“色彩模式”中的“CP-A03.jpg”选项，参数如图 4-101 所示。将其拖曳到时间轴内，如图 4-102 所示。

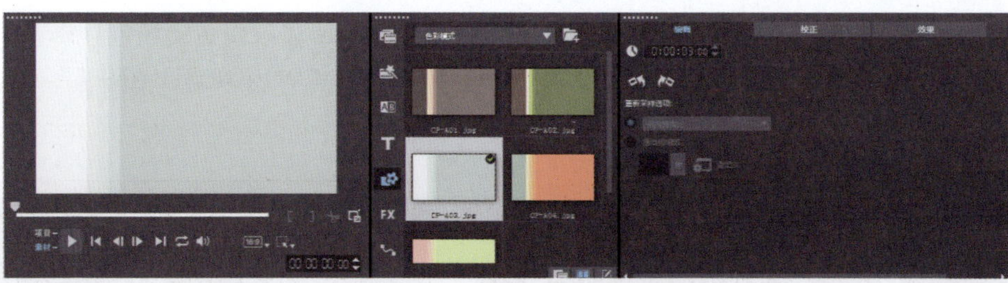

图 4-101　选择“色彩模式”并设置参数

图 4-102　添加到时间轴

步骤 13　单击“转场”按钮，选择“3D 彩屑 -NewBlue 样品转场”选项，将其拖曳到时间轴内的色彩模式图形和白色色彩之间，如图 4-103 所示。在“编辑”面板中设置转场的各项参数，如图 4-104 所示。

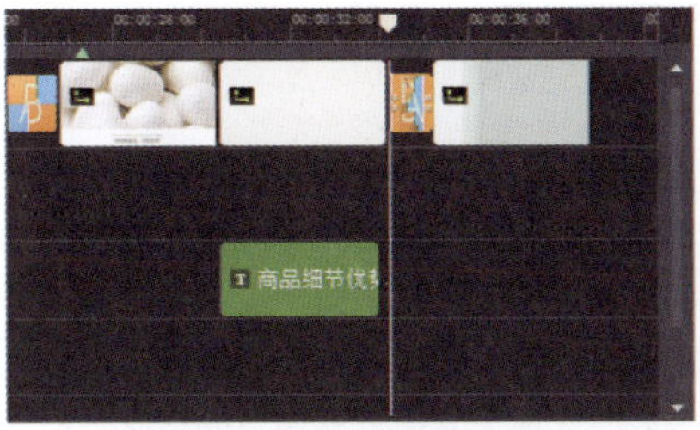

图 4-103　添加转场

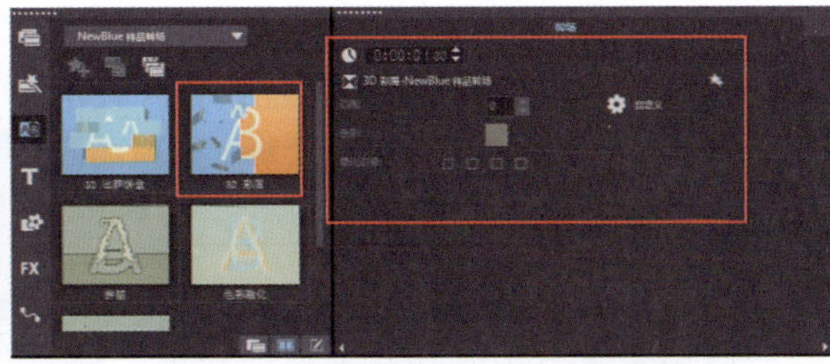

图 4-104　在“编辑”面板中设置转场的参数

步骤 14　连续在视频时间轴内添加色彩模式，视频时间轴如图 4-105 所示。单击“标题”按钮，选择“LOREM ISPUM”选项，将其拖曳到时间轴内，如图 4-106 所示。

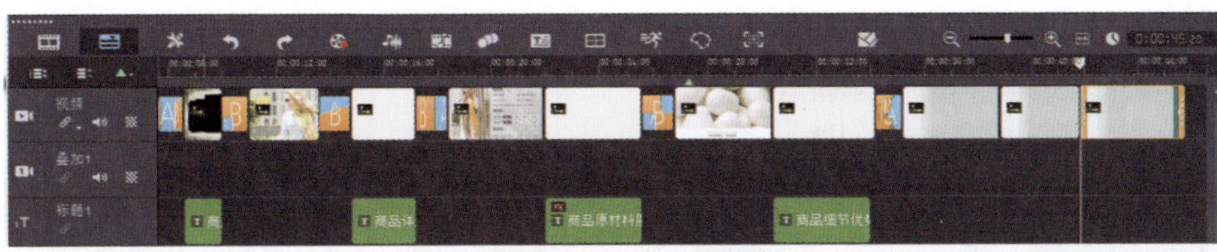

图 4-105　添加色彩模式

图 4-106　添加标题

步骤 15　在标题时间轴内单击标题，在视频轨中修改文字参数，如图 4-107 所示。在“编辑”面板中设置文字内容的各项参数，如图 4-108 所示。

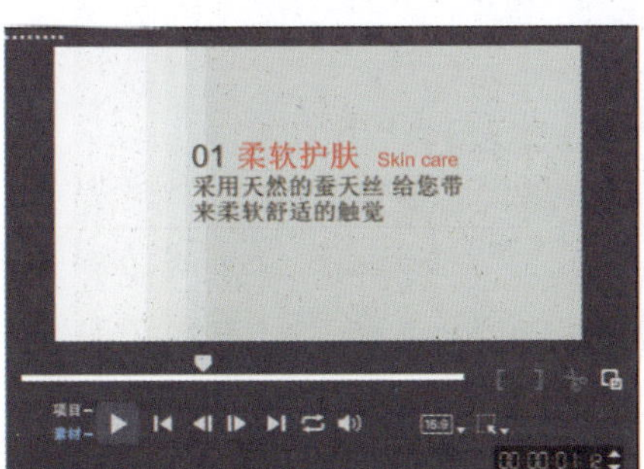

图 4-107　修改文字

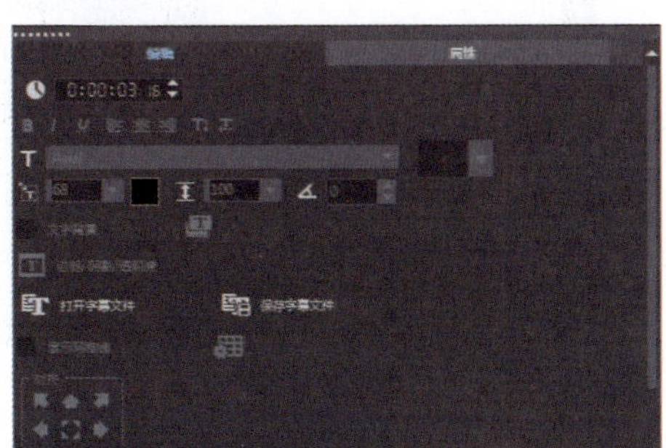

图 4-108　设置文字的参数

步骤 16　继续使用“标题”按钮中的标题选项在标题时间轴内添加文字内容，在视频轨内，具体的文字内容如图 4-109 所示。

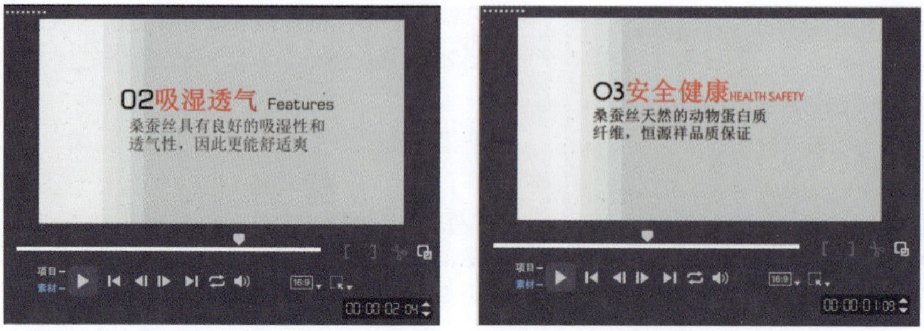

（a）　　　　（b）

图 4-109　添加文字

步骤 17　添加文字内容后，在标题时间轴内标题元素如图 4-110 所示。使用相同方法完成“谢谢观看”模块的制作，如图 4-111 所示。

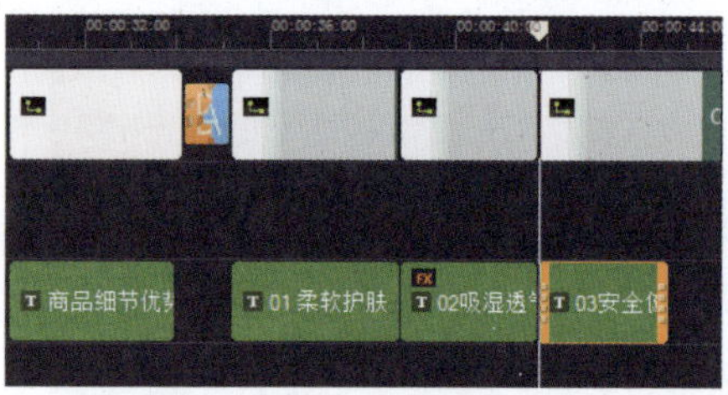

图 4-110　时间轴展示

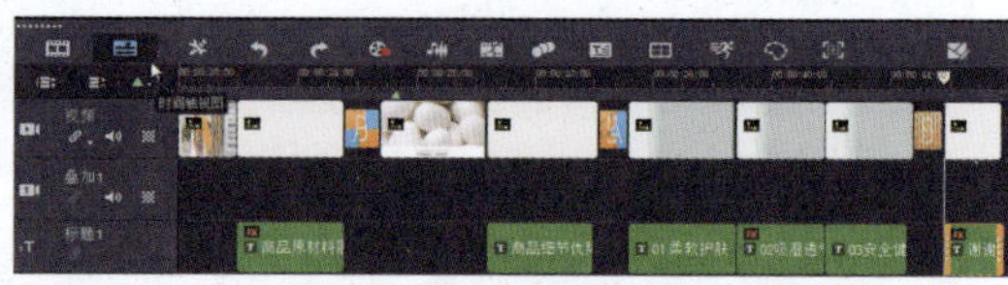

图 4-111　完成相似制作

步骤 18　执行“文件”→“保存”命令，将视频文件保存。所有操作完成后，单击“共享”面板，设置如图 4-112 所示的参数，将制作好的视频文件输出。

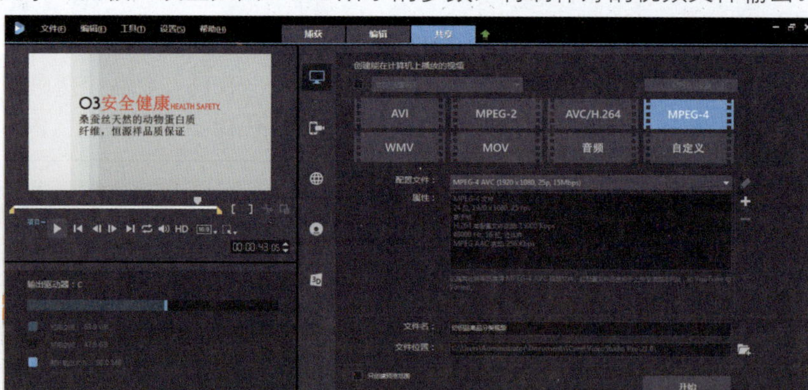

图 4-112　输出视频

举一反三　设计制作床上套件商品营销视频

完成纺织品商品分类视频的制作后，读者应该基本掌握了营销分类视频的制作规范和要求，接下来制作一个同类商品的营销视频。

步骤 01 将视频素材导入会声会影中，对视频进行切割，优化视频结构，如图 4-113 所示。

步骤 02 将视频中带有人物肖像的部分分割并删除，如图 4-114 所示。

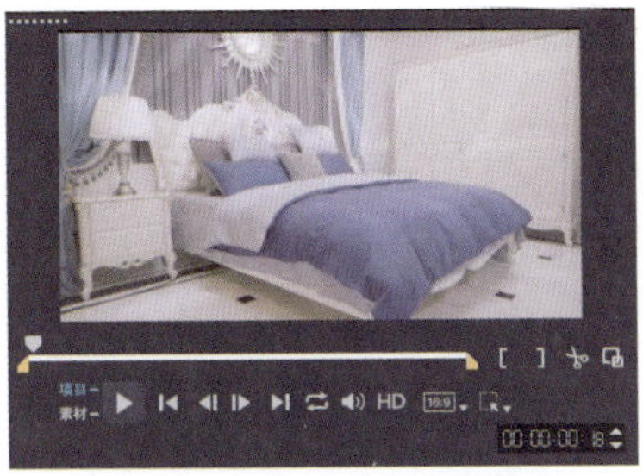

图 4-113 导入并切割视频

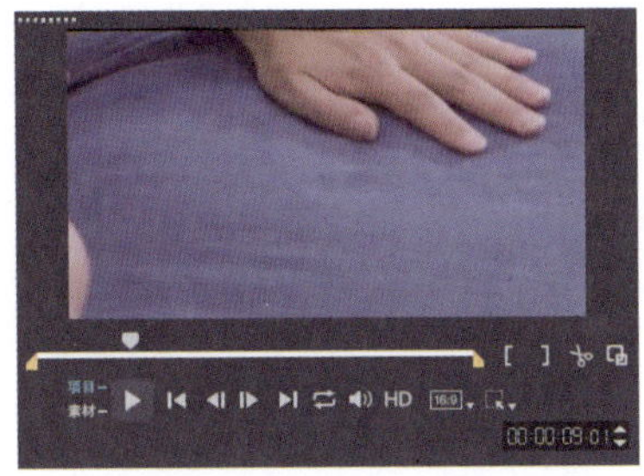

图 4-114 分割并删除素材

步骤 03 合理排列视频素材，并为视频素材添加转场特效，如图 4-115 所示。

步骤 04 为视频添加标题文字后输出视频，完成分类视频的制作，如图 4-116 所示。

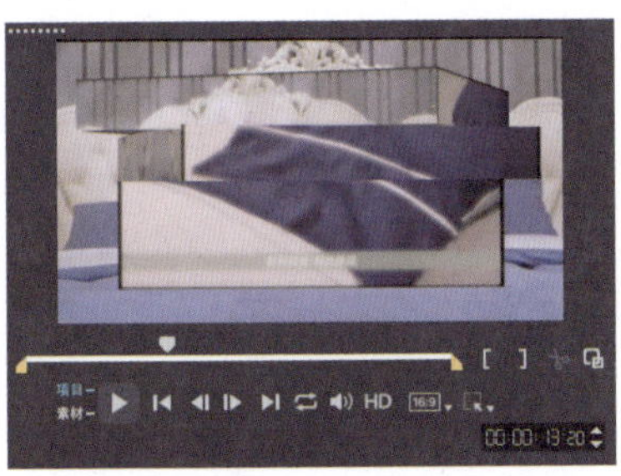

图 4-115 排列视频并添加转场

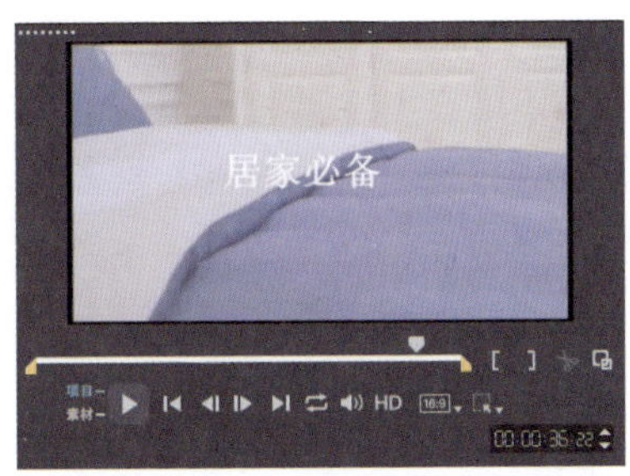

图 4-116 添加标题输出视频

4.9 设计制作商品说明视频

在电子商务网站中，消费者想要了解的主要是商品的使用方法和商品的特性，而说明营销视频的目的就是为了向浏览者展示商品的使用方法。

接下来将带领大家设计制作一款商品的说明视频，这类视频一般存在于电商网站中的商品展示页面中，例如，商品页中的主图视频，如图 4-117 所示为洗漱杯的商品页中的说明性营销视频。

（a） （b）

图 4-117 洗漱杯的说明性营销视频

4.9.1 分析旅游类商品营销的特点

本案例为设计制作一款便携洗漱杯的说明视频，商品在电商网站中的营销标语为“旅行洗漱杯、分装瓶、便携洗漱包、防水、男女出差、户外、旅游套装洗漱用品”。

从标语中可以分析出商品的特点，即便携。这也是旅游商品对于消费者来说最大的用处。所以，商品标语直击消费者的兴趣点，可以让消费者马上对其产生好感并转化为下单率，如图 4-118 所示为商品便携特性展示。

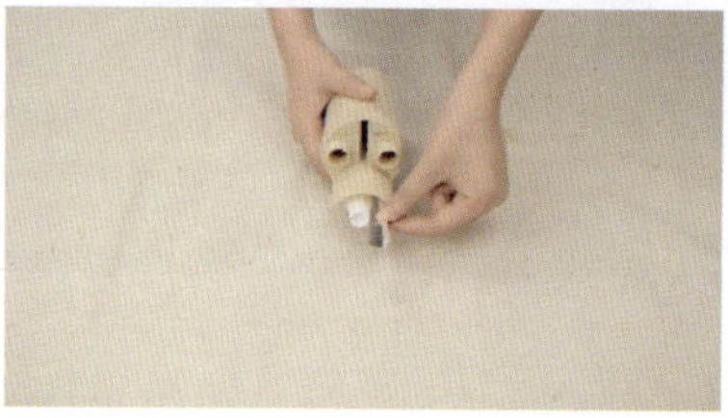

（a）

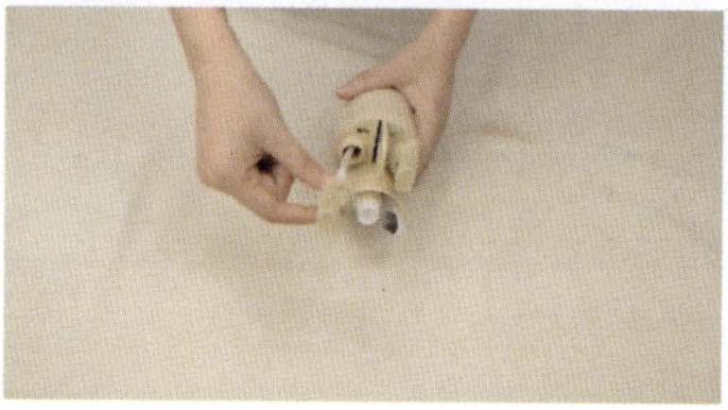

（b）

图 4-118　商品展示

提示：旅游商品的视觉营销有两重含义：第一个是建立商品认知度，即通过视觉营销与消费者建立更为紧密的关系，使消费者对商品有更深入的了解，从而产生更强烈的认同感；第二个则是实现销售目的，通过视觉营销手段直接实现商品销售。营销手段中的促销活动潜在意义就是让消费者“现在就买”，并且商品的促销价格也帮助营销手段实现这一目的。

本旅行商品——套装洗漱用品以消费者的观点出发，将商品的特性打造为方便携带、收纳品类多和用途多，如图 4-119 所示。这样使得商品可以迅速吸引有出游计划的消费者的注意力，让消费者点进商品页，再通过营销视频全面地向消费者展示商品，这样可以加深消费者对商品的认同感。

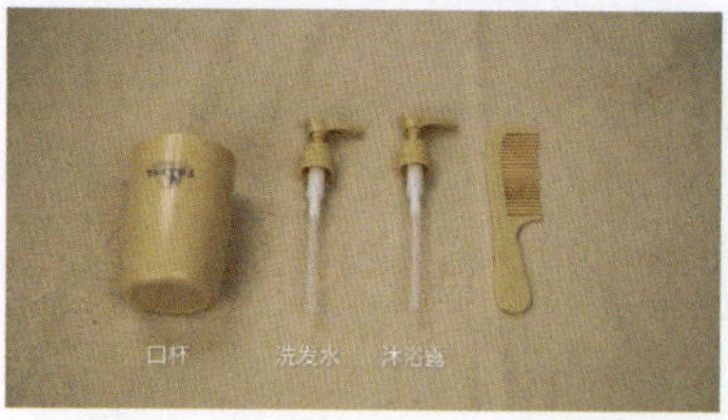

（a）

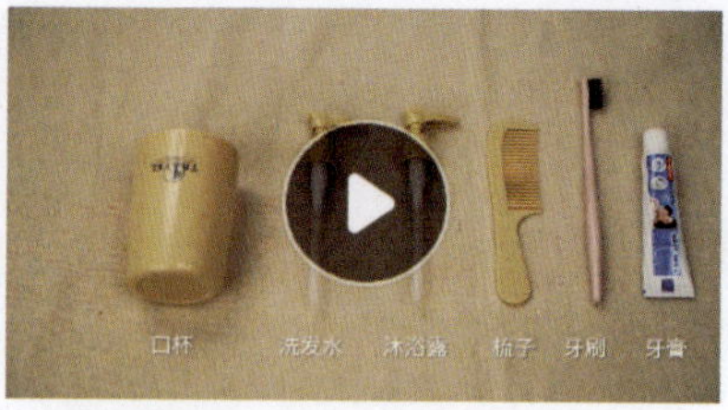

（b）

图 4-119　品类展示

商品主图视频为商品说明视频，视频中主要为消费者介绍商品的便携式使用方法和商品的展示特点，以此来增强消费者对商品的心动指数，最终完成营销效果并促成下单率，如图 4-120 所示为商品视频中的特性展示。

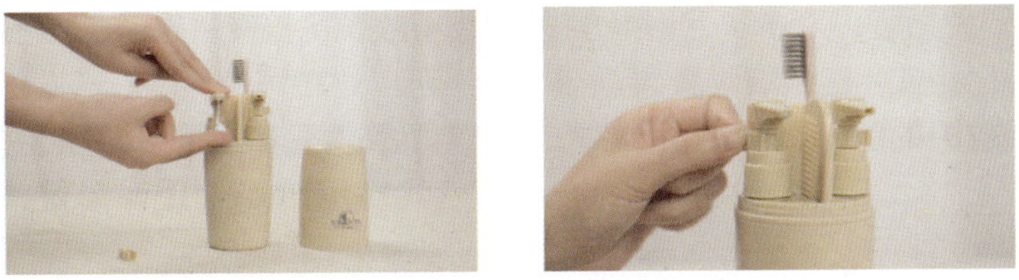

（a）　　（b）

图 4-120　商品视频中的特性展示

提示：在电子商务的营销视频中，商品视频以展示商品或介绍商品为主，不易出现过多的场景和复杂的拍摄手法或制作过多的复杂效果，否则将会本末倒置。同时也是商品焦点模糊，只是消费者无法从商品视频中提炼出有用信息，最终舍弃商品，视频营销也将以失败告终。

4.9.2　会声会影中丰富的转场效果

镜头之间的过渡或者素材之间的转换叫作转场，每一个非线性编辑软件都很重视视频转场效果的设计。会声会影中提供了多种转场效果，除了经典的转场效果外，许多新增的转场效果都是非常炫目的。

转场效果是吸引用户和观众最直接的方法之一。从心理学角度讲，人都喜欢华丽的内容，而炫目的转场效果更能使用户体会到高品质的感觉，如图 4-121 所示为转场效果。

（a）　　（b）

图 4-121　转场效果

转场的添加不仅可以丰富影片的内涵，如果应用得出色，还会提升影片的观赏价值。在会声会影 2018 中为用户提供了 17 个种类 120 种转场效果，如图 4-122 所示。应用这些转场效果，可以让素材之间的过渡更加完美，从而制作出绚丽多彩的视频作品。

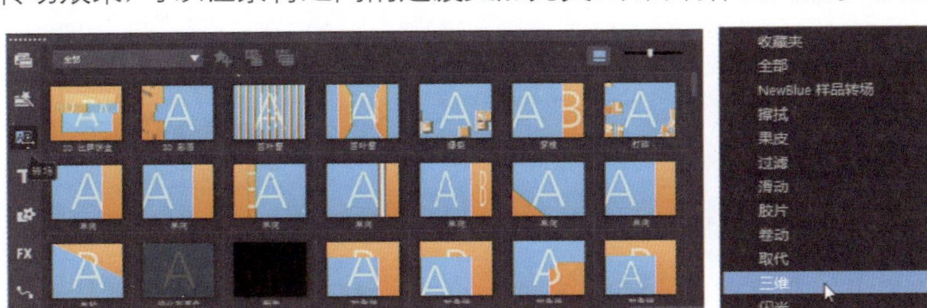

（a）　　（b）

图 4-122　转场展示

- “转场”面板：双击项目时间轴中的转场效果，打开“选项”面板，面板中会显示已经应用过的转场效果，在面板上可以对转场的属性进行设置，包括设置转场效果的区间长度、边框效果、边框色彩和柔化边缘等属性，如图 4-123 所示。

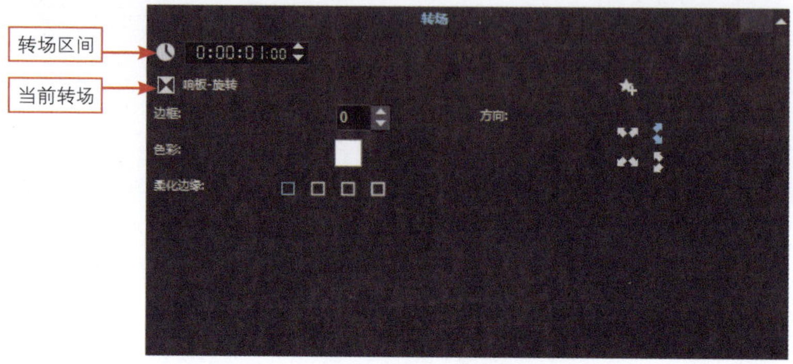

图 4-123　转场编辑面板

- 转场区间：该数值框用于设置转场播放时间的长度，显示当前播放所选转场所需的时间，时间码上的数字代码为“小时 : 分钟 : 秒 : 帧”，单击其右侧的微调按钮，可以调整数值的大小，也可以单击时间码上的数字，待数字处于闪烁状态时，输入新的数字后按 Enter 键确认，即可改变原来视频转场的播放时间长度。
- 当前转场：此处显示的是当前所设置的转场。
- 边框：在“边框”选项右侧的文本框中，用户可以输入相应的数值来改变边框的宽度，也可以单击其右侧的微调按钮，调整数值的大小。
- 色彩：单击“色彩”选项右侧的颜色块，在弹出的颜色面板中，用户可以根据需要改变转场边框的颜色。
- 柔化边缘：在该选项右侧有 4 个按钮，代表转场的 4 种柔化边缘程度，用户可以根据需要单击相应的按钮，设置相应的柔化边缘效果。
- 方向：单击该选项组中的按钮，可以决定转场效果的播放方向。

课堂练习　制作闪光转场效果

步骤 01　将素材图像和素材视频依次拖曳到时间轴内，时间轴如图 4-124 所示。单击“转场”按钮，选择“闪光”选项，将其添加到图片与视频之间，如图 4-125 所示。

图 4-124　“时间轴”面板

图 4-125 添加转场

步骤 02 在“时间轴”面板中，单击“闪光”转场，在出现的转场面板中设置转场持续时间为 2s，如图 4-126 所示。单击“自定义”按钮，弹出“闪光 - 闪光”对话框，设置参数如图 4-127 所示。

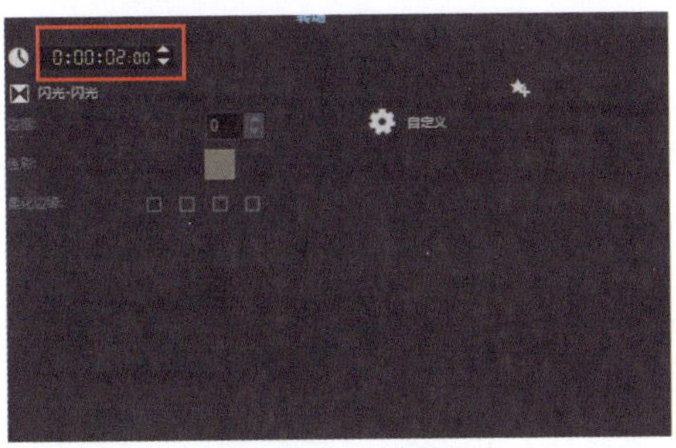

图 4-126 设置时长

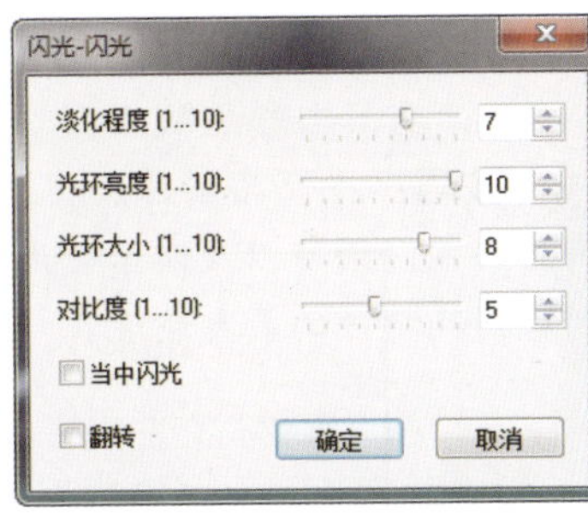

图 4-127 设置闪光参数

步骤 03 单击“确定”按钮后，完成闪光转场的设置，完成闪光转场效果的制作，在预览窗口中单击“播放”按钮，即可看到闪光转场效果。

4.9.3 设计制作旅游商品说明视频

步骤 01 打开 Corel VideoStudio 2018，执行“文件”→“新建项目”命令，项目界面如图 4-128 所示。将项目另存为“设计制作旅游商品说明视频 .vsp”，如图 4-129 所示。

图 4-128 新建项目界面

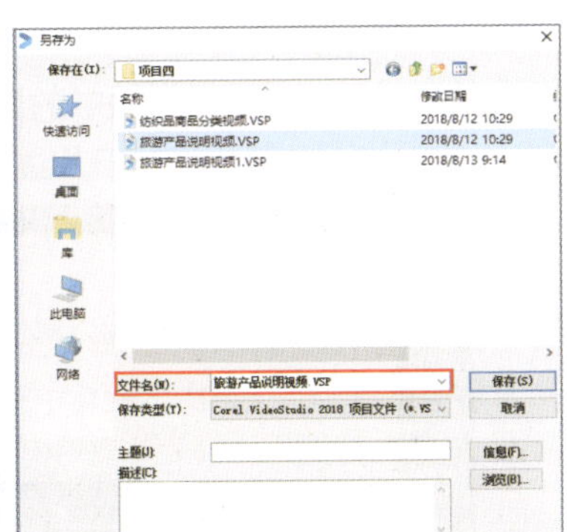

图 4-129 保存项目

步骤 02 在“编辑”面板中单击“媒体”按钮，继续单击“添加新文件夹”按钮，新建一个文件夹，将文件夹名改为“素材”，如图 4-130 所示。单击“导入媒体文件”

按钮，导入素材文件夹中的所有素材，如图 4-131 所示。导入素材后的“编辑”面板如图 4-132 所示。

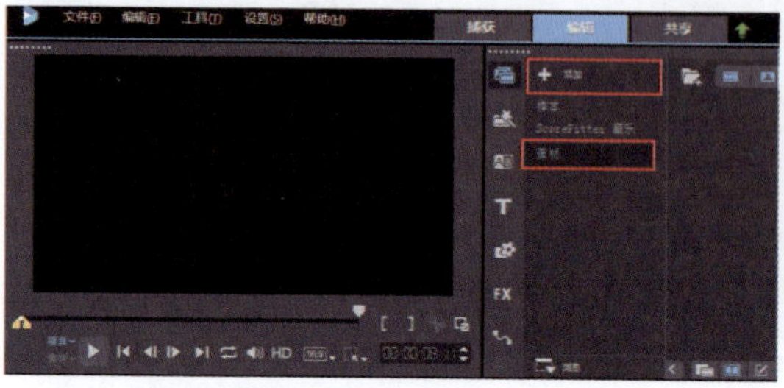

图 4-130　新建素材文件夹

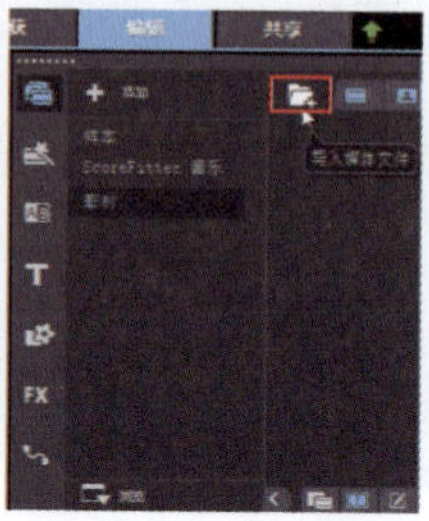

图 4-131　导入素材

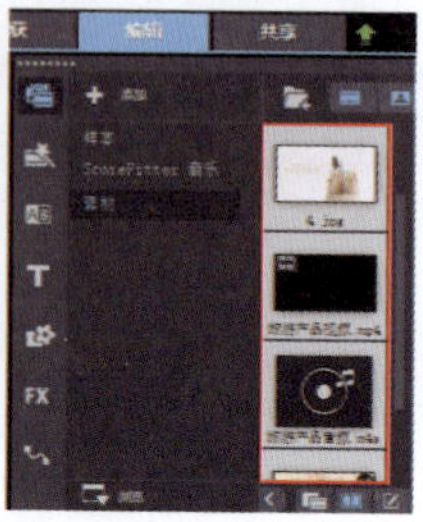

图 4-132　导入素材后的“编辑”面板

小技巧：将商品制作成视频，不仅可以更加直观地展示商品的特点、展现商品的不同细节以及演示使用方法，还可以用动画方式剖析内部结构，从而达到对商品特性的最大展现。

步骤 03　将“素材”文件夹中的“片头.jpg”拖曳到视频时间轴，如图 4-133 所示。单击时间轴中的图片，在“编辑”面板中设置图片的显示时间，如图 4-134 所示。

图 4-133　片头图片

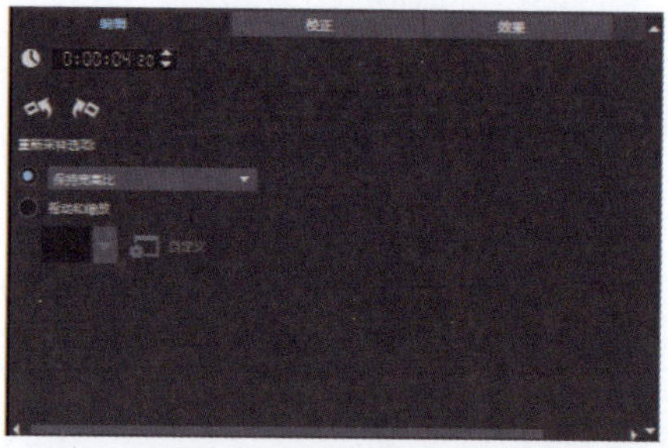

图 4-134　设置时长

步骤 04　单击时间轴中的图片，预览框中的图片会出现 8 个控制点，单击 4 个角的任意一个控制点，对图片进行等比例缩放，调整图片位置，如图 4-135 所示。

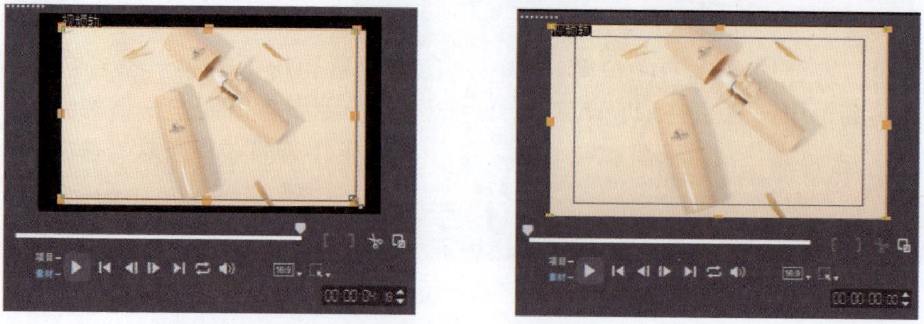

（a）　　（b）

图 4-135　成比例放大图片

步骤 05　将“素材”文件夹中的“旅游产品视频.mp4”拖曳到视频时间轴，将其置于“片头”图片后，拖动预览视频下方的黄色结束“修整标记”，将标记停在“00:00:12:12”的位置，时间轴如图4-136所示。

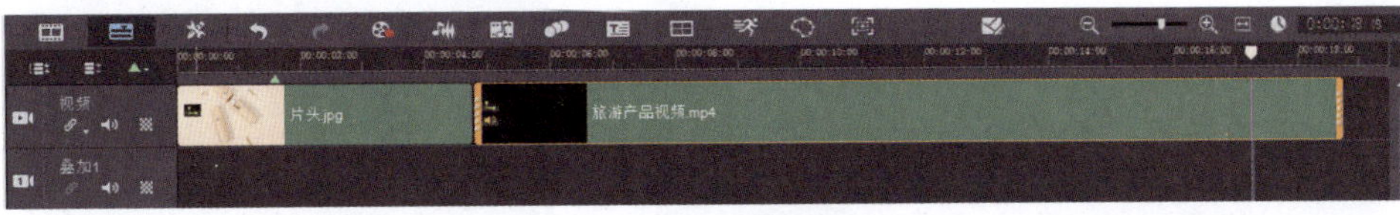

图 4-136　时间轴

步骤 06　视频轨如图4-137所示，单击时间轴中的视频，对视频进行成比例缩放，调整视频位置，让其大小、位置与“片头”图片一致，如图4-138所示。

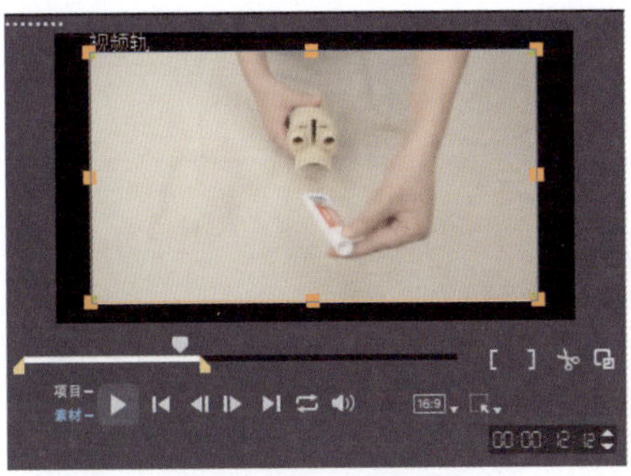

图 4-137　截取视频

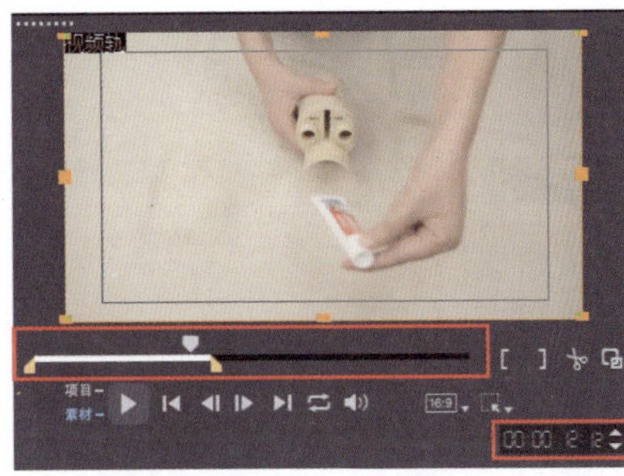

图 4-138　修改视频尺寸

步骤 07　单击“故事板视图”按钮，进入“故事板视图”面板，继续单击“编辑”面板中的“转场”按钮，在列表中选择“单向 - 伸展”选项，在“故事板视图”中添加转场效果，如图4-139所示。选择转场，在转场面板中设置时长，如图4-140所示。

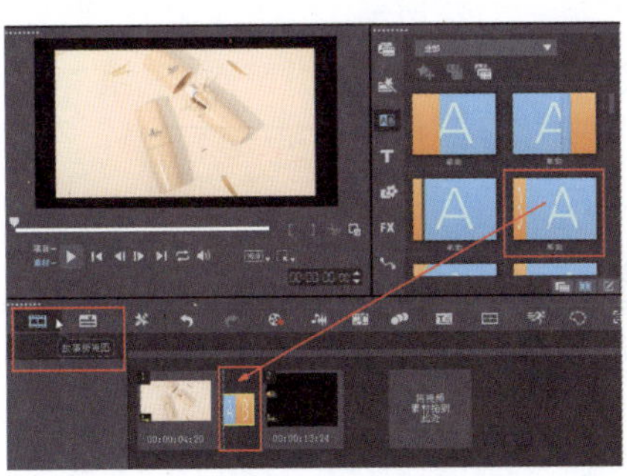

图 4-139　添加转场效果

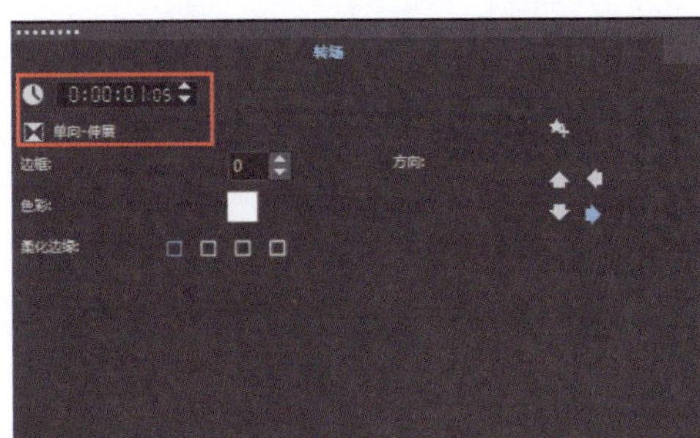

图 4-140　设置时长

步骤 08　将“3.jpg”拖曳到视频时间轴，调整图片位置，让其大小、位置与“旅游商品视频”一致，如图4-141所示。单击时间轴中的图片“3”，在“编辑”面板中将图片的显示时间设置为0:00:04:23，如图4-142所示。

步骤 09　将“素材”文件夹中的“4.jpg”拖曳到视频时间轴，将其放在“3”图片后，调整图片位置，让其大小、位置与“3”图片一致，如图4-143所示。

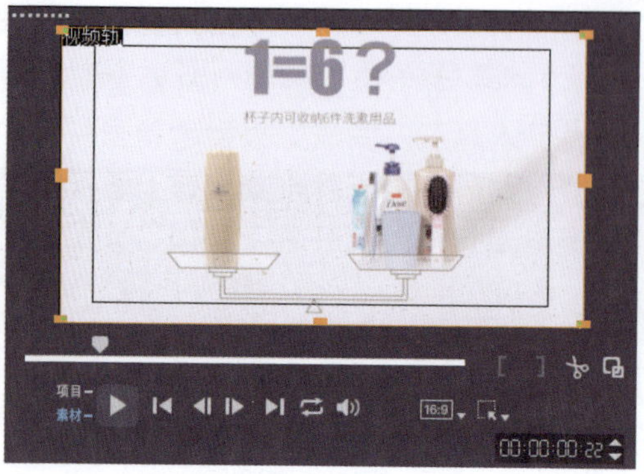

图 4-141　添加“3.jpg”图片

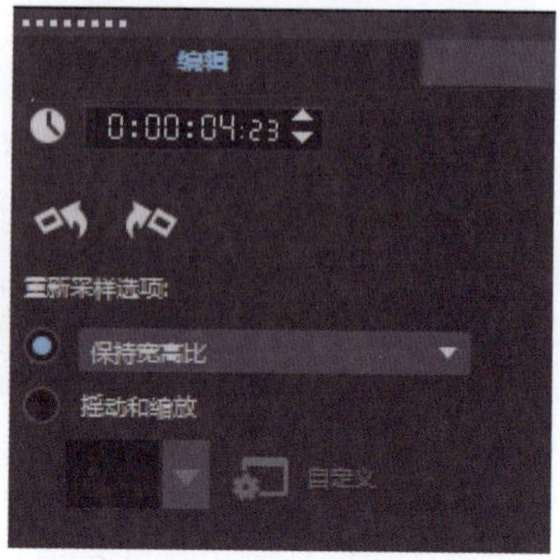

图 4-142　设置图片显示时间

步骤 10　单击时间轴中的图片“4”，在“编辑”面板中设置图片的显示时间为 0:00:02:19，如图 4-144 所示。

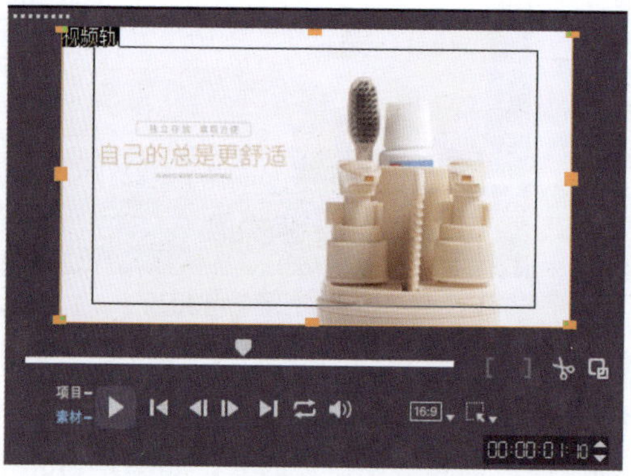

图 4-143　添加“4.jpg”图片

图 4-144　设置图片显示时间

步骤 11　单击“编辑”面板中“转场”按钮，在列表中选择“分割门 - 三维”选项，将该转场拖曳到时间轴“3”和“4”图片之间，如图 4-145 所示。单击该转场，在“转场”面板中将其持续时间改为“0:00:01:05”，如图 4-146 所示。

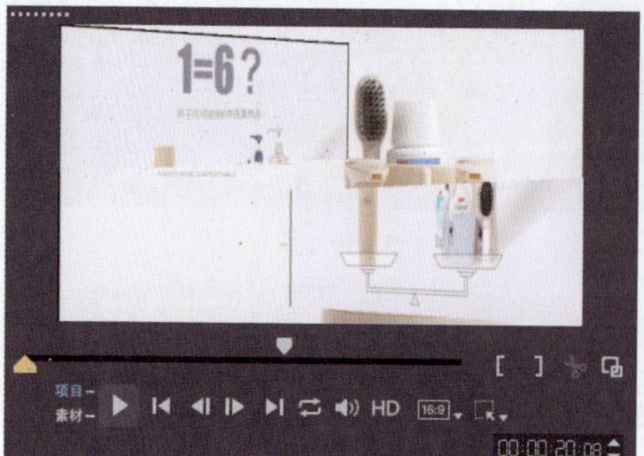

图 4-145　添加转场效果

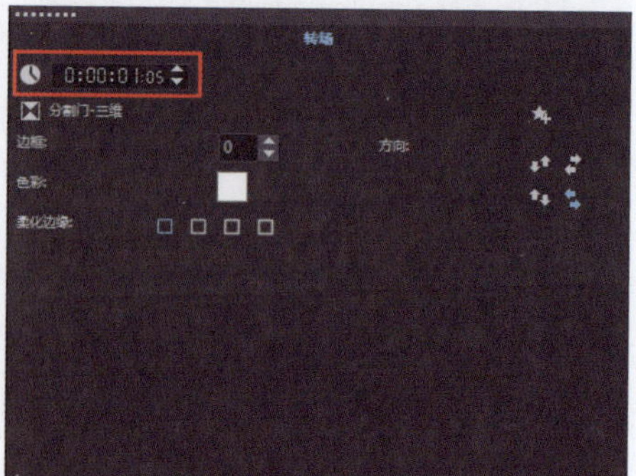

图 4-146　设置参数

步骤 12　将“素材”文件夹中的“旅游商品视频”再次拖曳到视频时间轴，调整预览视频下方的黄色“修整标记”的开始滑块，如图 4-147 所示。将“修整标记”的结束滑块停在如图 4-148 所示的位置。

图 4-147　修改视频开始位置

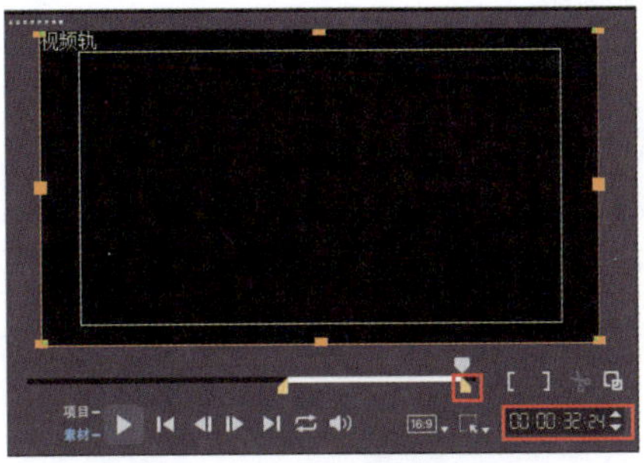

图 4-148　修改视频结束位置

步骤 13　调整图片位置，如图 4-149 所示。单击“编辑”面板中“转场”按钮，在列表中选择“单向 - 伸展”，将该转场拖至时间轴图片“4”和“旅游商品视频”之间，选择“转场”，在“转场”面板中设置其持续时间，如图 4-150 所示。

图 4-149　修改视频大小

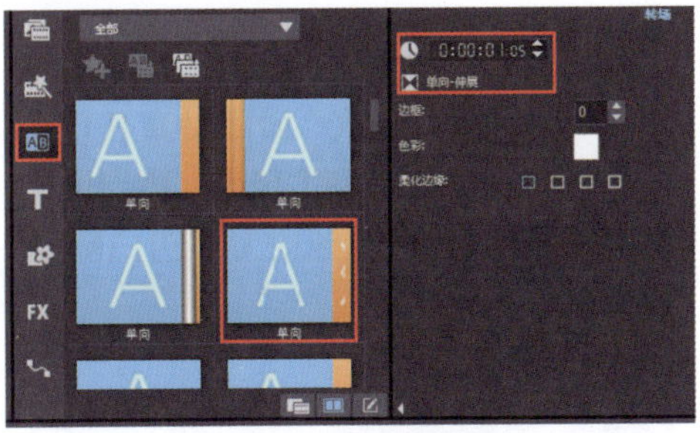

图 4-150　添加转场效果

小技巧：商品视频能大大节约销售人员向客户推销商品的时间，营销人员再不用反复向经销商或直接客户不厌其烦地作介绍了，以更加全面的讲解，向客户展现商品的优质，增加客户对企业商品的兴趣和更深度的了解。

步骤 14　在“编辑”面板中单击“图形”按钮，在列表中选择 Flash 动画，这里选择“FL-F02.swf”动画，如图 4-151 所示。将动画拖曳至“叠加 1”时间轴中，如图 4-152 所示。

步骤 15　单击“编辑”面板中的“转场”按钮，在列表中选择“十字 - 取代”，将该“转场”拖至“叠加 1”时间轴动画开始处，如图 4-153 所示。

步骤 16　右键单击“叠加 1”时间轴，选择“插入轨下方”，创建一个新的时间轴“叠加 2”，如图 4-154 所示。单击“编辑”面板中的标题按钮“T”，选择 LOREM IPSUM 条目，如图 4-155 所示。

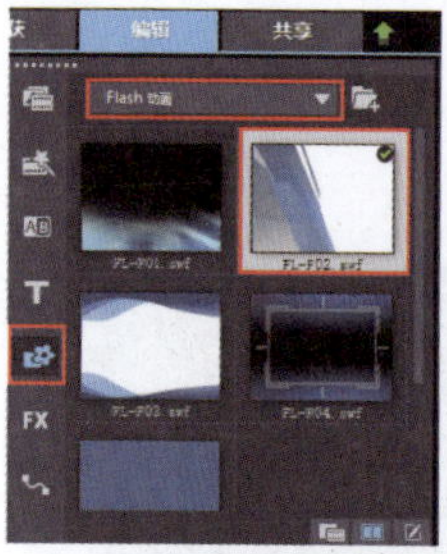

图 4-151　选择动画

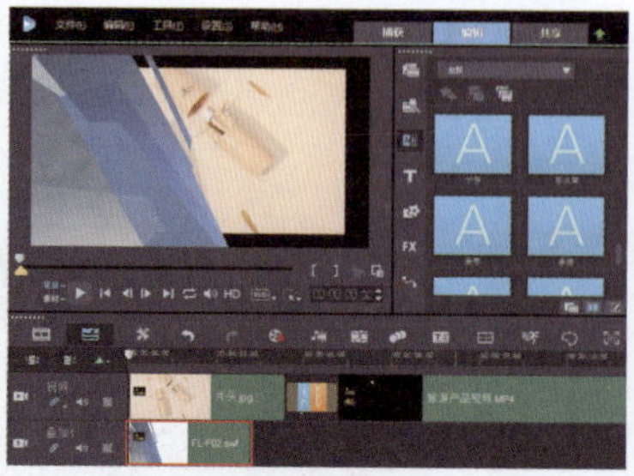

图 4-152　将动画拖至时间轴

图 4-153　为动画添加转场效果

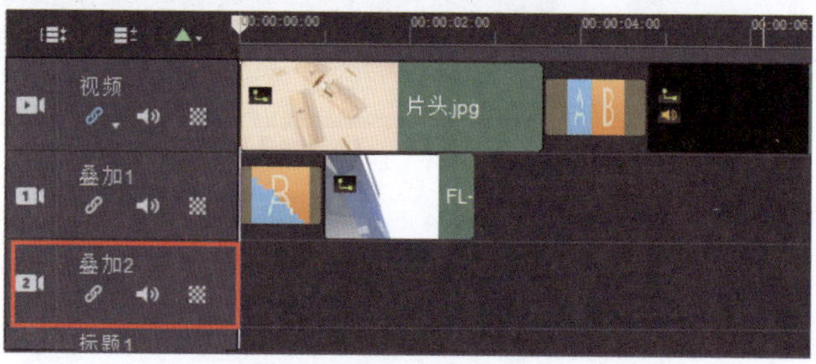

图 4-154　新建时间轴“叠加 2”

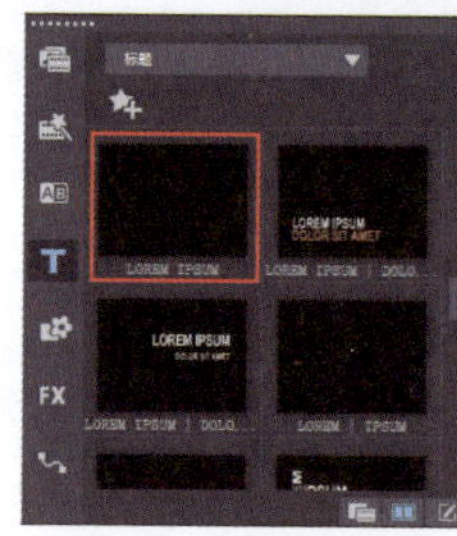

图 4-155　选择文字条目

步骤 17　拖动该条目至“叠加 2”时间轴中 00:00:00:14 的位置，设置其播放时间，在预览视频中双击该条目，将文字改为“便携式洗漱杯 - 旅行必备”，其余参数如图 4-156 所示。文字效果及时间轴如图 4-157 所示。

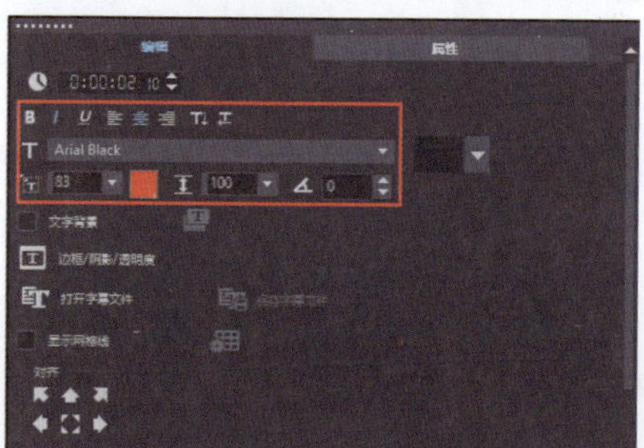

图 4-156　修改文字参数

图 4-157　文字效果及时间轴

步骤 18　单击“编辑”面板中的“标题”按钮，选择 LOREM IPSUM ｜ DOLOR SIT AMET 条目，如图 4-158 所示。拖动该条目至“叠加 2”时间轴中，在预览视频中双击该条目，将文字改为“洗发水”，并将文字颜色改为“黑色”，如图 4-159 所示。

步骤 19　单击时间轴中的“洗发水”文字，将其播放时间改为 0:00:01:06，如图 4-160 所示。

步骤 20　单击时间轴中的“洗发水”文字，按快捷键 Ctrl+C 进行复制，在 00:00:12:01 处单击，双击时间轴上复制后的文字，在预览框中将文字改为“梳子”，如图 4-161 所示。将复制后文字的显示时间改为 0:00:01:02，如图 4-162 所示。

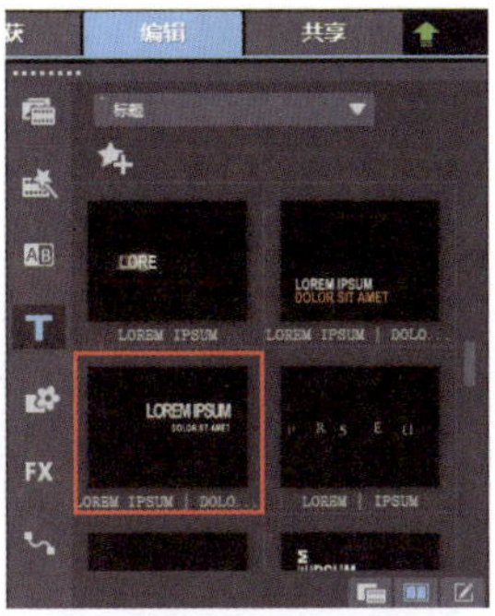

图 4-158　选择文字条目

图 4-159　修改文字颜色

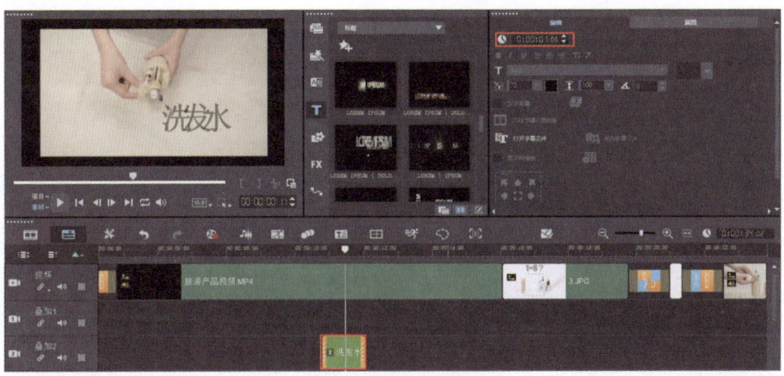

图 4-160　更改文字显示时间

图 4-161　更改文字内容

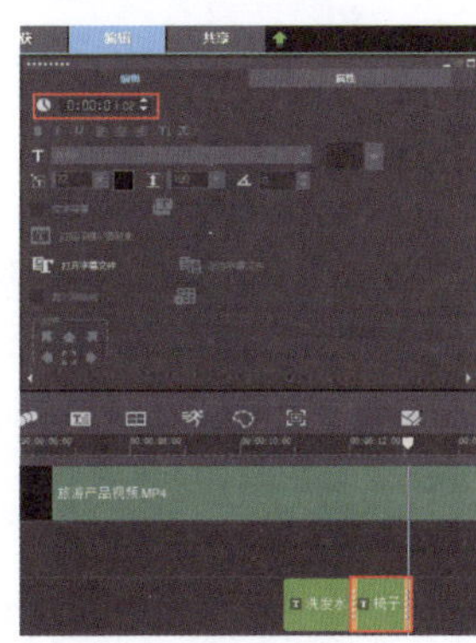

图 4-162　更改文字显示时间

小技巧：制作商品视频还可以使用合成软件对视频或图片 / 文字等进行一些平面特效处理，使画片更丰富。现在特效的种类范围已经很多很大，最简单地就是把一个素材中的一部分画面取出来与另一个素材的一部分合并在一起。

步骤 21　使用相同方法，完成“沐浴露”“牙刷”“牙膏”文字的制作，文字位置及内容如图 4-163 所示。

（a）

（b）

（c）

图 4-163　“沐浴露”“牙刷”“牙膏”文字位置

步骤 22　“沐浴露”的显示时间改为 0:00:01:02；“牙刷”的显示时间改为 0:00:01:00；“牙膏”显示时间改为 0:00:00:19 。时间轴如图 4-164 所示。“沐浴露”显示时间及其参数如图 4-165 所示。

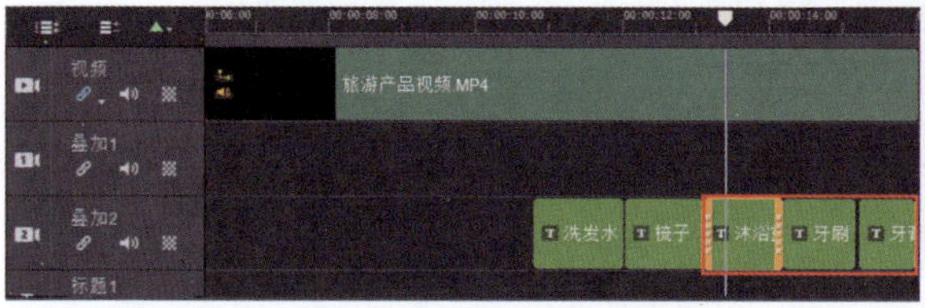

图 4-164　更改显示时间后的时间轴

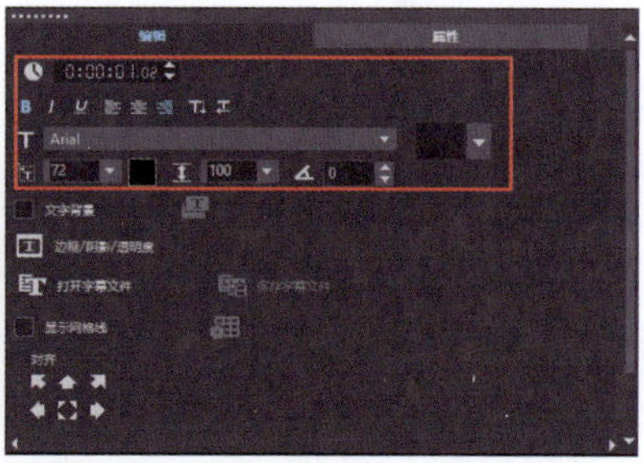

图 4-165　“沐浴露”显示时间及参数

步骤 23　单击“编辑”面板中的“标题”按钮，选择 LOREM IPSUM ｜ DOLOR SIT AMET 条目，如图 4-166 所示。拖动该条目至“叠加 2”时间轴中，双击该文字，将文字“LOREM IPSUM”改为“洗漱杯套装”，文字参数如图 4-167 所示。

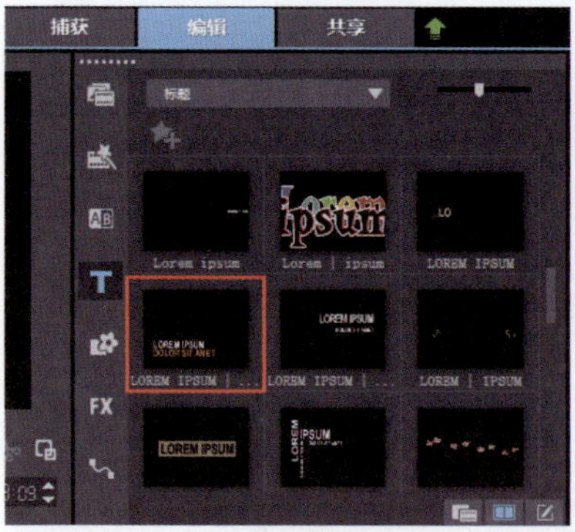

图 4-166　选择文字条目

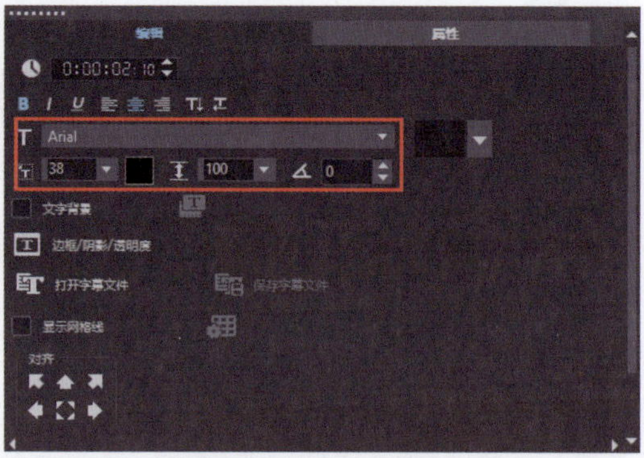

图 4-167　修改文字参数

步骤 24　修改标题文字，单击时间轴中“洗漱杯套装”文字，设置其播放时间，文字参数如图 4-168 所示。视频图像效果如图 4-169 所示。

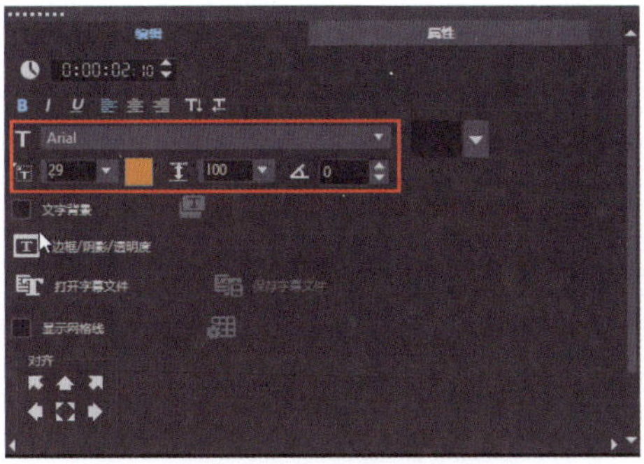

图 4-168　文字参数

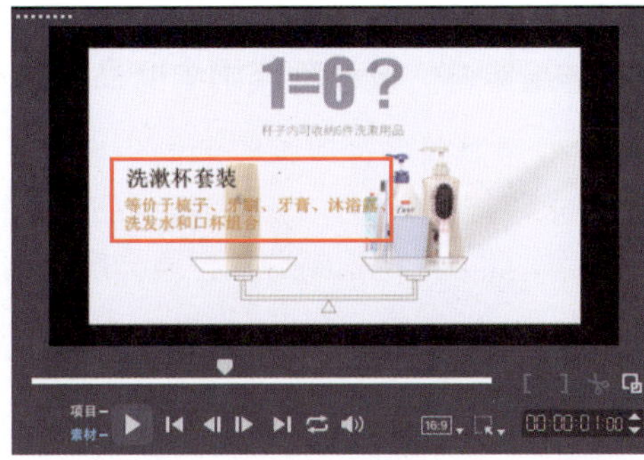

图 4-169　文字效果

小技巧：制作商品视频最简单的方法是“拍摄 + 解说 + 字幕”，用视频编辑软件就可以完成，例如 premiere, edius, vegas 等。

步骤 25　将“素材”文件夹中的“旅游产品音频 .M4A”，如图 4-170 所示，拖入声音时间轴中的开始处，如图 4-171 所示。

图 4-170　拖动声音媒体

图 4-171　拖入声音时间轴

步骤 26　单击“共享”面板，选择视频类型为 MPEG-4，在文件名处输入生成视频的“文件名”，选择视频生成的“文件位置”，单击“开始”菜单，即可对视频进行渲染，如图 4-172 所示。渲染结束后，双击生成的视频即可播放观看，如图 4-173 所示。

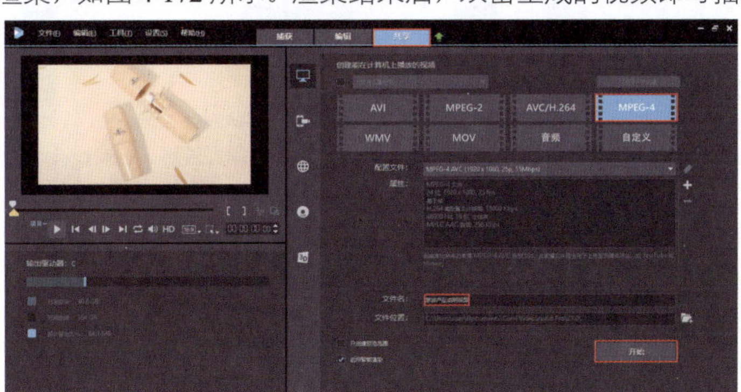

图 4-172　渲染视频

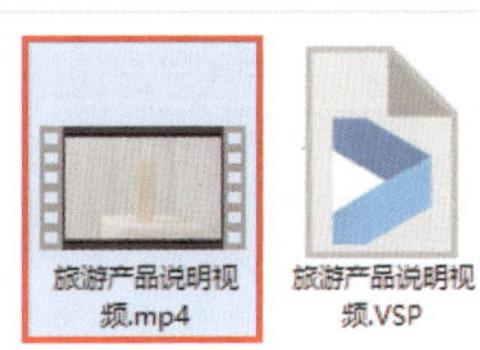

图 4-173　生成视频

小技巧：现今的电子商务网站中，绝大多数的营销视频格式都为 mp4，这是因为 mp4 格式不仅方便拍摄，更主要的是它可以更方便地在手机端播放，所以大多数店家选择视频的首选格式为 mp4。

举一反三　设计制作雨伞商品说明视频

完成旅游商品说明视频的制作后，读者应该基本掌握了营销说明视频制作的规范和要求，接下来制作一个同类商品的营销视频。

步骤 01　先将视频导入会声会影中，再将视频素材分割成几段，如图 4-174 所示。

步骤 02　设置“速度 / 时间流逝”选项参数，加长视频的速度，如图 4-175 所示。

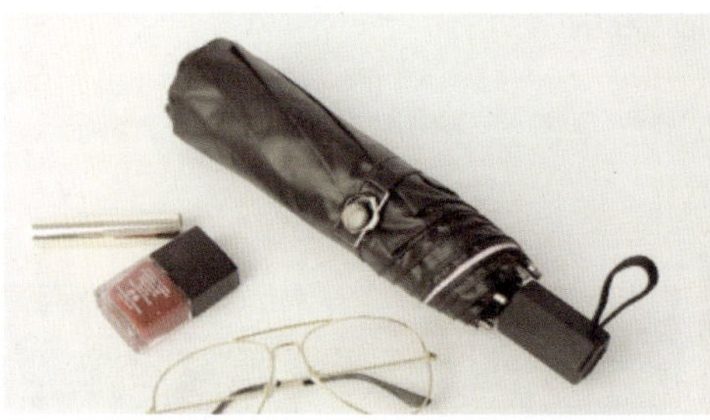

图 4-174　导入并分割视频

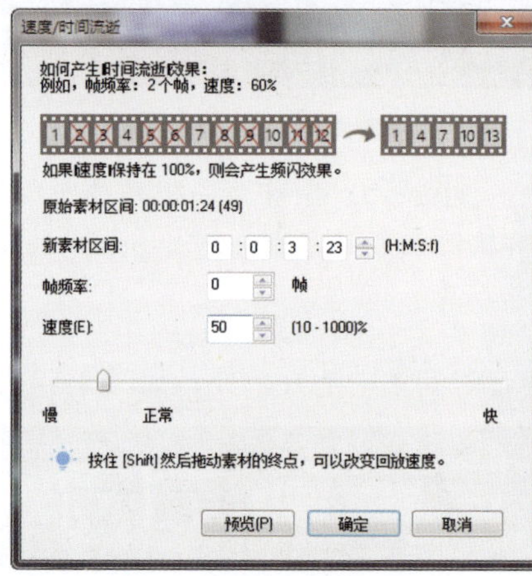

图 4-175　加长视频的速度

步骤 03　为视频之间添加转场效果，以丰富说明视频效果，如图 4-176 所示。

步骤 04　为其他视频添加转换，并输出视频，完成制作，如图 4-177 所示。

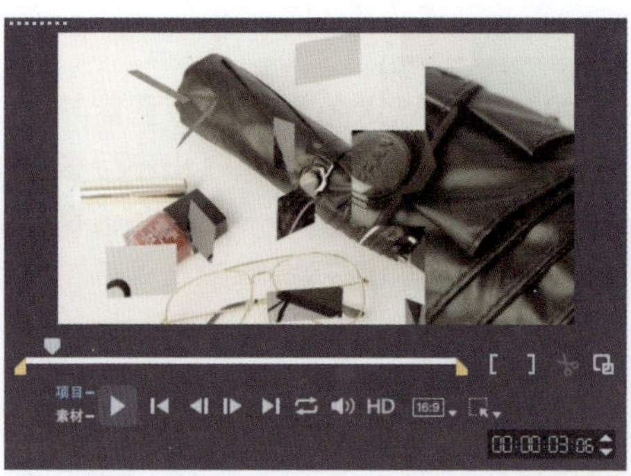

图 4-176　添加转场

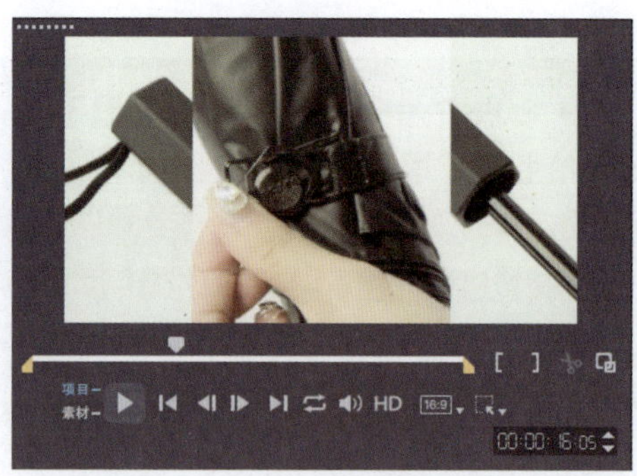

图 4-177　转换并输出视频

4.10　本章小结

本章主要针对视觉营销手段中的视频营销进行讲解。针对电子商务中视频的分类、应用及制作要求进行讲解。通过制作 3 个视频案例，帮助读者了解视频营销的几种常用表现形式。通过本章的学习，使读者掌握了电子商务行业中视频营销的常用技法。

4.11 课后习题

学完成本章的内容后，接下来通过几道课后习题，测验一下读者学习视频营销技法的效果，同时加深其对所学知识的理解。

4.11.1 选择题

1. 在电子商务网站中应用视频营销主要有3种形式，下面的选项中哪一个包含了这3种营销形式？（　　）

A. 商品详情页面中的视频、商品视频和店铺首页视频

B. 商品主图视频、商品详情页视频、店铺首页广告视频

C. 店铺视频、商品详情页面中的视频和商品视频

D. 店铺首页视频、商品主图视频和商品详情视频

2. 下面哪一条不是视频营销在电子商务网站中意义？（　　）

A. 相对于其他的投资宣传来说，视频营销的风险会相对比较低，而企业宣传片的风险则比较高

B. 现在电商网站中的宣传视频投资成本不高，但是往往在这低投资中能够达到非常不错的市场宣传效果

C. 制作企业宣传片的时间和广告时间相差不大，但是相对而言，企业宣传片更多的是侧重于企业的概况

D. 品牌的宣传片往往能够投放于各类的媒介上，无论是网络门户还是手机App，甚至是一些视频网站上，其投放的渠道形式多样化，能够起到的传播效果也是十分惊人。

3. 下列选项中关于电子商务网站中的短视频制作要求，哪一个选项是正确的？（　　）

A. 清晰度不做具体要求，720像素上下就可以

B. 视频长度1～60s都可以

C. 视频格式mp4、move、flv和f4v

D. 视频尺寸为9:16

4. 关于电子商务网站中视频的作用，下列选项哪一个是正确的？（　　）

A. 不同的肤质选择推荐不同的护肤商品，不同体型推荐不同的服装尺寸。由于用户在购买商品前做了充足的准备，这将大大降低退货率和差评率

B. 模特来演示的视频，可以解答各种用户会关心的商品问题，比让网站员工亲自上阵录制商品视频提供给用户的信息更多。通过视频告诉用户退货政策以及让用户了解如何验货等信息

C. 除了使用视频进行各种互动调研外，还可以使用商品视频告诉消费者商品的类型、大小等信息，为用户提供绝佳的消费体验

D. 在商品页面中穿插展示介绍商品的视频，给用户全方位了解商品的机会，从

而影响用户的购买。向用户提供了更多的商品信息，从而提高转化率，杜绝退货率

5. 下列选项中关于电子商务网站中的短视频制作要求，哪一个选项是错误的？（　　）

A. 主要展示单品卖点、亮点

B. 以介绍一件商品的功能、特点或使用方法等为主

C. 需要 5s 内进入主体商品介绍

D. 可以采用图片拼接的方式出现

参考答案：1. B　　2. A　　3. C　　4. A　　5. D

4.11.2　判断题

1. 视频审核有 3 道流程，第 1 道是机器审核，第 2 道是店铺审核，第 3 道是人工审核。（　　）

2. 不用的视频格式，如 MPEG-4 和 mov 也可以使用多种视频编码，例如，MP4V、XVID、DX50、DIVX、DIV5、3IVX、3IV2 和 RMP4 等。（　　）

3. 视频转换器就是将某一种视频格式转换为另一种视频格式，常见的视频转换器工具有格式工厂、会声会影、魔影工厂和 Honestech MPEG Encoder 等。（　　）

4. 网站可以用视频来对用户进行调研，通过让用户在视频内回答若干问题，然后给出用户可能喜欢的推荐。当然这个调研通过传统的方式也可以收集。（　　）

5. 店铺首页中的视频，通常会使用三维动画的广告视频或商品介绍视频。此类视频在展示品牌文化的同时能够拉近与消费者的关系，加深消费者对商品的认同感，从而促进消费。（　　）

参考答案：1. √　　2.×　　3. √　　4. √　　5.×

4.12　创新实操

根据本章所学到的知识，设计制作一款数码商品的营销视频，具体要求和规范如下。

1. 设计要求

商品视频要精致漂亮、字幕叙述要简单明了、转场效果要大胆创新且同时突出视觉营销的主题。

2. 内容 / 题材 / 形式

内容不限、题材不限、形式仅限于商品宝贝主图视频。

3. 参考案例（图 4-178）

图 4-178　参考案例

第 5 章

电子商务视觉营销的发展

——移动电子商务和 VR 技术

自从移动互联网进入高速发展阶段，电子商务就进入了新营销时代。便捷的电商平台得到越来越多消费者的青睐。但是随着电子商务创业者的涌入，商家竞争加剧带来营销成本上升、缺乏品牌调性及体验感、抄袭等现象成为电子商业发展的兴趣点。

没有哪一个企业是永远一成不变的，只有跟随时代的发展逐渐演变，才能立于不败之地。对于高速发展的电子商务企业来说更是如此。作为电子商务的从业人员，更要审时度势，找到行业的最新技术，发现最新的经济增长点，保证电子商务行业健康稳定地持续发展。

本章将针对电子商务行业未来视觉营销的发展方向进行讲解，并针对移动平台中的电子商务视觉营销和视觉营销中 VR 技术的应用进行介绍，如图 5-1 所示为淘宝和京东移动端界面。

（a）　　　　　（b）

图 5-1　移动端电子商务平台界面

5.1　电子商务行业发展的问题

电子商务行业发展到今天，其优势自然不言而喻，但缺点也越来越明显。购物体验、品质参差不齐和爆款销售等问题都是当下电子商业行业的兴趣点。

5.1.1 不佳的购物体验

体验感一直是互联网模式的硬伤，知名网络专家刘兴亮曾说过：“线上虽方便快捷，但线下很多服务，线上是无法代替的。”虽然店家大都通过图片、动画、视频等视觉营销手段尽可能地向浏览者展示商品信息，但对于一些具有局限性的商品，依然很难刺激消费者进行购买。

如香水、食品和生鲜产品，虽然用户也可以直接在网上购买，但与线下购买最大的区别在于，线下购买是可以亲自感受、体验、品尝商品后，再决定购买。而电子商务则只能通过图片、视频等视觉上的感受来决定是否购买，如图 5-2 所示。这样会造成“货不对板”的情况，电子商务中的差评也大多由此而来，如图 5-3 所示。

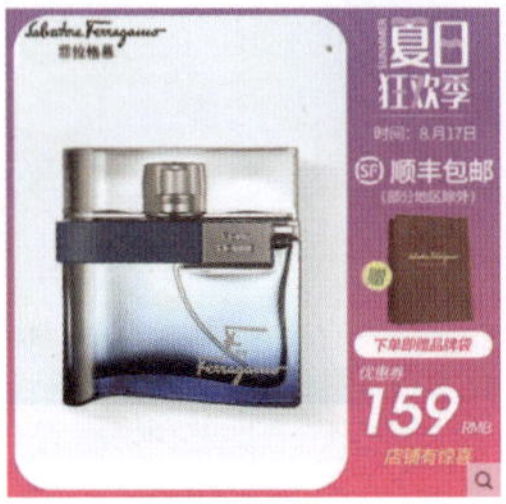

图 5-2 商品视觉营销

图 5-3 商品评价

5.1.2 商品品质参差不齐

品质参差不齐是线上线下都有的经济现象。借由互联网平台传播后，网络商品品质备受质疑，有时网络甚至被有些人称为“假货集散地”。商品的品质问题成为制约电子商务发展的重要因素。

如药品、珠宝和汽车产品，这些与人体健康息息相关或较高价值的产品，用户在购买时就显得谨慎很多，如图 5-4 所示为珠宝商品的主图。

图 5-4　珠宝产品

5.1.3　过时的爆款销售模式

打开各大购物平台，9.9 元的袜子、手套、零食，19.9 元的毛绒衫乃至床单等宣传页比比皆是。低价竞争激烈，为了抢占市场，店主把价格都压低甚至压到成本价。短期看，店主获得了关注和流量，消费者买到物美价廉的商品。但长此以往，店主为了生存，必然会降低产品质量与服务水平，最终受害的还是消费者。

以外卖行业为例，常常会出现堂食与快递价格一样，但分量不一样的情况。消费者通过购物平台购买的外卖，只是半份菜品。虽然这也是店家在激烈竞争中的无奈之举，但长此下去，必然会影响整个行业的发展。如图 5-5 所示为菜品糖醋排骨堂食与外卖的分量差别。

（a）堂食　　（b）外卖

图 5-5　爆款销售模式——堂食与外卖的分量差别

电子商务发展时间还很短，出现各种问题在所难免。作为店主要严格自律，不要为短期利益破坏整个行业的健康发展。想要在众多商品中彰显自身特色，精细化的视觉营销是电商品牌提升竞争力最有力的竞争武器。

5.2 电子商务视觉营销的发展趋势

打开任意一家电子商务平台，各种商品琳琅满目。但是消费者却感觉越来越买不到自己想要的商品了。为何出现这种情况？这是因为消费者在购买消费品或服务的过程中，消费成本大大增加。

提示： 消费成本指的是消费者为实现消费品或服务的效用过程中所付出的代价，包括购买和消费的整个过程有关的一切支出。

视觉营销是电子商务营销的主要手段之一，从最早的商品拍摄，到模特拍摄，再到短视频录制，视觉营销技术日益完善。但简单的视觉营销会造成店铺“千店一面”，与当下个性消费的崛起形成巨大的矛盾冲突，这也是导致消费者购买欲望下降的原因。如图 5-6 所示为两件服装店铺的首页。

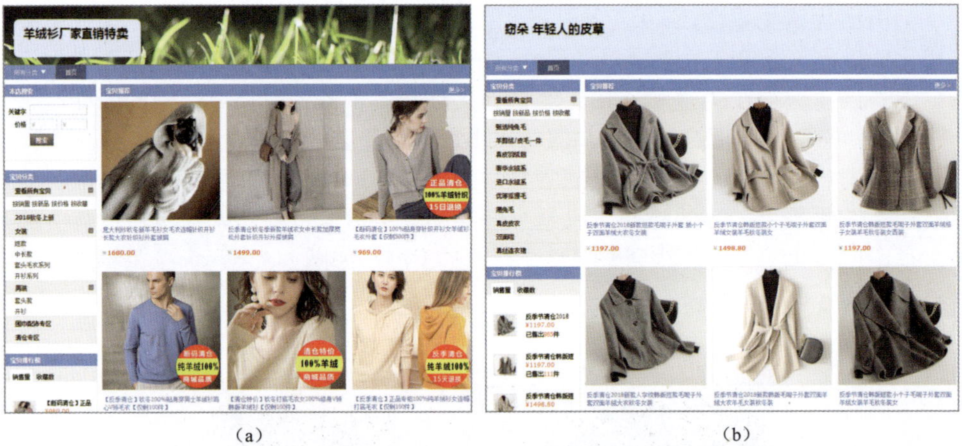

(a) (b)

图 5-6 视觉营销相似的两家店铺

那么电子商务视觉营销如何发展才能得到消费者的青睐呢？一句话“爱美之心，人皆有之”，美，不只是商品颜值高，店铺的形象好，更是一种看得见的竞争力。没有人愿意透过杂乱的店铺形象去发现有没有适合他们的商品。

5.2.1 视觉营销的兴趣引导

消费者在逛线下店铺时，会对一进门就热情似火的服务方式产生反感，开始喜欢来去自由的轻松购物环境。作为线上店铺更要给消费者提供一个操作便利的购物平台。减少产品广告和精品推荐的数量，精细化产品分类，提高用户体验的舒适度。将传统的推荐式营销变成兴趣引导式营销。

如图 5-7 所示页面中，没有多余的广告，没有爆款产品的推荐图。仅将店铺的产品按照用户感兴趣的级别进行划分，浏览者一旦进入店铺，就可以马上点击自己感兴趣的栏目，开始浏览购物，简单、直接、高效。

图 5-7　兴趣引导式视觉营销

5.2.2　视觉营销的品位至上

当消费者走进一家知名咖啡店，随便点一杯咖啡就要几十元钱。消费者却没有感觉贵，反而会经常结伴消费。而当消费者要购买一盒速溶咖啡时，通常会从价格、口味、数量等诸多因素上考虑很久，虽然速溶咖啡可以喝几十次。曾经火爆大街的撤店甩卖式营销如今再也甩不动了，降价大促销再也不会引起消费者的疯狂。这就是消费的大变迁，商品的价格在未来的消费中，越来越不是首要考虑条件，而品牌和店铺的调性给消费者的价值感会越来越高。

如图 5-8 所示，页面中展示一张类似于杂志大片的产品图。模特和商品完美结合，整个页面显得高雅大方，时尚感十足。标题文字以诗一样的语句烘托页面的氛围，没有一句是介绍产品的，但却让人有购买的欲望。

（a）　　　　　　　　（b）

图 5-8　有品位的产品图

5.2.3　视觉营销的形象定价

消费者在消费的过程中有一个现象，只要店铺的形象好，商品价格贵一点也可以接受。此时消费者不再关注品牌，店铺如果没有调性，就算是知名品牌，一样有可能被讨价还价。而在一些风格独特有调性的店铺里，只要浏览者喜欢，他们就会购买，价格反而不重要了。

如图 5-9 所示，页面采用大幅产品图片作为分类图片。整个页面采用庄重的黑色作为背景色，页面效果高端大气，处处透着品质的产品信息。

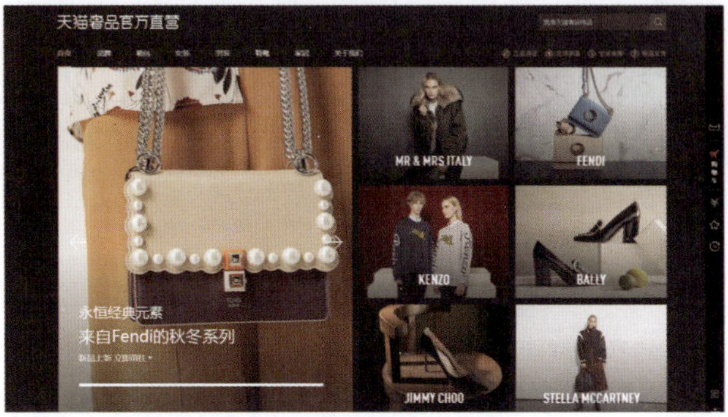

图 5-9　调性十足的页面效果

5.2.4　视觉营销的颜值消费

研究表示，人类的行为有 75% ～ 90% 受视觉主导，也就是说精致漂亮的产品图，会刺激浏览者购买的需求。将视觉营销技法应用到整个店铺中，从店铺装修到产品展示，再到商品详情页制作，整个店铺风格统一，形象调性高度统一，打造出与产品风格高度一致的审美体验空间，深度激活消费者的购买欲。

如图 5-10 所示为奢侈品皮草外套的商品图，图片清晰，色彩鲜艳，与商品信息页色彩风格一致，整个页面风格整齐划一，视觉冲击力强。

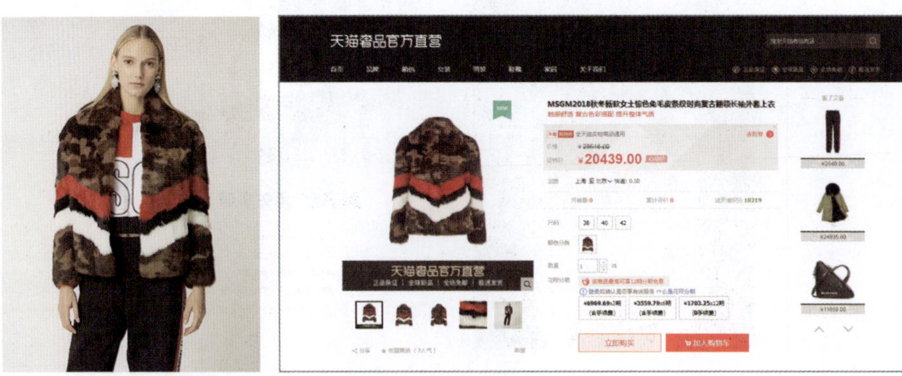

（a）　　　　　　（b）

图 5-10　高颜值产品页面

5.3　VR 技术在视觉营销上的应用

电子商务视觉营销从文字转换到图片，再转向视频，接下来商品的最好表现形式就是商品 3D 化。商品 3D 化就是指日渐成熟的 VR 技术，如图 5-11 所示。

提示：VR 指的是一种虚拟现实技术，可以创建和体验虚拟世界的计算机仿真系统。

当浏览者戴上 VR 头显，通过计算机生成一种模拟环境，一种多源信息融合的、交互式的三维动态视景和实体行为的系统仿真让浏览者沉浸到该环境中。该技术就是 VR（虚拟现实）技术，在网络购物方面的应用，即为 VR 购物。

有了 VR 购物，浏览者可以随意在世界各地名店间穿梭，有时在纽约时代广场的喧闹中疯狂购物，有时又跳到巴黎老佛爷百货品尝古典奢华的味道；在选择家具时再也不用为尺寸而纠结，VR 购物场景可以直接把它挪到家里，尺寸颜色是否合适，一目了然；在 VR 购物里，不仅可以实现虚拟试衣，甚至还可以直接用手感受衣服的材料质地，如图 5-12 所示。

图 5-11　商品 3D 化

图 5-12　VR 购衣

要想在电子商务中实现 VR 购物，则需要使用很多技术，例如，三维建模、动作捕捉、VR 支付等，而这些技术目前还没有大规模商用化，使用这些技术对大多数商家来说还比较困难。

1. 三维建模技术

VR 购物仅仅有环境场景是不够的，浏览者在 VR 商场里看到的成千上万的商品都是通过三维建模技术建立的。利用商品图片的结构信息，通过多张不同视角拍摄的照片恢复出被摄对象的三维结构，同时能根据获得拍摄时的空间位置和朝向进行室内外的定位。

基于深度信息的高精度建模则是通过激光测距仪和 Kinect 等设备采集深度信息，并通过点云拼接技术得到扫描对象的三维点云，最后在点云基础上采用表面重建技术得到可供计算机进行贴图和光照渲染的表面模型，如图 5-13 所示。

2. 动作捕捉技术

当顾客想要与虚拟场景进行互动时，三维动作捕捉技术会捕捉消费者的动作并触发虚拟环境的反馈，从而实现虚拟现实中的互动。目前 VR 中大多使用光学式运动捕捉系统，这是一种基于计算机视觉原理通过对目标上特定光点的监视和跟踪完成运动捕捉的任务。动作捕捉技术可以说是实现人与虚拟现实交互的关键，如图 5-14 所示。

图 5-13　商品三维建模

图 5-14　动作捕捉

3. VR 支付

当顾客通过 VR 头显下单之后，付款时也无须摘下头显，运用独有的支付验证方式和安全体系机制，结合生物识别技术即可完成支付。例如，收银台、支付流程、安全认证方式等，通过凝视、点头、手势等控制方法完成交易。阿里巴巴集团下的蚂蚁金服正在逐步完善 VR 支付方式如图 5-15 所示。随着 VR 支付的出现，VR 购物的最后一环也将完成。

图 5-15　VR 支付

目前 VR 购物还要面临很多困难，从技术层面上讲，VR 全景购物技术实现手段主要为 VR 实拍加 CG 的结合，即将实际拍摄场景与三维模型结合，并实时渲染。而目前 VR 技术的数据采集和图像处理方面有很多问题有待改进解决，如清晰度不足、欠缺交互性、除了视觉无法模拟其他体感等。

知识提炼：VR 技术在电子商务中的应用

目前国内外市场对于 VR 购物都有新的突破，例如阿里 6.18 购物节上，开发团队提供的 VR 购物技术——VR 全景购正式对外亮相，让消费者体验了在虚拟商店里在线购物的快感。公司还表明会率先实现 VR 在电商领域的产品落地。

知识扩展：VR 电商与“互联网 +”

VR 电商和目前热门的“互联网 +”有着极好的互补性，VR 电商解决的是标准产品服务的体验问题，而“互联网 +”作为互联网反哺实体经济的典范，往往涉及的都是餐饮、娱乐、生活服务等无法完全电商化的非标服务行业，这些非标服务正因为需要带着身体才能去消费，所以根本无法摆脱线下实体商业。

而 VR 电商则是在纯互联网电商的基础向上延伸，仍旧是传统电商模式的延续，提升的是标准商品的服务价值。

那么电商行业的体验式消费模式的升级路线图就非常清晰了，以 VR 电商为首的线上体验式消费和以“互联网 +”为首的线上 + 线下式的体验式消费的相结合，将会成为电商取代传统实体商业的完全体解决方案，也是电商行业向体验式消费的完全体进化。

5.4 移动端电子商务应用

在移动互联网时代，随时随地浏览和操作成为用户体验最直接的要求，这也是电子商务发展的必然趋势。移动电子商务的深入开发和成熟应该早已成为可能，这大大增强了用户的体验效果。

5.4.1 移动端电子商务的特点

移动电商是指使用智能手机、平板电脑等无线终端设备进行 B2B、B2C、C2C 和 O2O 的电子商务。移动电商将因特网、移动通信技术、短距离通信技术及其他信息处理技术的完美结合，使人们可以在任何时间、任何地点进行各种商贸活动，实现随时随地、线上线下的购物与交易，在线电子支付以及进行各种交易活动、商务活动、金融活动和相关的综合服务活动等。如图 5-16 所示为移动端电子商务平台。

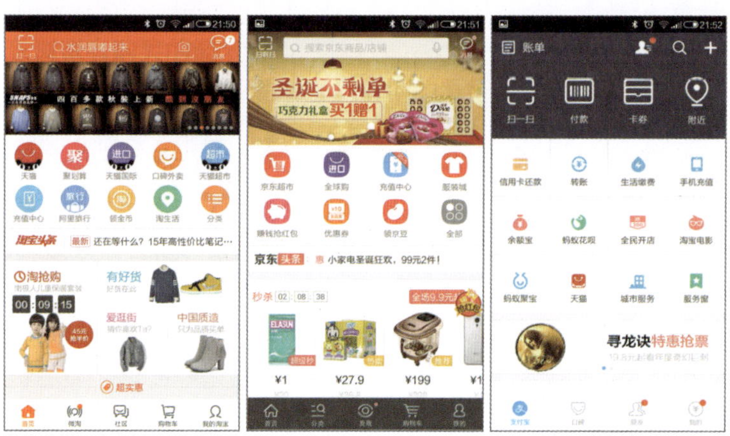

（a） （b） （c）

图 5-16 移动端电子商务平台

提示：B2B 是一种企业对企业的电子商务模式；B2C 是企业直接面向个人的电子商务模式；C2C 是个人对个人的电子商务模式；O2O 指的是将线下商务机会与互联网结合在一起的电子商务模式。

用户的需求决定了市场的走向。移动电商市场从用户体验上打破了传统的模式，给人以耳目一新的感觉，恰如其分地契合到人们的体验需求，良好的用户体验使之逐渐渗透到人们的生活之中。无须复杂的平台和时间束缚，只需轻松触控，用户可随时随地完成操作，将使其成为生活中一个不可或缺的消费方式。

5.4.2　电子商务移动端与 PC 端的区别

人们平常狭义理解的电子商务就是在计算机上买卖东西，或者其他商务活动，但是随着移动技术的发展，很多需要在计算机上完成的工作，现在通过手机一样可以完成，这个就属于移动电子商务。

移动电子商务市场的发展不会是简单地由 PC 端向移动端迁移的过程，而将是一场以个人消费者为中心的产业模式重构。

移动电商市场吸引了许多竞争者，如 PC 互联网时代的电子商务巨头淘宝、京东等，跃跃欲试借助 O2O 转型的苏宁、国美、万达等传统零售巨头，甚至还有海尔、联想等品牌厂商。在移动电商模式下，对个人消费者本身的争夺将逐步替代流量入口之争，成为产业各方获取竞争优势的关键。

提示：由于基于固定 PC 互联网的电子商务与移动电子商务拥有不同特征，移动电子商务不可能完全替代传统电子商务，两者是相互补充、相辅相成的。移动通信所具有灵活、便捷的特点，决定了移动电子商务应该定位于大众化的个人消费领域，应该提供大众化的商务应用。

5.5　移动端页面视觉营销的原则

任何视觉营销的表达都具有一定的意图和要求，有明确的主题，然后按照视觉心理规律和形式将主题主动地传达给浏览者。诉求的目的，是使主题在适当的环境里被用户及时地理解和接受，以满足用户的使用和需求。

5.5.1　功能性原则

移动端页面的设计首先应该满足用户的实际需求，用户应该能够通过页面轻松、快捷地获取想要的商品信息。如果不能做到这一点，移动端平台的建立是没有意义的，也无法生存下去。也就是说，在进行移动端页面设计时，形式应该首先服务功能，做到形式与内容的统一。

移动端网店首页中可以向浏览者提供当季的产品推荐或最新的商品促销活动信息，以引导浏览者购物。当浏览者进入商品详情页面时，页面则会将该款商品的详细信息充分地展示出来，如图 5-17 所示。

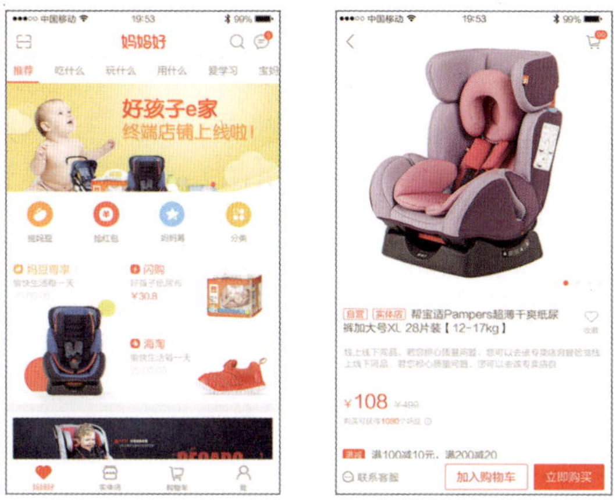

（a）　　　　（b）

图 5-17　店铺首页和商品详情页

5.5.2　可视性原则

可视性是信息本身的重要特征，也是提高移动端页面易用性的因素之一。用户在浏览店铺页面的过程中，是将众多可视的符号通过人脑的认知而获取有效信息的过程，利用这些可视的信息完成页面的视觉营销设计。

1. 简洁的形式

移动设备的特性决定了移动端页面的设计必须简洁。移动端页面要求在最短的时间内抓住用户的视线，吸引用户的注意力，并且能够做到一扫而过就能找到需要的商品。任何多余的无效内容都会影响商品信息传达的速度，这就是信息传达的高效性。要做到这一点，简洁是最有效的方式。

要做到简洁，就要删除不必要的因素，把必须留下来的信息进行合理地组织。当去掉页面中的装饰性元素的时候，商品图片和信息就成了主角，这便于用户浏览。如图 5-18 所示为设计简洁的移动端电商应用。

（a）　　　　（b）

图 5-18　设计简洁的页面

2. 可阅读的文字标题

从功能性的角度来说，文字标题是最直接、最准确的视觉沟通及认知方式，是最能够准确表达信息的媒介。在许多移动端页面中都是以商品图片为主，而文字则起到至关重要的作用。从宏观的角度看文字的功能主要有两种：一种是传递商品信息，即描述商品的名称、价格及功能等信息内容；另一种是传递商品的情感，目的是通过文字传递情况，强化页面的视觉风格，这是文字的辅助功能。

提高移动端页面中文字阅读舒适度的重点是提高文字的易读性和可读性。易读性是指一套字型中由字母形状特征所决定的不同字母的可辨识度，而可读性是指文字在页面中是否便于理解。如图 5-19 所示为移动端电商应用中文字的处理。

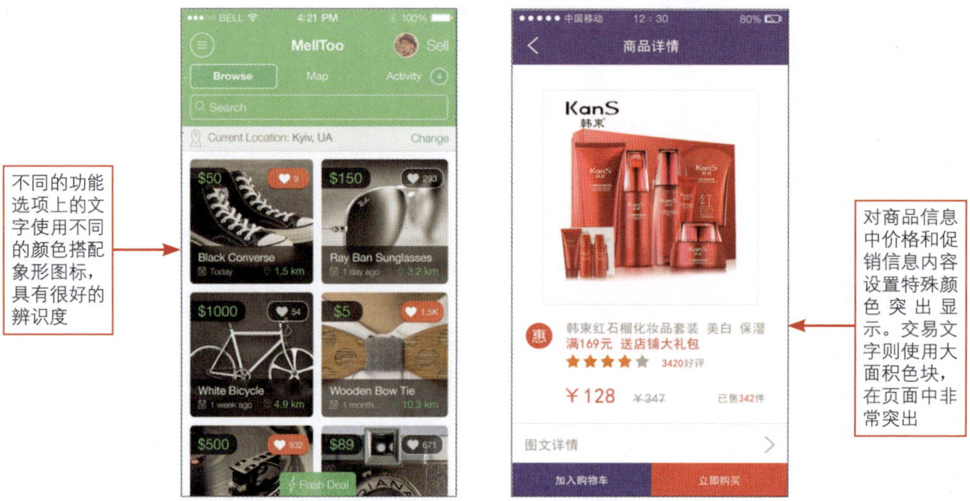

（a）　　　　　　　　　　（b）

图 5-19　移动端电商应用中文字的处理

3. 有效的色彩搭配

色彩是人类认知事物的重要媒介之一，色彩设计同样是移动端页面设计中的重要组成部分。相对于文字来说，色彩对于用户视觉体验的影响更加强烈。合适、有效的配色能够起到提示页面主题、强化页面风格、吸引浏览者注意等重要的作用。设计师要理解色彩的本质和特性、色彩表现的规律、色彩的心理效应等，这样才能根据移动端电商页面的主题选择合适的颜色、提高色彩的使用效率。如图 5-20 所示为移动端电商应用中的色彩搭配处理。

4. 清晰的视觉流程

移动端页面的视觉流程是用户在浏览页面时视觉流动的轨迹。用户浏览页面的顺序一般是视线水平方向稍上的位置，视线一般从左向右流动，垂直方向视线一般从上向下流动。

图 5-20　移动端电商应用中的色彩搭配处理

理论上讲，视觉的感知过程包括三个连续的阶段，如图 5-21 所示。

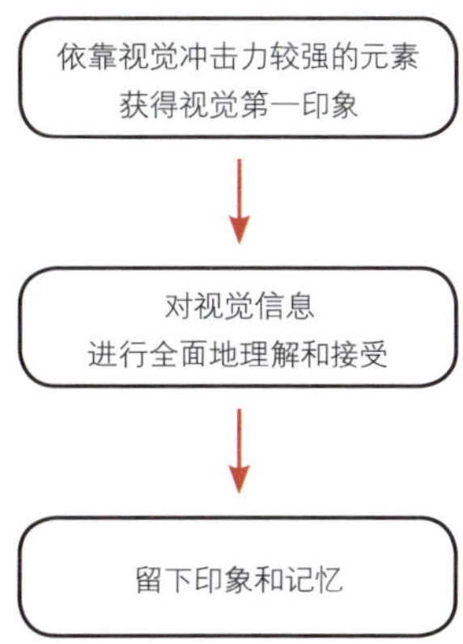

图 5-21　视觉感知过程

而实际的浏览过程通常是这样的：一种情况是，用户的浏览不带有目的性，只想随便看看，在瞬间建立了对页面的初步印象后，如果看到自己感兴趣的商品会直接点击进入；还有一种情况是，用户打开该移动端页面时带有极强的目的性，用户并不会仔细看页面中的所有商品信息，而是通过搜索查找自己的目标商品。在这个过程中，用户如果遇到与搜索目标无关，却能够吸引自己的商品，则可能会放下目标转而点击自己感兴趣的商品，之后再回到原目标。

因此，如果能通过建立主次、先后的信息传递秩序，让用户在搜索的过程中接收到页面希望传递给用户的推荐商品信息，就能实现商品的有效传递，体现视觉营销的设计本质。想要做到这一点，就要在页面中建立清晰的视觉层次，组织设计形式完成对用户的引导。如图 5-22 所示为视觉层次清晰的移动端页面应用。

图 5-22　视觉层次清晰的移动端页面效果

5.5.3　统一性原则

移动端页面视觉营销设计风格统一性原则包含 3 层意义：第 1 层是内容与形式的统一；第 2 层是整体形象的统一；第 3 层是各层级页面的统一。

1. 内容与形式的统一

所谓内容与形式的统一是指页面设计的视觉风格和表达形式应该符合该商品的定位，能够在用户第一眼看到页面时就形成与商品的核心目标一致的初步印象。如图 5-23 所示页面，使用简洁明了的设计风格，以纯白色为背景，在页面中规则排列相关的商品图片和文字内容，给人一种非常简洁、大方的印象。

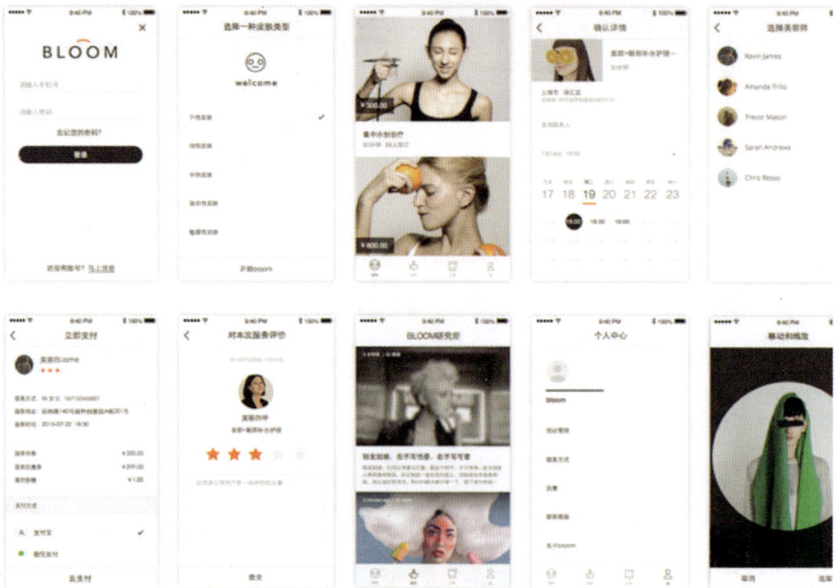

图 5-23　内容与形式的统一

2. 整体形象的统一

所谓整体形象的统一，即指页面中的各种视觉要素，以及各层级能够具有整体性和延续性，又指页面的视觉风格与品牌形象、企业文化的统一。如图 5-24 所示的运用中国传统元素、采用直排文字的方式，与该品牌的产品形象相统一，给人一种复古、传统的风格。

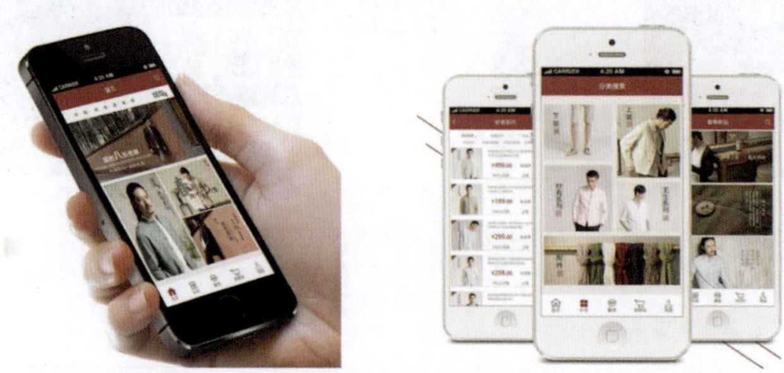

（a）　　　　　　（b）

图 5-24　整体形象的统一

3. 各层级页面的统一

移动端店铺同样是由多个具有层级链接的页面构成的，店铺的视觉风格不是仅体现在一个页面上，而是贯穿整个店铺的所有页面，体现在用户使用该移动电商的过程中。因此，无论设计店铺中的任一页面，都要尽可能保持风格统一，确保浏览者对店铺有一个统一的印象和使用习惯，如图 5-25 所示。

（a）　　　　（b）

图 5-25　各层级页面的统一

5.6　设计制作产品交互图

在产品视觉营销中，什么样的产品可以抓住浏览者的目光，并对其产生兴趣，最终转化为下单率？如果浏览者当下拥有的东西已经过时或不具备某项功能，而营销产品恰恰是最新款，这样的话，不管从产品的外观还是性能上，产品才会被浏览者注意到。

电子商务网站中的美化产品宝贝图就是在通过 HTML 和 CSS 代码向用户展示一款或多款产品，并且在展示的过程中用户可以通过鼠标操作解锁产品图片的一些小介绍，使用户更加了解产品的属性，如图 5-26 所示为美化过的产品图。

（a）　　　　（b）　　　　（c）

图 5-26　美化过的产品图

5.6.1　分析制作产品展示的过程

随着互联网的逐步发展，电子商务网站如雨后出笋般相继出现。同类型的网站日益增多，造成市场竞争环境难度增大。网站视觉营销是否新颖、页面是否美观或产品图片是否精致，都影响着浏览者光顾网站的概率。

本案例是使用 HTML 文件加上 CSS 文件制作的产品展示页，页面特点是安全、跨平台和方便修改。首先需要建立 HTML 文件并将其存储为 index.html 且存放在指定路径。在指定路径内新建 image 文件夹，用于存放产品图片，如图 5-27 所示。

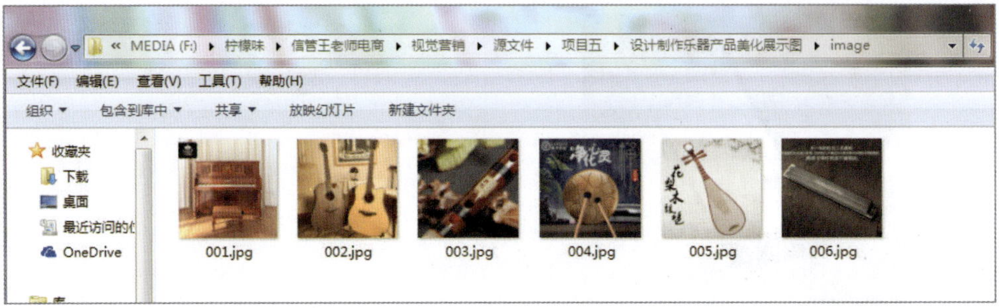

图 5-27　存储图片

返回 HTML 页面，编写程序代码，插入 <div> 标签和 ul 序列标签，并为每张产品图片添加对应的简单介绍。页面图像预览效果如图 5-28 所示。在 index 和 App 的 CSS 页面中定义 HTML 页面中各个标签的样式。

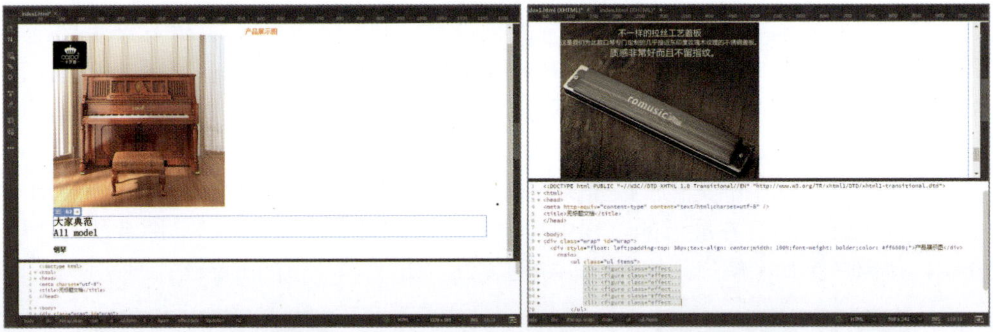

（a）　　（b）

图 5-28　预览产品图片

> **提示：** CSS 文件是在 HTML 文件关联下独立的外部文件，所以修改起来比较方便。这也是 CSS 文件的一大优势，由于所有主流浏览器都支持 CSS，所以又形成了 CSS 文件跨平台的又一优势。

5.6.2　CSS 样式表的使用规范和要求

CSS 中文名为层叠样式表。CSS 就是 HTML 的一个外部样式表，用来美化平台页面的所有内容。CSS 有 3 种样式的使用方法，分别是标签样式、类别样式和 ID 样式。

1. 标签样式

HTML 文档是由多个不同标签组成的，标签选择符可以用来控制标签的应用样式。例如，P 选择符，可以用来控制页面中所有 <p> 标签的样式风格。标签选择符的基本语法如下。

```
标签名称：{属性：属性值；}
```

标签名称表示 HTML 标签名称，如 <p>、<h1> 和 <body> 等 HTML 标签。

```
p {
   width: 200px;
   height: 300;
   border: 2px solid none;
}
```

标签选择符是 CSS 样式中非常重要的选择符之一，通过标签选择符可以定义 HTML 页面中特定的标签 CSS 样式，是用最多的定义 <body> 标签的 CSS 样式，从而对网页的整体效果进行控制。

2. 类别样式

在网页中通过使用标签选择符，可以控制网页中所使用该标签显示的样式，但是更具网页设计过程中的实际需要，标签选择符对设置个别标签的样式还是力不能及的。因为，就需要使用类（class）选择符，来达到特殊效果的设置。

类选择符用来为一系列的标签定义相同的显示样式，其基本语法如下。

```
.类名称{属性：属性值；}
```

类名称标书类选择符的名称，其基本名称由 CSS 定义者自己命名。在定义类选择符时，需要在类名称前面加一个英文句点（.）。

```
.font01{
color: green;
}
```

以上定义了两个类选择符，分别是 font01 和 font02。类的名称可以是任意英文字符串，也可以是以英文字母开头与数字组合的名称，统称情况下，这些名称都是其功效与功能的简要缩写。

可以使用 HTML 标签的 class 属性来引用类选择符。

```
<p class=" font01" >class 属性被用来引用类选择符的属性</p>
```

以上所定义的类选择符被应用于指定的 HTML 标签中（如 <p> 标签），同时它还可以应用于不同的 HTML 标签中，使其显示相同的样式。

```
<p class=" font01" >段落样式</p>
<h1 class=" font01" >标题样式</h1>
```

类别样式在网页中的应用非常广泛，可以应用于页面中的任意元素，并且可以多次应用。需要注意的是，类别样式必须应用于网页中的元素，才能对该元素起作用，而标签样式和 ID 样式都是针对网页中特定元素的，并不需要应用。

3. ID 样式

ID 选择符定义的是 HTML 页面中某一个特定的元素，即一个网页中只能有一个元素使用某一个 ID 的属性值。ID 选择符的基本语法如下。

#id 名称 { 属性：属性值；}

ID 名称表示 ID 选择符的名称，其具体名称由 CSS 定义者自己命名。具体的 HTML 代码如下。

```
<body>
<div id=" menu" >
<p> </p>
<p>网站首页</p>
<p>关于我们</p>
<p>我们的服务</p>
<p>合作客户</p>
<p>我们的作品</p>
<p>联系我们</p>
</div>
<div>中间内容</div>
</body>
```

接下来了解 CSS 的具体代码。

```
#menu{
width:120px;
height:100%;
text-align:right;
padding-right:20px;
font-size:14px;
font-weight:bold;
line-height:50px;
color:#FFF;
background-color:#F60;
position:absolute;
top:0px;
right:0px;
}
```

在正常情况下，ID 的属性值在文档中具有唯一性，只有具备 ID 属性的标签，才可以使用 ID 选择符定义样式。同时 ID CSS 样式是网页中唯一的特定针对 ID 名称的元素，尽量不要在一个网页中设置多处 ID 名称相同的元素，ID CSS 样式的命名必须以井号（#）开头，并且可以包含任何字母和数字组合。

在 CSS 文件中可以控制字体的属性，如字体的大小、字体样式、粗细和大小写等，如表 5-1 所示为字体属性的常用值。

表 5-1 字体属性的常用值

中文名称	属　性	值
大小	font-size:	x-large; 特大 xx-small; 极小
样式	font-style:	oblique；偏斜体 italic；斜体 normal；正常
行高	line-height:	normal; 正常
粗细	font-weight:	bold; 粗体 lighter; 细体 normal; 正常
大小写	text-transform:	capitalize; 首字母大写 uppercase; 大写 lowercase; 小写 none; 无
修饰	text-decoration:	underline; 下画线 overline; 上画线 line-through; 删除线 blink; 闪烁
常用字体	font-family:	字体

CSS 也可以利用代码实现背景属性的控制，如背景的颜色、位置以及如表 5-2 所示的背景属性的常用值。

表 5-2 背景属性的常用值

中文名称	属　性	值
色彩	background-color:	#FFFFFF;
图片	background-image:	url();
重复	background-repeat:	no-repeat;
位置	background-position:	left; 水平 top; 垂直
简写方法 background:#000 url(..) repeat fixed left top;		

一些电商平台网页中产品图都会带有边框，在 CSS 中可以设置边框的属性，例如，边框颜色、边框线条样式和内外边距等，如表 5-3 所示为边框属性的常用值。

表 5-3　边框属性的常用值

中文名称	属性	值	
上边框	border-top :	1px solid #6699cc;	
下边框	border-bottom :	1px solid #6699cc;	
边框线条样式	border:	solid；实线框 dotted；虚线框 double；双线框 groove；立体内凸框	#C35355；
简写 border:2px double #C35355；			
顶部内边距	padding-top：	10px;	
底部内边距	Padding-bottom：	5px;	
简写 padding:10px 上下左右内边距都为 10 像素			
左边界	margin-right:	10px;	
右边界	margin-left:	10px;	
简写：margin:10px 5px 6px 8px；上边距 左边距 下边距 右边距			

课堂练习　使用 CSS 设置样式

步骤 01　打开 Dreamweaver，执行“文件”→“新建”命令，新建一个 HTML5 文档，在软件初始页面中添加代码，如图 5-29 所示。执行“文件”→“保存”命令，保存文档如图 5-30 所示。

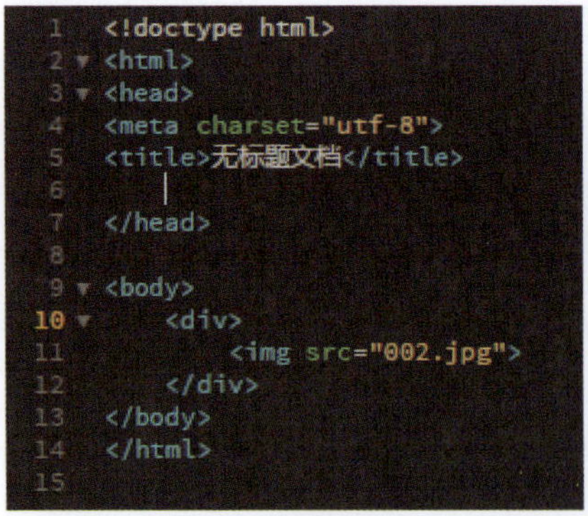

图 5-29　新建文档

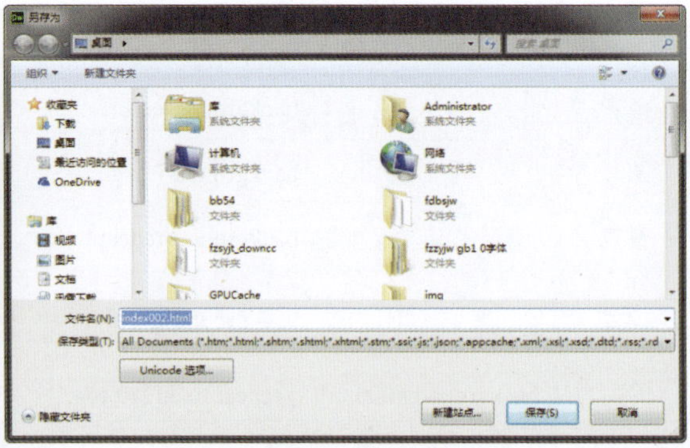

图 5-30　保存文档

步骤 02　在页面中添加 style 标签，在标签内设置 div 的宽度为 300 像素、高度为 200 像素、边框为 2 像素和边框颜色为红色，代码如图 5-31 所示。在浏览器中预览，如图 5-32 所示。

```
<!doctype html>
<html>
<head>
<meta charset="utf-8">
<title>无标题文档</title>
    <style>
        div {
            width:520px;
            height:280px;
            border:1px solid #ABABAB;
            margin-top:200px;
            margin-left: 35%;
        }
    </style>
</head>

<body>
    <div>
        <img src="002.jpg">
    </div>
</body>
</html>
```

图 5-31　设置样式

图 5-32　预览图像

5.6.3　设计制作乐器产品交互图

步骤 01　打开 Dreamweaver，执行“文件”→“新建”命令，新建一个 HTML5 文档，在软件初始页面中添加代码，如图 5-33 所示，执行“文件”→“保存”命令，保存文件，如图 5-34 所示。

```
<!DOCTYPE html PUBLIC "-//W3C//DTD XHTML 1.0 Transitional//EN" "http://www.w3.org/TR/xhtml1/DTD/xhtml1-transitional.dtd">
<html>
<head>
<meta http-equiv="content-type" content="text/html;charset=utf-8" />
<title>宝贝图</title>
</head>
<body>
```

图 5-33　添加代码

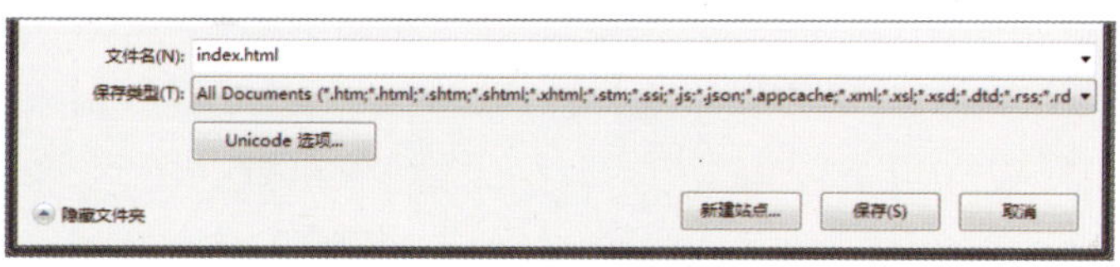

图 5-34　保存文件

步骤 02　在页面中的 <boby> 中添加 <div> 标签，在浏览器中定义框架，如图 5-35 所示。在 <div> 标签中添加 <ul> 和 <li> 序列标签的代码，在框架中定义产品图片，如图 5-36 所示。

```
<body>
<div class="wrap" id="wrap">
  <div style="float: left;padding-top: 30px;text-align: center;width: 100%;font-weight: bolder;color: #ff6600;">产品展示图</div>
    |
</div>
</body>
</html>
```

图 5-35　添加标签

```
<div class="wrap" id="wrap">
  <div style="float: left;padding-top: 30px;text-align: center;width: 100%;font-weight: bolder;color: #ff6600;">产品展示图</div>
    <main>
        <ul class="ul items">
            <li>
                <figure class="effect-jazz">
                    <img src="image/001.jpg" alt="大家典范|All model">
                </figure>
            </li>
        </ul>
    </main>
</div>
```

图 5-36　添加图片

提示：HTML5 中 <div> 为最基本的标签，程序员可以在标签内定义内容和样式，美化标签的同时增强浏览者的感官。

步骤 03　在页面中添加 <figcaption> 标签。继续添加文字标签 <h2> 和 <span> 标签，为产品图片添加说明文字，如图 5-37 所示。

```
<li>
    <figure class="effect-jazz">
        <img src="image/001.jpg" alt="大家典范|All model">
        <figcaption>
            <h2>
                大家典范
                <br>
                <span>
                    All model
                </span>
            </h2>
            <p>
                钢琴
            </p>
        </figcaption>
    </figure>
</li>
```

图 5-37　为产品图片添加说明文字

提示：<img> 标签中添加的图片路径，需要用户新建一个名称为 image 的文件夹，将文件夹和 index.html 等文件存放一起，并在文件夹中存放 005.jpg 等图片。之后复制图片路径到页面中，图片就可以正常预览。

步骤 04　使用相同方法，完成其余 <li> 序列标签的添加，代码如图 5-38 所示。并更改每个标签内的图片路径，如图 5-39 所示。

```
<main>
    <ul class="ul items"
        <li> <figure class="effect...
        <li> <figure class="effect...
        <li> <figure class="effect...
        <li> <figure class="effect...
        <li> <figure class="effect...
        <li> <figure class="effect...

    </ul>
</main>
```

图 5-38　添加其余 5 个代码

```
<main>
    <ul class="ul items"
        <li> <figure class="effect...
        <li>
            <figure class="effect-jazz">
                <img src="image/002.jpg" alt="摇滚风格|Let's play rock and roll">
                <figcaption>
                    <h2>
                        一起来玩摇滚
                        <br>
                        <span>
                            Let's play rock and roll
                        </span>
                    </h2>
                    <p>
                        吉他
                    </p>

                </figcaption>
            </figure>
        </li>
        <li> <figure class="effect...
        <li> <figure class="effect...
        <li> <figure class="effect...
        <li> <figure class="effect...

    </ul>
</main>
```

图 5-39　更改图片路径

步骤 05　连续两次执行“文件”→“新建”命令，新建两个后缀名为 css 的文件，分别保存为 app.css 和 index.css，如图 5-40 所示。回到 index.html 页面内，添加代码关联两个外部样式表，如图 5-41 所示。

步骤 06　在 index.css 样式表中，添加代码，为 <figure> 和 <img> 标签设置样式，代码如图 5-42 所示。继续添加代码，为 <figcaption> 和 <a> 标签设置样式，如图 5-43 所示。

```
index.html (XHTML)*
源代码  app.css  index.css
@charset "utf-8";
/* CSS Document */
```

图 5-40 新建文件

```
<meta http-equiv="content-type" content="text/html;charset=utf-8" />
<title>宝贝图</title>
<link href="css/app.css" type="text/css" rel="Stylesheet" />
<link href="css/index.css" type="text/css" rel="Stylesheet" />
</head>
<body>
```

图 5-41 关联外部样式表

```
@charset "utf-8";
/* CSS Document */
figure {
    position: relative;
    float: left;
    overflow: hidden;
    width: 100%;
    height: 100%;
    background: #3085a3;
    text-align: center;
    cursor: pointer;
    margin: 0;
}

figure img {
    position: relative;
    display: block;
}
```

图 5-42 为 <figure> 和 <ing> 设置样式

```
/********文字颜色**********/
figure figcaption {
    padding: 2em;
    color: #fff;
    text-transform: uppercase;
    font-size: 1.25em;
    -webkit-backface-visibility: hidden;
    backface-visibility: hidden;
}

figure figcaption,
figure figcaption > a {
    position: absolute;
    top: 0;
    left: 0;
    width: 100%;
    height: 100%;
}
figure figcaption > a {
    z-index: 1000;
    text-indent: 200%;
    white-space: nowrap;
    font-size: 0;
    opacity: 0;
}
```

图 5-43 为 <figcaption> 和 <a> 标签设置样式

步骤 07 在页面中添加代码，为 <h2>、<span> 和 <p> 标签设置样式，代码如图 5-44 所示。继续添加代码，具体参数如图 5-45 所示。

```
figure h2 {
    word-spacing: -0.15em;
    font-size: 1.2rem;
    font-weight: 300;
}

figure h2 span {
    font-weight: 800;
}

figure h2,
figure p {
    margin: 0;
}

figure p {
    letter-spacing: 1px;
    font-size: 68.5%;
}
```

图 5-44 为 <h2>、<span> 和 <p> 标签设置样式

```
/***** Jazz *****/
figure.effect-jazz{
    background: #3C3C3C;
}
/***** 图片放大 *****/
figure.effect-jazz figcaption::after,
figure.effect-jazz img,
figure.effect-jazz p {
    -webkit-transition: opacity 0.35s, -webkit-transform 0.35s;
    transition: opacity 0.35s, transform 0.35s;
}
figure.effect-jazz figcaption {
    padding: 2em 1em;
}
```

图 5-45 添加代码

步骤 08 在页面中为 <figure> 标签添加 hover 选择器，设置图片的半遮罩效果，代码如图 5-46 所示。继续为标签添加 after 的选择器，设置线段的方向和显示隐藏效果，代码如图 5-47 所示。

步骤 09 继续为文字便签添加样式，样式代码如图 5-48 所示。在页面中添加代码，设置文字的样式，代码如图 5-49 所示。

```
/**********半透明遮罩*******/
figure.effect-jazz:hover img {
    opacity: 0.2;
    -webkit-transform: scale3d(1.05,1.05,1);
    transform: scale3d(1.05,1.05,1);
}
```

图 5-46　设置图片的半遮罩效果

```
/**********斜线**********************/
figure.effect-jazz figcaption::after {
    position: absolute;
    top: 0;
    left: 0;
    width: 100%;
    height: 100%;
    border-top: 1px solid #fff;
    border-bottom: 1px solid #fff;
    content: '';
    opacity: 0;
    -webkit-transform: rotate3d(0,0,1,45deg) scale3d(1,0,1);
    transform: rotate3d(0,0,1,45deg) scale3d(1,0,1);
    -webkit-transform-origin: 50% 50%;
    -ms-transform-origin: 50% 50%;
    transform-origin: 50% 50%;
}
figure.effect-jazz:hover figcaption::after {
    opacity: 1;
    -webkit-transform: rotate3d(0,0,1,45deg) scale3d(1,1,1);
    transform: rotate3d(0,0,1,45deg) scale3d(1,1,1);
}
```

图 5-47　设置线段的方向和显示隐藏效果

```
/**********文字空格*******/
figure.effect-jazz p,
figure.effect-jazz h2{
    padding: 0.5em 2em;
    text-transform: none;
    opacity: 0;
    -webkit-transform: scale3d(0.8,0.8,1);
    transform: scale3d(0.8,0.8,1);
}

figure.effect-jazz h2 {
    letter-spacing: 2px;
    padding-top: 28%;
    -webkit-transition: -webkit-transform 0.35s;
    transition: transform 0.35s;
}

/**********<span>标签控制行内元素*******/
figure.effect-jazz h2 span{
    letter-spacing: 0;
    font-size:1rem;
}
```

图 5-48　样式代码

```
/**********文字************/
figure.effect-jazz:hover h2,
figure.effect-jazz:hover p {
    opacity: 1;
    -webkit-transform: scale3d(1,1,1);
    transform: scale3d(1,1,1);
}

.items {
    margin: 0 auto;
    overflow: hidden;
}

.items li {
position: relative;
width: 29.333%;
height: auto;
margin: 2%;
float: left;
}
```

图 5-49　设置文字的样式

步骤 10　index.css 页面中的代码添加完成，使用快捷键 Ctrl+S 保存文件，执行“文件 > 实时预览”命令，打开一个浏览器，页面效果如图 5-50 所示。将鼠标指针移入产品图片内，效果如图 5-51 所示。

图 5-50　页面预览效果

图 5-51　鼠标指针移入图片预览效果

步骤 11　回到 app.css 页面中，为各个标签添加代码，如图 5-52 所示。继续为 <main> 和 <ul> 添加样式代码，如图 5-53 所示。

步骤 12　在页面中设置 footer 的样式，如图 5-54 所示。继续在页面中添加代码，设置样式，如图 5-55 所示。

```
@charset "utf-8";
/* CSS Document */
*,:before,:after {
    -o-box-sizing:content-box;
    -ms-box-sizing:content-box;
    box-sizing:border-box;
}
html,body {
    height:100%;
    font-family: NotoSans,"Microsoft Yahei",Arial,Helvetica,sans-serif;
}
body {
    color:#333;
    background:#fff;
}
img {
    border:0;
    max-width:100%;
    height:auto;
}
a {
    color:#3D3D3D;
    text-decoration: none;
    -webkit-tap-highlight-color: transparent;
}
h1,h2,h3,h4,h5,h6 {
    font-weight:normal;
}
```

图 5-52　为各个标签添加代码

```
input,textarea {
    -webkit-appearance: none;
}
.ul {
    list-style: none;
    margin:0;
    padding:0;
    overflow: hidden;
}
.wrap {
    max-width:1280px;
    min-width:750px;
    margin:0 auto;
    box-shadow:0 0 10px #CCC;
    overflow: hidden;
}
main {
    position: relative;
    padding:3rem 5rem 0;
    min-height:50rem;
    overflow: visible;
}
footer .subscribe h4 {
    font-weight:bold;
    margin:0;
}
```

图 5-53　为 <main> 和 <ul> 添加代码

```
footer .subscribe p {
    margin:0.5rem 0;
}
footer .subscribe input {
    border:2px solid #ddd;
    height:39px;
    width:16rem;
    padding-left:10px;
    outline: none;
    border-radius:5px;
}
footer .subscribe button {
    position:absolute;
    border: none;
    background:#096;
    color:#fff;
    height:35px;
    width:4rem;
    bottom:2px;
    left:11.87rem;
    z-index:2;
    outline: none;
    border-top-right-radius:3px;
    border-bottom-right-radius:3px;
}
```

图 5-54　设置 footer 样式

```
footer .copyright {
    position:absolute;
    top:16.5rem;
    font-size:0.8rem;
    color:#C5C5C5;
    z-index:2;
}
@-webkit-keyframes bounceInLeft {
    0% {
    opacity:0;
    -webkit-transform: translateX(-2000px);
    transform: translateX(-2000px);
}
60% {

    opacity:1;
    -webkit-transform: translateX(30px);
    transform: translateX(30px);
}
80% {
    -webkit-transform: translateX(-10px);
    transform: translateX(-10px);
}
100% {
    -webkit-transform: translateX(0);
    transform: translateX(0);
}
}
```

图 5-55　继续为 footer 添加样式

步骤 13　继续在 app.css 页面中添加代码，如图 5-56 所示。使用相同方法，完成代码的输入，如图 5-57 所示。

```
@keyframes bounceInLeft {
    0% {
    opacity:0;
    -webkit-transform: translateX(-2000px);
    -ms-transform: translateX(-2000px);
    transform: translateX(-2000px);
}
60% {
    opacity:1;
    -webkit-transform: translateX(30px);
    -ms-transform: translateX(30px);
    transform: translateX(30px);
}
80% {
    -webkit-transform: translateX(-10px);
    -ms-transform: translateX(-10px);
    transform: translateX(-10px);
}
100% {
    -webkit-transform: translateX(0);
    -ms-transform: translateX(0);
    transform: translateX(0);
}
}
```

图 5-56　添加浏览器适配样式

```
@media only screen and (max-width:640px) {
    html {
    font-size:16px
    }
}
@media only screen and (min-width:641px) and (max-width:960px) {
    html {
    font-size:16px
}
main {
    padding:3rem 0 0;
}
nav>a {
    width:25%;
}
}
@media only screen and (min-width:961px) and (max-width:1280px) {
    html {
    font-size:18px
}
}
@media only screen and (min-width:1281px) and (max-width:1680px) {
    html {
    font-size:20px
}
}
@media only screen and (min-width:1681px) {
    html {
    font-size:20px
}
}
```

图 5-57　最终添加代码

步骤 14　app.css 页面中的代码添加完成，使用快捷键 Ctrl+S 保存文件，执行“文件”→“实时预览”命令，选择浏览器类型，页面效果如图 5-58 所示。

（a）　（b）　（c）

图 5-58　预览效果

举一反三　设计制作浮动广告位动画

完成乐器产品交互图的制作后，读者应基本掌握设计制作 CSS 动画的规范和要求，接下来制作一个浮动的广告位动画。

步骤 01　在页面中添加 HTML5 代码，如图 5-59 所示。

图 5-59　添加代码

步骤 02　输入 CSS 代码，为 <div> 标签设置属性，如图 5-60 所示。

步骤 03　添加 keframes 帧动画代码，如图 5-61 所示。

步骤 04　添加代码，完成动画的制作，如图 5-62 所示。

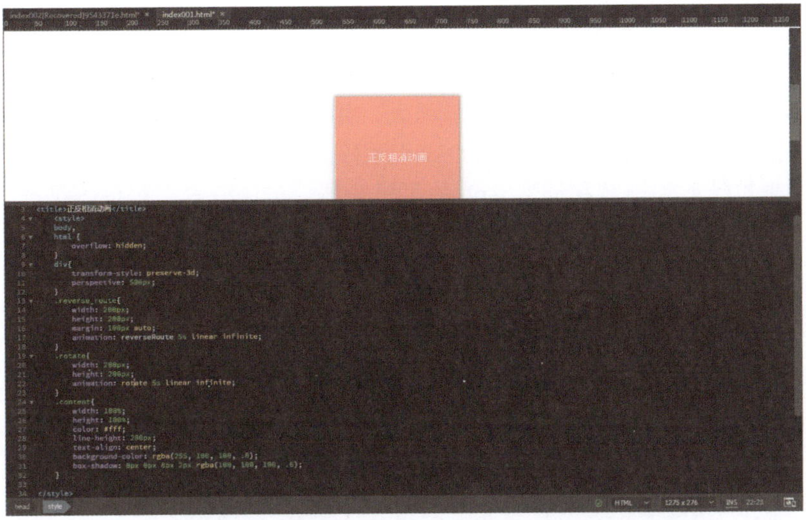

图 5-60　添加 CSS 代码

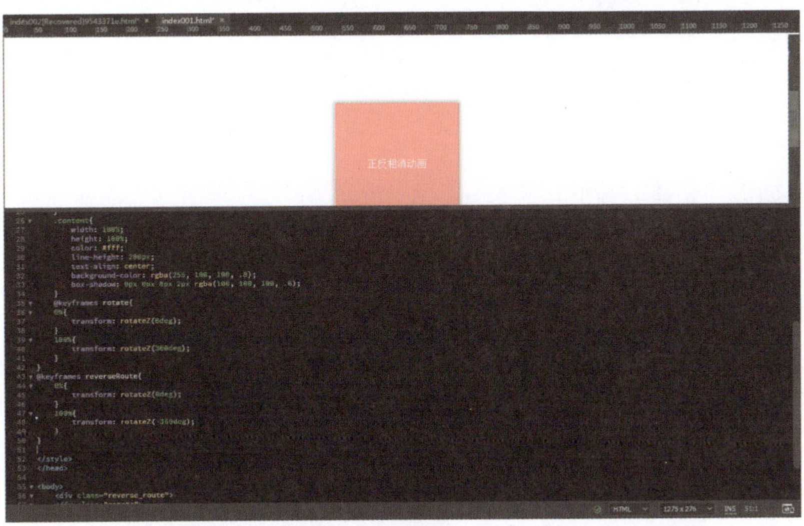

图 5-61　添加帧动画代码

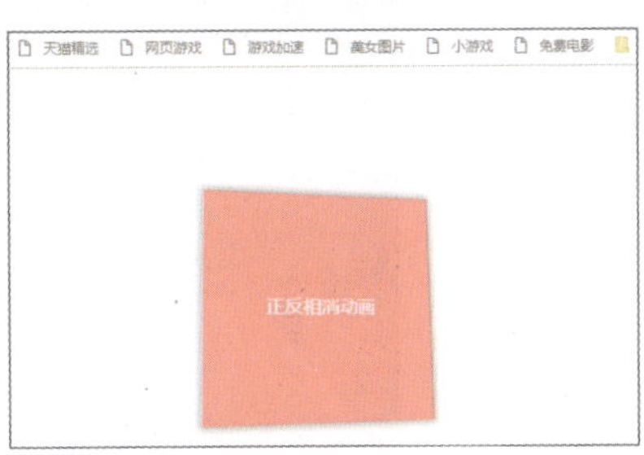

图 5-62　添加代码完成制作

5.7　设计制作手机开屏广告

现如今，手机成为大众娱乐生活的必需品，是人们在生活中不可或缺的工具。由此，手机端的电子商务网站发展日益强大，并且有着 PC 端无法企及的优势。每个移动端 App 拥有的开屏广告，就是 PC 端现阶段无法同化的优势之一。

下面来设计制作一款移动端 App 的手机开屏广告，开屏广告可以是产品假日营销广告，也可以是产品的新品发布。本案例则是设计制作一款特定日期营销广告，使用户清楚明白地了解活动内容，如图 5-63 所示为手机开屏广告界面。

（a）　　　　（b）

图 5-63　手机开屏广告界面

5.7.1　移动端开屏广告营销的特点

本案例设计制作一款电子商务 App 的开屏广告，在画面中间位置使用三角形图形将广告主题内容组合在一起，突出表现广告的主题内容，给用户留下丰富的想象空间。又因为三角形具有稳定性，可以消除用户对营销活动潜在的不确定因素。

在开屏广告的设计中，使用星空的背景图像作为广告的背景，搭配不同色彩的几何形状，使广告背景充满活力和时尚，如图 5-64 所示。在界面中间位置使用对比的色彩将主题文字内容组合在一起，并且对主题文字进行了简单的变形处理，使得该开屏广告的主题非常突出，有效地宣传了电子商务活动主题，如图 5-65 所示。

图 5-64　几何背景

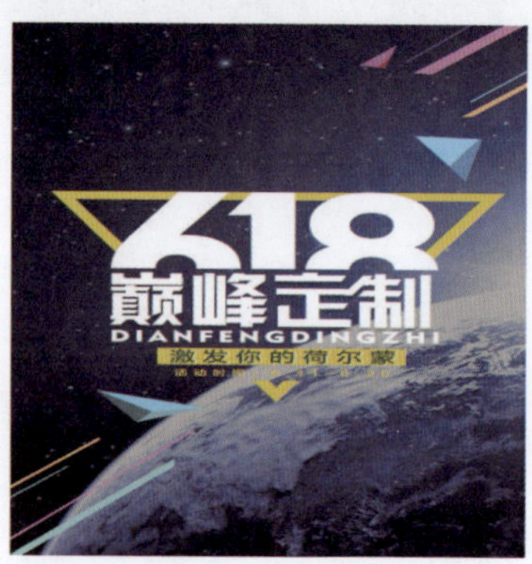

图 5-65　主题宣传

案例中所设计的电子商务 App 开屏广告使用深蓝色的星光图像作为背景，主题内容则采用了与深蓝色形成强烈对比的黄色和白色进行搭配，使得主题内容清晰，能够在深色的背景中突显出来。

5.7.2 移动端广告类型

随着技术和用户体验的发展，移动互联网广告将有更多的创新发展。移动互联网广告的未来虽然被看好，但似乎还没有找到行之有效的展示方式，目前在移动端的几种广告形式都存在各自的利弊。

1. Banner 广告

Banner 广告即横幅广告条，是移动展示广告的一种主流模式。移动端的 Banner 广告是对传统 PC 端 Banner 广告的直接复制，直接嵌入移动端电子商务 App 界面或电子商务页面的顶部或底部，如图 5-66 所示。

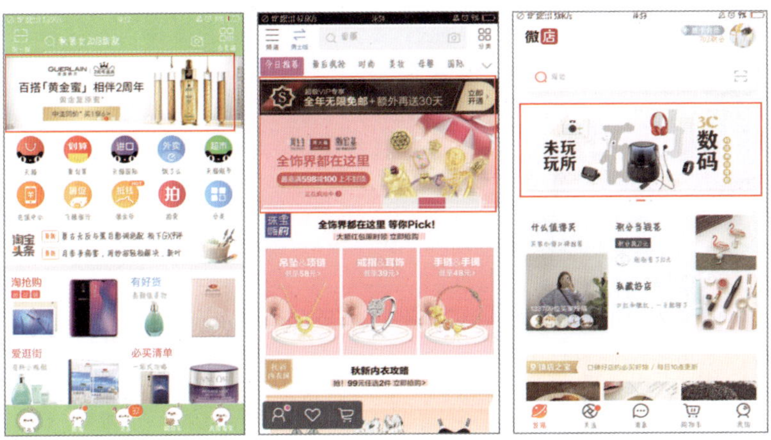

(a) (b) (c)

图 5-66 中顶部焦点图形式的 Banner 广告。产品图片与文字相结合表现产品类别

图 5-66 Banner 广告

Banner 广告展示量大，对于提高品牌的曝光度有很好的效果，但因为手机屏幕大小有限，每个人的上网方式不同，Banner 广告容易让用户产生反感，且产生误点击。同时对于广告主来说，广告条的展示面积过小，难以承载丰富的信息容量，也就无法充分满足广告的展示需求，达到宣传效果。

移动端的 Banner 广告应该以简洁、突出主题为主，通常都采用设计精美的产品图片与大字体的主题文字相结合，重点突出产品和广告主题，如图 5-67 所示。

2. 开屏广告

开屏广告又称闪屏广告，其展示面积能够达到手机屏幕面积的 90% 以上，视觉冲击力更强，更容易抓住用户的眼球。这种高曝光度、高冲击力的广告形式是目前效果最好的移动端广告形式，得到相当一部分品牌客户的认可。如图 5-68 所示为移动端电子商务开屏广告。

使用人物模特吸引用户注意，搭配产品图片和大字体的主题文字，非常醒目。

底部广告更加简洁，背景图片衬托主题文字，清晰、醒目

使用纯色背景与整个 App 界面相融合，人物模特搭配简洁的主题文字，以凸出表现广告主题

(a)　　　　(b)

图 5-67　Banner 广告

(a)　　　　(b)　　　　(c)

图 5-68　移动端电子商务开屏广告

开屏广告可以与电子商务 App 应用完美结合，从而拥有更佳的用户体验、更好的广告效果、较高的广告转化率，如图 5-69 所示。

3. 弹窗广告

弹窗广告是一种在手机屏幕中弹出一个广告窗口的广告表现形式。电子商务 App 常常会举行一些促销宣传活动或抢红包活动等，可以在进入该电子商务 App 时显示弹窗广告，从而有效地吸引用户的关注，如图 5-70 所示。

4. 视频广告

伴随着移动互联网的火爆，大众观看视频的最佳途径已经从电视转变为手机，使用移动设备观看视频的用户数量越来越多。因为其内容更加丰富、更具互动性，多彩显示屏和视频广告营销理所当然地吸引了浏览者的注意力。如图 5-71 所示为移动端视频广告形式。

（a）　（b）　（c）

图 5-69　开屏广告

（a）　（b）　（c）

图 5-70　弹窗广告

（a）　（b）

图 5-71　移动端视频广告形式

视频广告更加适合于市场上推陈出新的大屏移动设备，这种广告形式给用户带来的体验要比单纯的标语广告和文字广告好得多。

5. 富媒体广告

移动富媒体广告和视频广告一样，不仅吸收了传统富媒体广告的声音、图片、文字、动画等多维表现形式，还融入了智能手机独有的触控体验，给予用户更多视觉上的乐趣。较之其他移动广告模式，移动富媒体广告的营销方式更加自由，创意空间也更大。如图 5-72 所示为移动端电子商务广告。

（a）　　（b）　　（c）

图 5-72　移动端电子商务广告

课堂练习　绘制移动端图标

步骤 01　执行“文件”→“新建”命令，弹出“新建”对话框，新建一个空白文档，如图 5-73 所示。使用前景色 RGB（31，31，31）填充画布。使用“圆角矩形工具”绘制一个“填充”颜色为 RGB（165，1，1），“半径”为 25 像素的形状，如图 5-74 所示。

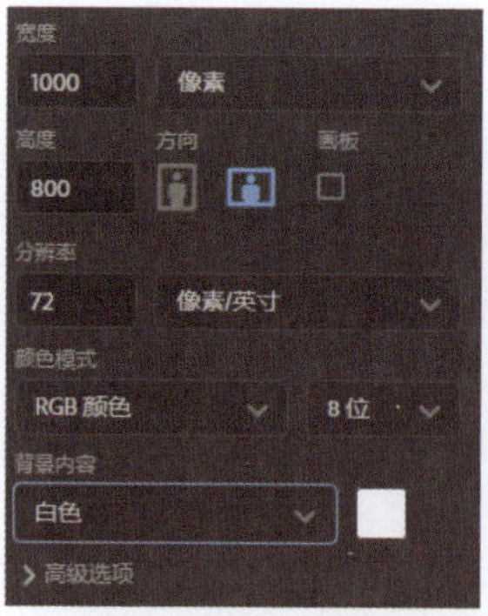

图 5-73　新建文档

图 5-74　填充背景色

提示：根据安卓系统 App 图标设计规范，定义圆角矩形宽为 512 像素、高为 512 像素。

步骤 02　修改“填充”颜色为 RGB（199，2，2），在画布中，如图 5-75 所示创建形状。使用“椭圆工具”在画布中绘制白色的正圆形状，如图 5-76 所示。

步骤 03　继续使用“椭圆工具”绘制正圆，并修改“填充”颜色为 RGB（199、2、2），如图 5-77 所示。继续使用相同的方式绘制正圆并修改填充颜色，完成效果如图 5-78 所示。

图 5-75　绘制圆角矩形

图 5-76　绘制正圆形状

图 5-77　绘制形状并填色

图 5-78　绘制白色正圆效果图

提示：图标绘制完成后，可以将其保存为透底的 PNG 格式，以供程序调用。为了适配不同的尺寸，可选择导出 1 倍图、2 倍图和 3 倍图。

5.7.3　设计制作移动端 App 开屏广告

步骤 01　执行“文件”→“打开”命令，打开素材图像“光盘\素材\第 5 章\002.jpg”，如图 5-79 所示。新建名称为“装饰”的图层组，使用“钢笔工具”，在“工具栏”上设置“工具模式”为“形状”，在画布中绘制白色形状图形，如图 5-80 所示。

图 5-79　打开文件

图 5-80　绘制白色形状图形

步骤 02　为该图层添加“渐变叠加”图层样式，对相关选项进行设置，如图 5-81 所示。单击“确定”按钮，完成“图层样式”对话框的设置，效果如图 5-82 所示。

步骤 03　使用“钢笔工具”，设置“填充”为 RGB（240，158，101），在画布中绘制形状图形，效果如图 5-83 所示。使用相同的制作方法，完成相似图形的绘制，效果如图 5-84 所示。

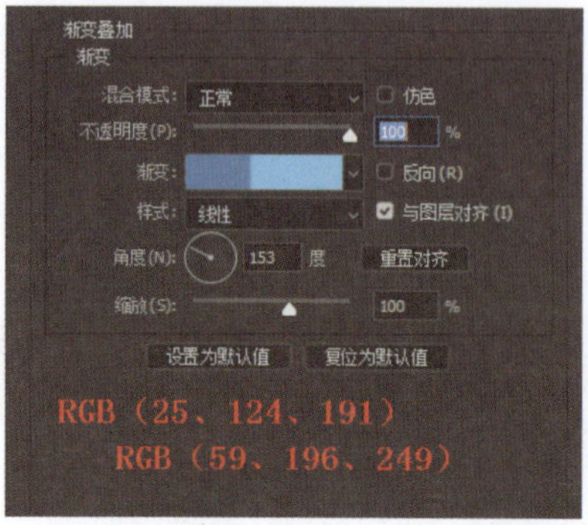

图 5-81　添加“渐变叠加”图层样式

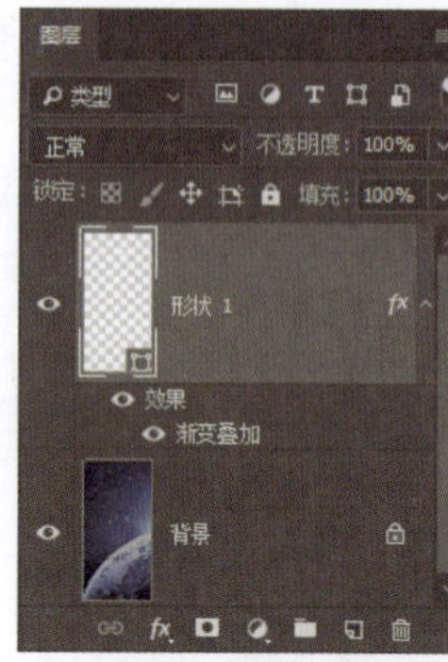

图 5-82　完成图层样式的设置

图 5-83　绘制形状图形

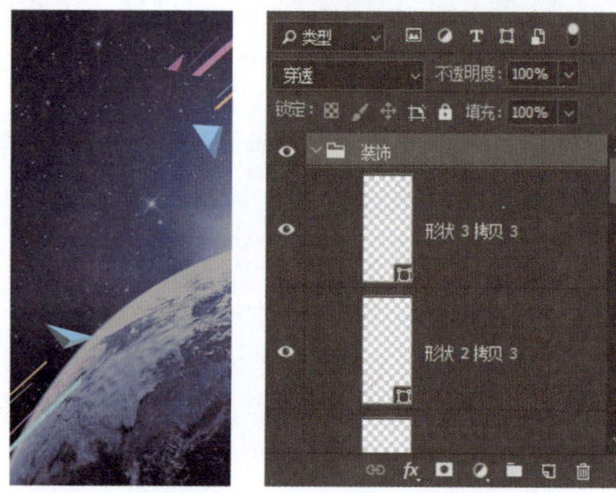

（a）　　　　（b）

图 5-84　相同方法完成绘制图形

步骤 04　使用“多边形工具”，设置“填充”为无，“描边”为 RGB（230，183，19），“描边宽度”为 20 点，“边数”为 3 边，在画布中绘制三角形，如图 5-85 所示。

步骤 05　为该图层添加图层蒙版，使用“矩形选框工具”，在画布中绘制选区，在蒙版中为选区填充黑色，效果如图 5-86 所示。

图 5-85　绘制三角形形状

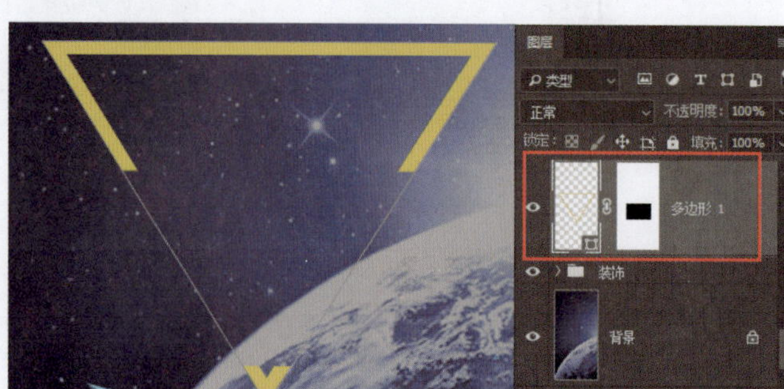

图 5-86　添加蒙版

步骤 06　新建名称为“数字”的图层组，使用“横排文字工具”，在“字符”面板中设置相关选项，在画布中输入文字，如图 5-87 所示。使用相同的制作方法，完成其他文字的输入，效果如图 5-88 所示。

图 5-87　添加文字

图 5-88　添加完文字后的效果

步骤 07　使用“钢笔工具”，在画布中绘制白色形状图形，如图 5-89 所示。为“数字”图层组添加图层蒙版，使用“矩形选框工具”，在画布中绘制选区，并为选区填充黑色，效果如图 5-90 所示。

图 5-89　绘制白色形状

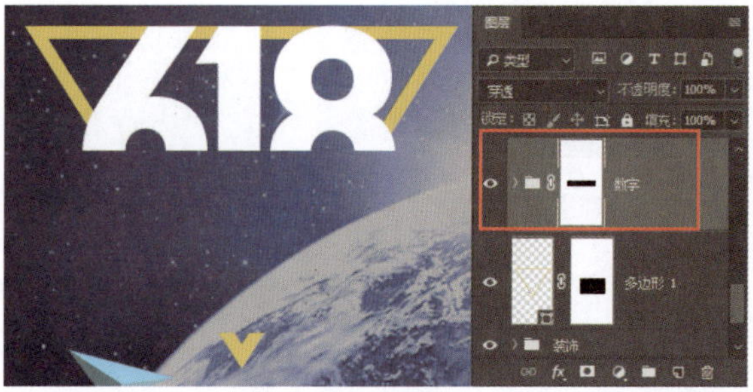

图 5-90　填充选区

步骤 08　新建名称为“文字”的图层组，使用“横排文字工具”，在“字符”面板中设置相关选项，在画布中输入文字，如图 5-91 所示。为该文字图层添加图层蒙版，使用“画笔工具”，设置“前景色”为黑色，在蒙版中涂抹，将文字相应的笔画隐藏，效果如图 5-92 所示。

图 5-91　输入文字

图 5-92　涂抹文字相应笔划

步骤 09　新建图层，使用“矩形选框工具”，分别在画布中绘制选区，为选区填充白色，从而制作出变形文字的效果，如图 5-93 所示。为“文字”图层组添加“投影”图层样式，对相关选项进行设置，如图 5-94 所示。

图 5-93　绘制选区，制作变形文字

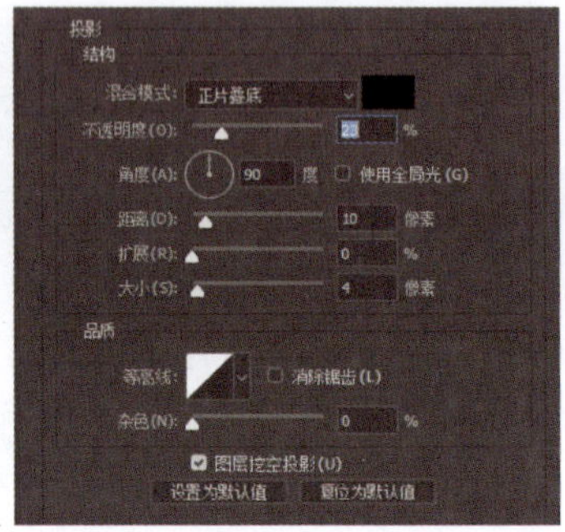

图 5-94　添加图层样式并进行设置

步骤 10　单击“确定”按钮，完成“图层样式”对话框的设置，效果如图 5-95 所示。使用“横排文字工具”，在“字符”面板中设置相关选项，在画布中输入文字，如图 5-96 所示。

图 5-95　图像效果

（a）　（b）

图 5-96　添加文字内容

步骤 11　使用“矩形工具”，设置“填充”为 RGB（230，183，19），在画布中绘制矩形，如图 5-97 所示。使用相同的制作方法，完成其他文字的输入，效果如图 5-98 所示。

图 5-97　绘制矩形

图 5-98　添加其他文字

步骤 12　为文字图层添加“斜面和浮雕”图层样式，对相关选项进行设置，如图 5-99 所示。单击“确定”按钮，完成“图层样式”对话框的设置，效果如图 5-100 所示。

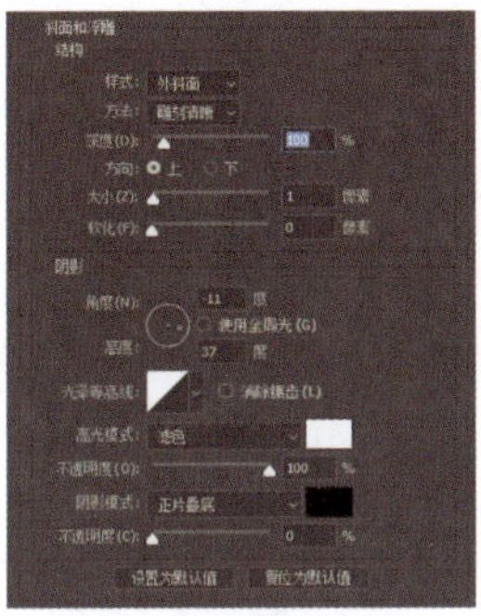

图 5-99　添加图层样式

图 5-100　设置后的图像效果

步骤 13　使用相同的制作方法，输入其他文字，完成该电子商务 App 开屏广告的设计制作，最终效果如图 5-101 所示。

（a）　　　　（b）

图 5-101　开屏广告最终设计效果

举一反三　设计制作 App 开屏家电广告图

完成移动端 App 开屏广告的制作后，读者应基本掌握了设计制作 App 开屏广告的规范和要求，接下来使用 Photoshop 制作一个 App 开屏家电广告图。

步骤 01　填充背景颜色，导入素材制作背景，如图 5-102 所示。

步骤 02　添加文字，导入素材图片并调整位置，如图 5-103 所示。

步骤 03　导入素材，绘制形状，删除多余形状，如图 5-104 所示。

步骤 04　绘制“立即开抢”按钮，并输入文本。完成 App 广告制作，如图 5-105 所示。

图 5-102　制作背景

图 5-103　导入图片素材

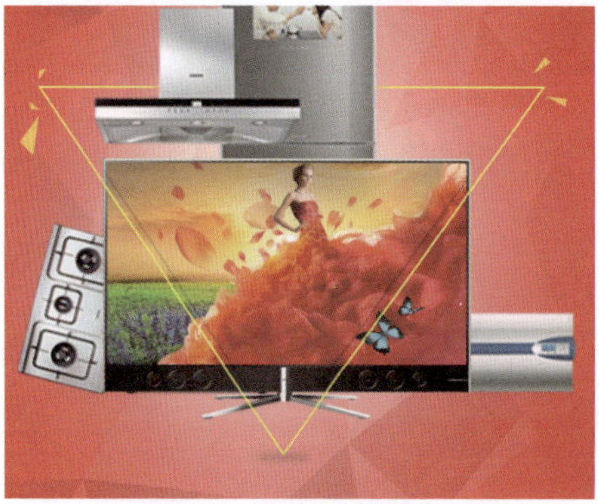

图 5-104　绘制并调整素材

图 5-105　绘制按钮

5.8　设计产品 VR 展示动画

随着互联网技术的发展，传统的视觉营销手段已不能满足用户的需求。人们更加希望足不出户就能体验各种美食和服务。VR 技术就是在这种大背景下产生的。本案例将通过完成一个房地产样板间 VR 展示动画的制作，帮助读者了解 VR 技术在电子商务行业及新零售行业中的应用，动画效果如图 5-106 所示。

图 5-106　样板间 VR 展示动画效果图

> **提示：** 新零售模式是一种全新的销售模式，其消费群体定位在收入较高的中产阶级。采用“超市＋餐饮”的经营模式，并提供外送服务。目前主要的案例有阿里巴巴旗下的盒马生鲜和京东旗下的7fresh。

5.8.1 营销文档的结构和意义

随着电子商务行业的日益成熟，网上房地产销售也成为现实。但由于价格和具体的问题，造成成交量不高的现象。消费者常常需要跑到房子里面，仔细勘察后再做出是否购买的决定。这在浪费消费者精力的同时，也影响了房地产产品的销售。

使用VR技术，可以让消费者身临其境地查看房屋情况，而不用舟车劳顿地去实地考察。目前VR技术日益成熟，大部分的制作方式，都是通过三维软件建模。首先完成商品模型的创建，然后再通过Unity 3D软件完成交互的添加，最后通过VR设备展示效果，如图5-107所示。

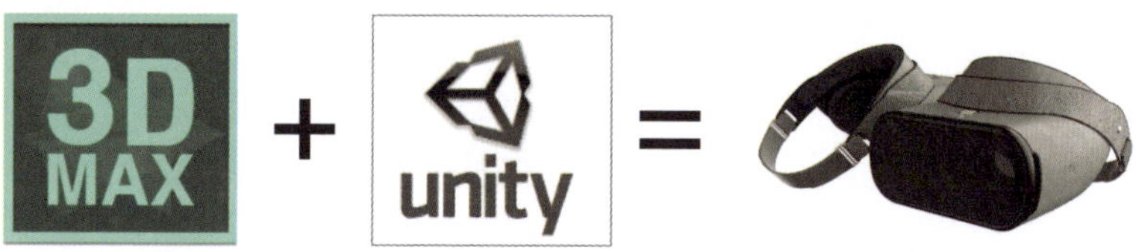

图5-107 VR项目开发

对于房地产项目来说，市场中出现了很多类VR技术，例如，制作360°全景图、全景交互等。本案例将使用VeeR网站完成样板间VR展示动画的制作，如图5-108所示。

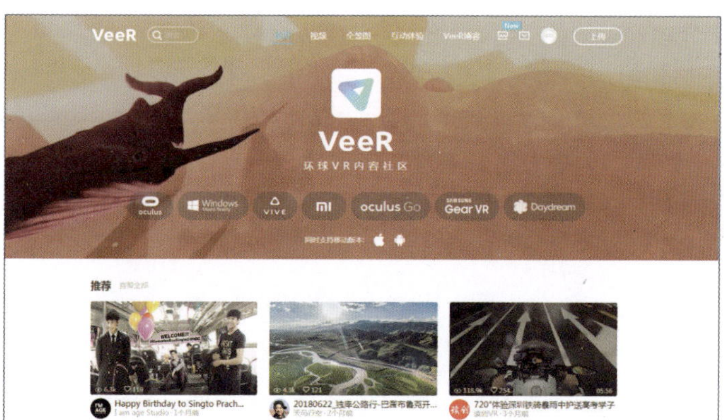

图5-108 VeeR网站首页

> **提示：** 除了VeeR网站外，还有很多类似的VR全景图开发软件和平台，例如，720云。种类虽然很多，但制作方法基本相似。

5.8.2 电商巨头们的 VR 技术

近几年来，各大电商平台对 VR 技术应用在电商平台上跃跃欲试，无论是国内还是国外，各大电商巨头都加大了对 VR 技术的研发力度。

1. 阿里巴巴

2016 年 3 月，阿里巴巴宣布成立 VR 实验室，启动 Buy+ 计划，如图 5-109 所示。在 2017 年 7 月 22 日的“淘宝造物节”上，VR 虚拟购物平台 Buy+ 首度对外开放。不仅是虚拟购买环节，在支付方面阿里巴巴也有所涉及。

图 5-109　阿里巴巴 Buy+ 计划

2. 京东

2017 年 9 月 6 日，京东联合 HTC、暴风影音、英伟达、微软、微鲸、小米、华硕、Pico、大朋等 30 多家 VR/AR 上下游企业，成立全球电商领域首个 VR/AR 产业推进联盟。京东主要从提供的虚拟购物体验、将 AR 技术应用到家装电商以及仓储与物流管理上、VR 购物社交、推出统一的建模工具等方向建立产业联盟。

3. 宜家

2017 年 4 月，瑞典家居品牌宜家推出 App——“宜家 VR 体验馆”，如图 5-110 所示。目前可在 Steam 平台免费下载“宜家 VR 体验馆”，借助 VR 工具 HTC Vive，满足用户提前感受厨房布局的需要。用户还可以自由改变橱柜和抽屉的颜色，体验成年人、儿童的不同视角。目前，宜家 VR 体验馆已上线三款不同的厨房风格。

(a)　　　　(b)

图 5-110　宜家 VR 体验馆

4. eBay

网上购物巨头 eBay 与澳大利亚最大的零售集团 Myer 宣布携手合作，创建了全球第一个虚拟现实百货店铺。到目前为止，eBay 已经收纳了来自 Myer 集团的 5.25 万种商品，大多数商品都是以 2D 影像的形式呈现，前 100 种商品则是以 3D 影像的形式呈现，购物者可以旋转和放大图片来浏览商品的细节。类似于其他 VR 菜单系统，购物者可以通过活动头部和眼部来浏览选择，其中有一个过程叫作“eBay 视觉搜索”，购物者只需要盯着商品几秒钟，就能选定商品了，如图 5-111 所示。

5. 亚马逊

比起电商业务，亚马逊影业似乎对 VR 更感兴趣，早在 2016 年 3 月份，亚马逊就开始招聘虚拟现实内容开发人员。然而亚马逊的野心不止于此，它早在 2015 年就已经申请了一项虚拟现实设备专利。亚马逊既想推出自己的虚拟现实硬件，又想推出自家的虚拟现实内容，现在也在开始布局 VR 购物，亚马逊未来的 VR 生态让人充满期待，如图 5-112 所示。

图 5-111　eBay 视觉搜索

图 5-112　亚马逊未来的 VR 生态模拟

从目前的市场情况来看，VR 购物还处于萌芽阶段。虽然各家巨头都已战略布局，但是用户量稀少、不适用于所有商品、投入大、技术局限等这些问题依然是阻碍 VR 购物发展的主要因素。VR 购物应用要真正面向用户开放，至少还需 2 ～ 3 年。

课堂练习　修改全景图的比例为 2 ： 1

步骤 01　将全景图在 Photoshop 中打开，图像效果如图 5-113 所示。单击工具箱中的“裁切工具”按钮，在选项栏中设置“比例”为 2:1，如图 5-114 所示。

图 5-113　打开全景图

图 5-114　设置裁切比例

步骤 02　使用“裁剪工具”在图像上单击并调整位置，如图 5-115 所示。单击选项栏上“提交当前裁剪操作”按钮，即可完成图像的裁剪操作，如图 5-116 所示。

图 5-115　裁剪图像

图 5-116　图像裁剪效果

5.8.3　设计制作样板间 VR 展示动画

步骤 01　用户通过相机或手机拍摄全景图片后，在 Photoshop 中打开，修改图片尺寸，获得宽高比为 2:1 的全景图，如图 5-117 所示。使用相同的方法制作其他房间的全景图，如图 5-118 所示。

图 5-117　拍摄全景图并处理图片

图 5-118　制作其他房间全景图

提示：在制作此动画时，可以使用 JPG、JPEG 和 PNG 的图片。如果使用视频则只能使用 MP4 和 MOV 的格式，且最低分辨率为 720 像素。

步骤 02　将全景图保存为 JPG 格式。打开浏览器，在地址栏中输入“https://veervr.tv”，进入 Veer 网站，如图 5-119 所示。

图 5-119　进入 VeeR 网站

步骤 03　在顶部菜单中选择“互动体验”选项，进入如图 5-120 所示页面。单击“立即体验”按钮，进入如图 5-121 所示页面。

图 5-120　进入互动体验页面

图 5-121　进入开始体验页面

提示：在点击“立即体验”按钮时，如果用户没有登录，则会弹出“登录”对话框。用户只需登录或注册后登录即可开始体验。

步骤 04　单击“创建互动体验”按钮，进入“基本信息”对话框，如图 5-122 所示。

步骤 05　用户可以在图 5-122 左侧表单中填写动画的基本信息，然后单击右侧“+”号图标，选择将样板间客厅全景图上传，如图 5-123 所示。

图 5-122　设置基本信息

图 5-123　上传样板间客厅全景图

步骤 06　单击“添加场景”按钮，将厨房和卫生间的全景图上传，如图 5-124 所示。在客厅图片上拖动，找到窗户位置，单击左侧“卡片”，新建一个说明卡片，如图 5-125 所示。

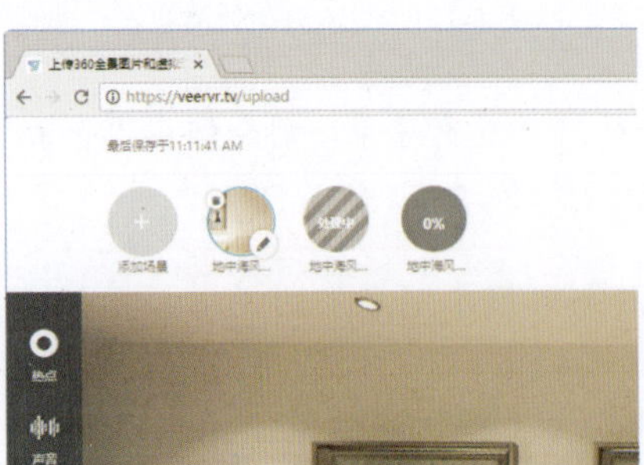

图 5-124　上传厨房和卫生间全景图

图 5-125　添加卡片

步骤 07　单击“添加图片 / 文字 / 链接”按钮，输入说明文本，如图 5-126 所示。单击“保存”按钮，完成说明文本的添加。旋转全景图，单击左侧“热点”按钮，在页面中添加一个热点，如图 5-127 所示。

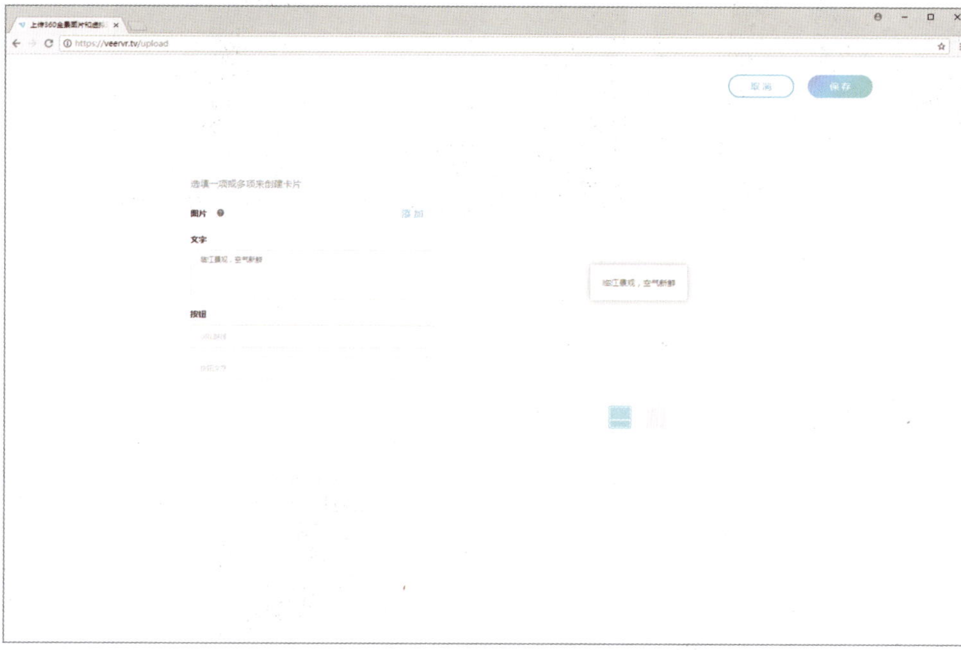

图 5-126　添加说明文本

步骤 08　选择链接场景到厨房，设置“样式”和“标签名”，如图 5-128 所示。拖动热点到如图 5-129 所示位置，单击左上角图标旋转热点。

图 5-127　添加热点

图 5-128　设置样式和标签名

图 5-129　移动热点位置

步骤 09　使用相同的方法制作另一个热点，如图 5-130 所示，单击页面右上角的“预览”按钮，预览动画效果如图 5-131 所示。

图 5-130　制作热点

图 5-131　预览动画效果

步骤 10　单击图 5-131 右上角的“完成”按钮，返回基本信息页面，页面效果如图 5-132 所示，然后单击右上角的“发布”按钮，将动画发布。

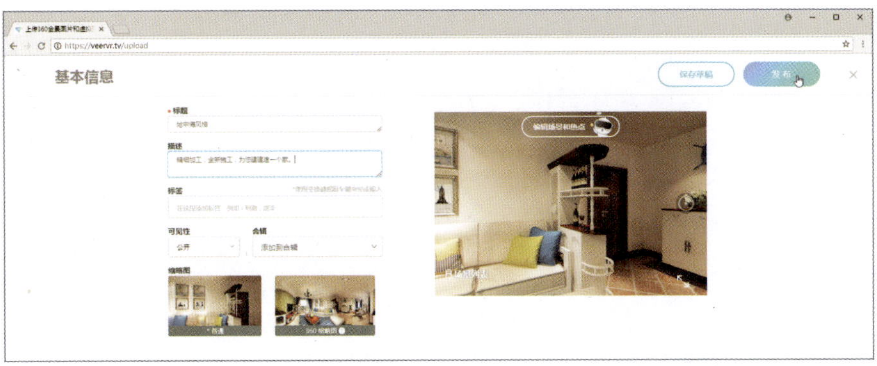

图 5-132　完成动画制作

步骤 11　用户除了可以在网站上浏览样板间外，也可以单击“在手机上看 VR”选项，下载 App 或者直接扫描二维码观看 VR 动画，如图 5-133 所示。

图 5-133　浏览制作完成的 VR 动画

举一反三 设计制作样板间 VR 全景图

通过样板间 VR 展示动画的制作，帮助读者了解 VR 展示动画的创建方法。接下来制作一个样板间 VR 全景图，加深读者了解 VR 技术在电子商务行业中的应用。

步骤 01　在浏览器地址栏中输入“veervr.tv”，进入 VooR 网站首页，如图 5-134 所示。

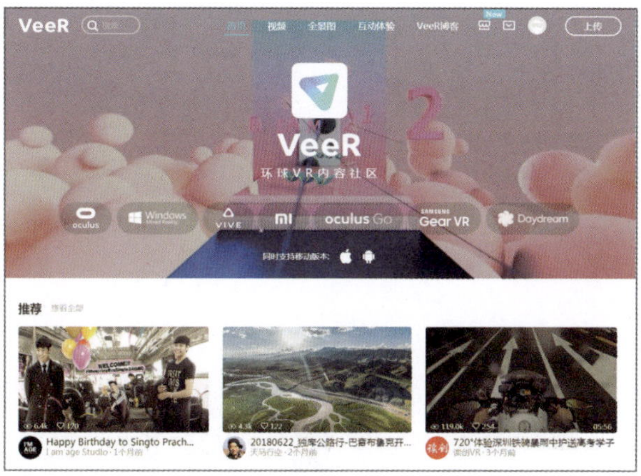

图 5-134　进入网站

步骤 02　单击网站首页顶部菜单栏上的“全景图”选项，进入全景图制作页面，如图 5-135 所示。

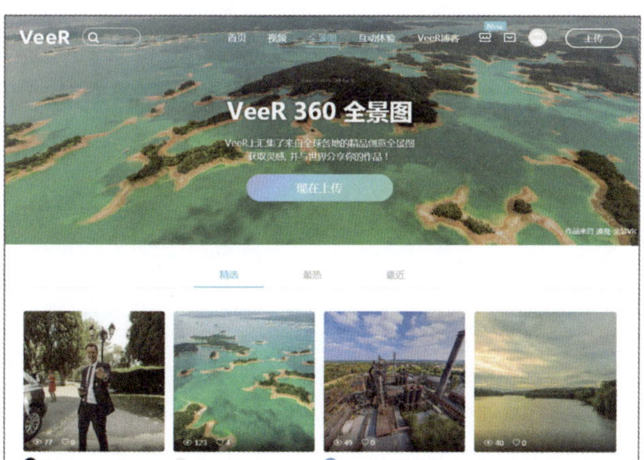

图 5-135　进入全景图制作页面

步骤 03　单击“选择上传文件”按钮，选择上传的文件，并将其上传，如图 5-136 所示。

图 5-136　选择上传图片

步骤 04　在“上传照片”页面中设置格式、标题、描述和标签等参数，单击“发布”按钮，样板间 VR 全景图制作完成，如图 5-137 所示。

图 5-137　设置参数后发布

5.9　本章小结

本章主要介绍电子商务视觉营销的发展趋势，包括电子商务行业现阶段的问题、未来的发展趋势、VR 技术的应用、移动端电子商务的特点与原则。

本章还设计制作了 3 个案例，3 个案例的侧重点各有不同。完成案例后，可以使读者更加充分地理解和熟悉视觉营销。

5.10　课后习题

学完本章的内容后，接下来通过几道课后习题，测验一下读者学习视觉营销基础的效果，同时加深读者对所学知识的理解。

5.10.1 选择题

1. 下列选项中，哪一项正确阐述了现阶段电子商务行业发展的问题？（　　）

A. 体验感一直是互联网模式的硬伤，知名网络专家刘兴亮曾说过：“线上虽方便快捷，但线下很多服务，线上是无法代替。”

B. 商品的品质质量问题已经不再是制约电子商务发展的重要因素

C. 电子商务发展速度过于迅猛，出现各种问题在所难免。作为店主要精打细算，尤其不能损害自身利益

D. 假货的低价不会对真货造成冲击，只会使低价商品进行恶性循环

2. 下面关于 VR 技术在视觉营销上的应用，说法正确的是（　　）。

A. VR 技术在购物网站中的应用，称为 VR 购物

B. 使用三维建模、动作捕捉等技术，就可以在电子商务中简单的实现 VR 购物

C. VR 中大多使用光学式运动捕捉系统，这是一种基于计算机视觉原理通过对目标上特定光点的监视和跟踪完成运动捕捉的任务

D. 目前，阿里巴巴集团下的蚂蚁金服已经完成了 VR 支付方式的初步试用

3. 下面选项中，哪一项关于移动端电子商务特点的说法是错误的？（　　）

A. 使用无线终端完成线上交易

B. 完美的用户体验

C. 随时随地都可以完成线上交易

D. 大环境下移动电子商务网站发展迅速

4. 下列电子商务视觉营销发展趋势的说法中，哪一个是不正确的选项？（　　）

A. 作为线上店铺更要给消费者提供一个操作便利的购物平台

B. 商品的价格在未来的消费中，已经不是首要考虑条件

C. 如果店铺没有调性，但是其是知名品牌，产品销量将不会受调性的影响

D. 研究表示，人类的行为有 75% ～ 90% 受视觉主导，也就是说精致漂亮的产品图，会刺激浏览者购买的需求

5. 下列选项中，哪个不是移动端视觉营销的原则？（　　）

A. 移动端页面的设计首先应该满足用户的实际需求，用户应该能够通过页面轻松、快捷地获取想要的商品信息

B. 移动设备的特性决定了移动端页面的设计必须简洁

C. 文字标题是最直接、最准确的视觉沟通及认知方式，是最能够准确表达信息的媒介

D. 统一性原则包括内容与文字标题的统一、整体形象的统一和各层级页面的统一

参考答案：1. A　　2. C　　3. B　　4.C　　5.D

5.10.2 判断题

1. CSS 中文名为层叠样式表。CSS 就是 HTML 的一个外部样式表， CSS 有 3 种

样式的使用方法，分别是标签样式、类样式和 ID 样式。（　　）

2. Banner 广告即横幅广告条，是移动展示广告的一种主流模式。移动端的 Banner 广告与传统 PC 端 Banner 广告还是有所区别的。（　　）

3. ID 选择符定义的是 HTML 页面中某一个特定的元素，即一个网页中只能有一个元素使用某一个 ID 的属性值。（　　）

4. 视频广告更加适合于市场上推陈出新的大屏移动设备，这种广告形式给用户带来的体验，要比单纯的标语广告和文字广告好得多。（　　）

5. 开屏广告又称为闪屏广告，其展示面积能够达到手机屏幕面积的 100%，视觉冲击力更强，容易抓住用户的眼球。（　　）

参考答案：1. √　　2. ×　　3. √　　4. √　　5. ×

5.11　创新实操

根据本章所学内容，设计制作店铺 VR 全景图动画，设计规范和要求如下。

1. 设计要求

拍摄全景照片要清晰美观，要求：制作不同位置的说明卡片、完成不同场景间的交换、完成的动画可在手机上查看。

2. 内容 / 题材 / 形式

内容不限、题材不限、形式仅限于实景图。

3. 参考案例（图 5-138）

图 5-138　参考案例